文山学院人文学院文山地方志点注项目
文山学院"中国史"重点学科资助项目

民国《邱北县志》点注

徐旭平　颜　星
李玉军　李俊成　点注

天津出版传媒集团
天津古籍出版社

图书在版编目（CIP）数据

民国《邱北县志》点注 / 徐旭平等点注. — 天津：天津古籍出版社，2015.9
 ISBN 978-7-5528-0342-6

Ⅰ.①民… Ⅱ.①徐… Ⅲ.①邱北县－地方志 Ⅳ.①K297.44

中国版本图书馆CIP数据核字(2015)第215309号

民国《邱北县志》点注

徐旭平 等/点注

出版人/张玮

天津古籍出版社出版

（天津市西康路35号 邮编300051）

http://www.tjabc.net

三河市中晟雅豪印务有限公司印刷

全国新华书店发行

开本 880×1230 毫米 1/32 印张 12 字数 322 千字

2015 年 9 月第 1 版 2015 年 9 月第 1 次印刷

ISBN 978-7-5528-0342-6 定价：32.00元

目 录

《邱北县志》第一册 / 1
《邱北县志》第二册 / 41
《邱北县志》第三册 / 64
《邱北县志》第四册 / 97
《邱北县志》第五册 / 125
《邱北县志》第六册 / 181
《邱北县志》第七册 / 220
《邱北县志》第八册 / 237
《邱北县志》第九册 / 291
《邱北县志》第十册 / 352
后　记 / 375

《邱北县志》第一册

天文部：分野　气候　灾祥
地理部：舆图　疆域　山川　形势

邱北县署送来十册全本
云南通志馆存　弢父识

民国十五年岁次丙寅十月

《邱北县志》

劝业场新文石印馆代存

新修《邱北县志》职名

倡修	前署邱北县知事	徐孝喆
督修鉴定	邱北县知事兼云南第二卫戍区司令部一等咨谋官	沈祜
编纂	前清贵州松桃直隶厅兼署学正甲午科举举人	缪云章
编修	邱北县行政公署科员	徐煜
	督署专委邱北检查员	陈怡曾
	署马关县知事丁酉科举人	钱钧衡
	前清选用训道 附贡生 咨议局议员 修志局局长	李伟人
协修	前清选用训道 岁贡生	唐振声
	襄郧镇守使公署书记官 岁贡生	杜天锡
	前清选用训道 廪贡生	陈顺忠
	庠生	严汝鑫
	岁贡生	王荣槐
	庠生	彭彦才
	云南师范选科毕业生两等小学校校长	李王章
	云南师范选科毕业生劝学所所长	朱辅弼
	云南农业学校毕业生高小民国学校校长	黄廷旌

	高等小学校教员	彭立言
校阅	前清候选训道　岁贡生	黄廷耀
	庠生	陈俊弼
	岁贡生	李如珠
	庠生前任两等小学校校长	杜天培
	庠生	李永成
	庠生	卢明新
	庠生	罗文榜
	庠生	苗邕膏
	云南师范选科毕业生	钱大中
总理	附贡生	唐家槐
	职员	陈学易
	庠生	陈学潜
	庠生	李兴邦
	增生	李定邦
	庠生	杨自春
	庠生	乐应夔
管理经费	庠生	陈顺忠
	庠生	朱焕章
	湖北襄郧镇守使署军法科一等科员	赵子陵
采访	庠生	张应珍
	庠生	严开科
	庠生	唐炳声
	庠生	李汉文
	庠生	李秀恒
	庠生	孙汝为
	增生	李春林
	省会工矿毕业生	严汝森
	职员	戴万杰
	职员	缪汉章

	师范毕业生	马映甲
	劝学员	杜启明
	高等小学毕业生	张茂廷
	省会甲种农业二部师范毕业高小学校教员	陈光典
	省立第三师范二部毕业国民学校教员	黄宝兴
	省立第三师范二部毕业国民学校教员	邢运光
	省立第三师范二部毕业国民学校教员	杜启瑞
	省立第三师范二部毕业国民学校教员	陈嘉勋
缮录	高小毕业	陈光斗
	高小毕业	居迎吉
	高小毕业	陈光烈
	高小毕业	简万鑑
	高小毕业	赵子信

《邱北县志》目录

天文部：分野　气候　灾祥
地理部：舆图　疆域　山川　形势
建置部：沿革　城市　官署　乡镇　户籍　人种　交通
食货部：国家财政　自治经费　教育经费
　　　　实业经费　物产分属十二
社交部：自治团体　社会教育　蔽俗　恶习附
学校部：旧制学校　新制学校　留学生附
武备部：兵制　戎事　防汛　团务　警察
祠祀部：典祀　宗教附
秩官部：名宦　武烈　循吏　官制题名
人物部：乡贤　卓行　忠烈　义行　孝友　文学　烈女　寓贤
　　　　方技　仙释　选举　仕宦　军职　荫袭　乡饮
艺文部：诗文
杂志部：古迹　冢墓　寺观　坊表　轶事

《邱北县志》序

邑何为而有《志》？昉[1]乎史也。春秋时十二国皆有史，晋之《乘》[2]，楚之《梼杌》[3]，鲁之《春秋》[4]，此其著焉也。故先圣取其义以修《经》，素臣据其事以作《传》。而褒贬特严，于一字劝惩，笔著于千秋也。是邑之志，又何可少哉？

邱邑，星[5]缠井、鬼[6]，界接梁[7]，交贲古[8]，早见于《汉书》。正朔[9]遥，遵夫汉代。渡泸水于炎天，丞相[10]之声威远震；夺昆仑于元夕[11]，将军之战垒犹存。洎乎[12]元、明建州，久沾教泽。熙、雍[13]裁县，割隶邻封。自道光后设县以来，将及百年，志乘阙如[14]，父老失传，闻之实故。家罕著述之人，屡议辑修，则多中止。适值有邑绅李伟人、陈顺忠、彭立言等热心公益，磋商再再。故绅耆同请潴乡[15]徐公提倡举办，当即召集各界职员议决。因交卸未果，又值锦章沈公接任，鼎力主裁，众议赞同。函达驻夔黎师长，慨捐巨款，得宏斯举。遂择日开办，复聘委编辑科长徐君煜，委员陈君怡曾任绘图，未完则黄廷旌、朱辅弼等续绘。暨编修、参订、采访、钱钧衡等，又委李伟人局长诸务。群策群力，相与赞成。而编辑纂要，责成予余。盖以余久寓清江，稍有见闻，义不容辞，乃勉力从事。

窃谓今日《邱志》之修，当立纲目十二，条目五十三。然于大纲之中，有不可易者，有可易者；有易遵循[16]者，有未易遵循者；有已成者，有未成者;有有待者,有若有待而实无待者;有在天者,有在人者,有人定可以胜天者。沿革、形势、疆域、山川,非高下之定位,则古今之损益,此不可易者也。学校培植人才,警察维持风俗。陶,然埏土质器[17],型之厚则厚,型之薄则薄,此可易者也。官制、职守、科贡、仕宦、授禄、宾兴[18]、诏忠、教孝,俱立于无可加之地,此易循者也。户口、土田、方产、贡赋、徭役、邮传,唯乆遗[19]之不堪悉索,故曩额[20]所悬,节年补报,此未遽循者也。公署、学校、名宦、乡贤,迄于山川、秩祀、节次、鳌举[21],此已修者也。城池,俟岁而有再筑;关梁[22],择所急而徐图[23],此未修者也。商务、实业、学堂、蠲恤[24]、矿厂、惠政、坊市、孝义、贞节,类皆积贮施济,励世磨钝之规,未可久废。此有迁谪流寓,亭馆寺观,古迹名胜,修之仅供骚客之凭吊(原作悼,今改),不修实损。政治之纯全,此若有待,而实无待者也。详议迭见,何代无之?此在天者也。特书武备,以示圻卫[25],此在人者也。化易为详,遏兵未萌[26],此又人定可以胜天者也。怵目警心,于志焉寓。然则志可少乎哉?某夙夜殚心[27],网罗旧闻,唯阙其所疑,传其所信。遵往则录成例,考今则增未备。总不外纲领、条目、次叙、总论,乃区分而条析之,只勉力共赴(原作"副",今改)。沈公慎重至意,若夫裁断芟润[28],蔚为信史,是在当代名公巨卿云。

民国庚申年孟冬月,清江寓客、泸西缪云章,叙于宝业所槐梦楼。

【注】

[1]昉:起始。

[2]《乘》:春秋时晋国的一部史书。

[3]《梼杌》:春秋时楚国的一部史书。

[4]《春秋》:春秋时鲁国的一部史书,为孔子晚年所编写。

[5]星:指星空,古人把整个星空划分为三垣(紫微垣、太微垣、天市垣)二十八宿。

[6]井、鬼:属于二十八宿中的南方七宿中的两颗星。缠:在分星上划归于、对应于、隶属于。

[7]梁:古代行政区划名,曾是古九州之一;三国时始设梁州,治

所在陕西汉中。

[8]贲古：贲古县，古县名，西汉元封二年(前109)，置贲古县(即临安府，今建水县)，属益州郡所辖24县之一。依据《读史方舆纪要》临安府贲古条说："在府东南。"又章鸿钊的《古矿录》说："贲古，在建水县即临安府东南方。"据此可以认为，贲古(有的写作"褭古")就是现今蒙自、个旧一带。

[9]正朔：正，指正月；朔，指一个月里的第一天。正朔就是正月的第一天，也就是新年的第一天，在古代往往用来代指皇帝的年号，所以奉正朔就是承认和拥护当时的中央王朝。县志的编写者认为，本土的"奉正朔"应该从汉代算起。

[10]丞相：指三国时期蜀汉丞相诸葛亮。他在《出师表》中说："征南蛮，五月渡泸，深入不毛。""泸"指泸水，今天的金沙江。

[11]夺昆仑于元夕：指1053年正月十五日，宋代名将狄青智取广西的昆仑关，逼壮族首领侬智高败逃之事。

[12]洎乎：到了。

[13]熙雍：康熙和雍正皇帝。

[14]阙如：缺少或者欠缺。

[15]潧乡：家乡。这里特指当时的本县知事徐孝喆，是楚雄姚安人。

[16]遽循：仓猝中可以沿用和遵循。

[17]陶，然埏土质器：正如陶工制作陶器，除了看土质适合制作何种器皿，也是由人的需要和模具来决定陶器的形状大小和质地的厚薄的。埏：以土和泥，揉好后在模盘上制作陶坯。

[18]授禄、宾兴：授禄指朝廷给以官员的俸禄；宾兴指科举时代，地方官设宴招待应举之士，也泛指乡试。

[19]孑遗：经历千万年的环境变迁，有些生物因不断的演化得以生存。也有些以原始形态从不断变化的环境中找寻生存之地，这是生物学上所称的"孑遗"。这里指过去遗留下来的本县原始资料。

[20]曩额：指以往、过去的具体数字和情况，因为没有具体材料，只能空缺。

[21]釐举：整顿举用，整治兴办的具体措施。

[22]关梁:指军事要塞和桥梁。

[23]徐图:慢慢绘制。

[24]蠲恤:指减免和救济。

[25]圻卫:在遇到动乱或攻击的时候,不畏艰险、敢于武装起来,自我保卫。

[26]遏兵未萌:制止动乱于萌芽状态,防患于未然。

[27]某夙夜殚心:我从早到晚,费尽心思,竭尽全力。某:谦辞,作者自己。

[28]裁断芟润:裁剪和切断,指删除没有用的,润色加工有价值的资料。

序 一

鼓动人心，维持风尚，彰往古以励来今，夫惟善善。从长[1]之县志哉！是[2]书也，载疆域，载沿革，载土宜，载人物、古迹、寺观，载艺文、节义，与夫贤士大夫之流风遗韵，关系非（原作"匪"，通假字）轻。较诸国史家乘，尤为世所尊崇，不似稗官野史[3]，无足轻重。

吾邱为滇南一邑，地虽褊小[4]，而东达广南，南交文山，西接泸西，北逮[5]师宗，中间之文鸣于世者，代有通才[6]。《县志》一书，因兵燹佚[7]（原作"迭"，今改），济济[8]多士不及思纂[9]。方今数百年来，兴衰剥复[10]，世易难稽[11]。瑰异灵奇，时钟靡据[12]。又生于斯，长于斯，殁于斯。之忠孝节义，私心拟之于幽冥，必咨叹。然伟人介怀久之，用是不揣学浅，每以綦重事件于遇友座谈间，屡提屡议，终无以赞者。然不意于民国八年己未，风声鹤唳，时有所闻。应酬之余，仍以介怀之事一提，时哉！时哉！是时之至哉！抑是灵之逼哉！邦人中忽有一奋发，之彭宗孔者，起而拍掌言曰："吾辈读书，当不使天虚我生。这等重大事，不行待谁？"于是热念横胸，随即集多数人禀请吾邱之当道者，代为为之。时当道之徐，不闻乃已，闻则兴起一腔热诚，即事倡办，事尤未果，言兴速驾[13]。伟人于斯，又以为艰难告葳[14]，暗与彭君筹划。孰知踵事增华[15]之沈县长莅任，于此事尤为醉心。来不几日，电商于吾，邱在鄂之黎君甫臣、丁君茂之，不日汇回巨款，藉是分任采访，进聘编修。一年之久,不第[16]挥毫落纸之心劳,即搜山采水,寻事考言,于其任务、筹金,罔不竭力于编修之左右。

噫!同事宏功,不待再述。阅陈[17]一叙,尽皆得之论。伟人一方面本不才(原作"材",通假字),流然于[18]是书之起落,两点费力操心之处。志者志之,书者书之。庸何须以高明见,而喷饭之语[19],琐屑为之要。不过书之竣也,诸君子命写一叙,请辞不许。故强为数语,以付篇末,俾后之起者,知此书之不易也。人人振厥[20]精神,力图进步于世界上;之不甘居人下者,乘时势以造英雄。更冀书之志不到处,濡笔[21]增修,缺点无讥,即人大愿,勉叙。

三等梅花章[22],前清选用选导,云南咨议局议员李伟人,谨叙于编修局。

【注】

[1]从长:以擅长记录当地的历史,褒扬本地杰出人物的优点、长处为主要任务。因"志书"的特点是有褒无贬,与史书不一样。

[2]是:这。

[3]稗官野史:稗官是古代的一种小官,专给帝王搜集街谈巷语,道听途说,以供阅览,后来称小说为稗官,泛称记载逸闻琐事的文字为稗官野史,即旧时的小说和私人编撰的史书。

[4]褊小:地域狭小。

[5]逮:连接,到达。

[6]通才:指学识广博、具有多种才能的人。从人才学、教育学的角度则称横向型人才。此句是说这片土地上凭着文章著称于后世的,每代都有。

[7]因兵爇佚:因兵祸被烧毁,导致遗失,难于流传。

[8]济济:众多的样子。

[9]思纂:思考如何编纂。

[10]剥复:原为《周易》中的二卦名。坤下艮上为剥,表示阴盛阳衰;震下坤上为复,表示阴极而阳复。后来把王朝的盛衰,力量的消长称为"剥复"。

[11]世易难稽:由于朝代更替频繁,导致历史事件的真相难以考证。

[12]时钟靡据:杰出的人才,时而聚集在此,时而分散、迁移到其他地方。靡据:在本地为官之人因官职变化而调离他处,导致无法探访和寻找。

[13]言兴速驾:马上要动身去赴任,指知事徐孝喆因工作调动离开本县了。言:句首发语词。

[14]告蒇:告诉热心于县志的人,此事因为知事的离开而宣告完结,办不成了。蒇:完结。

[15]踵事增华:不仅继承前人事业,而且使之更美好和完善;

[16]不第:不但。

[17]阅陈:阅读或浏览完已经编好的县志。

[18]流然于:但是时刻留心和关注着县志编写的进程。

[19]喷饭之语:语出苏轼《文与可画筼筜谷偃竹记》:"予诗云:'汉川修竹贱如蓬,斤斧何曾赦箨龙。料得清贫馋太守,渭滨千亩在胸中。'与可是日与其妻游谷中,烧笋晚食,发函得诗,失笑喷饭满案。"此两句是谦辞,说自己才能平庸,无须故意装作高明的样子,使用让读者发笑的简陋语言。

[20]振厥:振奋。

[21 濡笔:提笔。

[22]三等梅花章:民国时期陆军军衔的标识。梅花是当时校级军官的肩章图案,三颗梅花图案的为上校军官,当时是副师长级别。

序 二

　　子舆氏[1]有曰:"虽有智慧,不足乘势[2];虽有镃基[3],不如待时。"自来事之成,虽人力之所致,必亦因乎其时,如今日《邱志》之修是已。
　　邱北旧为维摩州,前清或裁或降,迄乎[4]道光设县,后二百余年,兵燹迭经[5],典籍散失。屡欲创修[6],议则未果,今岁同学李君伟人,首先倡议,恒以纂修县志为当务之急(原作"亟",今改),热忱所注,事易克举。适逢潴乡徐公莅任,提倡、组织刚将,各职拟委,即值交卸。幸继任县长锦章沈公,更续举办。尚虑经费支出(原作"绌",通假字),又遇黎师长乐输巨款,鼎力赞助。因关聘缪君成之纂修,又遴委李君伟人为局长,至编修、协修、绘图,以及校阅、采访,则同学时彦、鄙人添列参修,并任庶务者也。由是广思集益,博采旁搜,群策群力,一意进修。开局于春,逾一寒暑,克蒇厥事[7]。
　　窃以志亦史之遗意也,第史则据事直书,有褒有贬。志则善善[8]从长,有褒无贬。衡[9]之史例,稍有不同。然所载天文、地理、山川、胜迹、人才、赋产、气候、风俗、文学、武备、忠孝、节义,皆就美善立言,其所以[10]表彰前哲,昭示来兹[11],实与史册相表里[12]。更有进者,值此争竞世界。
　　吾邑土地瘠薄[13],物产无多,苟不于学校、农业、工艺、商务诸大端,力求振兴,其何以立足于生存[14]之世乎?邑志之修,殆隐寓[15]、感发、惩创[16]之意。是举也[17],非[18]李君伟人热心于前,诸君协力于继,安能实事求是,相与有成哉?乃适逢其会,得成(原作"诚",今改)斯志,尚冀后之博雅君子,继起续修,陶熔润色[19],非(原作"匪",通假字)一邑之文献足征[20],即将来之政治,亦得所借鉴焉。庶不负诸公创办[21]之苦心,则幸矣,是为序。

民国十二年辛酉正月中浣,邑人陈顺忠,子贞氏,序于奎聚荆连之斋[22]。

【注】

[1]子舆氏:孟子,名轲,字子舆。

[2]乘势:指利用有利的形势。

[3]镃基:指犁和锄头,借指工具或器物。

[4]迄乎:到了。

[5]兵燹迭经:屡次经历了兵祸。

[6]创修:起草和编纂。

[7]克蒇厥事:终于完成此项工作。

[8]善善:记录善人和善举,彰显其优点。

[9]衡:权衡和比较。

[10]所以:用这种方式。

[11]来兹:后来的人。

[12]表里:外面和里面,这里指二者互为一体,相互参照。

[13]瘠薄:土地贫瘠。

[14]生存:求生求存,这里是竞争的意思。

[15]殆隐寓:大约是在编写县志的目的方面别有深意,寄寓其中。

[16]惩创:惩戒;警戒。创,这里是惩戒,警惕的意思。

[17]是举也:修志这件事情。

[18]非:不是,如果不是。

[19]陶熔润色:对原始材料提炼加工,润以文采。

[20]足征:足于考查、参照。

[21]创办:首倡和组织编写县志的工作。

[22]民国十二年辛酉正月中浣:1923年2月的中旬。奎:奎星,俗称魁星,是古代天文学中二十八宿之一。奎星主文章,故有关文章、文运、文字的事,多加奎字。这里特指邱北的文昌宫;聚荆连:应是文昌宫中的作者的书斋名。

序 三

著历史，启发人之爱国心；修邑志[1]，启发人之爱乡心；志与史，虽不同，然所载天地、山川、职官、人物、食货、祀典[2]、气候、风俗、文学、武事，无不备焉。

邱邑志乘，岁久失修。父老昆弟[3]，屡次磋商。金款无所出，相与咨嗟叹息[4]者久之。己未[5]岁荒，吾邑各绅，思欲赈济穷民，只有吾邑黎总司令、前摄襄郧镇守使[6]臣师长可以告语。于是拍电告商，师长慨然允诺，由汇号汇兑千元，以作赈款修资[7]。然赈款已由地方官绅筹获千元救济蒇事[8]。荐绅发起修志要，典询谋金[9]同，遂聘请前清孝廉[10]成之缪先生纂修志稿。但一人担任此事，头繁多，与会稍减[11]，思欲得二三同志相与赞成此举。余乃舌耕[12]度日，中元令节[13]回舍，得与成之兄商酌各稿。凡夫天地、灾详、山川、田赋、人物、食货、习俗、典章、胶庠、坛事、潜德、幽芳，无不毕载。为图为说，彰[14]其美，并不厌[15]其详记其真，尤贵补其缺。其间或添或减，斟酌损益[16]，以期折衷[17]以至当。倘此后社会团结，人才奋兴，境域展拓，土脉松肥，学校而或有起色，农商而渐能出产，工艺而渐自改良，商务而渐臻[18]发达。与夫[19]民性朴直，风俗厚薄，礼节繁简，种族今昔之兴替，民权国势[20]之消长，均宜注意焉。

邑志之修，虽不敢期[21]代表之史之希望，然先民有言："在乡言乡。"发抒爱群之素志[22]云尔。至若篇稿谬误,尤望大雅鸿儒,起而更正之。是不特同事之敢告成书,亦吾邑之幸福矣。用是不揣荒陋[23],思欲附骥[24],聊效颦[25],强颜[26]为之序。

前清选用训导[27],岁贡生,法政毕业,绅唐振声撰。

【注】

[1]修邑志:编修地方志。

[2]食货、祀典:关于本土的经济情况和祭祀、典礼的风俗习惯。

[3]昆弟:兄弟。

[4]佥款无所出,相与咨嗟叹息:大家都为没有经费来源而感伤悲叹。佥:众人,大家。

[5]己未:1919年。

[6]襄郧镇守使:中华民国北京政府时期湖北省职官之一,1915年1月13日,由邱北人黎天才担任。

[7]赈款修资:作为赈灾和修志两件事的款项。

[8]蒇事:结束了救济灾荒之事。

[9]典询谋佥:即"询谋佥同"。语出《尚书·大禹谟》:"官占,惟先蔽志,昆命于元龟。朕志先定,询谋佥同,鬼神其依。"指大家咨询和商议的意见都一致。

[10]孝廉:孝廉是汉代察举制的科目之一,孝廉是孝顺父母、办事廉正的意思。明清两代也把举人称作孝廉。此处应指举人。

[11]与会稍减:参会之人认为应该减少缪成之的工作量,增加人员。

[12]舌耕:借指以教书讲学谋生的人。

[13]中元令节:民间俗称鬼节、七月半,佛教称为盂兰盆节,为传统节日。

[14]彰:表彰和显示。

[15]厌:满足。

[16]斟酌损益:斟酌:考虑;损:减少、损害;益:增加。意思是斟情酌理、有所兴办。比喻做事要掌握分寸。

[17]以期折衷:希望通过综合各方面的意见,使之适中。

[18]渐臻:逐渐达到完善。

[19]与夫:至于。

[20]民权国势:民权为"三民主义"之一,国势即国家发展的总体趋势。

[21]期:期望、希望。

[22]素志:素即白,指纯洁无瑕的爱乡心情。

[23]荒陋:荒疏浅薄、粗野浅陋。

[24]骥:千里马,此句是指竭力向编写史书中的俊杰之人靠拢、看齐。

[25]效颦:成语"东施效颦"的简称,有献丑之意,这里是谦辞。

[26]强颜:本意是厚颜,不知羞耻,这里是谦辞,勉强的意思。

[27]训导:训导为中国古代文官官职名,在清朝之位阶约为从七品。训导职能通常为辅佐地方知府,为基层官员编制之一,主要功能为负责教育方面的事务。1911年,清朝灭亡后,该官职废除。

序 四

志乘,史体也。何则?盖《史》所以载一国之事;《志》则所以载一地方之事。其名虽异,其理则一。故曰:"志乘,史体也。"然志与史,例其不同者:史则美恶俱在,以示褒贬。志则存美而去恶,有褒而无贬。惟其所去,是亦贬之,之例也。

邱北设官分治,迄今二百余年,灵秀所钟[1],代有名贤。苟无志以记之,历年既久,其姓氏不为狐貉噉尽[2]者几稀(原作"希",今改),是志乘之阙系为,何如哉[3]!

民国九年春,李君伟人、彭君立言,出而首倡。各界皆为赞成,遂聘缪成之先生主持纂修。期年[4],而草创成[5]。嗣遇[6]地方多故,未行刊印,而印志存款,又被军事拉用,不能归还。兼志乘稿本,为各方备关[7],以致失散不全。启明心为缺憾,乃于议会第二届常会期间,提议筹集款项二百元,作刊印志乘之需。复聘请黄廷旌、彭立言二君,重加增补。陈嘉勋君,力肩缮写[8]。阅二月,类集完备,即整装赴省铅印,以竟前功,聊为数言,弁诸[9]篇首,俾[10]后之来者,有所观感云。

民国十二年岁次癸亥,仲秋中浣日,县议事会议长、杜启明谨叙。

【注】

[1]灵秀所钟:秀美的山水和杰出的人物都聚集在此地。

[2]狐貉噉尽:"狐貉"亦作"狐狢",狐貉皮袍的代称,这里借指当地有名望的绅士。噉:本意是喊、呼叫,引申为闲谈,传说。这句是说如果没有县志加以记录,过去本地出现过的风云人物的名字也会随着时间的流逝而失传。即使是当地有名望的人也没有闲谈的谈资了,只会越来越稀少。

[3]是志乘之阙系为,何如哉!:这都是由于本县史志匮乏的原因造成的,有什么办法啊。

[4]期年:过了一年。

[5]草创成:初稿完成。

[6]嗣遇:恰逢遇到。

[7]备关:保存和锁住。

[8]缮写:誊录、抄写。

[9]畀诸:放置在。

[10]俾:使。

天 文 类

九州[1]分野[2],原有定位。而滇之分野,各持一说。盖附于益[3],以合于雍[4]。为参[5]者,通秦蜀而言,非专为滇而言也。考荧惑[6],入井、鬼[7]。而普逆叛[8],此人事之应,无或爽者[9],则滇属井鬼明矣。自僧一行[10]定其说,而何承天[11]、郭（原作"耶",今改）守敬、刘基[12]俱无以易,按周天[13]星野度数,广西[14]与澄江同入井,三十三度,邱北故隶广西州,亦应在三十三度内。至于气候寒燠[15],则以地势为移易[16],自可详察测量,而著于编。志天文。

【注】

[1]九州:古代中国的代称。不同时代有不同的"九州"版本,一般为扬州、荆州、豫州、青州、兖州、雍州、幽州、冀州、并州。

[2]分野:与星次相对应的地域。古人以星纪、玄枵、降娄、大梁、实沈、鹑首、鹑火、鹑尾、寿星、大火、析木等十二星次来划分地面上州、国的位置,与之相对应。就天文上说,称作分星;就地理上说,称作分野。

[3]益:指益州,其范围包括今天的四川盆地和汉中盆地一带。

[4]雍:指雍州,指现在陕西省中部北部、甘肃省（除去东南部）、青海省的东北部和宁夏回族自治区一带地方。

[5]参:指西方白虎七宿中的参宿,参宿位置上在西。云南的地理位置在中华版图的西南,把云南划归在天文学中的"参"星范围,是就云南与蜀地和秦地相通而说的。

[6]考荧惑:荧惑即火星,由于火星呈红色,荧荧像火,亮度常有变化;而且在天空中运动,有时从西向东,有时又从东向西,情况复杂,令人迷惑,所以我国古代叫它"荧惑",有"荧荧火光,离离乱惑"之意,是凶星。考:参照,对应。这句的意思是说云南在地理位置上的分野,在天文学上的分星正好对应着火星。

[7]井、鬼:我国古代天文学家把天空中可见的星分成二十八

组,叫做二十八宿,自东向南排列为:东方苍龙七宿(角、亢、氐、房、心、尾、箕);北方玄武七宿(斗、牛、女、虚、危、室、壁);西方白虎七宿(奎、娄、胃、昴、毕、觜、参);南方朱雀七宿(井、鬼、柳、星、张、翼、轸)。邱北地处中华版图的西南方,故说入井、鬼。

[8]普逆叛:指明代末年发生在云南的普明声叛乱。

[9]无或爽者:大约是没有什么差失的。受天人感应的思想影响,作者认为此地一直战乱频繁,与这里的分野在分星上对应着火星是有着直接关系的,因为在东西方的"占星术"中,火星都是代表战争的。

[10]僧一行:(683~727)本名张遂,"一行"是他出家后的法名。佛教密宗的领袖,著有密宗权威著作《大日经疏》。唐代杰出的天文学家,在世界上首次推算出子午线纬度一度之长,编制《大衍历》。

[11]何承天:(370~447),南朝宋大臣,著名天文学家、无神论思想家。精天文律历和计算,对天文律历造诣颇深,著有《元嘉历》。

[12]郭守敬、刘基:郭守敬(1231~1316),元朝著名的天文学家,1276年郭守敬奉命修订新历法,经过4年时间制订出《授时历》,通行360多年,是当时世界上最先进的一种历法;刘基(1311~1375),浙江青田人,字伯温。通经史,晓天文地理,精兵法,辅佐朱元璋完成了帝业。

[13]周天:谓绕天球大圆一周。天文学上以天球大圆三百六十度为周天。

[14]广西:此处指广西州(治所在今天的云南省红河州泸西县)。

[15]寒燠:冷热。

[16]地势为移易:各地的气候则随着海拔的变化而有所不同。

分野之说,苏平仲[1]以为不足据。盖以十二宫[2]配十二州[3],方位参差[4],广狭[5]不等,似难强合。《史记》谓:"觜、觿、参[6]:益州",《天官》[7]书又谓:"东井、与鬼[8]:雍州",与《汉书》同。陈卓、范蠡、鬼谷先生、谯周、京房[9]诸人亦云:"益州入参,七度。"《汉书·地理志》又谓:"东井、与鬼之分野,西南有牂牁[10]、越嶲[11]、益州皆属焉"。唐僧一行起东井,终柳[12],六度,尽西南夷益州郡。云南界在西南,附于益,以合于雍。(汉合梁于雍),井、鬼诸说,纷纷无定。然明一统,《志》:[13]"广西府井、鬼";清一统,《志》:"广西府,东井、与鬼,分野鹑首[14]之次。"则邱北县隶属于广西府,应属井、鬼,占在鹑首之次明矣。

【注】

[1]苏平仲:明代人苏伯衡,字平仲,天文学家。著有《空同子瞽说》,《苏平仲集》共十六卷。

[2]十二宫:中国古代没有十二宫的说法,只有黄道。十二宫的说法来自近代西方。黄道是指地球的赤道面在天空中形成的一条线。而在西方的星座中,黄道正好穿过十二个星座,所以又统称为黄道十二宫。

[3]十二州:据明代张岱的《夜航船》所录,人皇氏有兄弟九人,分天下为九州:梁、兖、青、徐、荆、雍、冀、豫、扬。至舜时,以冀、青地广,分冀东恒山之地为并州,分东北医无之地为幽州,又分青之东北为登州,共成十二州。

[4]参差:分布在各个方位,很不整齐。

[5]广狭:长和宽、大和小。

[6]觜、觿、参:司马迁的《史记》里说,觜、觿、参三个星宿在地上的分野是益州。

[7]《天官》:这里指《史记》中的《天官书》。《史记》共有"书"8篇,《天官书》是其中的第五篇。专门记载天文学知识、天象、天文事件和星占。这种体裁为司马迁所首创,开了后代撰写《天文志》的先河。它总结了汉代以前中国古代的天文学知识,堪称汉代一部系统的天文学大成。古人为了认识星星、研究天体,很早便人为地把星空分成若干区域,中国称之为星官,西方称之为星座。中国古代把天空分为三垣二十八宿,最早的完整文字记录见诸于《史记·天官书》中。另外,《周礼》的"六官"中也有《天官》。"六官"是:天、地、春、夏、秋、冬。

[8]井、与鬼:此二星在地上的分野是雍州。井(东井)、鬼(与鬼)属于南方七宿中的二星。

[9]陈卓、范蠡、鬼谷先生、谯周、京房：陈卓是三国时吴人,他善于星占,精通天文星象,有《浑天论》；范蠡是春秋末著名的政治家、谋士；鬼谷先生即鬼谷子,姓王名诩,又名王禅,号玄微子,春秋战国时期卫国朝歌(今河南省鹤壁市淇县)人。常入云梦山采药修道。因隐居周阳城清溪之鬼谷,故自称鬼谷先生；谯周是三国时期蜀汉的学者、官员,著名的儒学大师和史学家,史学名著《三国志》的作者陈寿即出自他的门下,被时人称为"蜀中孔子"；京房是西汉易学家,他开创了今文《易》学"京氏学",自成一派。

[10]牂牁：汉武帝元鼎六年(前111)开置牂牁郡。其范围大约包括今天的贵州省大部,云南省曲靖东南部、文山壮族苗族自治州和红河州的一部分,以及广西西部的右江上游一带。

[11]越巂：郡名。治所在邛都(今四川西昌东南)。辖境相当于今云南丽江及绥江两县,还包括金沙江以东、以西的祥云、大姚以北,和四川的木里、石棉、甘洛、雷波以南地区。

[12]柳：在天文学上,南方七宿是井(东井)、鬼(与鬼)、柳、星、张、翼、轸,计有四十二个星座,五百多颗星,它的形状是一只展翅飞翔的朱雀。其中的柳宿八星,形状弯曲,像鸟嘴,也像垂柳。

[13]志：通"誌",记录。

[14]鹑首：十二星次之一,与十二辰相配为未,与二十八宿相配为井、鬼两宿。分野主秦,属雍州。《晋书·天文志》："自东井十六度至柳八度为鹑首,于辰在未,秦之分野,属雍州。"

度　数

纬度[1]二十四度一十分。

经度[2]十二度二十分。

冬至：日出卯正二刻[3]十四分五十八秒,日入酉初一刻二秒,昼四十二刻四秒。夜五十三刻十四分五十六秒。

夏至：日出卯初一刻二秒,日入酉正二刻十四分五十八秒,昼五十三刻十四分五十六秒,夜四十二刻四秒。

【注】

[1]纬度:按当今的科学测算,邱北纬度为二十三度二十五分~二十四度二十七分。

[2]经度:按当今的科学测算,邱北的经度为一百零三度三十八分~一百零四度三十四分。

[3]刻:古代用漏壶来记时间,一昼夜为十二时,九十六刻;现在的两个小时等于古代的一时;现在的一小时等于古代的四刻。

气　候

气候平和,夏不甚暑,冬天不甚寒。自大寒至立春,恒得华氏表四十三度[1]以上;自夏至以迄大暑,恒例亦不过八十度,以此平均得六十一度半。

广西[2]有志:邱北平原多风,州治气候与府齐,东北马者龙乡以外接师宗境,较寒。其架哈、腻革龙、小江口一带接弥勒,气候较暑。

节气,较京师减三刻四分二十秒。

【注】

[1]华氏表四十三度:等于摄氏6.1度;此句后面的华氏80度,等于摄氏26.7度;华氏61.5度,等于摄氏16.4度。

[2]广西:指今天红河州的泸西县。

灾　祥

万历三十一年,有白蝴蝶[1]蔽天而下。

崇祯元年,荧惑入井、鬼[2]。

清康熙元年,白蝶群飞,蔽天数月,乃散。

雍正四年,大水。

雍正七年,雹伤苗,夏秋大水。

雍正八年,彩云[3]现。

乾隆元年,旱。

乾隆五十一年,有年[4]。

嘉庆四年,有年。

道光九十三年,地震。

咸丰八年,大饥,米每升制钱八百文,民死无数。

咸丰九年,瘟疫流行。

同治元年,正月,彩云现。

同治七年,春夏旱;秋大水。米每升制钱三百文,民饥。

同治十三年,大疫。

光绪元年,大疫。

光绪二年,大疫。

光绪三年,大疫。

光绪五年,火,文明坊毁。尽烧万寿宫及民房十余户。

光绪十一年冬,星陨如雨。

光绪十六年,三月,白蝶自东飞西,五日方止。

光绪二十三年,大雹,果麦尽伤。

光绪三十年,六月,地震。

光绪三十三年春,白蝶自东飞西,五三方散。

宣统元年,地震。

宣统三年,十月,彗星现[5]。

民国元年冬,景星、庆云[6]现。

民国五年,二月,彗星现。

民国八年,大旱,米每升八角。

民国八年,七月,夜地震。

民国八年,十二月,邑西南彩云现,自午至未始散。

民国八年,十二月十四日,龙树脚、滥泥冲,尽烧民房六十余户。

民国九年,六月,西区雹,损禾苗及一人,牛五头。

民国九年,十月二十五日,火,延烧后山民房十余户。

民国十年,有年。

民国十一年,旱。

民国二十年,大水。

【注】

[1]白蝴蝶：因蝴蝶轻灵而美丽，象征着人类美好的生活，它的出现预示着祥瑞。万历(1573~1620)是明神宗朱翊钧的年号，明朝使用此年号共48年，为明朝使用时间最长的年号。万历前期，张居正主导实行了一系列的改革措施，社会经济持续发展，对外军事也接连获胜，朝廷呈现出中兴气象，史称"万历中兴"。

[2]荧惑入井、鬼：荧惑即火星，由于火星荧荧似火，行踪捉摸不定，因此我国古代称它为"荧惑"。在古代，无论是东方或是西方，火星都被认为是战争、死亡的代表，这里指火星行经井、鬼的分星空域。古代与之相类似的说法还有"荧惑守心"，"心"是指天蝎座中的红色一等亮星，由于它红光如血似火，故我国称它为"大火"。天蝎座是黄道星座，在中国传统的天文学中属于二十八宿之中的心宿，心宿有三颗星，分别代表了皇帝和皇子、皇室中最重要的成员。而火星总是在黄道附近移动，火星留守在天蝎座的罕见的天象，在中国的"星占术"中被认为是最不吉祥的，象征皇帝驾崩，丞相下台。不祥的火星在心宿徘徊不去，则两星相互辉映，争"红"斗"艳"，这就叫"荧惑守心"。崇祯是明代最后一个皇帝，吊死在煤山。无论是上述的哪种天象出现，在星象学家看来，都是天象在预兆人事。崇祯元年：1628年，中国农历戊辰年，生肖龙年。

[3]彩云：即祥云，是由于折射日光而呈现彩色的云，以红色为主，多在晴天的清晨或傍晚出现在天边，古人认为是吉祥之兆。雍正八年：1730年。

[4]有年：大丰收。出自《谷梁传·宣公十六年》："五谷大熟，为大有年。"

[5]彗星现：天空出现流星。古人认为出现流星意味着灾难，所以把彗星贬称为"扫帚星"、"扫把星"、"灾星"。宣统三年：1911年。

[6]景星、庆云：古代天文学家把所谓吉祥的星称为瑞星。瑞星有四，一曰景星，二曰周伯星，三曰含誉，四曰格泽；庆云：五色云，也叫景云、卿云，古人以为吉祥之象。民国元年：1912年。

地理部

《周官》:大司徒[1]以天下土地之图,周知九州之地域广轮[2]之数;汉萧何[3]收秦图书,俱知天下扼塞[4],户口多寡,强弱之处,民所疾苦;班固[5]作《地理志》,后世郡邑志,遂沿以为例。盖一言《地理志》,则中尽郊圻[6],设险守国,而疆域、山川、形势,亦寓[7]乎其中。兹遵通志,列为四门俾规[8]。厌(原作"恹",今改)咨度[9]者览焉,志地理。

【注】

[1]大司徒:官名。《周礼》以大司徒为六官中的地官之长。

[2]广轮:指土地的总面积。

[3]萧何:西汉初期政治家,汉初三杰之一。他接收了秦丞相、御史府所藏的律令、图书,掌握了全国的山川险要、郡县户口,并知民间疾苦,对日后制定政策和取得楚汉战争胜利起了重要作用。

[4]扼塞:必须控制的天然要塞。

[5]班固:东汉史学家、文学家。著作有《汉书》,并在《汉书》的编写体例中首创了《地理志》和《艺文志》,为后代史学家所仿效。

[6]郊圻:边关险要之地。

[7]寓:包含。

[8]四门俾规:俾是"使"的意思,力求使本县志在《地理志》的体例上符合正史的规范。四门指舆图、疆域、山川、形势。

[8]厌咨度:满足于商议斟酌的热心人来阅览,以便于及时参照和修订。厌:满足。

舆 图

邱北县图(附于本书末尾处)

邱北县街道图(附于本书末尾处)

疆 域

县治在滇垣[1]东南六百里，东南边界尚有开化、广南屏障。惟顺清水江东岸近北一段，直抵粤西西隆县八达弹压委员（此处疑缺"会"字）之猫街等寨。

采访疆域

东界广南县之弥勒湾三十里。
西界五嶆县塘子边八十里。
南界开化之店房一百二十里。
北界师宗之壩陵嶆一百六十里。
东南至开广六十里。
东北至粤西八达分州二百一十里。
西南至大江边弥勒一百八十里。
西北至师宗矣厦寨一百六十里。
全县区域旧分八丛、六嶆、三乡、大小百户、十四寨，办理团保，分县城及附近城村寨。即八丛为中区，六嶆、石葵等村寨为上东区；温牛至小壩等寨为下东区；茷地湾、大百户等村寨为上南一区；腻革龙等村寨为上南二区；小百户、树皮等存在为下南一区；乐太邑等村为下南二区；西郊曰者乡等寨为西区；双龙营等寨为北区；十四寨、腻革龙等村寨为十甲区，共分十区。

陆程距京师九千七百（原作"里"，今改）二十里，距省城六百里，距蒙自道署[2]四百里。

山　川

云南诸山，发源自老君山。其支脉绵延，难以记载。邱北龙脉[3]发源以暮冶山为主。《府志》："暮冶山山脉，自陆良龙海山，蜿蜒曲折二百余里，至泸西龟山，环回向东之紫薇山，至紫薇山过江，五嶆羊雄山，磅礴二百余里，层折叠落，宛邱之南，为暮冶山。"

南盘江以南之山，自阿迷来，西北走广西州五嶆境羊雄山，为九台山,为飞涂坡。又东北至师宗,邱北境为盘龙山,分一支走清水江北,东北行为马者龙山,为暮冶山。又东北走壩陵蚌,别入广西西林县界,抵清水江入盘龙处而止。(《云南通志》)又一支走清水江南为石龙山,又东北为马头山,又东北为歹马坡,又东北走东入广南府,东北入广西西隆州界。(《云南通志》)。

暮冶山,《通志》云:三月三日,天朗气清,登其巅可望安南[4]宫殿。

碧梧岗,即后山。古名报马坡,城跨山腰,顶在城外,建有碉楼一座,其麓即县署大街地方,设有警,宜驻兵防守,否则被敌所占,城中纤微[5]俱见,炮火直达,受害非(原作"匪",通假字)轻,故宜注重焉。

文笔山在城东南二里,山势蜿蜒,宛若龙形。上置一塔,与彩云山对峙。

老尖山又名金厌山,在城西南二里。堪舆[6]家谓代出名将,此所钟。

梁王堆,相传元梁王驻兵处,是坡有三:一在城南里许,一在五桂河,一在望城坡。

五老山,又名寿星山,在城西南四里。

大维摩山,在城西十五里,载《通志》。

小维摩山,同上。

鹤峰山,在城东南二里。

马者龙山,在城北三十里,载《府志》。

九连山,在城北二十五里,九峰攒簇,宛若青莲,北与六合相望,暮冶争雄。

望城坡,在城东十里。

彩云山,即成子山,在城南二里。顶上万氏建有营垒,址存。

玉屏山,县治对案。

日岛,月岛、星岛,以上三山,在城东北七里锁水处。

狮子岭,在城西十里。

象鼻山,在城西十余里,新城左侧,凿洞引水,过枧[7],灌溉田。

马头山、马鞍山,在城西十里。

平山,又名东瓜山,同上。

三光坡,在城东北一里。

万松山,在玄天阁,在城北五里。
聚阳山,在城北十五里。
八角山,在城西十里。

上下南区

老虎山,在笼陶之西,阿迷卡前,形势天然,雄视东南。
白石岩,在笼东八里许,左右如悬壁,万氏营存。
大阳山,在树皮右,曾开银矿孔硐,俱存,俗呼"披厂坡"。
大坡,在腻腻白,顶有井,终年不涸。
钻天坡,在树皮南五里,通开化大路。
打马坎,即倒马坎,在摩龙、恨西界,最危险,历年劫盗,多出于此。
长冲,由地白至小龙树约七十里,中无人烟,多藏劫盗。今年负贩行人,多被劫。
小石碑,在树木架革三里,交矣得邑火石坡,盗贼出没无常。
寿星坡,在你宜克寨后,高千仞,形如寿星,故名。
马鞍山,在小江口对河,多产獐、麂、兔、岩羊等类。
响水山,在小江口。
花园坡,在小江口上,距城一百二十里。
泥革龙山,距城一百六十里,西南有数村落。
大城坡,距城一百五十里。
龙翔山,距城一百六十里。
鸡冠山,距城一百六十里。
以上诸山,明季普、沙、万氏踞,置营垒,旧址存。

西 区

笔架山、笑狮山、八角山,在曰者乡。
松荫山,松坡营改。
南寿山,五老峰改。
小桃源洞,张嘴石硐改。
三星山、祭牛山,在曰者乡。

大象山，打磨山改。
盘龙山，营盘山改。
鸡鸣关，城门洞改。
妙香山，在望乡台，有望夫石。昔有夷人从军交趾，其妇登山望之。
白猿山，在了堵，猴子山改。
圆宝山，在补克。
天生路。

东　区

布亚大山，在温浏西北，高万丈，终岁云雾不开。
城子山，在浏温，有洞深入地河，产燕窝。
壩榔箐山，高七八里，在温浏南。
丁响天坡，在丁响后，高约数百丈。
格得坡，距城一百八十里，与桂黔省连界，山峻路坷，最为险要。

北　区

竹山，距城一百三十里，发脉木耳箐，产锑矿。
北山，在新安村，产锑矿，先年李姓开办，世乱停。
兴安岭，在布义村。
六湾大山，自五嶒发脉十五里，入邱界，又三十里至六湾，产动植物，最富。
倮营山，同上。
南极山，马者龙西，有路直达山顶。清江一带，若在咫尺。
汉营山，同上。
小龙山，在双龙营北十里。团圆如毯，花木繁盛。上有观音寺，清光绪三十三年重修。
纳赛大山，在万山中最高耸挺起。虽数百里，望之屹然。自纳赛至山麓二十里。由山麓至山顶约六百余丈，中有谷，诸寨必由之，路极危险，伏莽[8]滋多。

十甲区

寒梅山,在法特里许,高出云表,山麓有五灵洞。仰观天蓬[9],云板[10]不下二百余丈,宽可容数千家。昔普酉驻兵于此,万氏营址尚存,中有清泉流出,若变乱,民多避难于此。瑰奇巨观,天然构接,惜未经名贤题咏,弃之僻壤,而名不新[11]。

清泉洞,在黄泥哨西里许,山半有洞,天然石龙,口吐出清泉。

迷摩山,在村南,有洞产硝,名大硝洞。

飞燕山,在帕乃龙东二里,有燕子洞,出燕窝,有人采取。

天麓山,在西沟,山巅有龙潭,四时常有此下蚌去,沟交大江边。

霜羊洞,西行里许,有映雪山,顶出清泉,曲折湍流,山光水色,相映成趣。

盘江,源自沾益州炎方驿,南下经交水曲靖,过桥头,由越州、陆良南抵阿迷州境,北合曲江,泸西始东转折,北合弥勒巴甸江,是为额罗江,又东北经大柏坞、小柏坞,又北经大江边,至对河入邱北小江口、花园坡、西沟、夏勒、迷莫、小田壩,接入广西五嶒小田渡,又东四十里至飞涂渡,又东北过师宗水尾拐村两度,又东北过罗平,东南巴旦寨,合江底水,经巴泽、巴吉,合黄草壩水抵壩楼,合者平水,始下安隆,出剥隘,为右江。(参《滇系》)

清水江,源出旧城龙潭,历新城桥头,而摆落河。自西交入,绕县治北,而高枧嶒小河,东流交入归锁水岛,向东北必宗旧各寨,至栏马入广南界内。而发白大河自南交入马别河上下者,偏又折入邱界龙窝桥。而戈底之水源,出自小龙尾,经水头石葵蚌革补罗嶒霸桥流入石别。至此二水汇(原作"会",今改)合,水势渐大,纳诗凹江小木桥,汇各村溪涧水,过革得坡脚小壩,达顾工大桥,滔滔之势,已成巨江矣。东沿南尾弄渭,越粤界猫街,顺流百余里,归八达江(又名:合江)。

摆落河,流经发比西耳三家水塘麓羊打磨山一带,折而北,泻归落水洞,水溢,汇象流自西顺白脸山脚,交入桥头大河。

浣溪河,流经下雨泽阿宜乡密纳,过高枧嶒,汇入大树龙潭养马冲,泂上下寨,绕锁水岛,交大河,总归清水江。

双龙营河,发源于大箐、鸭子塘之交,西流至马樱山,伏流五百里至老干洞涌出,行八百里许至菜园山麓,复伏流二百里至霖雨洞涌出,一里至哨营山。又伏流,自山之南麓涌出,西行里余,汇两潭水,经松树地、水围营,入于落水洞。

凤尾河,发源于凤尾山麓,其水清碧,北区河水以此为巨。据该处土人传说,谓(原作"渭",今改)足普革河与者旦河潜流至此涌出。然此河纵遇亢旱[12],水势如故。而普革河每至春夏之交,河水不绝如缕,者旦河其流细,是此河别有来源。河水东北流至平寨,山后有支流来汇,折向北流至师宗地,经红湾林黑蚌,别入混水江。

【注】

[1]滇垣:指云南的省城昆明。

[2]道署:道台衙门。

[3]龙脉:风水学上把绵延的山脉称为龙脉,龙脉就是山的脉络。土是龙的肉、石是龙的骨、草木是龙的毛发。寻龙首先应该先寻祖宗父母山脉,审气脉、别生气,分阴阳。古代"风水术"首推"地理五诀":龙、穴、砂、水、向。相应的活动是"觅龙、察砂、观水、点穴、立向"。

[4]安南:地理位置在今天的蒙自老寨附近,万氏僭称安南王,曾经在此处建立过宫殿。

[5]纤微:纤细和微小,细小。

[6]堪舆:即风水,指住宅基地或墓地的形势。"堪"为天道,"舆"为地道。古代的"风水术"一开始就与天文历法、地理走势结下了不解之缘。仰观天文,俯察地理,近观人文,这是古代"风水术"的三大特征。

[7]过枧:架在空中渡水用的木槽。

[8]伏莽:潜伏的草寇。

[9]天蓬:星宿神。《道法会元》卷一七二说:"北斗九宸,应化分精,而为九神也。九神者,天蓬、天任、天衡、天辅、天英、天内、天柱、天心、天禽也。谓顺支辰,总御阴阳,契合天地,主张造化,乘三明以应四时,随月建以定八节,历九宫也进退。"即是以天蓬为北斗九宸之首辅,主四时八节、阴阳造化之政。

[10]云板:指洞口距离山脚的高度。
[11]不新:不为人知晓,不著名。
[12]亢旱:大旱。

附:邱北县名山形势表

山名	暮冶	九连	彩云	大维摩	小维摩	文笔塔	碧梧(古名报马坡)	象鼻	全盍(旧名老尖山)
所在地	城之西南	城北二十五里	城南二里	城西十五里	同左	城南二里	城北	城西十余里	城西南二里
属何山脉	陆良龙海山	暮冶	同上	同上	同上	同上	同上	同上	同上
高度	二十余里	二里许	里许	八里许	五里许	二里许	里许	三里许	里许
周围里数	六十余里	十里许	五里许	二十四里许	十五里许	八里许	五里许	八里许	六里许
山居村落	暮衣狙猓	五铺	上寨	旧城河外马头山	同上	下寨	县城	新城	
关隘				万氏建有营垒,址存		前清中协陈得功所建炮台遗址存。	顶有碉楼一座,城跨山腰即麓即县署大街		
胜迹	通志云:三月三日,天朗气清,登其巅可望安南宫殿。昔人取崔颢召饶太华之句,列为八景之一。	九峰攒簇宛若青莲	岩下有观音寺盘安楼,楼下有池,凭栏作酒,令人有飘飘欲仙之概。	下有黑龙潭,潭广十余丈,空深无底,水色黝绿,勃勃有珠突起,累累不绝。	下有白龙潭,二与黑龙潭相接,水面泡烟雾时出,即清江之源头。	上置白塔一座,山势宛若龙形,与彩云山对峙。	腰际古寺前有青松掩映昔人题为古寺松风亦八景之一。	由山腹凿洞引水过视,昔人费万金造成长桥,水由上过,直达隔岸,其利甚薄,有洞口为象鼻然。	形为一笔,四围有青松环绕,麓有大塘积水不干。
特产	香樟木凤尾茶	野雉	八哥兰花	菌类、滑石	同左	古松			

续表

山名	望城	格得	寒梅	飞燕					
所在地	城里十里	城东一百八十里	城西南百余里	同上					
属何山脉	幕冶	同左	龟山	同上					
高度	十里许	二十里许	十五里许	三里许					
周围里数	二十里许	六十里许	四十里许	五里许					
山居村落	小新寨		法特	盘乃龙					
关隘	广南入丘要冲,据称天险。	与贵黔连界,山峻路崎,极为险要,有一夫当关,万夫莫越之势。民国五年,粤军犯滇,即从此偷入。							
胜迹	相传元梁王驻兵处。		山麓有五灵洞,可容数十家,昔年变乱,居民多避难于此,上有普酉名声驻兵处,及万氏营垒,犹存。	有燕子洞,飞燕常集其中。					
特产	獐鹿	燕窝							

邱北县川河形势表(一)

名称	清水江	双龙营河	浣溪河	摆落河	凤尾河
全长里数	四百里	三百里	二十余里	一百余里	二百余里
经过本冶里数	二百四十里	一百余里	二十余里	一百余里	一百里
源委	旧城龙潭	大箐鸭子塘	上雨泽	摆落	凤尾山麓
极宽处(丈尺)	十丈	五丈余	四丈	五丈	四丈
水利	灌溉数千亩	溉田数百亩	溉田数千亩	同左	同左
水害	倘值雨盛之岁沿河一带低处多淹没				

邱北县川河形势表(二)

名称	清水江	双龙营河	浣溪河	摆落河	凤尾河
支流					
水流方向	东	西	东北	东南	东流复北
航路状况					
船舶种类					
津梁	旧城桥 新城桥 三鼎桥 北桥 当水桥	同仁桥 莫落黑桥 丁家桥	密纳石桥 上寨石桥	摆落桥 白驹桥 普济桥	大石桥 大板桥
水产	鲤鱼马鱼 飞鱼团鱼等	同左	同左	同左	同左
沿河城镇	新城村 旧城村 县治	双龙营		日者乡	平寨
附记					

形　势

邱北,属本省之东陲一隅。东与粤西、广南为邻,南界开化、阿迷,西接弥勒,北通师宗五嶰。横广而纵仄,略似蜂腰形。地势西南高而东北低,故西南乡崇山峻岭,绵延不绝。东北乡大率[1]平原,惜河道失修,荒原遍野,往昔常视为云南瘠薄[2]之县,实则天产[3]丰饶,亦足自给。地为云南东陲门户,而于广南、开化、阿迷、弥勒、师宗五嶰,尤有唇齿相依之势,志形势。

【注】

[1]大率:大抵是,大都是。

[2]瘠薄：土地贫瘠，人口稀少。

[3]天产：物产。

插花地

邱北县治，清初维摩州，康熙六年改维摩州为邱北州判，隶属于师宗州。嗣[1]师宗州改县，又改为邱北县丞[2]，仍隶师宗县。道光二十五年，前总督鄂公[3]由桂入滇，道经邱邑，以为由粤入滇门户，山深箐密，盗匪易藏，非设县治不足镇慑（原作"摄"，今改"慑"），始改设县治。

管辖区域旧分八丛、五嶍、三乡，大小百户、十四寨等名目，共六百余寨。现因编联保甲办理团务[4]，又分为中区、上东区、下东区、上南一区、二区、下南一区、二区、西区、北区、十甲区，共六十区，幅员斜长二百余里，宽不及百里。东接粤西西隆县八达弹压委员管辖之猫街，东北界师宗县，西北连泸西县，东南界与广南县。分界之区毗连[5]，东界清水江，河流之西岸为邱属东岸，近北一段为粤西西隆县八达弹压委员所辖之猫街三寨，虽有邱属之南尾寨，在河东岸，顺河斜插流入粤境。然人户甚少，治理不难，可以无庸划拨。清水江岸近南一段，有广南县属之小革夺寨，插入河流西岸，该寨东南临河，西、南、北三面皆邱北属地。又为顺河边往东道路，盗匪出没无常，在广南边极，鞭长莫及，在邱属越俎[6]碍难[7]，此处最宜划归邱属管辖，以便治理。尚有广南之凹汪、纳坡插入河流西岸邱属界内，邱属之南林、龙窝插入东岸广南界内，亦宜互相划拨，以清界限，而便管辖。东西北角于师宗交界之区，北面盘江河流为界，东面清水江河流为界，而师宗属之射騰、火把、阿得、英舍等寨插入邱属东北界河流之内，距邱城百数十里，距师宗县城有二百余里，距师宗远而距邱近，宜划归邱北，即可全以河流为界，治理既便，界限以易分明。西北方面均以盘江河流为界，其西北方面界泸西县属之五嶍县佐地，全在盘江河流域之南，插入邱北。盘江河流域以内五嶍，县系驻扎之。官寨至邱北县界四十余里，至邱北城九十里，快足日可达，常行一日可到。由官寨至泸西县城则有一百数十里，较距邱为远。五嶍属于邱北之北区，毗连之长冲，地方荒旷二十余里，距邱城及五嶍各五十余里，四无人烟。为由泸西至邱属双龙营赶集要道，盗匪易藏，此拿彼窜。就治理上之便利，则五嶂分治地面，似宜划归邱北。至东南交界之区，则广南县小维摩县佐管辖之弥勒湾等寨，距邱北最近，距莲[8]甚远，尤为藏奸渊薮[9]，治理极难。且以大、小维摩分隶两属，亦非所宜。缘邱北治城为维摩州，小维摩乃维摩人所开辟[10]之殖民地，故名小维摩，俗谓小维摩为大维摩子寨。自裁维摩州为邱北，原隶师宗州，后乃将小维摩划隶广南。民国光复后，因小维摩距莲鸎远，乃设维摩县佐[11]分治其地，察其所辖之弥勒湾、矣得邑、倮可者、发白、法车、矣勒、栏马、纳尾、蚌常、黑那、纸厂、木白、大落白、龙冲、大田、水井等村寨，均插入邱属东南区之支白、树木架革、必宗、旧腊、八鲁、布桥、花窑、石别、补落诸寨之内，距邱北县近者仅三十里、远者四十里、七八十里不等，距广南县内有二百五六十里之遥，实为广南瓯脱[12]之地。虽民国四年添设维摩县佐分治，第县佐权较轻，拿获命盗人犯，必解广南审办，自小维摩至广南城相距四五日。遇有要案发生，文书往返，难期迅速，解审[13]一犯，人少则中途危险，人多则解费[14]须赔，累不赀事，多障碍久（原作"攻"，今改）。凡盗贼发生，不但难获，获者又因审办困难，鲜[15]能严肃惩办。曾遇地方绅民陈述，倘划归邱属，解犯一日可达，诸事均易整理。且有该处绅民，因调查插花地而来，历陈困难，请求上呈，划归邱属者。由此观之，是小维摩县佐辖地，就地势及行政之便利，似宜划归邱属，或将县佐改为行政[16]，委使其权责较大，拿获盗匪等案，可以自行呈办，则较之划归邱属，尤觉有益。又开化县之柯矣、那戛、米宜克等寨，均插入邱属西南偏舍、棚尕、假补左各寨之中，距邱城仅七十里，距开化县城有二百余里，为开化华离[17]之地，似亦宜划归邱属管辖，以便治理。

【注】

[1]嗣：到了，等到。

[2]县丞：县长的副手，一般是一人，大县设两人，主要职权是管理文书、仓库，少数时期，能管理地方财政和治安。还有一个职权是县长不能处理政事时，他可以代替县长暂时管理地方。

[3]总督鄂公:指鄂尔泰。

[4]编联保甲办理团务:在清代,推行保甲制度被朝廷当做消弭盗贼、维护治安的重要手段。编联保甲的办法,康熙四十七年曾规定:"一州一县城关各若干户,四乡村落各若干户,户给印信纸牌一张,书写姓名、丁男口数于上,出则注明所往,入则稽其所来。面生可疑之人,非盘诘的确,不许容留,十户立一牌头,十牌立一甲头,十甲立一保长。若村庄人少,户不及数,即就其少数编之。无事递相稽查,有可互相救应,保长、牌头不得借端鱼肉众户。客店立簿稽查,寺院亦给纸牌。月底令保长出具无事甘结,报官备查,违者罪之。"(《清朝文献通考》卷二十二),办理团务是指兴办民团(民兵)组织,以维持地方治安。

[5]毗连:分属于两地管辖的土地紧紧相连。

[6]越俎:"越俎代庖"的简称,指超越了邱北行政管辖的范围。

[7]碍难:指交通不便,难于到达。

[8]莲:指今广南县城,因县城四周的山峰形似莲花,故称"莲城"。

[9]渊薮:"渊"指深水,深潭。"薮"指生长着很多草的湖泽。"渊薮"即聚集的地方。

[10]开辟:开疆辟土,指首先在这里定居。

[11]县佐:官名。清朝和民国初年设置,为县知事的佐理,实即县丞改名,但不普遍设置,且驻于县内要地,不与县知事同城。掌理县知事委办的各项事务,并于驻在地方就近指挥监督该地警察及处理违警案件,实际上是一种副县级机构。

[12]瓯脱:原来指古代少数民族屯戍或守望的土室,这里指边境荒地。

[13]解审:押解和审问。

[14]解费:押解犯人的劳务开支。

[15]鲜:少。

[16]行政:这里特指行使管理职权的活动范围。

[17]华离:交错。指两县交界的地方,但离邱北近而离开化远。

《邱北县志》第二册

建 置 部

建置部:沿革、城市、官署、乡镇、户籍、人种、交通

建 置 部

舜肇十二州,而禹约以为九州。三代[1]建屏藩,而秦置郡县,时势不同,而土地亦因之而改。邱北自汉开贲古[2]为县,历唐、宋、元、明、清,或羁縻[3]窃据,或裁、或降、或复设,名称不一,幅员屡更,因时制宜,亦在处置之善与否也。谨祥考其沿革而著于篇,其疑似者,不敢凭诸臆断[4],阙焉[5],以俟[6]后之作者。志建置。

邱北名号:邱,阜[7]也;高也。境内诸山,惟暮冶峰极高,治城在暮冶之北,故曰:邱北。

贲古:汉县。

维摩:元、明州名。

邱北:清县名,民国因之。

清江:俗呼。

宛邱：同上。

邱阳：同上。

贲古县考：

《水经注》："盘水出律高县[8]东南，盘町山东，经梁水郡[9]北，贲古县南，则贲古县在梁水北。汉时无梁水，则律高以东皆贲古，师宗、邱北等处皆是。"

又案：晋置梁水，则师宗以南为梁水，师宗以北为贲古，而律高仍属兴古。

又案：《宋志》无贲古，有新丰，新丰为今之陆良，则师宗、邱北又属新丰温水[10]。

又东南经律高县南，又东南经梁水郡，则梁水郡又在八达河北。

《华阳国志》："梁水郡在兴古之盘南。"盘南，可谓为盘町小南，亦可谓为巴盘江南，要之。师宗以南达邱北八达河，南北皆为梁水郡地，则师宗以北罗平地，其为贲古无疑矣。

又案：贲古《晋志》属兴古郡，《华阳国志》属梁水郡，《宋志》、《南齐志》无，唐为盘州地。《汉书·地里志·牂牁郡·镡封县》注："镡封当在今广南北境，邱北县交广西西林县西隆州境。"

邱北，古荒服[11]地，唐虞《禹贡》属梁州之域，商仍之，周为百濮[12]蜀国，春秋属楚地，战国仍属楚。秦使常頞[13]略（通）五尺道，置吏。汉为益州牂牁郡贲古县，蜀汉属兴古郡，晋属宁州，隋属牂牁郡，唐为东爨乌蛮等部所居，为羁縻州，隶属黔州都督府，太和间南诏蒙氏并其地。宋为维摩部，段氏莫能制。元初设维摩千户，隶阿迷万户，至元[14]中改隶广西路，后改为维摩州。明维摩州隶广西府。成化[15]二年改土设流，辖曲部、临安、阿母、大、小维摩五乡。州初建阿母，后迁曲部。土官资高、资金相继作乱，州官不能制，悬其境，资氏故绝各夷，窃据八十余年，至万历二十八年始得恢复。崇祯四年，借邱北为维摩州城。至清康熙八年奉裁，以曰者乡归弥勒，以维摩归广南、开化，以西四嶂三乡[16]之地设三乡县。九年又裁三乡县归师宗州（原作"县"，今改），后以地方辽远，土目滋事，雍正九年将附征地方仍割归，改设分防邱北州同。其地方事宜、田土、钱粮俱归治理，仍隶师宗州。乾隆三十年改邱北州同为县丞,道光二十年又升为县。

邱北县建置沿革表

朝代	辖属关系
汉	贲古县地,隶益州牂(牁)郡。
蜀汉	贲古县,隶兴古郡。
晋	梁水郡地。
宋	新丰县。
齐	同上。
梁	同上。
隋	属牂牁郡。
唐	盘州地,天宝后为东爨乌蛮等部,旋为蒙氏所得。
宋	未有建制。
元	设维摩州千户,初县阿迷万户,至元中改律广西路,后改为维摩州。
明	维摩州隶属广西府,成化二年改土设流,旋为各夷窃据,万历二十八年始复。
清	康熙八年裁维摩州,以曰者乡归弥勒,维摩州归开化,广西四乡三嶰之地设三乡县。九年又裁三乡县,并归师宗。雍正九年设分防邱北州同,仍隶师宗州。乾隆三十五年,改设邱北州同为县丞,道光二十年又升为县。
民国	仍为邱北县,属蒙自道。

【注】

[1]三代:指中国历史上的夏、商、周三个朝代。

[2]贲古:古县名,西汉元封二年(前109),置贲古县(即临安府,今建水县),属益州郡所辖24县之一。

[3]羁縻:语出《史记·司马相如传·索引》"羁,马络头也;縻,牛蚓也",引申为笼络控制。唐朝开始对西南少数民族采用羁縻政策,承认当地土著贵族,封以王侯,纳入朝廷管理。宋、元、明、清几个王朝也称土司制度。

[4]臆断:指仅凭臆测而下的决断,主观地判断、推测所做出的决定。

[5]阙焉:缺少;不完备。

[6]俟：等待。

[7]阜：山丘；土山。

[8]律高县：古县名。西汉置，治今云南省弥勒县南竹园镇。属益州郡。三国蜀汉废。西晋咸宁元年(275)复置，为兴古郡治。南朝梁废。

[9]梁水郡：中国古代行政区划名。三国蜀置，治梁水县(今云南开远市境内)。辖境相当于今云南省开远、个旧、石屏等县市。后废，东晋时复置。南朝梁又废。

[10]温水：古称南盘江为温水。

[11]荒服：古"五服"之一。指离京师二千到二千五百里的边远地方。亦泛指边远地区。

[12]百濮：古族名和古国名。主要分布在长江流域以南一带，元代以后称为蒲人，后来发展成为南亚语系孟高棉语族各个民族。

[13]常頞：人名，秦始皇时奉命修筑五尺道。

[14]至元：元世祖忽必烈的年号。

[15]成化：明宪宗的年号。

[16]四嶆三乡：一说为六嶆三乡。六嶆为者旦、宜常、六桂、普乐、戈底、阿宁；三乡是阿宁、邱北、马者龙。

城　市

明弘治十年设流[1]，初建阿母，迁曲部，俱石砌。后以邱北城为州治，裁缺后并毁。雍正八年，州同王纬始奉文修筑于报马坡(即今城)。筑土垣，楼堞岿然，高一丈四尺，厚四尺。东至西一里三分，南至北一里，周围四百一十丈。池广四尺，深可八尺。乾隆元年重修，并建四门城楼，东曰向阳，南曰迎薰，西曰涌金，北曰星拱(门额久废)。

道光二十年，改设正县，城仍旧。二十二年，知县高环重修四城楼。咸丰年乱，中协陈得功四隅筑有碉堡楼七座，布置周密，颇资防御。同治五年，知县黄榜魁率绅民添建重关四座，惟西南两门存，其中街、东街并毁，城则风雨飘摇，楼垣倾圮[2]。光绪二十五年，知县田亮勋请款一千二百二十三两零四分，接任王树槐率绅民兼修，节年随倾随补，尚未完全。经粤军犯滇后，绅民等勘量修补，始得完固。

邱北县城街市表

古名	今名
正街(由东门至西门)	正达
照壁脚	端拱
大营盘	尚武
小营盘	中和
寿佛寺	寿福
东门外	彤云
西门外	迎爽
南门内顺街	极星
南门外	向午
油房巷	光明
城墙脚	顺城
南门外横街	保平
大巷	文献
南关外新居	南村

邱北县城镇乡逢街日期表

城镇乡名	日期	城镇乡名	日期
中区县城	亥卯未	摩笼	己亥
矣堵	子午	那苴	卯酉
东区温浏	寅申	龙溪	辰戌
补罗	辰戌	西区曰者乡	子午
石藕	丑未	北区双龙营	己亥
上南区腻革龙	子午	普者黑	卯酉
下南区树皮	丑未	十甲区腻脚	寅申
得戞	卯酉	拖克	丑未
笼陶	寅申	马者龙	寅申
八达哨	辰戌	舍笼	辰戌
马者龙	寅申	红花山	卯酉
羊街	丑未	水井	己亥
坝稿	寅申		
共计大小街场二十五处			

【注】

[1]设流:即改土设流。
[2]倾圮:坍毁、倒塌的意思。圮,当毁坏、破裂解。

官　署

县署,在报马坡山麓,坐北向南,雍正八年州同王纬建。乾隆年,县丞姚炳继修内堂五间,左右厢房各三间(今圮)。光绪十七年,知县李良年重修西边厢房三间。宣统元年,知县冯汶修仪门三间(今圮),头门三间,六房、皂役房、厨房、照壁、石狮子,各制具备。

训导署,在正街,今外警察事务所。典吏署在县衙大门内,今卖出。

把总[1]署,今改建实业所。演武厅在南门外,今存。

射圃,在武署东花厅后,今圮。公馆在正街,今改设县议事会。

城内仓,在县署右侧,坐北朝南三间,又坐北朝南一间,看守仓房斗箕屋一间。奉前清善后总局札,发银九十两,修建仓厂工料等项费。乡仓在双龙营。

梁牍祠[2],在县署大堂下。

监狱,在县署大堂下,东边五间民国六年知事曹文郅重修,较前宽。西边三间宣统元年知事冯汶修。习艺所三间,光绪二十六年知县杨文海修。

养济院,在西门外,今移仙凤山脚。

腻革汛署、架哈汛署、小马恨汛署、树皮汛署,以上四署昔建有汛,方兵燹并毁,址存,光绪三十一年并裁。温浏汛署,无署,光绪十八年设,三十一年裁。

中区村庄表

村名	距城里数	村名	距城里数	村名	距城里数	村名	距城里数
下寨	半	阿路白	十	小西笼	三十	猓猡苗子寨	九
上寨	二	大墨勒	三	必宗旧	八	鲁布桥	二十三
高视槽	五	小落利	六	牛布迭	二十	冲革	二十
那泥冲	十六	旦古	十七	上详已	十五	纳龙	二十
桥头	八	旦水	六	戈必	二十	上歹鹅	二十四

续表

村名	距城里数	村名	距城里数	村名	距城里数	村名	距城里数
小戛勒	五	马头山	七	阿了龙	二十七	老寨	十五
小龙尾	十八	暮舍本租	三十	河外	七	小新寨	四
小黑箐	八	旧城	八	新城	九	小桂革	十
大新寨	一	马厂	十一	花桑	三十	花桂	十四
下丛	一	阿拐	二	三家寨	三十二	阿宜乡	二十
大坡脚	七	两家寨	三十二	歹鹅	二十五	上雨泽	二十五
小母乃	十六	山后	二十五	龙桥新寨	二十三	豹子坡	二十五
小草牛	二十二	响水	三十七	矣能	十六	白泥井	三十二
阿革卡	十五	猫猫冲	十五	矣能箐	二十	布宜	二十
打铁寨	六	阿诺	二十二	黎家庄	二十	了矣则	三十一
老八	十六	那黑上寨	三十	下雨泽	二十四	那黑下寨	三十一
密纳	十五	大勒哨	三十五	黄庄	三十四	石坝	二十五
上下两丛	三	麦地冲	三十	八道哨	三十	马者龙	四十
笼克	二十	独家村	二十五	八北	十五	黑箐笼	五
阿耐租	三十	小马者龙	四十	老鸦箐	三十	暮衣老寨	二十五
老龙树	三十	大麦冲	三十	笼桥旧寨	二十五	马鞍山下寨	二十
小坝子上寨	二十八	详己	十五	小狃狎	八	了口寨	四十一
小坝子下寨	二十	龙戛老寨	四十	中歹鹅	二十五	红出山	三十五
羊硐	二十八	姑租	二十五	腻那革	二十	老庄柯	三十
横山	十八	保山营	三十	龙戛新寨	二十五	法果镇	三十
马鞍山	十五	大矣堵	十八	斗母寨	十	二道沟	三十
暮衣新寨	二十	小矣堵	十九	大黑山	十	了矣则下寨	三十
大龙潭	二十						

东区村庄表

村名	距城里数	村名	距城里数	村名	距城里数	村名	距城里数
石葵	五十	石硐	六十	蚌常	六十五	石萨	六十五
坝稿	八十	石别	七十五	当梭	七十五	大文窖	四十五
光歇	四十五	矣桃	五十五	六羲	六十	六常	六十五
补罗曹	六十四	高寨	八十一	纳施	七十八	龙窝	六十五
小文窖	四十二	大小水头	四十	小渭丹	五十	样猤	五十
茶叶箐	四十	大花桂	四十	大寨	四十一	麻栗树新寨	四十六
下宜必	三十九	弥荛	五十五	中宜必	三十六	温浏街	一百

续表

村名	距城里数	村名	距城里数	村名	距城里数	村名	距城里数
小龙尾	四十五	上宜必	三十五	戈塘	四十	石暮	四十一
石苟	四十五	麻栗树老寨	四十七	落母城	六十	小花桂	五十
贡蛇	四十	桃树	一百五	下田坝	一百二	那哈箐	一百一
矿山	一百一	金顶	一百五	干水井	一百一	石硐寨	一百一
郭家寨	一百五	老箐	九十二	六桂	一百	松毛地	九五
上田坝	一百一	石口子	一百六	铁厂	一百二	木革	一百二
高龙箐	一百二	锈水宅	一百八	烂泥箐	一百九	那哈	一百
花缴	一百五	花缴口子	一百五	老普寨	一百一	干石硐	一百
蒿塘	一百一	狼歇	九五	喊纳上下寨	九十	龙纳	八五
沙沟边	九八	丁家寨	一百一	晏家寨	九十	纳别	九二
钱家寨	一百五	五家寨	一百五	白泥塘	一百一	六独	九八
末末上下寨	九十	红大寨	一百	水头	一百五	小锅塘	一百一
得托寨	九四	马厂	八五	六布藕	一百四	十坵田	一百八
令冲老寨	一七五	干板田	一百五	坝达	一百三十	下那哈	一百十
羊街老寨	一百三十	柯松	一百四十	四家寨	一百五十	小新寨	一百五十
弥勒勒	一百九十五	坝郎	一百九十	纳烘	一百七十	令冲新寨	一百七十三
羊街新寨	一百二十五	上那哈	一百五十五	羊街上寨	一百二十五	阿姑寨	一百二十
渡汪干口子	一百五十五	大新寨	一百二十五	独沙人	一百五	革羊	一百九十五
石台	一百八十五	大渭甲	一百八十	水头	一百八十	南尾	二百九十
三家寨	一百十五	革王	一百八十	木笼	一百九十五	新寨	一百八十三
小坝达	一百七十五	弄渭	二百八十五				

上南区村庄表

村名	距城里数	村名	距城里数	村名	距城里数	村名	距城里数
小江口对河	一百四十	花莆寨	一百七十	火山寨	一百七十	瓦房	一百
荞地湾	一百五十	新店	一百十	倒马坎	九十	祖邑	八十五
小江口	一百四十	天冲子	一百七十	跨山	一百五十六	小平底	一百五十
箐门	一百二十	水坟寨	九十	嗅水井	一百三十	石岩头	一百二十

续表

村名	距城里数	村名	距城里数	村名	距城里数	村名	距城里数
拖底	一百	烂泥箐	七十	秧田	九十	火山	一百十
里扯	一百二十	小新寨	一百	地白	一百六十	黑箐门	九十五
瓦厂	一百	古城水迷冲	一百五	怒邑	一百四十	麦地冲	一百二十
芹菜冲	一百十	架木革	一百二十	里扯老寨	一百三十	菲耻葛	一百十
地白新寨	一百五十	麦冲	九十五	小坝心	一百	独家	一百三十
坡脚	九十	树则祖	一百	水迭冲	一百二十	大转弯	一百二十
大江边	一百五十	拖憂	九十五	中寨	一百	老街子	一百四
射冲	一百二十五	大麦地	一百十五	果地	一百五	锅铺寨	一百
小江口下寨	一百三十	三家	九十	大沙地	一百三十	老龙树	九十
芹菜冲	一百	阿苴猓	一百二	小新寨	一百十	黑桃树	一百二十
树则租	九十	冬瓜平	九十五	者秋	一百五	夸咩	一百二十五
蓑衣厂	九十五	了口寨	一百	三恨	一百二十	大狮硐	一百二十
何纳刚	一百十	耗子沟	一百二十	蚌常	一百	献鸡寨	百三十
祖鹃	一百	落马脚	一百二十	大黑树	一百	葫芦孔	百二十
夸竹	百四十	喂羊箐	百三十五	下冲头	百五十	大坡头	百五
干巴地	百十五	小塘子	九十	老寨	九十	新店	一百十四
苍房	一百三十	腻革龙	一百二十五	法克寨	一百三十	戛勒新寨	九十五
城子山	一百三十	葵子山	一百二十五	小尖山	一百十五	偏坡寨	一百二十
大江边	一百	白是岩	一百三十	腻革龙	一百三十	大松树	一百二十
小坝心	一百三十	十字卡	一百	栏杆	一百四十	松树寨	一百二十
锁石桥	一百二十	滥木桥	一百二十	老莺山	一百二十	麦地塘	一百二十
干龙潭	一百二十五	了堵则	一百二十	得米冲	一百	西勒古	一百三十五
扯牛皮	一百三十	桃树冲	一百五	小铺子	一百二十五	白色姑	一百一十
小绿塘	一百二十	大百户	一百三十	清香树	一百三十一		
小寨	一百二十一	竹箐塘	一百二十五	阿控	一百三十		

下南区村庄表

村名	距城里数	村名	距城里数	村名	距城里数	村名	距城里数
双塘子	五十	所梅租	六十	小新寨	五十六	姑祖	四十
足租底	五十	脚达克	六十五	则则租	七十	所求	七十
树皮	五十五	小龙树	五十	腻腻白	六十	龙树塘	四十五
石硐门	六十	五家寨	五十五	猓子蝶	六十五	了邑庄柯	五十八
了邑大寨	六十	矣落白	六十	格书	六十五	得戛	五十
黑侧	六十五	笼陶街	三十五	白沙沟	三十	己可得	四十
塘上	四十五	阿额	二十五	马革	六十五	新寨	五十五
大箐	六十	小塘子	六十	笼陶旧寨	三十五	笼陶新寨	四十
文白山	二十七	农人箐	四十二	妃央谷	三十五	干巴寨	二十
己得	六十	那苴街	五十	架得	四十	得苴	七十
摩龙	七十五	摩龙新寨	七十五	龙溪	五十	大荒地	五十五
落太邑	八十	舍路白	七十二	白泥塘	五十五	矣拖得	四十五
麦地冲	四十五	树木架革	五十二	绿塘子	八十	你宜克	六十五
东瓜冲	七十六	大马恨	七十六	八哥硐	七十	土基冲	六十七
洒文	一百	撇舍棚	八十五	朵假老寨	八十	龙树脚	七十
中补左	八十五	恒鲐寨	八十	阿奈龙	七十	大铁	九十
果白冲	八十	山后	七十五	你莫果	九十	朵假新寨	八十
补左	九十	沙人寨	六十	下补左	八十	小补左	七十
小马恨	七十五	牛屎坡	九十	滑竹箐	八十	阿小九	九十
核桃	八十五	三家寨	九十	鲁底	一百	菲侧	九十三

西区村庄表

村名	距城里数	村名	距城里数	村名	距城里数	村名	距城里数
曰者乡	六十	白家寨	六十五	出水寨	七十三	红花山新寨	一百二十
上羊平寨	一百三十	旧庄	六十五	马戛	七十	大沟	六十五
山查树	一百	红布白上寨	一百二十	红布白下寨	一百十	舍戛	一百五十
补母克	九十五	了堵新寨	一百	磨舍得	九十	小水塘	一百
落水洞	一百二十	黑硐矣白	一百二十五	麻栗树	一百	矣白新寨	一百
新庄柯	一百	拖克	一百十	红花山	一百十	了堵	九十五
三家寨	九十五	下寨	九十	砂坝	一百十	龙树脚	一百
白泥塘	九十五	矣白冲子	九十五	卜草塘	一百十	上曰者乡	四十

续表

村名	距城里数	村名	距城里数	村名	距城里数	村名	距城里数
鱼塘	四十	红布水头	六十	龙甍上寨	七十	小布红	四十
田边寨	五十	下曰者	六十	水塘寨	四十	己羊	四十
麻栗树	九十	摆落乡	八十	大布红	六十	庄柯	五十二
龙甍	七十五	白石岩	四十五	法比	六十	三家寨	五十
高寨	四十五	白己河	五十	小龙树	四十	新寨	五十
老虎冲	七十	白砂坡	六十五	打磨山	五十	矣补底	七十
木打白	六十五	冲头	六十	小竹箐	七十	补克	六十五
小湾塘	四十五	曰者乡新寨	六十	弥勒寺	五十	滥泥寨	五十五
新沟	四十	西耳	七十五	新安村	七十	小平坝	七十五
旱菜冲	七十五	补克半坡	七十	小尖山	七十五	偏头山	九十
老寨	七十五	黄泥哨	一百二十	大白路	一百十	舍笼	一百三十
白鸡	一百二十	家齐	一百二十	黑马寨	八十	塘房	七十
曰者乡旧寨	一百	下瓦厂	一百二十	葛蒲塘	一百三十五	模何底	一百四十
罗锅山	一百三十						

十甲区村庄表

村名	距城里数	村名	距城里数	村名	距城里数	村名	距城里数
得迷得	一百	老厂	一百二十	红布克	一百三十	黄泥箐	一百二十
法克地	一百十	腻脚	一百	牛棚	一百三十	老庄柯	一百十
毛王硐	一百三十	祭羊山	八十	那莫	一百五	迷达克	一百十
大箐	一百	祖遗	一百二十	老古寨	一百三十	阿落白	九十
畔乃龙	一百二十	多衣树	一百二十五	白硐	一百三十	畔乃龙下寨	一百十
皂角树	九十	花红山	一百二十	迷摩寨	一百	了口寨	八十
秧草塘	九十	西沟	一百十	六浪寨	一百	热地方	一百十
马鞍山	九十	摩洛革	一百	洗马塘	一百	双羊硐	九十五
岩头上	一百	喜鹊落	一百十	大箐厂	一百	龙树脚	一百十
甍勒	九十五	平坝寨	一百	鹧鸪寨	九十五	大坡上	八十五
水田寨	九十	偏羊硐	九十	舍黑	一百二十	绿茂寨	一百

北区村庄表

村名	距城里数	村名	距城里数	村名	距城里数	村名	距城里数
双龙营街上	五十	五铺	二十五	六十骂	二十五	松毛地	四十
布玉	六十五	双龙营营内	五十二	五家寨	十五	草海子	六十
麻栗树	四十五	小阿牛	二十五	野猪塘	七十	小米寨	六十
普者黑	四十	仙人硐	三十	小白山	三十	水围营	四十
老鸦屯下寨	六十	土库方	七十	普革	八十	上普革	八十五
大竹箐	七十五	三脚塘	七十	板桥	四十五	龙德坡	四十
落水硐	三十五	老鸦屯	六十五	小水井	六十五	小邑	六十
纸厂	七十五	大箐	七十	花木箐	七十	平坦寨	一百
六桃寨	一百	大母海	一百二十	托牛厂	九十	六登	一百
上六登	一百十	佃山	九十五	凤尾	一百二十	盐井	一百三十
鸭子塘	七十	石坝坡	九十	六郎箐	一百十五	平寨	一百二十
王家箐	一百二十	半箐	一百三十	脚家箐	一百	常必	九十
纳德龙	一百十	姜家寨	一百二十	浪广寨	一百三十	李何寨	九十
渭朝箐	一百二十	戈衣	九十五	纳赛	九十	石坝	九十
塘平	九十	硝硐	九十五	坝腊平寨	九十三	石台旧寨	八十
岔河	一百	小召跨	一百二十	六湾寨	八十	田边	九十五
塘麻	九十	坝腊大寨	九十五	石舍	八十五	石台新寨	八十二
六湾坡	九十	红朱寨	一百	塘蛇	八十五	浪愿	九十
黄票口子	一百	南尾小寨	九十	石床	八十	白脸山	一百
六羗	一百十	三毫	一百二十	朝马山	九十	木耳箐	一百二十
南尾大寨	九十五	草皮	八十五	大竹箐	九十	西侈	一百二十
良子上	一百二十	芭蕉箐	九十五	龙穴	一百	大老龙	一百六十
矣则寨	一百六十	补党	一百七十	堵宜	一百六十	未纳适	一百六十
矣土	一百六十五						

【注】

[1]把总:为明代及清代前中期陆军基层军官名,也可称为百总。

[2]梁牍祠:即档案室。

土 司

《元世祖本纪》:至元二十四年,维摩合剌孙之子内附(《通志》见

《滇系》)。

又《成宗本纪》:大德四年置维摩州,以土官资氏领州事(《通志》)。明洪武中,维摩州土司资世德同弥勒土官昂普德贡宝马、财物,率家向化[1],玺书褒美[2],仍领州事。弘治四年设流,资高、资金相继作乱,州治为墟。其后资金为家奴所杀,祀[3]亦绝。万历中,流民李应辉据之,素狞悍[4],虽有流官,仅侨寓府城画耳(《滇系》)。二十八年恢复(《府志》)。大白户等寨隶普世隆(《道志》)。怀远至阿小寨隶普国桢(《通志》)。曰者乡(即矣白)土舍昂善才、孙世英俱以营长称,尚有部部仰之(《滇系·弥勒》土司条)。

按:维摩土司见诸滇籍者,资、昂二氏世系无考。

【注】

[1]向化:归服。

[2]褒美:为了表彰而给予的物品或金钱。

[3]祀:世,代。

[4]狞悍:凶悍。

邱北县户籍表

区别	户数	男丁数	女口数
中区一百十二寨	三千七百一十六	九千四百七十一	八千三百四十三
东区一百一十寨	二千零七十八	五千零四十九	九千八百一十五
上下南区二百零一寨	四千三百零六	一万零九百五十三	一万零九百五十三
西十甲区一百三十寨	二千四百五十四	六千七百零一	六千七百零一
北区九十九寨	一千七百六十	四千九百七十四	四千七百二十六
合计	一万四千三百二十四	三万七千一百四十八	四万零伍佰三十八

人 种

沙人,三苗[1]之一种,与黎人[2]近。黎人居洞,沙人多依水居,服色尚黑,女紧衣,以挑花黑布包头,腰围桶裙[3],跣足,不裤,多种杭秋[4]纺织,丧祭渐用汉族礼。惟成童即婚娶,既婚之夕,女随伴多,男女不同室,次日即回女家。值农忙,亦来婿家相助,仍自回去,必待外娠生子方归。幼名矣某,壮名布某,老名光某,呼儿曰"抱",呼女曰"牙"。每岁二月过小年,六月祭天,宰牛宴会。遇佳节或赶街,男女各携烟品约会野田草露间,携手并肩,歌唱舞蹈以为乐,名"吃火草烟",视所欢者,即与逃去,经男家察知,屡涉词讼,亦有说钱了息者,此等陋习,迭经禁止,总不能格。遇有故,则击诸葛铜鼓为号,众则相助。同种为婚,重媒约,迎娶不用轿马。此种人邱属较多,殷实者好讼,其刁健驾于诸夷。

按:《穆天子传》:"天子西征,至于沙衍。"(注:居水边曰沙)《南诏野史》云:"越析夷又名蒙巂。"按:沙人惟滇之开化、广南、罗平、五嶰、师宗、邱北,桂之归顺、西林、八达,黔之黄草坝,各边地有之,皆牂牁郡地,迆西[5]并无此。问其来历,间有家谱者,皆谓南京籍,播迁是地,随俗所变,此为变于夷之一证。

摆衣[6]:衣服同汉族,惟妇女以白布缠胫[7]上,居近水,好清洁,多栽水田,亦读书习礼尚,风俗与汉族同。

土僚[8]:状类摆衣,惟妇女以黑布盖头者为黑土僚,花布盖头者为花土僚,亦读书,习尚与摆衣同。

阿兀:即鲁兀。冠服同汉族,惟女子戴荷叶,箍[9]莺嘴勒,男女耕绩,多与汉族杂处,喜读书,惟俗尚巫祝[10],近日进化,婚丧概从汉族礼。

黑夷:男子冠服同于汉族,惟妇女头顶袈裟[11],遇尊长则障其面。爱畜牛羊,耕田营生,间有读书者。遇喜庆宴会,竞尚奢侈,平日则多俭约至极,虽素封[12]家,亦藜藿[13]是甘。结婚认种族最远族,不与各夷同。该族性亦最狡悍。

撒泥:冠服色尚青蓝,披黑白羊皮。女服多用红绿色,以麻网束发,外用布箍,连发鬓挽之,若蟠蛇状。男女耕田,畜牛羊,多居山,喜猎,善用鸟枪。重媒约,丧祭用巫占卜,以白鸡[14]书字,形如古钟鼎。

僰人:即今之民家,男女皆穿白麻布,披白羊皮。妇女以方尺布盖头,平而似瓦。耕牧营生,喜吃酒,近亦知畜积置产,婚丧与撒泥同。

葛倮:穿麻布,披羊皮毡衫,未婚者均蓄发,以细麻辫裹之,左右成两珥状,饰以海贝。衣则以羊毛线茜染五彩织锦为章,莫分男女,惟女不穿裤,以麻布四幅为裙,膝下扎麻布一尺。男有妻子后,岳家始为剃发,易以蓝布包巾。女子嫁后收发上籱,曰"夫头",饰以缨络。一生耕牧为业,山居而好酒,族类相聚,浮白[15]大快,虽醉死而无悔也。婚丧不以礼,此类不识不知,情同犬羊,冀其进化难矣。

苗人:有青、黑、花三种,各以服色分。男以蓝布包头,女卷布成盘包头,状如小簸,以木梳绾发,穿短衣,系桶裙。喜居箐林,烧火山种植,林败则迁,无定所。好猎,善用强弩。有喜事则吹葫芦笙,作孔雀舞。婚嫁则以牛为聘,近来必以金百余元为聘。有丧则筵师吹笙,开十三日后超度灵魂,椎牛而祭之。婚姻事,交聘金后,即领而归,不择日时,数年后无子嗣者,许以采花山,祈神佑之。效则来采,必采三年,头年三日,次年五日,三年七日。远来者不拘多寡,主人必招待之。

喜鹊尾巴[16]:服饰以普拉同,惟女包巾,后有红花布一条,以分辨种类。

瑶人:本邑黔之交界流入滇边,男首裹青布,白衣领,缀红布一方。妇人冠红巾衣花绣,性粗桀[17],多以种靛为业。

普拉:衣服同汉,女以青布包头,坠以缨络,面系围腰,宽口裤脚。

白夷:男皆短衣,腰下用花布一方作帏裳[18]。女勿论少长,以海巴笼头,如马羁勒状。上衣前短及膝,后长及踵,前方腰下仍以花布一方围之,长与胫齐,若四块瓦。然婚娶仍步行,入房各宿,三朝归宁[19]不再来。除夕前三日,婿亲迎归,同居不离。新正[20]以猪蹄(须连腹下肉直至后腿)割为二方,送岳父家,名曰"谢亲礼"。食最俭节,虽殷实,亦无食米者。

附人种表

人种名称	人数	语言	文字	住所	风俗	历史
汉	二万五千	国语	汉文	城乡	朴厚	清乾隆间由南京徙居
回	千余	同	同	乡	与汉略同	与汉人同时到邱
沙人	二万余	有沙语	无	同	与汉略同	相传明初由南京徙入
摆衣	千余	有土语	同	同	与汉略同	不可考
土僚	千余	同	同	同	与沙人同	不可考

续表

人种名称	人数	语言	文字	住所	风俗	历史
黑夷	万余	有夷语	同	同	狡悍	土著
撒泥	千余	有土语	同	同	勤俭	不可考
倮罗	二千余	同	同	同	狡悍	土著
苗人	二千余	同	同	同	同上	明初由黔徙来
瑶人	千余	有瑶语	同	同	勤俭	明初由邕、黔交接徙来
白夷	千余	有土语	同	同	朴实	土著
民家	千余	同	同	同	同上	不可考
普拉	千余	同	同	同	同上	不可考

【注】

[1]三苗:中国古代传说中黄帝至尧舜禹时代的古族名。又叫"苗民""有苗"。主要分布在洞庭湖和鄱阳湖之间。

[2]黎人:古越人的一支。

[3]桶裙:西南地区仡佬、傣等少数民族的民族服装。明代田汝成《炎徼纪闻·犵狫》:"'犵狫'以布一幅横围腰间,旁无襞积,谓之桶裙。男女同制,花布者为花犵狫,红布者为红犵狫。"

[4]杭秫:杭指古书上说的一种乔木,树皮煎汁可贮藏和腌制水果、蛋类;秫,高粱,可以做烧酒。

[5]迤西:清代设置迤东、迤西、迤南作为云南道级行政区划,雍正八年,鄂尔泰又奏请设置迤东、迤西两道,迤东道的管辖范围包括有云南、曲靖、武定、临安、澄江、广西、广南、元江、开化、东川、乌蒙(后改为昭通)、镇沅、普洱等十三府;迤西道有楚雄、大理、姚安、鹤庆、顺宁、永昌、蒙化、景东等十府;迤南道于乾隆三十一年(1766)成立,镇沅、元江、临安、普洱四府归其管辖。"三迤"虽在民国时期被裁撤,但作为云南的代称直到今天仍然在使用。

[6]摆衣:对傣族的称呼。

[7]胫:泛指小腿部。

[8]土僚:即土佬,壮族的一个支系。文山的壮族有三大支系:沙支系、侬支系,土支系。

[9]箍:指用篾或金属条等围束器物。

[10]巫祝:古代称事鬼神者为巫,祭主赞词者为祝;后连用以指掌占卜祭祀的人。

[11]袈裟:这里指面纱。

[12]素封:无官爵封邑而富比封君的人,这里泛指富人。

[13]藜藿:指粗劣的饭菜。因为先秦时期的墨家提倡节用,司马迁在《史记·太史公自序》中引用司马谈的话评论墨家时说:"粝粱之食,藜藿之羹。"

[14]白鸡:这里指白鸡血。

[15]浮白:喝酒。

[16]喜鹊尾巴:普拉中的一个支系。

[17]粗桀:凶暴。

[18]帏裳:车旁的帷幔,这里指围裙一类的东西。

[19]归宁:指出嫁后的女子回娘家。

[20]新正:指农历新年正月,或农历正月初一,元旦。

交 通

邮传。《续云南通志》载:明维摩州曲部[1]驿、维摩[2]驿、阿母[3]驿。上三驿俱嘉庆三年官支革应[4]照旧,县城设有铺司[5],兵燹废弛。光绪五年新设号书[6]一名,年支工银二十两二钱,健夫[7]二年支工银一十一两六钱,共银六十八两四钱。奉文裁撤,夫马遂停。

邮政局,邱城民国年设,有邮政代办所,邮二名,一走泸西,一走开化,每七日一转。

关哨。阿勒卡哨,在治东南十五里。归德哨,治西五里。三乡城哨、矣堵哨、八达哨、大勒哨、腻脚革哨、布红哨、蛇街哨、黄泥哨、荞地湾哨、怀远哨。以上载《广西府志》。

竹园村,五十里。二台坡,五十里。小江口,五十里。腻革龙,四十里。路堵,八十里。树皮,六十里。弥勒湾交开广路。以上载《云南通志》。

镇西关,城西八十里塘子边。八达哨,十五里。猫猫哨,十五里。

界牌,十五里。塘房,十五里。塘子边,十五里。老庄柯交五曹界。江边关,城西南二百八十五里。黑箐龙,十里。暮衣,十里。法果,二十五里。革舒,十里。腻脚,二十五里。黄泥哨,十里。新店,十五里。花园坡,二十五里。小江口,三十里。大江边,十里,交竹园界弥勒湾路。小新寨,五里。花桂塘,十五里。凉水井,五里,交广南界茶花寨十五里维摩路。滥泥冲,十五里。支白山,二十里。新寨,二十里,交维摩界己得邑十五里。长梁关,城南一百二十里,由县十五里。密纳,十五里。雨泽,二十五里。树皮,二十里。摩龙,二十里。倒马坎,十里。马恨汛,十五里。详己,十五里。长梁子,二十里,交阿迷之架衣、开化之长领界。温浏关,城北一百二十里。由县城,十五里。歹鹅,二十里。宜必,十五里。石撰,十五里。拿别,十五里。温浏,二十里。羊街,二十里。温浏汛,二十里。小八达,二十五里。小木桥,又名猴扒岩,此地极险要,二十五里。弄渭,过江交粤西界。

东区险要。石别关,地居东路咽喉,前者游匪袭城,粤军犯滇,即经此窜入。若有军事,此关宜先防守,则敌进路矣,否则此关一失,敌人长驱直入,虽有智者,无能为谋,当事者宜注重焉。格得坡,滇边天堑,前临大江,后据峭壁,崎岖山路,蜿蜒七里半,至顶始可立足,俗称三天门,诚有一夫当关,万夫莫过之势。

汛塘。邱北各汛据由广西营分拨。邱北汛,把总一员,住城内。腻革龙汛,把总一员,距城一百二十里。树皮汛,外委一员,距城六十里。架哈汛,外委一员,距城一百二十里。马恨汛,外委一员,距城九十里。温牛汛,武弁一员,距城一百二十里。邱北哨,在西关外十五里。新城塘,十五里。扒倒塘,十五里。新沟塘,十五里。洒革龙,十五里。老寨塘,十五里。塘子边,十五里,交五嶙界。小江塘,十五里。翔龙塘,十五里。腻革龙塘,十五里。扯牛皮塘,十五里。洒文塘,十五里。罗太邑塘,十五里。马恨塘,十五里。摩笼塘,三十里。得基,十里。龙溪塘,入炸尾,交开化界。

津梁。拐村渡,在治东一百八十里。便柳渡,在治东三百里,通西隆州。八达江渡,在治东二百五十里,亦通粤要津。飞土渡,在治西,通本府。大江边渡,在治西北,通开化、广南要津。东桥,在治东门外。

三鼎桥，在治西十里。新城桥，在治西旧三乡城。高枧嶍桥，在治西十三里。三道箐，在治西北三十里。旧城桥，在治西龙泽前。八达桥，在治西三十里。以上诸桥俱载《府志》。寿生桥，南门外。石羊桥，曰者乡窖门前。同善桥，曰者乡武庙前西。普济桥，曰者乡东。小石桥，曰者乡。白驹桥，同上。茶花桥、赶猪桥、摆落桥、塘房桥、丁家桥、复兴桥、汪家桥、阿宜寨桥。铁锁桥，距县治二百里，名曰广惠桥，光绪二十七年十八寨宦绅王炽建，济人利物，工程浩大，地连丘界，志彰善举。大板桥，小江口大寨。兰木桥，洒文公庄。天生桥，在小江口半山，高数十丈，下面水势奔腾，过桥数武有石洞，相传杨六郎驻军于此。大石桥，半边寺。马寨桥，腰背二里，通架衣大路。龙津桥，马者龙西。迎仙桥，飞来寺山下。迎羊桥、庶足桥、莫落桥（松毛地南）。龙窝大桥、南桥（普者黑）、同仁桥、双龙营通五曹大道。寿庆桥，在小桂华寨右约三里，系乾隆乙卯年公造。同绿桥，城东十五里，一名花桂桥，乾隆五十八年造。通济桥，城北二里许，乾隆二十三年公造，原有亭，今圮。

水利。神禹治洪水，平成克奏[8]，万世永赖其功。隋炀开运河，咨怨[9]时闻，至今犹享其利。大抵浩大工程，非有果毅之力，不足永观厥[10]成。邱北荒芜最多，泉源不少，倘若人起而凌治[11]之，将万顷青畴[12]，咸知泽足千箱玉粒[13]，屡庆丰年，易硗旷[14]为膏腴[15]，未始非一邑之幸福耶。

清水江。清水江出旧城龙潭，水分三路。中河出旧州大坝心，经桥头、水寨、阿拐、大新寨、万松山、锁水岛、当水、当古、牛布迭、必宗旧、鲁布桥等寨，流出广南界之纳赛，法白，至邑东之石别、小坝达，总名清水江，灌溉万顷良田。左经旧城、新城、象鼻山，水分三派。曰上沟，运横山、大栗树，交矣堵龙潭，灌田数百亩；曰中沟，运马厂、八角山等处，溉田数百亩；曰下沟，渡过石枧，流入对岸阿路白、老虎冲、阿诺等寨，灌田数百亩。右水分涧河外，马头山、小新寨，灌田数百亩。

摆落河至打磨山，有石坝一道，旁开一沟，运水小湾塘、小龙树、新沟、二道桥、团坡等寨，归落水洞。夏秋水涨，众流自西，顺山脚入桥头大河。

正河出茶花沟,交落水洞,灌田数百亩。

腻那革龙潭,经村后,出二道沟寨左,至坝心。

斗母大山腰龙潭,由二道沟寨右边至坝心,三水交流入山硐,伏流二里许,出大龙潭寨右边,流棠梨树,交响水小河,至大勒哨之天生坝,顺河而下。

左大勒哨上寨龙潭,运田数百亩,归正河。

右龙潭坡龙潭(獭猫洞),运田数百亩,交龙王庙龙潭,绕中寨房后,灌数百秧田,过黄庄老虎山,溉田千余亩。

正中河流至小箐头岔河分派,经窑辇房及田心白泥井、宝山营、八达哨等寨,至大龙山,汇那黑龙潭、麦地冲龙潭、白泥井等寨,水下经豹子坡、白脸山、渔坝山,交布宜、阿诺河,出老虎冲、阿路白、新城,汇归旧州清水江、流桥头、水寨而下,溉田数千亩。

叶香河,在曰者乡,无泉源,惟天雨受各山溪水,沟浍皆盈,由木打白、了堵淹至街心。乾隆三十八年,邑庠[16]缪绅开改此河,造桥通路,复引坝水入丹山塘一带,长十余里,挹[17]汪南亩,名曰雷响田。

桥背水大石坝,系竹园张珖、海秀同筑,由新城象鼻山之腹凿通,引水过枧,对岸灌溉数十余寨田亩,全县工程惟此最大,共用万余金。

兴惠坝,在打磨山,系竹园人张姓筑。

小黑箐,沟水溉秧田数百亩,至小桂革,汇滥泥冲龙潭及诸箐水,分溉阿勒卡,新、旧老寨,花桂,腊八,至必宗,交入清水江,溉田数千余亩。

锅底槽水头河,源出本村,道经光歇,大、小文诰、花桂、石磨、石藕、石葵、石洞、六常、六莪、坝达、蚌革、补萝、纳施、坝稿、石别等寨,汇交清水江。

宜必河,源出山后,道经雨桃,灌田数百亩,过石葵里许,交入水头河。

得托河,源出丁响村,溉那别、坝郎、干板田、令冲新老寨、纳烘、得托等田,汇交水头河。

以上三河,就其灌溉多而源流远着,录之。他若补萝河,源出项纳,道经土库房、补萝两寨。再若坝干河、革王河、弄劳河、南尾河,流源不远,所润无多,从略。

榆柳井,在西城内实业所右侧榆柳二树间,其水清冽,烹茶味佳,供西半城饮。

古柏井,在东关外龙神祠前,旁有古柏一株,其水最旺,供东半城饮。

落水洞西北尾间[18],其水能落亦能出,当水落时,村人取鱼为业。至五六月,水咽不及,由洞涨起,遍地汪洋,渡无舟楫,行人苦之。

普革河,发源于大箐,流经小邑、普革、戈必、纳赛、绿湾,至平坦村脚,落入洞中。

者旦河有二源,一在布玉,一在五曹太平庄,俱向北流,至草皮会折而东,行至坝腊,落于洞中。

凤尾河,发源于凤尾山麓,其水清碧,北区河水以此为巨。据该处土人传说,渭是普革河与者旦河潜流至此涌出,然此河纵元,旱水势如故,而普革河每至春夏,河水不绝如缕。者旦河,其流亦细,是此河别有来源。河水东流至平寨山后,有支流来汇,折向北流,至师宗地,经红湾、林黑、蚌别入混水江。

平寨河有南北两源,北源发于盐井,南源发于小花桂,流经纸厂、脚家箐,至于平寨,与北流会合,向西北流,交入凤尾河。

白脸山之北下六寨,有混水江支流,自五槽来,至矣土,流经补克、渭那底,入师宗界。

旧城等村、木坝及上沟、中沟、下沟水利。

邱城西旧城,龙泽一穴,水泉洋溢,顺流成渠。清乾隆九年,旧城、新城、山北、桥头、水寨、马头山六寨民一百二十户捐资筑坝,公举乡民张布深充当坝长,专司修筑,坝长二里许。乾隆十三年工竣,将龙潭水横引入沟,由旧城道流入新城一带,地土开垦成田,旋因水尾泄入青龙山旁灌水洞内,水多田少,弃之无用。

当时,山北、横山、北门三寨居民三十户于青龙山嘴(土名象鼻子)处开挖小沟,引水绕过山嘴,流横山等处,陆续开垦田亩,藉资灌溉,是为中沟。乾隆三十五年,阿迷州学附生[19]王钺,建水县民王恒等相度地势可以凿洞引溉，因与山北、矣堵、大栗树三寨居民四十户议定得水，田熟均分，遂向原建坝沟之百二十户恳让余水，原仍就沟增高开阔，由山岩凿洞，水由洞腹流出，归中沟，将水分作二分，一分归入横山中沟，一分另开一沟，引至山北等处，垦溉田地，是为上沟。乾隆四十一年，王瑶等因见水尚有余，与阿诺、漆田、阿路白三寨居民五十六户议定，引水开田，复于上、中两沟引水，石洞上首另穿一洞，于沟旁开挖支沟，引水入洞穿山，山后架木枧入沟，流归阿诺等处溉田，是为下沟。当王瑶等凿洞修沟之时，曾议帮助上沟王钺等沟费。俟沟枧告成，各得沟水，无庸帮助，则应帮费遂即中止，以致王钺等于乾隆四十四年诉，经前丘北分县钮公勘断：上、中、下三沟各得沟水，各溉田亩，各沟水道原属无损，惟王瑶等原议帮沟摊费中止，亦不足以服上中两沟众之心，随饬由阿诺、漆田、阿路白五十户公摊制钱八十千，捐助文庙工程。王钺等始遵判无异议，并断饬于总沟处用石安设水平，将水分作十分，以三分归下沟，由洞引归阿诺、漆田、阿路白等处，其七分断归上、中二沟，由洞引过山后，再于分流处安设水平，以二分半入中沟，引归横山，四分半入上沟，引归山北、矣堵、大栗树等处，嗣后老坝并总沟，偶有损坏，新旧沟户按照得水分数摊工，共同修理，如用工本一两，老坝百二十户摊银二钱，下沟五十六户摊银二钱四分，上沟八十户摊银三钱六分，中沟三十户摊银二钱。其各沟遇有应修浚时，各照本沟田亩多寡，按亩摊工，各立头人，专司其事，两造遵断，发给执照。

嗣王瑶等下沟木枧年久朽坏，于乾隆二十年，王瑶等集股改造石枧，至今名为桥背水。每股捐银五十两，计五十四股，共用银二千八百两。（系见乾隆四十四年，邱北分县钮给上沟八十四户执照，乾隆五十九年修西沟石枧碑记钞文可考。）

境内诸水，惟清水江最大，利亦甚溥，经邑丞钮公开浚疏通，由新旧城等寨而下，灌溉数万亩良田，复绘图垂久，功德在民，宜邱人至今尸祝[20]。惜年久游塞，概城陷泥，又开八达哨，河长十余里，功亏一篑，以卸任去。今河道已平，当夏秋之交，雨多水溢，汪洋泽国，渡无舟楫，行人每兴望洋之叹。虽屡议开疏，事辄中止。

大水无定性,有利有害,害除利兴,亦在人力有以转移之,当事尚其审[21]诸。

【注】
[1]曲部:即维摩。
[2]维摩:今砚山维摩。
[3]阿母:今砚山阿猛。
[4]官支革应:官支指由政府支付经费;革应:指相应的制度。
[5]铺司:古时驿站的主管人员。
[6]号书:驿站的管理人员。
[7]健夫:强壮的男子。
[8]克奏:顺利完成。
[9]咨怨:嗟叹怨恨。
[10]厥:其。
[11]浚治:疏通。
[12]青畴:绿色的田野。
[13]千箱玉粒:指粮食丰收。
[14]硗旷:贫瘠的旷野。
[15]膏腴:肥沃的土地。
[16]邑庠:明清时称县学为邑庠。
[17]挹:舀,把液体盛出来。
[18]尾闾:古代传说中海水所归之处,现多用来指江河的下游。
[19]附生:明清时附学生的简称。古代科举名词,始于明代。明代在廪膳、增广生定额之外所取的府州县学生员,因附于廪膳、增广生之后,故称为附学生员,简称附生。清代相沿。
[20]尸祝:崇拜。
[21]审:仔细思考,反复分析。

《邱北县志》第三册

食货部　国家财政　田赋杂征　地方财政　自治经费
　　　　教育经费　实业经费　物产分属十二
社交部　自治团体　社会教育　弊俗恶习(附)

食货[1]部(壹)

　　自古足国之道,首在足民,未有民足而国不足者。天地自然之利,原以供万民养赡之资,惟经理[2]得方,可推行无弊。邱邑山多田少,地瘠民贫,物产五谷仅足岁供。一切日用货物皆仰给于邻境。然当道光[3]以前,风气纯朴,婚丧礼节不尚繁文[4];物产虽啬[5],尚无不足之虞[6]。近来习尚奢靡,器技则取其淫巧,衣食则竞其珍丽,相习成风,积重难返。兼之政烦赋重[7],事事加增,地方需费如征调、力役、学校、实业、司法、巡警、团务,无一不藉资于民。小民虽终岁勤勤,犹不免冻馁之嗟[8]。有谓撙[9]节日,屏绝消耗,不可谓非补救之方。然曾计此竞争世界,岂区区减衣缩食,遂足操胜算耶? 夫惟趋重实业,振兴商务,因生产天然之利,为生不缓之图,庶[10]漏厄[11]既塞而利源宏开,尤必预先算决,经常有一定之规,临有因应之具,量入为出,岂不绰绰余裕哉。志食货。

【注】

[1]食货:汉代开始对国家经济的统称。东汉初年,比较完整地表述财政内涵和外延的财政统一概念"食货"已经确立,并在以后的历代王朝中不断发展和完善。"食货"记录和研究的是我国君主专制政体下国与民相互之间的经济活动及与此有关的政策、制度、措施等,从而体现着国与民相互之间的经济利益分配关系。

[2]经理:这里是经营处理的意思。

[3]道光:是清宣宗道光皇帝爱新觉罗·旻宁的年号,(1821~1850)在位。

[4]繁文:繁琐的礼仪。

[5]啬:少,缺乏。

[6]虞:忧虑、担心。

[7]政烦赋重:语出朱熹《诗集传》:"政烦赋重,人不堪其苦,叹其不如草木之无知而无忧也。"指繁琐的政令和沉重的赋税。

[8]冻馁之嗟:忍受寒冷和饥馑的叹息。

[9]撙节日:提倡勤俭节约地过日子。

[10]庶:大约。

[11]漏卮:浪费或不足。

国家财政目

田 赋

额征税秋米:一千二百四十石[1]五[2]五升[3]六合[4]一勺[5],内除同治十三年奏减四成外,实征六成,米七百四十四石三斗三升三合六勺六抄[6]。又光绪六年至十三年,升科[7]起征三成五分有余,米四百四十石一斗二升五合九勺六抄,共实征九成五分,有余米一千一百八十四石四斗五升九合六勺二抄。

额征条编银[8]:五百二十九两三分,除减四成外,实征六成。银三百一十七两四钱二分四毫。又光绪十年,分依限升科一成五分,银八十三两五钱一分二厘六毫；又十三年暂荒升科一成一分，银五十七两四钱三分六厘；又二十七年查出永荒升科，起征银六十九两九钱四分，共实征银五百二十八两三钱零九厘。

额征奏平银[9]：五十二两九钱三厘四毫，除减四成外，应征六成，银三十一两七钱四分二厘四丝；又光绪十年依限升科一成五分，银八两三钱五分一厘二毫六丝；又十三年暂荒升科一成一分，银五两七钱四分三厘六毫。又二十七年永荒升科，起征银六两九分四厘，共实征银五十二两八钱三分九毫。

额征公耗银[10]：七百七十八两一钱（原作'银'字，今改）六厘，除减四成外，应征六成，银四百六十六两八钱六分三厘六毫。又光绪十年依限升科一成五分，银一百一十二两一钱四分二厘四毫；又十三年暂荒升科一成一分，银一百六十七两二钱七厘；又二十七年永荒升科起征，银二十九两七钱五厘八毫，共实征银七百七十五两三分八厘八毫。

清光绪十一年起，每税秋米一升，随征夫马钱[11]三文。

又十六年起，每税秋米一升，随征积取钱[12]二文。

三十四年停征。

光绪二十六年起，每税秋米一升，随征团费钱[13]三文。

按邱北田赋，前清时分税秋米、条编、奏平、公耗等名目，系达部旧案。县属旧粮册经清咸丰兵燹，已毁无存。至同治年，前县林公彭龄[14]，奉滇抚岑襄勤公[15]，扎务治查，另行编制，为现时实征粮册。系秋米四百四十三石六斗四升二合二勺，粮折银三百一十七两七钱四分，条银二千零三两六钱一分，税谷八石。前经查报云南财政厅，有案。民国七年奉云南财政厅颁发，划一田赋征数表，饬照[16]划合统征之数，官民一体照征报解等因，兹将划一田赋征数表列后，以备查考。

【注】

[1]石：古代粮食重量单位，二百五十市斤为一石。

[2]斗：二十五市斤为一斗。

[3]升：二斤半为一升。

[4]合:容量单位,市制两龠为一合、十合为一升。一合即一升的十分之一。

[5]勺:容量单位名,历代不同。《孙子算经》:"十撮为一抄,十抄为一勺,十勺为一合。"

[6]抄:十抄为一勺。

[7]升科:旧时新垦荒地满一定年限后,政府照正常田税开征钱粮。

[8]条编银:即"一条鞭法",亦称"条编",始于明朝神宗年间,为宰相张居正所创制。具体做法是把各项田赋、徭役、杂税合并成一条折成银两征收。

[9]奏平银:即凑平银,是用以平衡财政收支的一种税目。

[10]公耗银:是为弥补银钱收取再铸过程中的自然损耗而加征的税目。

[11]夫马钱:为政府的交通支出而开征的仆夫、马夫的劳务费的税目。

[12]积取钱:指用于囤积、保管秋粮的税目。

[13]团费钱:指用于兴办地方民团的税目。

[14]林公彭龄:林彭龄,广西举人,同治八年(1869)年任邱北县知事。

[15]滇抚岑襄勤公:岑毓英(1829~1889),字颜卿,号匡国,广西西林人,清末大臣。文宗咸丰六年(1856)云南回民起义时,率团练到迤西助攻起义军。1859年占领宜良,得以署理知县,次年署澄江府知府。穆宗同治元年(1862)被云南巡抚徐之铭派往与围困昆明的马复初、马如龙回民军谈判,达成协议,二马投降,以功迁云南布政使。1863年出兵进攻杜文秀起义军。1866年率军至贵州威宁州(今威宁彝族、回族、苗族自治县,位黔西,北、南均邻云南),击败苗民军陶新春和陶三春部。1868年继续与杜文秀的起义军作战,授云南巡抚。1873年兼署云贵总督。德宗光绪五年(1879)为贵州巡抚。1883年任云贵总督。次年参加中法战争。1886年从越南撤军回国,曾会勘边界。1889年6月6日,岑毓英病逝于昆明,清廷追赠他为太子太傅,谥"襄勤"。

[16]饬照:饬是整顿,整治,使整齐的意思。即发布文告,统一全滇的征税标准和项目。

云南财政厅划一田赋数表

项目	原征粮额数	征收率	统征数
秋米	四百四十三石六斗四升二合二勺	每石三元七角二仙[1]三厘	一千六百五十一元六角八仙八厘
粮折	三百一十七两七钱四分	每两二元四角二仙三厘	七百六十九元八角八仙四厘
条银	二千零三两六钱一分	每两二元二仙九厘	四千六十五元三角二仙四厘
旧票费	每年约填用五千张	每张六仙四厘	三百二十元
税谷	八京石	每京石连款费耗谷串底共一元六角	十二元八角
合计	米	四百四十三石六斗四升二合二勺	谷八石
合计	银	二千三百二十一两三钱五分	旧票五千张
合计	征率不一	八千六百一十八元二角九仙六厘	

附征表

项目	原征粮额数	征收数	统征数
团费	四百四十三石六斗四升二合二勺	每石征粮三角	一百三十三元零九仙三厘
同上	折三百一十七两七钱四分	每两征粮二角四仙	七十六元二角五仙八厘
同上	条二十零三两六钱一分	每两征银一角	二百元零三角六仙一厘
同上	谷八石	每石征银三角	二元四角
附粮捐	四百五十石六斗四升二合二勺	每石征银五角	一千三百八十六元四角
同上	折二千三百二十一两三钱五分	每两征银五角	一千三百八十六元四角
总计	米四百四十三石六斗四升二合二勺,谷八石,银二千三百二十一两三钱五分,票五千张,征率不一。八千六百一十八元二角九仙六厘		

【注】

[1]仙:分。

查县属现征秋粮,米四百四十三石六斗四升二合二勺,粮折银三百一十七两七钱四分,条银二十零三两六钱一分,条粮正杂等款合并，共征银四千二百七十一两七钱一分六厘。按一五折征[1]银元六千四百零七元五角七仙四厘。又附征夫马团费钱八百一十八千四百二十四文，折解银元八百一十九元四角二仙四厘，又附捐银元一千三百八十六元五角一仙，共合征解银八千六百一十三元五角八仙。兹以粮为本位，将正杂名目化除，并将附征之夫马团费钱照旧案酌中，以一千五百文易银一两，每石改征粮四钱（折合银元六角），提出夫马银三角并入正款外，就原数折合银元，悉如表列之数。其附粮捐及划归地方之团费随粮附征，通共合征收田赋银元八千六百一十八元二角九仙六厘，以归划一。以后应照划合统征之数，官民一体照征报解，不准格外加收，登明。

自民国七年起，奉蒙自道尹[2]通令，随征联合团费。县属按照秋米、粮折、条银税，每石每两随征联合团费银二角五仙。

【注】

[1]一五折征：民国时进行币制改革，废两改元，每两银折算银元一元五角，故名。

[2]道尹：民国时期的官名。民国三年（1914）5月，袁世凯公布省、道、县官制，分一省为数道，全国共九十三道，改各省观察使为道尹，管理所辖各县行政事务，隶属省长。共任用由省民政长官经由国务总理呈请大总统特简。十三年（1924）6月，北洋政府内务部通令废道制，裁撤道尹。

杂 征 目

课程契税

杜契税[1]，现征每产价百元，征收百分之六，税银六元，每契纸费收据一张，征银五角。

典契税，现征每产价百元，征收百分之三，税银三元，每契纸费收据一张，征银五角。

牲畜税，民国五年开办，按买卖牛马牲畜价银值，百征一，按月征收报解。

屠宰税，民国六年开办，按照宰猪一口征银三角，宰牛一条征银一元，按月征收报解。

印花税，民国三年起，奉云南国税厅筹备处颁发。现奉云南财政厅颁发各种印花税票，以县署为总发行所，警察事务所、邮政代办所可为分发行所，随售随解。

烟酒牌照税，民国二年开办。烟酒两项，县属多系两种，每两种牌照一张，年征税银四元，分两期完纳报解。

烟酒公费税，民国七年开办，每酒户逢旺月征银一元，每百斤烟征银二元，按月征收解报。

警费收款，烧锅[2]每口征银五元，每榨油征银三角，牛角、牛皮、牲税各捐，约年收一千九百元。

城乡街捐，无定额，约计八百四十八元。

【注】

[1]杜契税：民国时期由政府统一收取的关于房产、地基、园地买卖的税种。

[2]烧锅：指酿酒的作坊。

《弥勒县志》

雍正九、十两年开垦屯田[1]。

于乾隆元、二两年割归邱北民田五顷六十四亩七分八厘。割归邱北民赋秋粮正耗京斗米二百六十九石八斗七升一合八勺四抄八圭[2]八粒。

乾隆三年，割归邱北条编地亩银六十七两二钱五分四厘五毫二忽[3]七微[4]五纤[5]二尘[6]四渺[7]二漠[8]。

自康熙六十一年，奉抚都院[9]杨核定，割归邱北公件银八两四钱五分三毫，粮羡银[10]一十八两八钱七厘二毫，条耗银[11]二两七钱四厘四毫。

【注】

[1]开垦屯田:中国历代封建王朝组织劳动者在官地上进行开垦耕作的农业生产组织形式。有军屯与民屯之分,以军屯为主。汉武帝刘彻元狩四年(前119)击败匈奴后,在国土西陲进行大规模屯田,以给养边防军,这就是早期的边防屯田。

[2]圭:中国古代较小的容量单位,一升的十万分之一。

[3]忽:计量单位名称:十忽为一丝,十丝为一毫。

[4]微:古代极小的量度单位。一忽的十分之一。《察微算经》:"忽,十微。微,十纤。"

[5]纤:古代计量单位,一微的十分之一。

[6]尘:重量单位。十埃为一"尘"。

[7]渺:银锭计量为两、钱、分、厘、毫、丝、忽、微、沙、埃、渺、漠,均为十进制。一"渺"即一"埃"的十分之一。

[8]漠:一"渺"的十分之一。

[9]都院:即都察院,明清时期官署名,由前代的御史台发展而来,主掌监察、弹劾及建议。作为明清监察制度的主要实施者,都察院在维护封建统治正常秩序和保障封建国家机器平稳运转方面起到了重要的作用。

[10]粮羡银:是以粮赋盈余为名,向皇室进贡的款项。

[11]条耗银:因弥补条编银的自然损耗为名而加征的税款。

积　贮

城仓积谷。清光绪十六年,奉前藩司札[1],发银二百五十两,采买京石谷五百石,嗣随征粮征收积谷钱采买谷石,现实存城仓京石积谷一千二百二十七石七斗四合一勺二抄五撮。

乡仓双龙营。实应存京石积谷五百五十一石四斗八升五合零八抄三,共京石积谷一千七百七十九石二斗五升九合二勺零八撮。

《通志》邱北县(光绪)

年征积谷钱二百三十六串八百九十文,自十六年迄二十四年,共应征钱二千一百三十二串十文。

自十六年迄二十三年，存谷一千二百五十六石三斗三升五勺七抄五撮。

【注】

[1]前藩司札：指清光绪十六年前的藩署衙门所颁发的公文文件。

行政经费

《云南赋役全书》：知事[1]一员，正七品[2]，岁该支俸银四十五两，会典事例[3]，养廉银[4]九百两。

《云南赋役全书》：门子[5]一员，皂隶[6]十二名，民壮[7]十六名，轿伞扇夫七名，禁卒[8]四名，库子[9]四名，每名岁该工食银共银二百七十两。又典史[10]一员，岁该支俸银三十一两五钱二分。会典事例，养廉银六十两。

《云南赋役全书》：门子一名，皂隶四名，马夫一名，每名岁该工食银六两，共银三十六两。

又：训导[11]一员，从八品，岁该支俸银四十两，斋夫[12]一名，膳夫[13]一名，门子一名，每名岁该工食银六两，共银一十八两。

又：廪生[14]五名，每名岁该三分之一饭粮银二两四钱，共银十二两。

又：鞭春酒席[15]银一两。

又：祭祀银六十八两。

又：铺兵[16]二名，每名岁该工食银三两六钱，共银七两二钱。

案册正额[17]：孤贫八名，额外孤贫十名，每名日给银一分，岁该三两六钱，共银六十四两八钱。

又岁修塘房[18]：银四十七两六钱。（谨按岁该银一千六百零一两一钱二分）

【注】

[1]知事：主管执掌事务。多用于官职、管理职任的职称。当时又称"知某州事"和"知某县事"，因此被简称为"知事"。

[2]正七品:清朝官员等级共十三级,文职京官依次是:翰林院编修、大理寺左右评事、太常寺博士、国子监监丞、内阁典籍、通政司经历、知事、太常寺典籍、太仆寺主簿、部寺司库、兵马司副指挥、太常寺满洲读祝官、赞礼郎、鸿胪寺满洲鸣赞。

[3]会典事例:这里指《大清会典事例》。按照会典纲目,依年系事,说明各机构于不同时期的状况,集中反映有清一代政治制度之嬗变,有官刻本。

[4]养廉银:廉银,为清朝特有的官员之薪给制度。创建自1723年的该薪给制度,本意是想藉由高薪,来培养鼓励官员廉洁习性,并避免贪污情事发生,因此取名为"养廉"。养廉银的来源来自地方火耗或税赋,因此视各地富庶与否,养廉银数额均有不同。一般来说,养廉银通常为薪水的10倍到100倍。

[5]门子:旧时在官衙中侍候官员的差役。

[6]皂隶:皂隶,指旧时衙门里的差役。语出《左传·隐公五年》:"若夫山林川泽之实,器用之资,皂隶之事,官司之守,非君所及也。"

[7]民壮:明代为备御北边和维持社会治安而组织的地方武装。又名士兵、民颖、会手、刽手、机兵等。依承担之职责又有巡捕民壮、巡盐民壮、盐捕民壮、常随民壮之分。初为招募,后在民户中编派。

[8]禁卒:牢房的看守。

[9]库子:掌管官库者。

[10]典史:典史是中国古代官制,设于州县,为县令的佐杂官。原本职责是"典文仪出纳"。明清两代均有设置典史,掌管缉捕、稽查狱囚,属于未入流(九品之下)的文职外官,但在县里的县丞、主簿等职位裁并时,其职责由典史兼任。因此典史职务均由吏部铨选,皇帝签批任命,属于"朝廷命官"。

[11]训导:训导为中国古代文官官职名,在清朝之位阶约为从七品。训导职能通常为辅佐地方知府,为基层官员编制之一,主要功能为负责教育方面的事务。1911年,清朝灭亡后,该官职废除。

[12]斋夫:旧时学舍中的仆役。清梁章钜《称谓录·书吏》:"《赋役全书》:各县儒学项下斋夫叁名,工食银叁拾陆两。"

[13]膳夫：官名。《周礼》谓天官冢宰所属有膳夫，为食官之长，掌王之饮食膳(牲肉)羞(有滋味者)。这里特指县衙里的厨师。

[14]廪生：廪膳生员，科举制度中生员名目之一。明府、州、县学生员最初每月都给廪膳，补助生活。名额有定数，明初府学四十人，州学三十人，县学二十人，每人月给廪米六斗。清沿其制，经岁、科两试一等前列者，方能取得廪生名义。名额因州、县大小而异，每年发廪饩银四两。廪生须为应考的童生具结保证无身家不清及冒名顶替等弊。

[15]鞭春酒席：旧俗，州县于立春日鞭打春牛，以祈丰年。也称"打春"。宋代孟元老《东京梦华录·立春》："立春前一日，开封府进春牛入禁中鞭春。开封、祥符两县，置春牛于府前，至日绝早，府僚打春，如方州仪。"宋代吴自牧《梦粱录·立春》："临安府亦鞭春开宴，而邸第馈遗，则多效内庭焉。"清代潘荣陛《帝京岁时纪胜·进春》："立春日，各省会府州县卫遵制鞭春。"这句是指仪式结束后的宴席。

[16]铺兵：古时巡逻及递送公文的兵卒。

[17]正额：正式规定的数额。

[18]塘房：即哨兵(塘兵)所住的营房。

地方财政

教育经费表(一)

学庄名称	年纳租石数	租头姓名
洒文	二十五石	马顺发、陶有福
光坡	五石	尹光选、陈顺祥、何开元、冯有贵、方有才、李沛昌
山白	四石	张布良
老庄科	玉麦八石	项起高、赵有明、熊泗、杨刘赵、刘保
普克	玉麦十二石五斗	马自得、陶李元、陶小义、王老常、保朝元、马朝相、赵开元、赵发选
摆落	年纳租银五元	杨布良

续表

学庄名称	年纳租石数	租头姓名
元天阁租、麻栗树租、打铁寨租、义学租	共提银一百二十两	公租局代收
官肉屠税租	三百元	各屠户纳
官盐称租	三十六元	租称人纳
各街升斗	七十八元	各包揽人

教育经费表(二)

基金数	年息	年收息银数
八百三十八元	一分五厘	一百二十五元七角

公租局义学经费表

名称	年入石数	名称	年入石数
麻栗树	八石	打铁寨	十石
大新寨	五石四斗	矣堵	一石
桥头	三石五斗	六姑麻箐	五斗
八连哨	十石	白泥井	十石
滥泥冲	三石三斗	上寨	二石
大戛勒	一石三斗	小戛勒	四斗
小桂革	二石五斗	东南门外	十四石七斗
五铺	一石二斗	黄庄	折银十五元
石砍子	折租银二元五角	社稷坛地租	折银二十四元

团款项下

中区各甲月缴团费一百五十四元三角

实业项下

马头山租谷八斗

密纳阿宁(原作"宜",今改)乡共租谷十一石

基金二百六十元

团局收武庙旧地租项下

小落利租谷四斗

马头山租谷五斗

打磨山租谷一斗六升

大马恒租谷折银三元

修城款项下

普克纳租二石（此句原文重复，今取一条）

板田冲一石五斗

坡上二斗

普克纳三斗

食货部（二）

物 产

（一）谷之属六

稻：红麻线　白鼠牙　大小香谷　老粳（原作"梗"，今改）　谷　大小乌嘴　黄皮　大小白谷　金裹银　老鸦翎　白鹭丰　白毛谷　香糯　大小糯　红乌糯　圆糯　旱糯

黍：穄黍　黄白黍　霸黍　红芦黍

麦：大麦　小麦　玉麦　燕麦

荞：甜荞　苦荞

粱：红粱　白粱

豆：饭豆　黄豆　黑豆　绿豆　扁豆　红豆　白豆　茶褐豆　老鼠豆　蚕豆　豇豆

（二）蔬之属九十七

白菜　青菜　茼蒿菜　生菜　莲花菜　蒜　苦刺尖　藠头　芫姜　青菜　木槿花　笋　香铲菜　灰挑菜

茨菇　金雀花　葱　棠黎花　油菜头　野蒜　百合
菠菜　莲花白　辣椒　甘露子　香藤菜　藜蒿芽　茄子
花椒　苦马菜　石花菜　角米　茴香　寸金藕　老鸦菜
麦蓝　荞菜　枸杞尖　蕨菜　苤蓝　石榴花　荠荠菜
大头菜　白芦蕻　竹节菜　葵苣　树花　鹅长菜　梅菜
黄芦蕻　香椿　香芹　芥菜　南瓜　乌芋　芝麻菌
铜绿菌　鸡枞　套瓜　红芋　见手青　骨黄菌　土瓜
枞芋　羊肝菌　白生　黄瓜　火炕薯　青头菌　木耳
生瓜　鸡窝薯　雨点菌　马皮泡　丝瓜　黄薯　洞菌
苦瓜　深薯　山药　鸡枞花　西瓜花　红薯　白芋
白窝菌　冬瓜　象腿薯　魔芋　刷帚菌　金瓜　云板薯
麻芋　牛乳菌

(三)药之属九十

香附子　弥陀僧　香丹皮　木贼草　桑寄生　山茨菰　续断
防风　独活　常山　芷子　三七　百部　谷精草
五加皮　蝉蜕(原作"退",今改)　　砂(原作"沙,今改)仁
黄芩　龙胆草　青木香　川芎　葛根　柴胡　薏苡仁
木通　泽兰　薄荷　紫苏　石斛　荸荠　土人参
金石斛　葫芦巴　半夏　防己　桔梗　土厚朴　逢木
茯苓　白芨　龙骨　金银花　威灵仙　燕窝　升麻
白芥子　地榆　槐实　地骨皮　何首乌　菊花　牛蒡子
覆盆子　黄蜡　羊蹄根　红花　菖蒲　蜂蜜　南心
山楂　黄葵子　白花地丁　麝香　苍耳子　牵牛(花)
荆芥　沙参　土秦归　施覆花　一支箭　黄精　花粉
陈皮　蒿本　青黛　车前子　五倍子　青皮　夏枯草
益母草　乌梅　枳壳　枳石　马兜铃　槐花　麦门冬
土黄连　粟子　天门冬

(四)果之属三十五

红枣　林檎　樱桃　柑橙　栗子　海棠果　石榴
柿子　葡萄　梅子　杨梅　核桃　松子　罂粟

无花果　甘　蔗　桐　子　菱　藕　木　瓜　桃　李　荔　枝
柚　子　龙　眼　拐　枣　枇　杷　芭蕉果　落花生　梨
橄　榄　杏　莩　荞　香　橼　蒟　酱　多　依　救军粮
山楂果　西　瓜　皂　仁　花　椒
注：西瓜　皂仁　花椒归果类。蒟酱，即野马桑。
（五）木之属二十七
胭脂木　赤　松　飞　松　杉　松　圆　柏　扁　柏　和　木
椰　木　黄炼头　夜　合　棠梨木　杨　柳　椿　槐　桑　枫
马樱树　花　桃　山樱树　青　皮　梧　桐　茶　果　皂　角
黄杨木　香樟木　万年青　栎　木（有黄、麻、青冈各种）
（六）花之属五十九（原作六十，今改）
牡　丹　玉　兰　扶桑花　杏　花　刺桐花　梅　花　素　馨
荷　花　芍　药　茶　蘼　菊　花　栀子花　葵　花　小红红
扁　竹　木　槿　海　棠　杜　鹃　绣球花　李　花　丁香花
蔷薇花　金凤花　玉　簪　碧　桃　海石榴　芙蓉花　桃　花
梨　花　木瓜花　龙爪花　灯　盏　山　茶　鸡　冠　灯笼花
米　壳　茉莉花　录棠花　夏　惠　紫　薇　山　丹　白　鹤
朱　兰　虞美人　香　兰　水　红　池　涌　金　莲　秋海棠
冬　兰　粉　团　茄　兰　串枝莲　玉蝴蝶　茶　花　夹竹桃
洋水仙　山　樱　剪春罗　腊　梅　杨莲花
注：应加入丹桂、金雀花。
（七）竹之属七
紫　竹　金　竹　人面竹　凤尾竹　绵　竹　茨　竹　黑　竹
（八）鸟之属三十
燕　　鹦　鹉　画　眉　斑　鸠　黄　鹂　鹧　鸪　竹　鸡
鹭　鸶　瓦　雀　黑头公　喜　鹊　百夷鸡　八　哥　野　鸡
胭脂红　鹅　鸭　鸳　鸯　翡　翠　鸿　雁　啄木冠　慈　乌
拖白练　布　谷　飞　虎　秧　鸡　杜　鹃　雉　鹳　鹌　鹑
（九）兽之属二十五
虎　豹　猿　獐　麂　兔　鹿　狼　羚　岩　羊　香　猫

飞　鼠　牛　马　羊　驴　骡　穿山甲　豪　猪　狐　狸
黄鼠狼　獭　犳　猪　猫
注：应增加猪、野猫
（十）鳞之属十五
鲤鱼　鲫鱼　鲦鱼　团鱼　鳅鱼　鳝鱼　虾
绦线鱼　黑鱼　江鳅　油鱼　螺　蚌　蟹　年鱼
（十一）虫之属二十
蚕　蜂　蝶　蚁　蝉　蛾　萤　蛙　蜥　蜴　蚱　蜢　蜻　蜓
蜗牛　蛤　蟆　螳　螂　蜈　蚣　蜉　蝣　天牛　蚯　蚓
蜘　蛛　蝌　蚪　蝼　蛄　蚂　蟥
（十二）矿石之属十四

铁：产于绿竹厂（六独），距城百二十余里。山脉自布亚大山来，高数百仞，含质甚富，约计百斤可练铁六十斤。下厂名曰狼歇，本城居玉堂民国三年开办，卓有成效，诚旺厂也。且属露矿，遍地捡之，不事攻凿[1]即可镕化成铁，继因世乱停。

铜：产于距城百三十里小弥勒，前人开办嶰硐[2]，今废。

煤矿：产于距城七十里之帕乃龙，道光间开办，今停。

煤：产于距城三十里之龙乔，矿脉稍小，产额亦稀。

阿丫龙、戈毕、黎家庄均产煤炭。

西舍克，距大铁五里，产煤，其质甚旺[3]。

煤：产于距城百里之古辙，矿脉甚大，其质亦佳，现已开采。

洗马塘水银厂：其矿甚旺，道光年冯德有开办，起家致富，世乱停，光绪初有人复办，无效。

铁厂：那苴村西四十一里，其质亦旺。

锑矿：在二区，距城一百二十里之拖克、普阳、虎革厂。一百四十里之山林果树寨。民国四年，云南宝华锑矿有限公司开办，出矿尚旺，惟香港销路停滞，民国五年停办。

铁矿：距城六十里之当甸，清光绪三十一年开办。距城七十一里之得苴，清宣统元年开办，现今停止。

硝矿：在二区，距城一百二十里之戛勒、葫芦孔、半边寺、清光绪二十五年开办,旋停。

白矾矿:在一区,距城三十里之午铺团山脚,清同治八年开办,因矿质不旺[3],已停。

滑石:距城十五里西平山顶。(维摩山侧)

(十三)制造之属六

鞋:邑内业[4]鞋妇女甚多,以土布纺京式制作,行销内地及广商。

金银装饰品:银工所制,钗环手镯戒指各品,花鸟人物,备极精工。

靛:东乡冲革所制靛,足供邑内染青蓝之用。

油:制造原料昔用罂粟籽,禁烟后专用菜籽、绿花籽等。

砖瓦石灰:桥头、水寨、戛勒皆制砖瓦。花桂、五家寨、当古,制石灰。

陶器:西乡、曰者乡陶业发达,制作精良,销行甚多。

【注】

[1]攻凿:这里在指选矿。

[2]嶍硐:矿井、矿洞。

[3]旺:品质较好。

[4]业:从事,用作动词。

社 交 部

吾人之不能遗世而独立者,情也,亦理也。于是乎有族党焉,有邻里焉,有交游焉,有宾朋焉。道义之所研究,学问之所讲习,公益之所振兴,外辱之所抵御,皆惟此团结是赖。故在《诗》曰:"求其友声"[1],又曰:"将伯助予"[2],即社交之明证也。

邱北地居边陲,汉少夷多,服制迥异,言语各别。然自设县迄今,已历年所,而各种人民尚相依相助,以营其生而利于国,亦足征交际之得其道矣。志社交。

【注】

[1]求其友声:语出《诗经·小雅·伐木》:"嘤其鸣矣,求其友声。

相彼鸟矣,犹求友声;矧伊人矣,不求友生。"本意是说君子居高位而不忘旧友,此处指希望本土的人际关系之间能团结友爱。

[2]将伯助予:语出《诗经·小雅·正月》:"载输尔载,将伯助予。"谓希望得到贤人的辅佐,此处指希望得到别人的帮助。

自治团体[1]

自治团体之发起,于前清宣统二年二月,知县曹乃全奉文设自治筹办处,借地点于城内公局,设正副总董各一人。其筹办自治经费员绅[2],由县请委。旋奉开办自治研究所,设所长一人,监学一人,请员二人,庶务兼会计一人。招考学员一班,共五十人,其经费由本城公称租银[3]开支,名为县自治公所。

县自治公所。前清宣统三年,县自治公所分设议参两会[4]。议事会所举之正议长为董德培,副议长杜天时。议员十八人,均由人民投票选举。照章以三、九两月召集开议地方自治范围以内事件,参事会设会长一人,则以地方行政官兼之。其参事员均由县议事会议员互相投票选任。其章程有执行议事会议决之事件;有备地方官咨询委托之事件;有和解人民诉讼。关于自治范围以内之事件,有持善举之事件、如施棺、舍药、修路、平案等。至民国三年,袁政府行文一律停办。

县商务会。是会创于民国三年,公推李王章为正会长,彭彦才为副会长,其地点借广顺昌。十年改举彭彦才为会长,董德峻,王荣槐为副会长,地点借财神宫。其内容有接洽商情,维持信用,提倡实业,排解债账之职务。

【注】

[1]自治团体:清代末期,为缓和各地的革命斗争,允许各地设立自治公所,管理地方的自治团体。

[2]员绅:办事的职员。

[3]公称租银:自治团体交纳的会所经费。

[4]议参两会:即议事会和参议会。

附论：商务之变迁

吾邑地居边陲,道路梗塞[1]。所谓贸迁有无[2]之道,鲜有表见。然就历史观察,商运变迁之情形,约可申论[3]。大抵吾邑自咸同以前,初无所谓洋货,光绪初洋货始渐输入。洎[4]越亡于法,于是洋货充斥。近则商所售,售洋货,人所市[5],市洋货。数千年来之变迁,未有甚于今日者。夫以物品论之,咸同以前,外邑之输入以广南为最,近则以蒙自、泸西为最,外省之输入以广东为最。至以输出品论,则惟食米、鸦片为大宗。然食米多系先由邻境收屯,以备出售,非尽为吾邑出产。鸦片则自禁烟而后,已不成问题矣。

【注】

[1]梗塞:这里指交通不便,道路不通。
[2]贸迁有无:指经商。
[3]申论:就已有的史料进行描述或说明。
[4]洎:到了。
[5]市:买。

生活程度

邱北一邑,当前清雍、乾、嘉、道间,人口繁众,生计亦舒[1]。咸同兵燹后,人口凋敝,农产之菽、麦、稻、粱不能敷食,多仰给[2]外邑,商业权利则操之临安、江西等处之人。迨[3]光绪中叶,邑人穷则思变,始有经商远出。近有运货之广东、钦州,小懂销售者,亦足见商业之进步也。他如农工等业,因人烟渐广,已逐次改良,将恢复雍正乾隆之景象焉。

【注】

[1]生计亦舒:生活较为宽裕。
[2]仰给:依仗外地供应。
[3]迨:到。

社会教育

邱北僻处偏隅,人敦浑厚[1],厥风最古[2]。春酒羔羊[3],秋风蟋蟀[4],饶有豳什遗风[5]。兵燹后继以疾[6],户口凋残,礼节各从其俗。惟士奋诗书,农安耕作(原作"凿",今改),尚与昔时无异。

【注】

[1]人敦浑厚:民风敦厚质朴。

[2]厥风最古:当地的民风最为古朴敦厚。

[3]春酒羔羊:化用《诗经》中《七月》的诗意:"为此春酒,以介眉寿。""朋酒斯飨,曰杀羔羊。"意思是制作春酒,进行年终的祭祀活动。

[4]秋风蟋蟀:秋风起,蟋蟀鸣,意味着秋天到了。

[5]豳什遗风:指《诗经·豳风·七月》,这是一首叙事农事的诗,描写农民一年四季的辛勤劳作、宴饮、及对美好生活的祝愿。此处指传统农业时代日出而作,日落而息的美好社会风尚。

[6]疾:瘟疫。

节庆习俗

春正月元旦,家户桃符更新[1],门壁生色,张灯燃爆竹,盛[2]时新果品米花团为供献,以松毛铺地作毡席。清晨拜天地先祖,卑幼拜尊长,戚友之往来贺年者。至三日迎接出嫁女子归宁,新郎至岳家亲族送礼拜年。宾客至,必以巨盏盛饵丝及糖蜜茶奉敬,意尤挚焉。此月间,亲族邻友男女相邀宴会,往来酬酢[3],犹有春酒介寿[4]之风,名曰:春客。近年礼节渐疏,昔敦厚朴之古规寝衰[5]矣。

十八日迎神会,又名太平会,即古者"乡人傩"[6]之意。阖城士民三班轮办,借书院为场,编扎天君功曹神像,妆点社火三日,谈演大洞经[7],届期洒扫清净,香花陈设,衣冠整肃,鼓乐喧阗[8],自东关外入城,转寿佛街,过大营盘,由西街行香,士女[9]聚观,街巷拥挤,迎神进坛,斋戒素食至二十日止。

二月初三文昌会[10],香花供养,丝竹齐奏,讽[11]洞经以庆祝文昌圣诞云。

十九日观音会,在彩云观进香,念经庆祝。

春分至清明,邑人墓祭拜扫,插纸标,除荆芥。

三月初三日,上巳节[12]。士人少长咸集,至玄都胜景[13],临眺山水,挈榼醵饮[14],一觞一咏,仿会稽兰亭修禊事[15]也。

五月初五日,端阳节。家悬蒲艾,以五色丝为缕缠小儿臂,盘堆桃、李、杏、柰诸果,饮雄黄酒,食角黍[16]、馒首及面丝、米线、祛暑驱瘟诸药。午后游城子山、玄天观诸名胜,缓缓而归。按楚三闾大夫屈原,怀忠被放,行吟泽畔,即于是日投汨罗江而死。后人哀其忠,备祭礼泛龙舟以吊之,风行于滇,故沿其俗。

二十八日城隍会,礼庆祝与太平会同,惟演戏联欢、城乡辐辏[17]、宰牲用荤稍异。

六月六日土地会,士夫之家于是日曝晾书画、绸缎、衣服,俗谣有"六月六,晒红绿,槐阴凉,荷风馥"之语。

二十四日星回节[18],用松柯剖束为火炬,大小不等,燃之以吊汉阿南夫人[19]与唐之慈善夫人[20]。一说武侯[21]南征,是日入益州[22]城,南人燃炬以迎王师。此节惟滇省通行,他省则无闻。邱邑城乡无汉夷之分,均于是日宰牲、祭田、燃炬以熏田园驱螟螣[23],新眷往来,款洽[24]甚欢。

七月中元节[25],每家于大门外点香烛化纸钱,叩迎先灵于家堂,早晚致设衣裳荐时食[26],凡花果蔬菜,争购新鲜之品,惟恐不获。虽素尚节俭之家,亦必力从丰腆[27]。报本追远,亦使民德归厚之意。新丧之家,初一、二日即接,更为周备。贫家小户,随接随送。至十四日,备金锞纸,装成包封,填写祖宗名讳,分化门前。斟茶酒斋馔,敬恭以送,如饯宾远行状。傅兰湖[28]诗云:"设衣荐食及兹辰,一代流传一代新。麦饭莼羹充俎豆[29],金瓜紫茄赛馐珍[30]。须知哀敬[31]方言孝,要识渊源本在仁。料办包封如实在,祖宗尽是有钱人。"又云:"子孙要记祖宗名,特假中元祀事明。略识之无[32]须自写,稍知天性要存诚。始曾祖考春秋易,男女儿孙世代更。若是无辰随便过,两三代后做编氓[33]。"

八月望[34],中秋节,一轮皓月分外光明。于是陈瓜果、毛豆、栗、胡桃、松子、榴颗、珠梨,并列五色香饼于庭献月,焚香酌酒拜毕,又献先祖。然后就月下合家老幼列序围座畅饮尽欢,谓之"团圆节"。

九月九日重阳节,桓景避灾[35]、孟嘉落帽[36],其所由来久矣。邱成士子留览诸胜景,登高题咏,饮菊花酒,并各食物,恣意猜拳。箫管丝竹之声,响彻云衢[37],至尽醉而归。是日即滇省光复民国纪念日[38],阖邑绅、商、学、警各界,均悬五色国旗[39],庆祝。

冬至,长至节[40],刺绣添线[41],吹葭(原作"管",今改)飞灰[42],半子初开[43],黄钟应律[44]矣。家以糯米面捏成粉团,裹以豆面、苏子食之,以寓盖藏[45]之意。

腊月春前[46],家户争忙宰猪,制酱醢[47]、作粉饵、造醴酒、浸酸菜、腌腊肉、作面鲊,趁此腊水,以其不霉变而味耐久益佳者也。

岁除日[48],家买色笺纸,写宜春联帖于门楣。是晚杀鸡封门,祭天地诸神仙祖,酒馔品物必丰备。食年饭毕,子女拜亲长辞年。亲赐钱物于子女,曰"压岁"。抑有通宵不寐,名曰"守岁"。至子时交元旦日,焚香洁净,迎接天地神灵,香花供养,灯烛辉煌,天时人事焕然一新。

按:三十年前,物泰年丰,家给人足,一律通行。兹者世运变更,米珠薪桂[49],惟素封[50]之家,此礼尚行。若夫穷家小户,衣食艰难,不知有节,又何知有年,追维古昔[51],令人有江河日下之忧。噫!

【注】

[1]桃符更新:桃符是最初的对联,古人用桃木画各种图形挂在门两边,用来避邪,一年更换一次。后演化为现在的春联。

[2]盛:装。

[3]酬酢:宾主互相敬酒(酬:主人向客人敬酒,酢:客人向主人敬酒),泛指交际应酬。

[4]春酒介寿:出自《诗经》中的《七月》:"为此春酒,以介眉寿。"意思是制作春酒,给公子王爷们祝寿。

[5]寖衰:逐渐衰减。寖,通"浸"。南朝宋范镇《东斋记事》卷三:"初,举人居乡,必以文卷投贽先进,自糊名后,其礼寖衰。"

[6]乡人傩:语本《论语·乡党》:"乡人傩,朝服而立于阼阶。"何

晏集解:"傩,驱逐疫鬼。"后世指迎神驱鬼的民俗。

[7]大洞经:指《上清大洞真经》,道教信徒诵读的经书。

[8]喧阗:形容声音大而杂,书面上的文言词语。阗:充满。

[9]士女:泛指男女或未婚男女。

[10]文昌会:文昌的称谓叫梓潼帝君,其地位跟皇帝差不多。每年出巡一次,驻跸到另一个地方,乡里人称"行香"。确定日期,选出醮主(醮一人或多人),一般由当地乡绅充当。醮主实际就是会首,其出面征粮化钱,凡是许了愿的,都要报告会首,支持钱粮,所化粮钱用于庙会的开销,醮主杀肥猪做大肉。文昌帝君行香时,由八人扶轿抬着游村,信男善女尾随其后,村里人见到游行的文昌帝君都要"漂香"。 帝君过村后,等于扫瘟去魔,降下吉祥。每家每户用碗盛粮上插焚香,这碗称秋香粮的粮食应交给醮主。

[11]讽:这里是诵读的意思。

[12]上巳节:上巳节是汉民族传统节日,俗称三月三,该节日在汉代以前定为三月上旬的巳日,后来固定在夏历三月初三。"上巳"最早出现在汉初的文献。《周礼》郑玄注:"岁时祓除,如今三月上巳如水上之类。"据记载,春秋时期上巳节已在流行。上巳节是古代举行"祓除畔浴"活动中最重要的节日,天子祭祀"高媒人"(生育女神),百姓在水边嬉戏游乐,消除不详。《论语》:"暮春者,春服既成,冠者五六人,童子六七人,浴乎沂,风乎舞雩,咏而归。"就是写的当时的情形。宋代以后,理学盛行,礼教渐趋森严,上巳节风俗在汉人文化中渐渐衰微,但在少数民族中仍然保留着。

[13]玄都胜景:即玄天阁。

[14]挈榼釂饮:提着酒壶,豪饮。

[15]修禊事:仿效东晋时王羲之等人在修禊日于会稽山(在今浙江绍兴)游兰亭饮酒赋诗一事。修禊,古时农历三月初三日,到水边洗涤以消除邪气污浊的风俗。

[16]角黍:三角粽。

[17]辐辏:形容人或物聚集像车辐集中于车毂一样。也作辐凑。

[18]星回节:古代南诏节日名。其说不一。或谓即"火把节"。前

蜀无名氏《玉溪编事·震旦》:"南诏以十二月十六日谓之星回节,日游于避风台,命清平官赋诗。骠信诗曰:'……伊昔颈皇运,艰难仰忠烈。不觉岁云暮,感极星回节。元祀同一心,子孙堪贻厥。'"清代沈涛《交翠轩笔记》卷四:"哀牢膣有星回节,传说多因邓睒妃。"参阅明代沈德符《野获编·风俗·火把节》。

[19]阿南夫人:在白族、彝族的火把节传说中,还有著名的阿南(即曼阿喃)的传说,故事情节与女性人物传说《曼阿喃》和《火烧松明楼》(下一个注释)大体一致,是人物传说与火把节传说交叉衍变的结果。

[20]慈善夫人:火把节的由来传说不一:一说天神与地神斗争,人们用火把助地神灭虫战胜天神;一说出自《南诏野史》及师范的《滇系》,这两书都载:南诏首领皮罗阁企图并吞另五诏,将会五诏于松明楼而焚杀,邓睒诏妻慈善谏夫勿往,夫不从而被杀,慈善闭城死,滇人以是日燃炬吊之。火把节是云南境内彝族、白族、纳西族、拉祜族、哈尼族、普米族等民族的传统节日,各个民族都有自己的传说,难有定论。

[21]武侯:武乡侯。三国时期诸葛亮在世时被封为武乡侯,死后追谥忠武侯。

[22]益州:今成都市。

[23]螟螣:两种食苗的害虫。

[24]款洽:亲近融和的样子。

[25]中元节:中元节在农历七月十五日,部分在七月十四日。原是小秋,有若干农作物成熟,民间按例要祀祖,用新米等祭供,向祖先报告收成。因此每到中元节,家家祭祀祖先,供奉时行礼如仪。七月十五上坟扫墓,祭拜祖先。俗称鬼节、七月半,佛教称为盂兰盆节。

[26]致设衣裳荐时食:贴在壁上的冥衣和所敬献的饭菜。

[27]丰腆:指饮馔或祭品的丰盛。

[28]傅兰湖:指本土诗人傅于敏,号兰湖,有《兰湖集》。

[29]俎豆:俎和豆,古代祭祀、宴飨时盛食物用的两种礼器,亦泛指各种礼器。后引申为祭祀和崇奉之意。

[30]馔珍:珍贵而味道好的菜肴。

[31]哀敬:虔诚地祭祀。

[32]略识之无:之、无,指最简单的字。形容识字不多。

[33]编氓:编入户籍的平民。

[34]望:农历的正月十五。十六称为既望。

[35]桓景避灾:明代谢肇淛《五杂俎·天部二》:"九日佩茱萸登高,饮菊花酒,相传以为费长房教桓景避灾之术。"

[36]孟嘉落帽:成语。出自《晋书·孟嘉传》:孟嘉字万年,江夏鄳人,吴司空宗曾孙也。嘉少知名,太尉庾亮领江州,辟部庐陵从事。嘉还都,亮引问风俗得失,对曰:"还传当问吏。"亮举麈尾掩口而笑,谓弟翼曰:"孟嘉故是盛德人。"转劝学从事。褚裒时为豫章太守,正旦朝亮,裒有器识,亮大会州府人士,嘉座次甚远。裒问亮:"闻江州有孟嘉,其人何在?"亮曰:"在座,卿但自觅。"裒历观,指嘉谓亮曰:"此君小异,将无是乎?"亮欣然而笑,喜裒得嘉,奇嘉为裒所得,乃益器焉。后为征西桓温参军,温甚重之。九月九日,温燕龙山,僚佐毕集。时佐吏并著戎服,有风至,吹嘉帽堕落,嘉不之觉。温使左右勿言,欲观其举止。嘉良久如厕,温令取还之,命孙盛作文嘲嘉,著嘉坐处。嘉还见,即答之,其文甚美,四坐嗟叹。后来一般都用此典故称扬人的气度宽宏,风流倜傥,潇洒儒雅。但也有的观点认为,因为这个成语在时间上是在重九登高,体现了重阳节在晋代的风俗情况。

[37]云衢:借指高空。

[38]滇省光复民国纪念日:指昆明的"重九起义"。1911年10月30日(农历九月初九日)滇军将领蔡锷、唐继尧在武昌起义胜利后,决定在昆明举行武装起义,宣布云南独立。起义部队在讲武堂师生作内应的情况下,从北校场发起攻城。蔡锷等部从东南进攻,经过一夜战斗,于次日晨完全占领全城,活捉总督李经羲,推翻了清王朝在云南的统治。起义成功后即成立云南都督府,蔡锷任都督。

[39]五色国旗:中华民国南京临时政府于1912年1月成立。孙中山被选举为临时大总统,孙中山虽倡导使用青天白日满地红旗为中华民国国旗,但五色旗原为清朝海军一二品的官旗,北洋水师之

军旗,革命党革命时期江苏、浙江、安徽等省也多用此旗。为争取袁世凯倒戈,转向革命政府,五色旗被选为了临时国旗。

[40]长至节:冬至节。时间在每年的阳历12月21日至23日之间,这一天是北半球全年中白天最短、夜晚最长的一天。中国大部分地区在这一天还有北方吃饺子、南方吃汤圆和南瓜的习俗。谚语"冬至到,吃水饺"。

[41]刺绣添线:白昼渐渐长了,妇女们作刺绣,也可以多用一些线。

[42]吹葭飞灰:"吹葭"意指古代将苇膜烧灰放在律管内测示气候,第六管灰动,应冬至节。冬至前灰飞向下,冬至后则灰飞向上,因冬至一阳生,阳气舒展故。"飞灰"也作"浮灰",语出杜甫诗歌《小至》:"天时人事日相催,冬至阳生春又来。刺绣五纹添弱线,吹葭六管动浮灰。岸容待腊将舒柳,山意冲寒欲放梅。云物不殊乡国异,教儿且覆掌中杯。"《小至》写冬至前后的时令变化,不仅用刺绣添线写出了白昼增长,还用河边柳树即将泛绿,山上梅花冲寒欲放,生动地写出了冬天里孕育着春天的景象。

[43]半子初开:半子指女婿,初开指女婿在婚后第一次带妻子回娘家。

[44]黄钟应律:应合乐律。唐吕纯《忆江南》诗:"万蕊初生将比类,黄钟应律始归家。"黄钟:十二律之一,声调最宏大响亮。在宫、商、角、徵、羽五音之中,宫属于中央黄钟,五音十二律由此而分。

[45]盖藏:储藏。

[46]春前:立春的节令之前。

[47]酱醢:肉酱。

[48]岁除日:即大年三十。

[49]米珠薪桂:米贵得像珍珠,柴贵得像桂木。形容物价高,人民生活极其困难。

[50]素封:无官爵封邑而富比封君的人,代指有钱人。

[51]追维古昔:追思过去。维:居中语气词,无实意。

婚嫁礼

自来士大夫之家，嫁娶恒依六礼[1]。邱俗尚无普通媒人，开始由男家看好此女，延请女家最相得[2]之亲友（半多妇人），通达诚意于女家，名曰"内媒"。得女家许，即指乡中夫妇双全暨有名望二人为月老，名曰"过街媒"。统由男家择期，早晨设宴款待月老，定聘三次，到女家愿意允许，月老即请主婚。向祖堂三揖，即为聘定。礼最俭便，古道[3]犹存。现在风俗渐奢侈，定聘须手镯一双，耳环一对，色布一对，衣服裹脚彩带各物，需用二十元之谱[4]。将及冠笄[5]之期，择定喜日，先数月达意女家，至日设宴请媒，递男庚帖[6]，行纳彩礼，名曰"换东"。聘仪茶、酒、饼、饵各一事为通用，其聘金则八元、十元不等，盖视其家境以为定也。

月老押礼至女家，仍同主婚者向家堂三揖，家族用新笔墨亲书女庚帖毕，月老以庚帖返男家，回谢礼物厚薄不一。亲迎前一日过礼，男家请月老早宴后，仍备猪一头，茶、酒、盐、糖诸仪品诣女家。届期，婿往女家亲迎，行奠雁礼[7]，以彩舆[8]旗伞鼓乐迎妇归，至家行交拜合卺礼[9]。女家随于是日送新妇赠嫁之奁品赴婿家，先期邀请亲友，设宴款待，亲友皆以品物、对联、银钱、彩币庆贺之。次日行拜堂礼，见翁姑[10]，然后拜见亲长。三日归宁[11]，婿诣妇家，拜见岳父母及亲长之家，女家设宴陪待新夫妇。七日装枕头，女家请亲友诣男家，男家设宴陪待女家亲友。近年来习尚奢靡，百般要索，婿家小康[12]尚可支持，否则力有未逮[13]，而良好婚姻竟成仇怨。若得有心人起而救正之，则纯古之风其复耶。

【注】

[1]恒依六礼：一直依照六礼进行。六礼是指从议婚至完婚过程中的六种礼节，即：纳采、问名、纳吉、纳征、请期、亲迎。

[2]相得：互相志趣投合，比喻相处得很好。

[3]古道：这里是古风（淳朴的风俗习惯）。

[4]之谱：这里是开支、费用。

[5]冠笄:指古代男女成年时分别举行的冠礼、笄礼。《礼记·乐记》:"婚姻冠笄,所以别男女也。"郑玄注:"二十而冠,女许嫁而笄,成人之礼。"

[6]庚帖:旧时订婚,男女双方互换的八字帖。帖上写明姓名、生辰八字、籍贯、祖宗三代等。

[7]奠雁礼:传统汉族婚姻风俗,流行于全国许多地区。男家在行纳采,问名,纳吉,纳征,请期,亲迎时,必有主持者执雁前导,即为"奠雁"。《仪礼·士昏礼》:"昏礼。下达纳采。用雁。"郑玄注:"用雁为贽者,取其顺阴阳往来。""雁"是联结双方的礼仪用物。各代沿袭,但由于大雁难寻,一般是用鹅来替代。

[8]彩舆:彩轿,花轿。

[9]合卺礼:始于周代,是古代婚礼的一个重要仪式,类似现在的"交杯酒"。卺是一种匏瓜,俗称苦葫芦,其味苦不可食。合卺是将一只卺破为两半,各盛酒于其间,新娘新郎各饮一卺。匏瓜剖分为二,象征夫妻原为二体,而又以线连柄,则象征由婚礼把俩人连成一体,故先分而为二,后合二为一。

[10]翁姑:公婆的合称。

[12]归宁:女子出嫁后回娘家。

[13]小康:家庭经济比较宽裕。

[14]未逮:女方家提出的彩礼标准达不到。

丧葬礼

传云:"丧其称家之有无,贫而厚葬者,非礼也。"[1]邱俗戚丧事不用浮屠[2],一切附身附棺等事皆竭力为之,哀戚克尽。七日内葬为"乘凶"[3],七日外须看山向,择日卜葬,于化命祭主[4]毫无干碍。扎纸编接引佛并童子二,立纸条钱三树。先一日悬素祭奠。亲友吊唁送仪者多寡不一,儿女姻亲备帐联、金银纸山、汤馔香楮诸品致祭。丧家供餐则用八碗款待,洵称善俗。不谓数年来相率为奢[5],展奠前三日,借邀请亲友勷事[6]为名,大宴宾客至数十百席之多,夸耀闾里,而于棺殓茔墓诸要端,反轻其所重,是诚弊俗之甚者也。

【注】

[1]传云:"丧其称家之有无,贫而厚葬者,非礼也。":出自《礼记·檀弓上》:"子游问丧具,夫子曰:称家之有亡(无)。"指办理婚、丧等事不可过奢或过俭。

[2]浮屠:即高僧死后所砌的宝塔。这里特指请和尚为死者做各种佛事。

[3]"乘凶":旧指父母刚死,不成服而婚娶。

[4]化命祭主:化命,指死者,祭主,指死者的子孙。

[5]相率为奢:彼此相互攀比,形成了奢侈的风俗。

[6]勷事:帮忙。

习惯法

银钱赛[1]会,法律名词曰"社",吴、楚之间曰"会"。吾邑俗名曰"赛"。其名目有岁二纳、或四纳、或月纳不等。此类习惯各邑皆有,倘能始终如一,维持用信,诚于社会金融,尚有存储自然生息之便利也。

【注】

[1]赛:本指秦汉时期四川、湖南等地少数民族所缴的一种赋税。这里特指当地的一种民间金融机构。

合 伙

三五为群,或任资本,或任劳力,或以地产抵作资本,于农矿工商界谋共同之生活,亦犹有公司性质,营业最善之计划也。

契 约

凡立不动产之杜卖契约者,必以亲族邻右作证。余如典当、租借、雇工、揽役、习艺皆有文约,仍须以亲族或戚友为保证人,惟当票、银飞[1]不在此例。

【注】
[1]当票、银飞:典当的票据、汇票。

各行会馆

会馆,有因居留地称者,如三楚、江西、四川馆;有以营业称,如衣帽行各馆。各行俱役设司事,每年大会一次或二三次。至期,醵酒[1]行团拜礼。会毕,轮委会员结登[2]通年出入存欠账数,揭示馆门。

【注】
[1]醵酒:指会馆的主持人。
[2]结登:统计。

各乡乡规

凡关于一区中之公益,有相约相禁相保护者,集合绅耆[1]会议定为条件,书于方板,悬示神社[2]及村门寺壁,以为乡规,俾[3]共遵守。其有盗麦谷者,通例悬竿村口[4],以示警戒。但亦因事变更,随增捐款[5],如有抵抗,得照本乡规报告乡董乡佐理处。

【注】
[1]绅耆:地方上的绅士或有声望的人。
[2]神社:祭祀土地神的庙。
[3]俾:使得。
[4]悬竿村口:把盗取的麦谷作为证据高挂在村子入口处。
[5]捐款:这里特指罚款。

(此处疑缺"沙"字)人方言

天　文

天:播弄;云:喇么;下雨:倒文;下雪:倒仍;打雷:得把。

风:棂;天明:弄;阴:嫩;晴:雨;晚:杭;昼:贡完。

地理(原作"利",今改)山川

地:令;山:迷当;水:揽;江:温达;河:乡达;上坡:冲堆;田:捏纳;菜园:裡孙;石头:革棂;火:肥。

衣服冠带

戴帽:罗帽;穿衣:等衣;裤:供淙;腰带:撒腰;布:崩;棉:舛;被毛毡:新辖;枕:得齐;桶裙:共布;簪:莫;包头布:布于;耳环帐:利波。

人　伦

祖:老抱;祖母:悝;父:勒布;母:勒;叔父:勒抱;伯母:勒;兄:俾;嫂:俾囊;弟:浓;弟媳:浓 母舅:笔浓;舅母:俾。

身　体

头:勒稿;脸:布拿;鼻:布当;眼:勒大;眉:保大;嘴:纯罢;舌:布舌;手:阿吻;指:峇吻;肩:合罢;膊:过蛾;肚:立董;腿:戈哈;脚:务登;手干:有;腰:固;膝:革窝;头发:本稿;胡须:闷;背:拜问罔;耳:木耳。

饮　食

吃早饭:庚崖;午饭:庚林;晚饭:庚诏;吃酒:庚老;吃肉:赓讷;吃烟:赓烟碗;吃药:庚衣;煮肉:讷;水酒:老盖;烧酒:老;槟榔:骂椰;芦子:戈丧。

草　木

树:过矮;木:过歪;竹:哀歪;明子:居;草:吻;柴:焚。

五　谷

谷:蒿;米:蒿三;高粱:高阳;豆:鲁杜;麦:哈舒;面:阿闷;糯米:

蒿神;糍粑:蒿邪;芝麻:勒喇。

瓜　菜

菜:罢;冬瓜:勒洼;萝卜:勒八;茄子:勒己;葫芦:额谋。

五　金

银:昂;铜:龙;铁:坨;锡:利;铅:浓。

器　用

炊锅:得么;(又名喇把锅)酒瓶:得哈;铁三脚:勒井;甑:纳赖;碗:京筋得;杓:锡个;桶:懂;竹筐篮:叠藏;坛子:奶介;扁挑:安脸;盆:纳慢;脚盆:纳咪;桌:勒绒;碓:平;磨:思括纺车:勒撒;织机:到勒;戥:勒常;秤:常干;斧:坨玩;烟筒:烟碗;土锅:纳么;坨田:卯;锣:噉;鼓:陇工;箱:得;帚:牛罢;灯:邓机。

军　器

盔:告江;甲弩:笋;鸟枪:力颇;环刀:槐衣。

房　屋

房子:勒阑;楼:喇兜;楼板:达虫;仓:裡;楼梯:赖;卧房:索落;墙:含神;板壁:布洼;篱:额爱;瓦:同。

颜　色

红:令;青:么;绿:腰;白:傲;蓝:乘;黄:洛;黑:挽;靛:夺。

数　目

一:寥;二:松;三:三;四:岁;五:哈;六:笼;七:伞;八:徧;九:芍;十:畜;百:罢;千:樅;万:量。

称　呼

大官:老菩萨;书吏:外郎;征差:田主;小官:小菩萨;道士:五得谬;客人:不夜;主人家:抱苏兰;主人家婆:押苏兰。

鸟　兽

虎:得过;牛犊:崖;黄牛:得时;猪:得么;羊:得荣;狗:得妈;鼠:得奈;鸟:得落;鸡:得盖;鸭:得布;鹅:得汉。

鱼　虫

鱼:得巴;虫:得麻;蛇:得能;蝇:得娘。

杂　物

石灰:尔蒿;线:埋;炭:留。

文　房

笔:兵墨;砚:砚瓦;纸:萨。

人事杂语

拿水:得揽妈;洗脚:泻登;走:摆;快走:忙摆;去:摆娘;回来:倒妈;醉:老肥;走路:摆兰;迟:完;早:罗么;梦:能冒;睡:能;醒:细那;认不得:来裸利;你:蒙;我:勾;大:牢;小:呢;笑:歹;骂:纳;唱:温;好看:貌里貌鲜;不好:近娃未雅;痒:板箱;骑马:鬼马;出大恭:得崖;出小恭:得牛;点火把:根柱;(六月二十四日):滇土节;过年:根箱。

《邱北县志》第四册

学 校 部

三代[1]之隆,其法浸[2]备,夏曰校,殷曰序,周曰庠,皆所以明人伦[3]也。自王宫国都[4],以及闾巷[5],莫不有学。人生八岁入小学,十五岁入大学,而其皆本躬行心德,纳斯民于彝伦[6]日用之间,此治隆于上,俗美于下,而非后世所能及也。

邱居边隅,汉夷杂处,椎鲁[7]少文。即有力学者,家少藏书,庭无明训[8]。欲其博[9]今古而探源流[10],亦綦[11]难矣。

民国光复,学校林立,作育人才,不拘额数。将见龙蟠凤逸之士[12],奋兴琢磨[13],蔚为国华[14]。暮峰、清水之区,不几彬彬然[15],与金碧[16]争辉乎?志学校。

【注】

[1]三代:指夏、商、周三个朝代。

[2]浸:渐渐。

[3] 人伦:封建社会指人与人之间的关系和应当遵守的行为准则。主要内容是父子有亲、君臣有义、夫妇有别、长幼有序、朋友有信。

[4]国都:旧时指每个朝代的首都所在地。

[5]闾巷:里门,巷口的门。

[6]彝伦:犹言伦常。指人与人之间的道德关系。

[7]椎鲁:迟钝、愚钝。

[8]训:教诲、开导、典式,法则。

[9]博:广;通。

[10]源流:原指水的本源和支流。引申指事物的始末。

[11]纂:编写。

[12]龙蟠凤逸之士:如龙盘曲,如凤深藏。这里指隐藏在当地的各类杰出人才。

[13]琢磨:研究、考虑。

[14]国华:指国家的菁华、栋梁之人。

[15]彬彬然:"彬彬"的原意为文质兼备的样子,形容文雅有礼貌。这里引申为这里人才辈出的样子。然:样子。

[16]金碧:即昆明的金马碧鸡坊,这里借指昆明。

庙 学[1]

文庙四迁,先在维摩[2]旧州东门外。嘉庆间知州许俗建,隆庆四年,知府戴时雍奉文继修。万历二十年,知州王有本落成,有庙无学。四十一年,知府肖以裕详请,天启三年,创建学。拨府学训导分教。维摩知州李嗣泌迁于维摩新州城内,崇祯四年,土酋[3]焚毁。

前康熙八年,复设三乡县,治马者龙,又迁其地。继州、县并裁,庙如制[4]。

雍正八年,总督鄂尔泰[5]奏添设维摩分州,移治邱北报(马)坡[6],州同钮、卢二公[7]重建,即今城内南向正殿五楹[8],面露台[9],东西两庑[10]共七楹,大城门三楹,左三楹,名宦祠[11],右三楹,乡贤祠[12]。棂星门[13]石坊左为礼门,右为义路。中凿泮池[14]。后为崇圣殿[15]三楹,并建腾蛟起凤二坊,照壁宫墙[16]。又于街口建文明坊[17],规模宏敞,气象峥嵘。坊毁,年久倾颓。

咸丰元年,知县金台同绅捐资重建明伦堂[18]于书院前层。改建文笔塔于案山。左门壁、泮池,悉整饬辉煌,增置祭器、乐器、乐生,规模始备。

丙辰[19]变乱,屡经兵燹[20],殿宇坍塌。光绪四年,知县林彭龄[21],率绅士筹款培修。添建石栏、月台,珠联璧合,益壮大观。贡生傅雍和[22],撰碑纪事。民国八年,士民同建节祠于起凤坊外,知事徐孝喆[23]题额记碑。

【注】

[1]庙学:庙,一般指文庙。设在文庙里的学校。

[2]维摩州:指在旧城的维摩州。

[3]土酋:土司的头目。

[4]如制:意为照旧制。

[5]鄂尔泰:(1677~1745)清满洲镶蓝旗人,西林觉罗氏,字毅庵。康熙举人。任内务府员外郎。与田文镜、李卫并为雍亲王(即世宗)的心腹。雍正三年(1725)迁广西巡抚,次年调任云贵总督,兼辖广西。在滇实行改土归流,在西南各族地区设置州县,改土司为流官,加强中央对地方的统治。后任军机大臣。世宗死,受遗命与张廷玉等同辅政,总理事务,加至太保。乾隆十年(1745)以病解职。

[6]报马坡:古村名,故址在今县城内县政府址。

[7]钮、卢二公:钮即钮飞熊,乾隆四十九年(1784)任邱北知县。卢,无考。

[8]楹:间。也指堂屋前部的柱子。

[9]面露台:大殿前有石栏的平台。

[10]庑:古代堂下周围的屋子。

[11]名宦祠:内供各朝代在本县有过贡献的官吏的祠堂。

[12]乡贤祠:内供对本县有较大贡献的乡绅的祠堂。

[13]棂星门:孔庙前的大门,形似木牌坊,有窗格。

[14]泮池:孔庙的大殿前面都建有半月形的水池。俗称泮池。

[15]崇圣殿:崇圣寺,在大成殿后,内供孔子的祖先,每年祭孔子时要先在这里祭过之后才到大成殿祭孔子。

[16]照壁宫墙:俗称照壁,在庙前方。

[17]文明坊:俗称牌坊,后因火灾被毁。

[18]明伦堂:明新书院的前身。

[19]丙辰:指咸丰六年(1856)。

[20]兵燹:兵灾。

[21]林彭龄:光绪四年(1878),广西桂县人,同治九年(1870)任邱北知县。

[22]傅雍和:邱北县人。

[23]徐孝喆:云南姚安人,民国六年(1917)任邱北县知事(县长)。

学　额[1]

明维摩州隶广西府,学附府[2],拨府学训导一员分司[3]。清康熙八年州裁,学仍附府。雍正八年,添设州同[4]一员,隶师宗州,合考师宗学。道光二十年,复设邱北正县,由师宗分学额三名,拨训导一员专任司训[5],每届取进文生三名,武生三名,除州、县各取案首[6]一名,只余一名。诸生考取学额甚少,怀才抱道者,每有学额限人之叹。廪生[7]五名,增生[8]五名,四年一贡[9]。

【注】

[1]学额:即对学生的限额,按府、州、县分别规定每届考试录取的名额(人数)。

[2]学附府:维摩州的各附在府学名额内。

[3]分司:分管之意。

[4]州同:官名,州同,历代官制名称,属于直隶州的,清代知州的佐官,从六品官。

[5]司训:掌握教诲训导之人。明清时县学教谕的别称。

[6]案首:榜首之意。凡县试、府试、院试的第一名,称案首。

[7]廪生:生员名目之一。须岁科取试,一等前列的,方能取得廪生名义,成为资历较深的生员。廪生是成绩最好的生员,名额有限,公家发给粮食。

[8]增生：岁科两试，一等前列的，方能为增生或廪生。增生是指定员以外增加的称增广生员，故称增生，地位次于廪生。

[9]贡：古代向最高统治者推荐人员的制度，四年一次。

清江书院[1]

清江书院，乾隆二年，司马[2]王公建。堂舍狭隘，年久废。

咸丰二年，知县金台另就地势，鼎建明新书院[3]。高其闬闳[4]，广其廊舍[5]，新建讲堂两庑，前后新添书舍多间，后建正室一重，左右两耳，安置山长[6]，又西旁列船房[7]三楹，额[8]云："直拟身在画船中。"建花厅[9]二大楹，漱六亭一座，天井内凿一池，水阁亭一座，额云："韫玉怀珠。"[10]对面一室，额云："书声鸟语花香"架石梁以通太湖。小山顶建一小亭，廻栏曲折，窗轩豁敞，莳花种竹[11]，以为游憩之地，非胸有邱壑[12]，断不能结构精致，周围紧密如此。夫金公竭尽心力，惨淡经营[13]，历四五年而始告成功。而诸生[14]之藏修[15]游息，克有其地，饮水思源[16]，慎勿忘其棠爱[17]焉。

【注】

[1]清江书院：故址在今一小前层，为明新书院前身。

[2]司马：官名，明清称府同知为司马。王公即王纬。

[3]明新书院：建于清江书院原址。鼎建：鼎力修建。

[4]闬闳：指门巷。

[5]廊舍：廊，原指外城，这里指屋舍。

[6]山长：书院的讲授人，兼管日常院务。

[7]船房：建在水池旁边的小屋，犹如坐在船里一样。

[8]额：一般指门头上的横额、匾额。

[9]花厅：亦称搓棚，祠庙内建筑物之一。

[10]韫玉怀珠：意为蕴藏珠玉。

[11]莳：移植。

[12]邱壑：宏伟的蓝图。今作"丘壑"。

[13]惨淡经营：即苦心经营。

[14]诸生：许多儒生，也指在学的许多学子。

[15]藏修：意为在僻静的地方自修。

[16]饮水思源：意为不要忘记前人的功劳。

[17]棠爱：对地方的关心、爱护。

修建明新书院详[1]

春谷[2]　　金台

  为详报工竣，并立章程事，窃卑职[3]前因邱邑地方，汉夷[4]杂处，民多刁悍[5]，俗尚浇漓[6]，不惟乡农罕知礼仪，即生童[7]亦鲜规模准绳[8]。推原其故，皆书院未建，教化[9]未兴，风水[10]复少培补所致。旧虽建有石塔一座，俗称文笔，系在离火煞旺[11]之方，殊于阁邑有碍。至于书院，系属教养[12]根本要地，尤为不可少之区。卑职于上年春间到任，因欲挽颓风[13]而除积习，培地脉[14]以育人才。急思改移创建，惟以工程浩大，独立难支。堂集绅耆举人刘溱[15]等筹商劝捐，均皆踊跃从事。随即择定首事[16]，先后兴工，并将前情据实通禀，奉批妥速办理在案。卑职遵即督饬首事，赶紧经营[17]，于咸丰二年五月六日，将旧文笔塔拆卸，移于南门外青龙山建立，共七层，高七丈，至三年四月初八日工竣。计用工料银七百二十三两二分一厘。并择于县左首旺地[18]建造书院。于咸丰二年九月十一日兴工，共修建房屋八十二间。兹于三年九月九日，一律工竣。计用过工料银三千三百六十七两九钱三分。所有购料、催工、出入账目，均系选派公正绅耆[19]充当首事经理，毫未假于书役[20]。现今逐细查勘，妥属工坚料实，并无草率偷减情事。两处共用过工料银肆千零玖拾壹两壹钱壹分肆厘，均系卑职及阁城文武捐廉[21]，倡首及各乡乐输[22]，共收银肆千零玖拾壹两壹钱壹分肆厘，照数支用外，现议延师考课[23]及首事为伺[24]等项。岁需京斗[25]净谷[26]约四百余石，除已据各乡户捐入田地，每年约可收京斗租谷一百三十一石，计尚不敷谷二百六十石。细查各乡尚有已捐未缴银二百二十两，并有殷实[27]未捐之户。兹查卑职交卸在迩，诚恐未能一手催收捐齐，容俟后任韩令[28]到后移交接办外，并乞府赐札饬韩令，督饬首事，赶紧将已捐未缴户催收齐全，并劝未捐各户一体量力输捐，共成善举。续收银两,随时置田地产业,并或生放利息,以备岁需[29]之用。所有此项工程,系属捐办,应请邀免造册报销。除将议定廷师考课等项章程及捐入田地,修建屋宇数目,分别造具清册,呈送查核,并零星捐户暨首事,均由卑职酌给花红匾额[30]奖励外,所有捐银较多至一百两之监生[31]何其秀、耆民念得众、孀妇杨胡氏,又捐银五百两之耆民冯得有,并在工尤为出力首事文生黄懋,武生黄肃章、姜现龙,职员陈得嗣,举人[32]刘溙,副榜[33]马兰,廪生[34]彭绍思,监生彭泗清,耆民萧尚和、祁永寿、陈书云等十四名。理合附姓名,仰恳督府宪会衔[35]分别当颁匾额,以示优奖而昭激劝[36],实为公便。合将移造文笔,创造书院工竣日期各缘由,具文通详。请祈宪台府赐查核,批示饬遵,除详各宪外,为此备由缮册具呈。伏祈照详施行,须至详者:

丙午科举人黄椿,贡生[37]周秉彝,文生黄懋、马世芳,武生[38]黄肃章,乡饮[39]陈书珍,耆民陈书云、缪廉,普洱镇游击[40]陈得功,职员陈得嗣,廪生刘溶,文生刘湘,监生陈文锦,武生赛超群,百总[41]祁永寿,耆民戌勋,候选儒学教谕刘溙,贡生官树铖,廪生马刚,文生韩迁彦,监生李万镒,乡饮唐开春,耆民萧尚和、舒用、彭一清,甲辰科副榜马蔺,廪生彭绍思,文生周元,监生彭泗清,武生姜现龙,童生[42]马春森,耆民马贵、王从,同立。

云龙书院[43],建于两水交汇处双龙山麓。楼阁峥嵘[44],前凿泮池,架有石桥。莺柳鸣晴[45],鱼萍漾碧[46],士子肄业[47]其中,胸怀畅达[48],亦足以启迪灵明[49]。

【注】

[1]详:旧时公文的一种,用于向上级呈报请示。

[2]春谷:金台的字。

[3]窃卑职:窃:犹言私,常用作表示个人意见的谦词。卑职:旧时下级官吏对上级的谦称。

[4]夷:这里泛指本地的少数民族。

[5]刁悍:刁:狡猾,无赖;悍:凶暴。

[6]浇漓:亦作"浇醨"。多用于指社会风气浮躁、浅薄。

[7]生童:指生员,童生一类。泛指学童。

[8]规模准绳:规制,格局。如规模宏大;准绳:引申为标准,准则。

[9]教化:教育、文化。即政教风化,教育感化。

[10]风水:本为相地之术,即临场校察地理的方法,也叫地相、古称堪舆术。一般指宅地或坟地的地势、方向等。

[11]离火煞旺:离为八卦之一,象征"火";"煞":凶神。全句意为:"处在火神旺盛的方位上。"

[12]教养:教育、培养。

[13]颓风:衰败的风气。

[14]地脉:指大地的脉络,即地势。迷信的人讲风水时描述地形时的用词。

[15]刘溱:扯牛皮(今属砚山,更名为永和村)人,初授元谋教谕。咸丰九年(1859)三月,城破遇害。

[16]首事:在改移、创建中选定的主要负责人。

[17]经营:置度、筹划。

[18]旺地:兴隆、繁盛之城。

[19]绅耆:绅士和老人。旧指地方上的绅士或有声望的人。

[20]书役:任抄写文书的人。

[21]廉:清制,文武官员正俸之外,另给养廉银,合称俸廉。捐廉即捐出自己的俸廉。

[22]乐输:自愿捐出。

[23]延师考课:聘请教师授课。

[24]为伺:为受役使而开支的费用。

[25]京斗:清代朝廷规定统一的量制。战国时代,以京都为中心广泛使用的升斗。一升斗的内径为曲尺的四寸九分(约14.8厘米),高约二寸七分(约8.2厘米)。相当于新中国成立初期征粮的公斗,以米计一公斗约合重十七市斤。

[26]净谷:无杂质,纯净的稻谷。

[27]殷实:较为富裕的人家。

[28]韩令:韩捧日,广东人,咸丰三年(1853),任邱北县令。

[29]岁需:每年需要用的。

[30]匾额:是指上面题着作为标记或表示赞扬文字的长方形横牌。一般长五六尺,宽一二尺,漆底金字,用以示表彰之意。

[31]监生:明清时在国子监(相当于大学)肄业的,统称监生。也指由捐纳而取得的,不一定在监读书。

[32]举人:地方科举考试的中试者之称。

[33]副榜:清制于录取正卷外,另取若干名之意。每正榜五名中,取一名为副榜。

[34]廪生:科举制度中生员名目之一。清代须经岁科两考,一等前列的,方能取得廪生名义,成为奖励较深的生员。

[35]督府宪会衔:清代各省置总督与巡抚。宪:封建社会,下属官吏称上司为宪。会衔:把两条官司衔合列在一起。

[36]激劝:鼓励,劝导。

[37]贡生:指科举时代,挑选府、州、县生员(秀才)中成绩或资格优异者入京师国子监读书的称贡生。

[38]武生:生员中习武的称武生。

[39]乡饮:古代嘉礼之一,指乡饮酒礼。清制,每年由各州、县遴访年高有声望的士绅一人为宾,次为介宾,又次为众宾,详报督抚举办隆重的乡饮酒礼。

[40]游击:官名。清代绿营兵设游击,职位次于参将,分领营兵。

[41]百总:即百夫长,统帅百人的卒长。

[42]童生:科举制度中,凡应考的生员(秀才),不论年龄大小,习惯上称童生。

[43]云龙书院:建于同治末年,在双龙营文武庙内。

[44]峥嵘:不平常,不寻常。

[45]莺柳鸣晴:黄莺鸟在柳树上鸣叫,预示着天要晴了。

[46]鱼萍漾碧:鱼和萍在水面上微动,显出碧绿的颜色。

[47]士子肄业:士子:学生;肄业:读书。

[48]畅达:舒畅、通达。

[49]启迪灵明:指启发心智。

旧制学校

碧梧书院：曰者乡，今改学堂。八道哨、黄泥哨、大百户[1]、温浏、腻脚、大箐、树皮、大铁、腻革龙、笼陶。

以上十寨，各立学堂一所，私费。

各区村寨，均有蒙学[2]，并非公立，不及细录。

同治十三年，知县王世德[3]，详由陆良马街厘金[4]，月拨十两以作膏火[5]。

邱北义学[6]，陈宏谋义学汇记：一在城西门内文昌宫，每年束修[7]，京斗谷四十九石。斗三升六合。一在旧城盘龙寺，距城十里。一在路堵[8]关圣宫，距城二站。一在马者龙，距城三十里，村民公建书舍。一在曰者乡关圣庙，距城六十里。一在八道哨玄天阁，距城三十里。俱雍正九年至十一年[9]，州同王纬先后设立。一在树皮，距城六十里。一在十四寨洛太邑[10]，距城八十里。俱乾隆三年署州同古肇新[11]设立，村民公建书舍，每年束修，各京斗谷五十三石五升。

以上八馆，州同王纬捐田二份，坐落八道哨，又东门外开旱地五分，南门外开旱地四分，俱免升科[12]。又雍正十二年，里民[13]李兴祖，送田一分，坐落上报马坡。又署州同古肇新，查出荒芜地二块，坐落大勒哨[14]，原无条粮，又捐买田二分，坐落小戛勒[15]。又里氏布彪，送田一段，坐落大戛勒阿拐河边。又乾隆三年，曰者乡民唐文秀、杨沙保等捐买田一分（原作"份"，今改），坐落狮子山[16]。又生员李芳，捐买田二分，一坐落布鲁寨[17]，一坐落些龙[18]。又普者黑、马者龙里氏吴自鸿、王正公等捐买田一分，坐落阿拐[19]。以上田地，除免纳条粮[20]外，年收京斗谷二百八十石八斗八升六合七勺六抄。分给各馆，永供束修。

邱北县采访。以上学田自兵燹[21]后，仅收租谷二十四石。因缺春秋祭需[22]，邑绅权作祭费，馆遂废。

【注】

[1]大百户：原属树皮乡，今属砚山。

[2]蒙学：指对儿童开始启蒙教育，供孩子读书的学堂。

[3]王世德:四川举人,同治十一年(1872)任邱北知县。

[4]厘金:自清代至中华民国初年征收的一种商业税,因其初定税率为1厘(1%),故名厘金。又称厘捐、厘金税。

[5]膏火:灯油费。

[6]义学:各地官方兴办的免收学费的学校。

[7]束修:旧时常用作馈赠的一般性礼物。这里指学生致送教师的酬金,借指薪俸教师的薪金。

[8]路堵:约在落太邑附近。地名普查时,此村名已不存在。

[9]雍正九年至十一年:1731年~1733年。

[10]洛太邑:村名,原属树皮乡,今属砚山。

[11]古肇新:乾隆二年(1738)任邱北州同。

[12]升科:旧时承领开垦田地,三年后开始纳粮,谓之升科。

[13]雍正十二年:1734年。里民即乡民。

[14]大勒哨:在今八道哨乡。

[15]小戛勒:小、大戛勒均在今锦屏镇。

[16]狮子山:在日者镇。

[17]布鲁寨:遗址在阿拐河对岸山后冲子里。

[18]些龙:古村名,已不存在,无考。

[19]阿拐:在下寨乡,下寨西北两公里处。今锦屏镇小新寨村民委。

[20]条粮:明代中叶进行税制改革后,新税法叫"一条鞭法"。条鞭亦作条编,因有条编银之称,简称冬银、条粮。

[21]兵燹:兵灾。

[22]祭需:祭祀的需要。也就是祭费。

新制学校

邱北县学校调查表: （经费单位:元）

种类	住址	教员数	现有学生数	毕业生徒数	县立私立	岁出经费	附注
高小、国民学校	城内	8	196	874	县立	1484.6	
高小、国民学校	双龙营	2	75	62	村立	420	
国民学校	大箐	1	12	10	村立	180	

续表

种类	住址	教员数	现有学生数	毕业生徒数	县立私立	岁出经费	附注
国民学校	老鸦屯	1	14		村立	170	
国民学校	干石硐	1	26		村立	150	
国民学校	曰者乡	1	47		村立	200	
国民学校	腻脚	1	40		村立	150	

留学生

杜启泰　黄国权　黄宝书　许学珍

以上在省立第一师范学校修业

李俊芳　伍声颂

学堂公租碑记

学堂为国家第一要务，邱邑僻瘠[1]，迭奉宪[2]文饬设，辄以无力而止。崧下车[3]伊始，心甚难之。然竟听其因循，终有碍于风气。谋之耆老，于各公用中，酌其可节省可归并者，得五百三十二金[4]。选购书器[5]，兼聘经史、图算[6]两教习，订章开学，均经禀报在案，差幸粗有端倪[7]耳。虽十年树木，百年树人[8]，岂伊旦夕事耶？自今以后，原诸君子并力而维持之。士林[9]之福，抑[10]国家之福焉。

【注】

[1]僻瘠：地方偏僻，土地薄瘦。

[2]宪：上级。

[3]崧：指伍毓崧，湖南湘乡人，翰林学士，光绪三年(1904)，任邱北知县事。下车：意为到任。

[4]金：这里作"元"字解。

[5]器：指教具。

[6]图算：画图、算术。

[7]端倪：头绪。

[8]百年树人：比喻培植人才不是短期内可以做到的。

[9]士林：指士大夫、儒生聚集的地方。

[10]抑：或者是。

补　克[1]执　照

署理邱北县知县冯为[2]，发给执照永远遵管事，照得[3]各处绝业[4]，迭奉部章[5]，均饬查出充公，以济实用，勿使土豪霸踞，久经遵办在案。查得补克寨有陈姓绝业，全庄于同治十年，林前任[6]禀请充公在案。后因广西陈姓冒宗[7]霸业，又于光绪元年，经王前任[8]通禀立案。归作本城卷金[9]之资。又有罗姓绝业一份，连接陈姓地界，被冒认宗支之罗文林与戴罗氏相争控告。于光绪二十八年，经李前任[10]讯明，并归书院卷金。今此业北至界止内，被五曹土豪杨二与金泰，互相争控，本县以案多疑窦[11]，即会同城绅杨自春、李兴邦、陈学易等亲往踏勘，两造契据，皆不实在，自系当日罗姓绝业，界内土地无疑。查此绝业，归公多年。虽有案而照契未颁，实不足以杜贪婪[12]之念。本县[13]目击此情，心系之。欲绝后日之争竞。自非出给执照不可。兹特将四至钱粮、租石，逐一开明，以顾要公[14]而清界限，合行给照。为此，仰该学堂绅首，遵照办理。每年所得各租，概作学堂经费。无论何项公件，均不准由此中挪移。该绅等务须认真经管，勿使稍有吞没，以及荒芜抗租、欠粮等弊，并于四至栽漆树以作范围[15]，既免邻右侵占，且可大浚（原作"濬"，今改）利源，洵属两得之举。该绅热心公益，同住维桑[16]，知必有以负（原作"副"，今改）此重任，如敢违混舞弊，则王章[17]俱在，亦万难，稍加曲原，凛之遵之[18]，切切勿违，须至执照者。

补克、小平坝、落水洞、小尖山、黑妈寨。四至后列：

东至由刺科落龙山顺陆凉寨由古垦黑妈寨后梁子，直对多依树李姓界止；南至由三台石齐弥勒勒界山到麦地冲头罗姓坟及曾姓界止；西至由小竹箐梁子对直红泥井暮舍得界直下落水洞冷水沟底，长麻塘丫口小石岩止；北至由奔租克，顺老鹰山沟底直顺刺科龙山止。

永银壹两柒钱五分，折米壹石零玖升。

宣统元年五月二十日。

邱北县正堂[19]冯批：

此契四至内经本县亲往踏勘,羊洞、小补克、大补克、公碑等处,实系前任李充归书院,界内地土,被杨二蒙混,印契既经踩实,即应将其契涂销。姑念尚知悔悟,情愿另立入约,归入学田。其余几至,尚有田土,若将此契涂销,则悉化为乌有,从宽批明发给以后,如敢再冀蒙混,即将二罪归一,照例惩办,以示体恤而清界限,此批。

此系批在杨二呈验印契上面,印契仍还给杨二,故照抄粘案,以便后日考查。

【注】

[1]补克:现名普克,属曰者区普克彝族乡。

[2]署理邱北县知县冯:署理:代理之意;知县冯:指冯汶,四川江安人,监生。光绪十四年(1908)任邱北知县。

[3]照得:旧时公文和布告常用这两字开头,意为查察而得。

[4]绝业:无子孙继承的产业。

[5]部章:意为上级的指示。

[6]林前任:指林彭龄,广西举人,同治八年(1869),任邱北知县。

[7]冒宗:俗称冒认崇祖,并非亲友,只是同姓而冒称是崇祖,霸占产业。

[8]王前任:指王德,四川举人,同治十一年(1872),任邱北知县。

[9]卷金:意为教养经费。

[10]李前任:指李良年,广西桂林人,进士,光绪二十八年任邱北知县。

[11]疑窦:疑心。

[12]贪婪:贪得无厌。

[13]本县:县令自称。

[14]要公:重要的公事。

[15]范围:意为界址的标志。

[16]同住维桑:意为同住在一个家乡。

[17]王章:王朝的规章法令。

[18]凛之遵之:严肃地遵照。

[19]正堂：明清称知府、知县等为正堂。

并得王姓杜契[1]

立永远杜卖文契人张付保、赵把士、王荣、李超等，系补克住。为先年买得小尖山照[2]内土地一份，坐落小尖山旁，作银肆拾两，当与张姓。继张姓折银三十两转与朱姓，于乾隆五十八年，有本寨古住人[3]觉那坡、阿不折、不期夫、罗维奇等无地耕种，捐银[4]向朱姓赎回。今情愿将此四十两之项，均分两半，作银五十两，业已杜卖与张姓投税[5]。下一半，东至罗家地止，南至罗姓地止，西至张姓地止，北至中路对小尖山止。随拨条银壹钱，秋米七升半，亦作银五十两，杜卖与王觉等，投税拨粮。自此以后，永断葛藤[6]，付保等再不致翻悔讲说[7]。此系实银实契，并无逼迫等弊。恐后无凭，立此杜契为据。

嘉庆二十五年五月初五日立，杜契人：李超、王荣、赵把士、张付保。

【注】

[1]并得王姓社契：并得：买得；社：断绝之意，在此作卖解，称为社卖；契：契约；社契：旧时买卖田地、房屋的凭证之一。

[2]照：土地证照，范围较大的土地凭证。如普山照。包括大片土地、荒山。

[3]古住人：很早就在此地居住的人。亦称土著人。

[4]捐银：凑集银两。

[5]投税：纳税。

[6]永断葛藤：永断纠葛之意。

[7]讲说：一作异言讲说，意为不得讲怪话。

并得罗姓杜契

立永远杜卖旱地文契人赵文献，系补克住。缘祖遗照内旱地一脚[1]，坐落新寨。东至杨顺理、梁正泰二姓地界止，南至大路止，西至张姓地界止，北至杨姓地界止。四至开明[2]，央中立约[3]，杜卖与本村杨庆嗣名下[4]，接受杜价纹银[5]陆佰肆拾两整，入手应用。自卖之后，随拨粮银陆钱、米三斗京升,任投税拨粮,管理耕种,文献不得妄言找赎[6]。倘亲族、外人前来争论,系文献一面承担,此系实银实契,并无逼迫等弊。今恐人心不古[7],立此杜契为据。

凭中:何兆员、陈杰士。

道光十七年七月初一日立,杜卖旱地。文契人:赵文献

【注】

[1]一脚:一脚即一份。

[2]开明:写明。

[3]央中立约:央请几个中立地位的人,书写契约。

[4]名下:面下。

[5]纹银:上等成色的银子。

[6]找赎:找:加找,当出租田地、房屋后,因需款使用而向当主(银主)加当价若干,谓之"加找";赎:赎取。照便社契田地房屋是不能加找和取赎的,须写明在社契上。

[7]人心不古:"古"指远古代淳朴的社会风尚。指今人的心地失之淳朴而流于诈伪,没有古人厚道,这里是慨叹社会风气变坏。语出明代张居正《答两广殷石汀论平古田事》:"近来人心不古,好生异议。"

洒文[1]执照

署理邱北县事,即补县正堂田[2]发给执照,永远遵管事照。得各处绝业,迭奉部章,均饬查出充公,以济实用,勿使土豪霸踞,久经遵办在案。前据土豪[3]汪文元与罗超等,控争洒文田产,已经本县查讯明确,实系绝业。乃汪文元不服理断,随经通禀,请将该土豪照例监禁[4],所有田地,概行归公等情。旋即院批司议[5],准饬县查定,指归何处公用,禀报立案,等因奉此[6],兹查本城明新书院,向无山长[7],正需筹款延师,即将此项绝产,充入该书院,甚属相宜,除禀请各宪立案暨将四至钱粮,明开于后外,合行给照,为此仰该书院。值年[8]绅首遵照,即将业招佃[9]安租,每年所得若干,尽延师之需,务须认真经营,勿使稍有吞没,以及荒芜、欠租、抗粮等弊。并于四至立定界石,勿以

地邻互相侵占,免致纷争。倘敢违犯,均干[10]重咎不贷[11],凛之遵之,切切需至执照者。

【注】

[1]洒文:村名,在落太邑乡,今属砚山。

[2]正堂田:明清称知府、知县为正堂,别于副职而言。田,指田亮勋,四川宜宾人,光绪二十五年任邱北知县。

[3]土豪:旧时乡里的豪强豪绅。

[4]监禁:关在监狱里。

[5]院批司议:院、司是两级机关,意为院里批,司里议。

[6]等因奉此:旧时公文中的术语之一,是下对上的口气。"等因据此"是上对下的口气,"等由准此"为平行机关的口气。

[7]山长:元代书院设山长,讲学之外并总领院务;清末仍名山长。

[8]值年:承担书院一年的事务号之值年。

[9]招佃:佃:旧时农民向地主或官府租种土地。

[10]干:冒犯。

[11]不贷:不饶恕、不宽免。

洒文全庄[1]四至

东至罗(前文作"落")太邑水塘止,南至舍路白地界止。
西至新寨地界止,北至阿控山脚止。
永银[2]陆两柒钱伍分玖厘叁毫,折银叁两零捌分伍厘,新增银捌钱。
光绪二十五年五月二十八日。

打铁寨[3]全庄

东至小花桂丫口止,南至石岩冲外水沟止。
西至小桂革小黑箐止,北至五桂河山顶止。

麻栗树[4]全庄

东至响水梁子止,南至下宜必梁子止。
西至大沟两头横山止,北至石葵梁子止。

义学 东门外旱地

东至谷姓粮田止,南至下小沟上大路止。
西至大路止,北至文昌宫三光坡脚止。

白泥井[5]义学
坐落寨子脚

东至八道哨界止,南至石坝大勒哨界止。
西至白泥井寨脚止,北至龙山脚止。

八道哨义学
坐落豹子坡[6]

东至石街止,南至石婆婆山下河边止。
西至白泥井界止,西北隅交新沟界山梁子止。
(白果丫口老碑碑凹子及三道箐各山地一并在内),北至董姓界止。
劝学所,公租旱地一份,坐落八道哨光坡脚
东至苏姓田乡约田止,南至光坡脚止。
西至唐姓田又河边止,北至大路石。
买得陆明远地基一段,坐落学官照壁后墙。
王安山入山场树木田地一分,坐落滥泥冲[7]沟边
东至山岭止,南至水井止。
西至山岭下路边止,北至冲头山顶止。
又水田十丘
东至沙坡田止,南至张宗孔田止。
西至刘得保田止,北至信大祥田止。
又旱地一分,坐落小城子山脚。

东至额色地止,南至布必地止。
西至廖枝秀地止,北至阿保地止。
大箐王云入水田一分,坐落荒板田岔冲。
东至王姓坟山梁子止,南至岔冲坡头止。
西至鸭子塘界止,北至徐姓梁子岔河边。
常兴仁入水田一分,坐落大戛勒[8]大小拾贰丘。
东至　　南至
西至　　北至
张敬入水田一分,坐落五家寨[9]午铺寨边。
东至　　南至
西至　　北至
外有秧田贰丘,坐落浑水塘边。
东至　　南至
西至　　北至
又一丘坐落栗树冲。
东至　　南至
西至　　北至

【注】
[1]全庄:意为整个村庄,在落太邑乡,四至中的舍路白、新寨、阿控均在落太邑乡,原为树皮乡区,现划归砚山稼依管辖。
[2]永银:为上粮的基本数字,由于各种原因减免,实征折银数有所降低。
[3]打铁寨:打铁寨在下寨区,距城十余里。
[4]麻栗树:麻栗树村原在双龙营区文告乡,距离双龙营三公里。
[5]白泥井:在八道哨乡。
[6]豹子坡:在八道哨乡。
[7]滥泥冲:在下寨区,今属锦屏镇。
[8]大戛勒:在下寨区,今属锦屏镇。
[9]五家寨:在八道哨乡。

实业所[1]碑记

费延彪[2]

立国于地球之上，无实心不足以图进化，无实意不足以竞生存，此一定不易之理也。惟业亦然，非廓其有容[3]，若承载无基也。非确乎不拨，若荷担无暨也。盖以天壤[4]间至大至久之业，必须于最坚最实之地立之，斯可昭垂[5]永久矣。

邱北自历数十年，实业一无起点，商贾农工，划地自限[6]，游民[7]怠惰，习染成风，筹思补救，终属无法自维[8]。欲使人民得资生活，洵[9]非研求实业，恐难以收速效，而实业亦不能骤然讲求也。盖无基础，何能振兴？彪窃私计，是邦实业，非置场所，不克进步。于是集绅磋商金[10]以筹款维艰，不敢轻议（原作"举"，今改）。彪乃毅然自任，幸际城绅伍君[11]荣封、杜君相之等，赞成补助，一致进行，鸠工庀材[12]，建造筑成，至始收今日之效果。他日者，吾愿实业发达，得与欧美并驾齐驱，是则延彪所深祝祷者也。

【注】

[1]实业所：一名实业学校，是民国二年邱北知县费延彪创建，此碑现在公安局内。

[2]费延彪：字子蔚，湖南武陵人，民国二年（1913），任邱北知县。

[3]廓其有容：意为扩大其容量。

[4]壤：地。天壤即天地。

[5]昭垂：昭：彰明，显示；垂：流传后世。

[6]划地自限：自己把自己限制在一定范围内，不与外界接触。

[7]游民：没有固定职业的人。

[8]自维："维"通"惟"，自己思考、揣度。

[9]洵：诚然，实在是。

[10]佥：全，都。

[11]君：旧时对人的尊称。

[12]鸠工庀材：聚集工人，准备材料。

水尾义渡[1]碑记
费延彪

　　界于师宗、五嶰两属之拐村，水尾两岸、沙人操船私渡，勒索阻碍行商，目不忍睹。有县民白脸山[2]住之，高成荣同子高炽黯然[3]自伤，呈称自愿捐银千元，作为义渡常年经费，恳请转详[4]立案。经彪据情上陈，荷蒙核准，饬勒石[5]期垂永久，随即遵办，轻骑[6]驰往水尾，会同五曹分州李，于上年腊月初，毁销拐村私船价银，取缔立谳[7]在案。高慨捐银壹仟元，发交邱城某生息，以不动产[8]作抵，每月上纳子金[9]银拾陆元，用作义渡工资，如有不敷，由邱北县筹给，俾完善举。基金不得动用分厘，以为长久计划。惟船夫薪给，每月计需银拾捌元，以生获息银全数支给，尚不敷银贰元，合计全年不敷银贰拾肆元，恐难支久，是以彪又由实业学款项下，提获县民陈光里银陆拾元，龙应华银肆拾元，咨请五曹分州李，买得师宗县属大山脚住民韩寿堂水田一分，坐落石舍沟，东至李金玉田止，南至坝头止，西至法耻地止，北至小黑箐止。新老契各四张，保存县署，专案交代，每年田租，作为渡夫每年十月份及冬月上半月份工资，始敷所需。以后寻获良好田地，禀请在任邱北县长，勘明田租，始能敷用。准将高炽缴署发存生息之千余元基金，买置田地，永作义渡经费，使其善举得以永久昭垂，庶足表彰其志意，特此先行刊碑，以免致日久失考。至修造渡船，每年仅余息银叁元。拟两年一换，无如杯水[10]于事无济。仰仗莅任大君[11]，毅力维持，金钱不多，谅乐赞助，似无须鄙人哓渎[12]也。

【注】
　　[1]水尾义渡：水尾，在师宗邱北交界南盘江南岸。义渡，免收渡江费的渡船。
　　[2]白脸山：今名亮山，在戈寒区。
　　[3]黯然：心神沮丧貌。
　　[4]转详：转报。
　　[5]勒石：刻石记功。

[6]轻骑:轻装的马匹。
[7]谳:审判定案。
[8]不动产:不能移动的财产,如土地、房屋等。
[9]子金:利息。
[10]杯水:指杯水车薪,无济于事。
[11]大君:这里作对历任县长的敬称。
[12]哓:哓即"哓哓",指争辩声。"渎",轻慢,对他人不恭敬。

实业所公租坐落

许仕才干田七丘,坐落河外
东至王姓田止,南至沟边止。
西至侯姓田止,北至梁姓田止。
许杨氏田五丘坐落四股水
东至张姓田止,南至沟边止。
西至郭姓田止,北至大埂子止。
许陈氏地一块坐落阿宜乡龙山脚,契六张。
东至朱姓地止,南至沟边止。
西至赵姓地止,北至张姓地止。
赎回施有发当许姓地一块坐落龙山脚,契六张。
东至何姓地止,南至何姓地止。
西至龙山路止,北至大路止。
许陈氏田贰丘坐落老地基照壁脚
东至杨姓田止,南至原主田止。
西至大路止,北至大沟止。
许仕才油房一半
东至杨姓地止,南至路止。
西至陆止,北至沟止。
又田五丘
东至许姓地止,南至沟止。
西至郭姓田止,北至周姓田止。

又大田一丘
东至罗姓田止,南至许姓田止。
西至本田止,北至本田止。
赎回艾文彩当许正杨田五丘,坐落丫口后冲子。
东至内弟田止,南至水沟止。
西至本田止,北至布党地止。
赎回罗正宇当许姓园地一丫,坐落龙山脚。
东至园主地止,南至李姓地止。
西至李姓地止,北至杨姓地止。
赎回赵石林当许姓园地一半,坐落龙山脚,契五张。
东至原主地止,南至沟边止。
西至杨王二姓地止,北至张姓地止。
赎回杨正当许姓坐基园地一片坐落阿宜乡,契六张。
东至大路止,南至周陈二姓地止。
西至大路止,北至岔路止。
赎回杨学文买许世良地二块,坐落豹子坡子脚,契八张。
东至大路止,南至黎姓地止。
西至山脚止,北至何姓地止。
赎回何其秀当许姓田二丘,坐落河边,契八张。
东至杨姓田止,南至杨姓田止。
西至黄姓田止,北至大埂子止。
赎回张友当许姓地四块:
一块坐落石洞门
东至陈姓地止,南至山脚止。
西至坡脚止,北至赵姓地止。
三块坐落小团山坝心
东至余姓地止,南至鹿姓地止。
西至大路止,北至董姓地止。

附地方公租

文昌宫[1]田契

立永远杜卖水田，文约人王布讲，系矣堵[2]住，为因祖父布云于乾隆五十年，将所遗坐落玉皇阁[3]上首，水田大小十二丘，秧亩田[4]二丘，东至沟边止，南至王文田止，西至沟边止，北至玉皇阁止。作价银壹佰两，出当于八道哨喻成为业。嗣于乾隆五十五年，祖父又将玉皇阁上边水田二丘，东至布罕田止，南至河边止，西至布被田止，北至荒地止。作价钱玖仟文合银伍两，当给喻成为业，无迨至道光五年，喻成去世，伊父无力照管，遂将此二分水田遂入文昌宫，永作香火[5]，王布讲立约租种，递年[6]纳租谷市石二石，以至积欠十五之久，应该租谷三十石。今道光十九年，首事官树箴，呈控赵县主[7]案下，蒙傅公断，将所欠租谷，作银伍拾两，连前当价共给合银壹佰伍拾伍两，王布讲愿立杜契，兹请中立约，永远杜与文昌宫首事官树箴，永远管业，其田任随首事招佃收租及另行典卖，日后王姓子孙，永不得异言插手。倘有王姓亲族前来争讲，系布讲一力承担。此系实银实契，中间并无逼迫等弊，恐口无凭，立此杜约为据。

道光十九年十二月初八日
地一块坐落城外西南隅[8]老地基
东至郭姓地止，南至大路止。
西至杨姓地止，北至大路止。

玉皇阁　公租

水田一冲坐落水寨山后，陈彭氏入。
东至山脚止，南至布农田止。
西至山脚止，北至山脚止。

秧田三丘

东至彭姓田止，南至布断田止。
西至山脚止，北至布断田止。

又水田一丘

东至布平田止,南至水沟止。

西至布丢田止,北至布望田止。

先农祠　籍田[9]四亩九分(碑记尚立祠门前)

一坐落祠门外

一坐落水沟下边

此二分均无四至

邱北大百户茶庵[10],向有常住田[11]租二十石,有游僧[12]兹忍,健愚师徒二人,彼此争告,旋将庵内什物租石变卖潜逃。今江边渡口,原系邱北往来要地。据邱北人民呈请茶庵香火,留租十二石,招僧一名,尽足住持[13]。其余八石,拨入大江边船户渡手[14],贴帮工食,永免需索等情。当即准其分拨收管在案。(见《弥勒州志》)。

蠲恤捐输

姓名	何项公益	捐入银数及他项	捐入年月
监生王致光	学堂	打铁寨庄子一半	
中协镇[15]原配陈彭氏	公租局	水寨山后田一冲	
冯得有	建书院	伍佰伍拾两	咸丰三年
闵祥宗	同上	壹佰伍拾两	
何其秀	同上	壹佰两	咸丰三年
念汝宽	同上	壹佰两	
孀妇杨胡氏	同上	壹佰两	咸丰三年
缪文炳	同上	玖拾两	
黄乔寿	修大营盘街	钱叁佰贯[16]	
伍启恩	修北桥大路	钱捌拾仟文	

修建实业所捐金姓名表

姓名	捐入数目	姓名	捐入数目
师长黎天才	壹千叁佰元	朱和林	壹仟元
夏天明	陆佰元	张李发	肆佰元
唐声远	叁佰元	马有林	贰佰元

续表

姓名	捐入数目	姓名	捐入数目
李绍禹	贰佰元	陶三	贰佰元
唐声金	叁拾元	罗恒泰	贰拾元
马洪安	陆拾元	高炽	壹佰元
李福元	拾元	旦水寨	贰佰元
李小八	拾元	杨联斗	叁佰元
年春有	肆拾元	杨联升	贰佰元
旃汝祥	陆拾元	温云升	贰佰元
聂正起	叁拾元	李有义	壹佰元
何以例	贰拾元	何永寿	壹佰元
萧自林	壹佰元	张定甫	陆拾元
汪文仲	壹佰元	刁凌云	伍拾元
罗文炳	壹佰元	朱忠魁	伍拾贰元
严汝玉	伍佰壹拾元	杨慈云	壹佰伍拾元
杨树荣	贰佰伍拾元	彭相	壹佰伍拾元
张有德	壹佰壹拾元	东乡	贰佰零柒元
普应聪	壹佰伍拾元	严仕雍、严中纪	伍拾玖元
赵文礼		何布元	玖拾壹元肆角
何清才	贰佰伍拾元	张兴亮、林其山	陆拾玖元柒角
何中堂		张矣恩	壹佰陆拾元
沈老久	伍拾元	朱和林	变枪壹佰陆拾元
朱国珍	伍拾元	马炳然	叁佰元
杨名芳	捌拾元	租银	贰佰伍拾元
刁宗盛	壹佰陆拾元	陈光里	陆拾元

【注】

[1]文昌宫:遗址在邱北旧城附近的山坡上。

[2]矣堵:地名,在今八道哨乡境内。

[3]玉皇阁:遗址在今一小内。

[4]秧亩田:即秧田。

[5]香火:祭祀用的线香与蜡烛,引申为祭祀。

[6]递年:逐年。

[7]赵县主:无考。

[8]隅:角落。

[9]籍田:亦作藉田。古代吉礼的一种。即孟春正月,春耕之前,天子率诸侯亲自耕田的典礼。这里指由人民代耕的田。

[10]大百户茶庵:今划归砚山。茶庵:地名,位于新店乡半边寺,现存遗址。是为古代在路边建茶庵,免费供应茶水之所。

[11]常住田:常住意为久住,常住田即养活他们的田地,即现在农村保留的自留地。

[12]游僧:四处云游的和尚。

[13]尽足住持:意为尽够生活开支。

[14]渡手:划渡船的人。

[15]中协镇:指陈得功。

[16]贯:用线穿钱,每一千文为一贯。

民国十年倡修县志捐金芳名列下:

徐县长孝喆,捐银拾元。
黎总司令天才,捐银伍佰元。
杨旅长正昌,捐银贰佰伍十元。
丁参谋长荫昶,捐银贰佰伍十元。
劝学所长黄廷旌,捐银叁拾元。
县参事员黄廷光,捐银拾元。
省议员黄国权,捐银拾元。

捐修寺观及路芳名列后:

李定邦等,修北门外大路,捐银贰佰肆拾大元。
伍启恩、杜天时修彩云观、玄天阁,共捐银壹佰贰拾陆两叁钱。
杜李氏修地藏寺、崇节坛,捐银肆佰贰拾元。
李兴邦修地藏寺,捐银壹佰元。
陈顺尧修地藏寺,捐银壹佰元。
李张氏修地藏寺,捐银壹佰元。

省议员罗文朗捐入两等学校基金花银壹佰贰拾肆元。捐修忠烈祠功德花银壹佰元。

文生杨自春捐入地藏寺水田一份,价值银壹佰元。

文生李兴邦捐修忠烈祠功德银壹佰元。

例贡[1]陈顺尧捐修忠烈祠功德银壹佰元。

伍先存同第先德、先友、先昌捐修忠烈祠功德银肆佰元。

【注】

[1]例贡:清代科举制度中贡入国子监的生员之一种。因为不由考选而由生员援例捐纳,故称例贡,不算正途。

《邱北县志》第五册

武备　祠祀　秩官

武备[1]部

处争竞之世,非兵强不足以保生存。是以环瀛[2]列强,海陆舰队,炮弹精良,韬钤秘奥[3],开亘古未有之奇。盖一(原作"以",今改)国之盛衰,即系乎兵之强弱焉。

邱于唐宋之间,土酋[4]窃据,蒙段[5]虽强,犹不能制。元属羁縻[6],明归版图[7]。及乎中叶,调剿流寇[8],滇之劲旅,首称沙普[9],亦曰昂兵[10],旋滇叛逆,亦恃兵强耳。

清初设防汛[11]五,罗星碁[12]布,可谓密矣。迄乎末老弱充额,概焉裁之,谅非无见。民国光复,警团辅行,法非不善,惜有名无实,致令寇贼如林,商旅裹足。倘能师管子连乡轨里[13]之意,举国皆兵,则有备无患矣,斯亦永保无虞。志武备。

【注】

[1]武备:即军备。
[2]环瀛:环球,瀛指大海。

[3]韬钤秘奥:韬钤:古代兵书有《六韬》《玉钤》。后因称韬钤为用兵的策略;秘奥:兵家秘诀。

[4]土酋:土司头目。

[5]蒙段:蒙指蒙归义,皮罗阁又名蒙归义,南诏第四代王,唐开元十六年(728)继位,开元二十五年统一六诏,建立南诏国,738年唐王朝封皮罗阁为云南王,赐名归义;段指段思平,大义宁政权时期任通海节度使。

[6]羁縻:藩属,本来是朝廷笼络少数民族的一种政策。这里指游离于朝廷之外的由少数民族建立的政权。

[7]版图:指一国的疆域。

[8]流寇:草寇,四处流窜作乱的草民。

[9]沙普:指沙定州和普名声,均为土司头目。"天启七年(1627)普名声在维摩、三乡县叛乱。普名声被广西(今泸西)知府张继梦设计毒死,其妻万氏率部将沙定州反扑,攻陷三乡城。顺治五年(1648)李定国在邱北腻革龙擒沙定州和万氏,解省诛之"。

[10]昂兵:昂土司的兵,其衙门在今舍得区矣白村。

[11]防汛:清代兵制,凡千总、把总、外委,所统率的绿营兵都称汛,其驻防巡逻的地区称汛地。

[12]碁:同"棋"。

[13]管子连乡轨里:管子即管仲,春秋时期齐国政治家。在齐国进行政治改革,管仲制定五家为一轨,轨设长。十轨为一里,里设有司。四里为连,连设长。十连为乡,乡设良人,用这样的方式来实行军令的畅通。

兵 制

元世祖[1]至元七年,立维摩州千户所[2],设军职土官[3]二职,以资昂二姓[4]领之,寓兵于农,以备征调。

明太祖洪武十七年,维摩土官入贡宝马方物,仍准袭职[5]管军民事,兵无定额。成化二年[6],改土设流[7]。资高、资金作乱,州官不能历其地。至万历二十八年,用兵恢复。

崇祯四年以参将[8]何天衢,驻防三乡城。

七年,逆妇万氏[9]屠城,兵民逃散。

清康熙八年州裁,以其地割归邻境。

二十四年设邱北汛,由广罗协拔把总[10]一员,驻防兵一百六十名。弥勒湾汛外委[11]一员,兵五十名,由邱北汛分拨。

架哈[12]汛外委一员,兵一百名。

雍正八年,弥勒湾归广南,其汛兵移设树皮汛,外委一员,兵五十名。

乾隆二十年,以腻革龙为开广两粤要道,设腻革龙把总一员,兵六十名。又以偏舍棚[13]一路,盗案迭出,添设马恒汛外委一员,兵四十名。

同治癸酉,全滇军务肃清[14],绿营[15]仍恢复旧制,至光绪间[16],节年递裁,各汛兵额不满十名,武备废弛,难资守御,继办民团,以备兵力之不足。

光绪十七年,沙匪首卢矣松叛[17],平后,奏设温浏汛。武弁一员,兵二十名。三十一年,营汛裁撤。

民国光复[18],设警察、办民团。缉奸弭盗,互相补助,遇有军旅征兵,均由各区按门户抽调,此古今兵制之大略也。

【注】

[1]元世祖:名忽必烈,至元七年:1270年。

[2]千户所:千户:官名。元代军制设千户为"千夫之长",设千户所统领"百户所"。

[3]土司:土司官。

[4]资昂二姓:均为邱北土司。

[5]方物:地方土特产。袭职:承袭上一代的官职。

[6]成化二年:1466年。成化(1465~1487)是明宪宗朱见深的年号,为明朝第八任皇帝。

[7]改土设流:把原来的土司世袭制改入为朝廷委派的流动官员。资高、资金,都是当时邱北的土司。

[8]崇祯四年:1631年,崇祯亦作崇正,明朝第十七代皇帝的年

号。参将,官名,明代镇守边区的统兵官,分守各路。

[9]万氏:普名声之妻。

[10]广罗协拔把总:指广西府,罗平州。把总,清代武官名。清制:营以下设为汛,设把总分领,职位次于千总。

[11]外委:武官名,清代的额外低级武官。有外委千总、外委把总,职位与千总、把总略同。

[12]架哈:今砚山稼依。

[13]偏舍棚:今新店乡偏坡寨。

[14]同治癸酉,全滇军务肃清:同治是清朝皇帝年号。癸酉年即同治十二年(1873);全滇军务肃清:指丙辰事变已经基本结束,没有军事行动了。

[15]绿营:清代经制兵(正规军)之一。用绿旗作标志,以营为建制,故称绿营兵或绿旗兵。

[16]光绪间:指清朝光绪帝在位之年(1871~1908)。

[17]光绪十七年:卢矣松叛平不是光绪十七年,应为光绪十五年,此处应为误记。(见原《县志》第八册二十一页)。

[18]光复:恢复、收复。

戎　事[1]

周武王伐纣[2],濮人[3]会于孟津(滇百濮国[4])。

景王二十年[5],为舟师[6]以伐濮。

春秋时[7],庸与百濮伐楚[8],又糜人[9]率百濮伐楚。

周末楚顷襄王[10]使将军庄蹻[11]将兵循江上,略巴黔[12]以西,至滇池,方三百里,旁平地,肥饶千里,以兵威定属楚,欲归报,会秦击破楚,黔中郡,道塞不通。因以其众王滇[13],变服从[14]其俗以长之,(邱古滇国[15])。

秦使常頞[16]略通五尺道,诸此国[17]颇置吏焉(诸此国即滇旁劳深縻莫皆同姓)。

汉武帝[18]元狩元年,命王然于,柏始昌,吕越人,间出西南夷[19]至滇,指求身毒[20]国。滇王尝羌,洒留为求道[21],四岁余皆闭其昆明莫能通。使者还,因盛言大国足事亲附[22]。天子注意焉。(广西一府即古滇国地)。

元鼎六年[23],复使王然于以破越及诛[24]南夷,兵威风谕[25],滇王入朝。

元封元年[26],郎中司马迁[27]奉使西征巴蜀,南略邛笮[28]、昆明,还报命。

二年以中郎将司马相如[29],持节[30]南越隽[31]按道侯韩说开益州授经教学,复遣将郭昌、卫广,平西南夷,未服者举兵临滇。

滇王者[32],其众数万人,其旁东北劳深靡莫[33],皆同姓相伏,未肯降。天子[34]发巴蜀兵,击灭劳深靡莫,以兵临之,滇王举国降。以为益州郡,赐之玉印是宠焉。(邑[35]在益州郡内)。

六年,汉既通西南夷,欲前往大夏[36]而昆明闭,杀使者,夺币物,于是天子赦京师亡命[37],遣拨胡将军郭昌将兵击之,后复遣使,竟不得通。

昭帝始元三年[38],姑缯叶榆[39]反,遣水衡都尉[40]吕辟胡将军击之,败还。复遣军正[41],大鸿胪[42]田广明等并进,大破益州,斩首、捕虏五万余级,获畜产十余万。时句町[43]侯亡波,同入滇击反者,捕虏有功,封为句町王。(邱在句町间)。

河平二年[44],夜郎[45]王兴,句町王禹,漏卧[46]俞,相攻杀,帝遣大中大夫[47]张匡持节和解之。句町不服,刻木作汉使射之。后陈立为牂柯太守,诛兴,禹乃降。(邱属牂柯郡在句町漏卧间)。

新莽天凤年[48],贬句町王为侯。王邯怨恨牂柯大尹[49]同钦诈杀邯,邯弟攻杀钦,州郡击之不能服,三边蛮夷尽反,谴平蛮将军冯茂击益州[50],三年疫疾死者十七。巴蜀骚动,征茂还击,诛之。谴将军廉丹,发巴蜀卒徒十万击之,不克。安帝元初四年,益州永昌[51]反,蜀郡诸夷叛,益州刺史张乔谴从事[52]杨竦,将兵与战,大破之,三十六种[53]皆降。

熹平五年,诸夷反,执太守。雍涉谴御史中丞[54]朱龟讨之,不克。拜李融益州太守与刺史[55]庞芝,发板循蛮[56]击破平之。献帝建安十九年,刘先主[57]定蜀,谴安远将军邓方,以朱提太守来降都督[58]治南昌县,轻财果毅,夷汉敬其威信,方卒,以建宁李恢为都督,治平夷县

（平夷即曲靖，邱在属县内）。

后主建兴元年[59]，益州耆帅雍闿[60]等，杀建宁太守郑昂，三年[61]春乙巳，丞相诸葛亮南征。先由越巂[62]而令李恢、马向，建宁[63]诸县，南至盘江，东接牂柯郡[64]，大战于盘中（宋本作盘东）。

与亮声势相联，亮斩雍闿，七擒孟获[65]，复用之，使长诸蛮。益州、永昌、牂舸、越巂，四郡[66]平（盘东即盘江八达河，邱境）。

隋文帝开皇十四年，南宁夷爨翫反[67]，遣太平公史万岁讨之，破三十余部，翫降（邱属南宁其一部也）。

唐高祖武德七年，命韦仁寿检校[68]南宁州，寄治越巂[69]、仁寿将兵循西洱海开地，置七州、十五县，请徙治南宁州[70]，诏如[71]（邱在南宁属地）。

玄宗开元十七年，巂州[72]都督张审素讨西南蛮，破之。十八年，诏皮罗阁灭五诏[73]。

武宗会昌六年[74]，南诏寇安南[75]，经略使[76]裴元裕死之。

宣宗大中十二年，南诏寇安南，陷都护府，发朱弩佉苴助守（原作"首"，今改），犹岁朝贡。

懿宗咸通三年，南诏寇安南，攻陷邕州[77]。（即南宁，邱由滇至邕必由之路）。

七年，岭南节度使[78]高骈，大破南诏，复取交趾[79]。十七年，陷黔中[80]（即与黄草坝（兴义县）相连）。

后晋天福元年丙申，南诏通海节度使[81]段思平，借兵于东方里爨[82]松爨，三十七年，蛮部[83]会于石城（今曲靖），讨杨干贞，干贞走死，段氏[84]遂有其国（邱一部）。

宋太祖乾德五年春，王全斌平蜀，乘胜进地图请取云南，太祖鉴唐之祸[85]，以玉斧画大渡为界曰："此外非吾有也。"由是段氏得据云南，相安无事。

宋皇祐四年，侬智高[86]反宋，以枢密副使[87]狄青督诸军讨之，师次宾州[88]，五年正月至邕州，上元节青破昆仑关[89]，智高烧城遁，由合江（八达河）入大理，后智高死大理，杀之函[90]首，至京师，广南平（狄青将杨文广追侬智高，驻军小江口，营垒存）。

神宗元丰三年,杨义贞杀其主廉,鄯阐[91]候知高升,起东方爨蛮兵讨而诛之。

宋宁宗开禧三年,国主段智祥,征三十七蛮部(维摩其一部也)。

元宪宗二年,元兵克昆明,遂定云南诸郡。以蛮部三十六、四十八皆设土司官。命大理金齿[92]都元帅府统之。

至元二年,诸蛮[93]部反,信苴日讨平之。

至元中置广西路[94],属临安、元江等处宣慰司[95](维摩部隶焉)。

明洪武十四年,命颍川侯傅友德[96]为南征将军,永昌侯蓝玉[97]、西平侯沐英[98]为副总兵征云南,各州县俱平(维摩土司贡方物仍令袭土职)。

二十六年,维摩十一寨乱,都督沐英遣将军瞿能平之。

二十七年,广南酋[99]侬贞佑,纠众蛮抗拒官军,沐英破擒之,俘斩千计。

正德二年,师宗民阿本作乱,都御史[100]吴文度督兵分三道进,一出师宗,一出罗平,一出弥勒,而别遣一军伏盘江截贼巢,遂大破之。

嘉庆七年,师宗纳楼、思陀[101]八寨皆作乱,久不解。镇守[102]沐绍勋使使者历诸蛮,讽以武定、寻甸事[103],皆慑伏降[104]。

正统[105]中三乡叛,广南土司同知侬应祖,从官兵征之,亲获贼首阿机等,赐白金百镒[106]。

正统五年,广南、维摩[107]、师宗,沙人、侬人[108]作乱,都督沐昂讨平之。

六年,维摩贼韦罗郎叛,尚书王骥讨平之。

罗郎自称广新王,闻尚书[109]大兵将至,贼党溃散,罗郎走安南。骥檄安南追贼,安南人惧,斩其首并缚其妻子以献。

万历十三年,罗雄土舍[110]者继荣杀其父潘,而自立。继荣招集亡命走劫师宗,维摩等州。巡抚[111]刘世曾遣将军刘廷、守备[112]张先声等合兵讨之。继荣欲走交趾[113],先声追斩之,奏改罗雄为罗平。

万历四十二年,阿迷土舍普者辂[114]父子,为乱三乡[115]维摩间,广西郡守萧以裕,调宁州禄土司兵合剿,一鼓破之,父子俱就戮,始复维摩州,开三乡县[116]。

天启二年七月,补鲊[117]安应龙等攻陷亦佐县,焚毁民居。知事[118]封存章,逃奔广西府。

崇祯四年,普名声[119]反,巡抚[120]王伉统滇黔蜀土司讨之。五年,普名声死。初名声叛,其兵头何天衢[121]三乡人不从,反正自效[122],名声移兵攻之,天衢有小卒阿得,伏草铳[123]击之中伤。广西府城守[124]张继孟,计用药毒死。其妻万氏与沙定海通[125],已复杀定海而赘定洲。

六年,以何天衢驻三乡县城。

八月,逆妇万氏陷三乡县城,何天衢死之。

名声死,逆妇带领其众,屡岁寻仇,围攻三乡县。天衢与知州[126]李嗣泌竭力坚守,城得不破。复乘隙出奇奋击,斩贼甚多,禄功屡迁[127]都督同知,从此结仇益深。

逆妇既赘定洲为婿,兼有安南之众。纠合诸夷二万余,筑长围以困三乡城内罗掘尽净[128]。艰危万状。该逆妇且贿黔国公[129]用事者,令毁[130]天衢,天衢请兵饷资不应,贼悉力攻之,食尽,举家自焚,殉城[131]。(按:万氏破三乡城,除资昂二土司、佃氏不戮外,余八百家皆屠之,杀戮之惨极矣。至清初屋舍邱墟,人烟稀少,故裁。)

清顺治二年乙酉,安南[132]土酋沙定洲反,州县皆陷。

五年戊子,李定国[133]擒沙定洲及万氏等于腻革龙[134],解省诛之。

初定洲走归临安,屯兵腻革龙,与万氏分险自守。其下汤嘉宾、陈长寿等,各据一山立营相去数里,为犄角之势,私通交趾,藉其援以固结蛮心,一日偶集于汤嘉宾营,定国侦得之,率兵遽至,围以木城,守三月,绝其水源,诸蛮惧,出降者相续,遂械定[135]洲万氏等数百人,回省磔[136]于市。

康熙四年三月,土酋沈应麟、兆麟与王承祖等,纠集各处土司扰乱临、蒙、通、石[137]等处,全滇震动。总督卞三元,巡抚袁懋功,都督张国柱,遣兵分剿,吴三桂[138]由水西至邱,擒获沈应麟、侬得功诸土酋,悉诛之。

雍正六年七月,广西西隆州八达寨侬苗颜光色作乱。总督鄂尔(此处疑缺"泰"字)[139],奉檄调广罗协[140]副将杨洪讨平之。

嘉庆二年丁巳,黔苗仙姑、仙达煽乱,扰及罗平、师宗、邱北、文山等处,该匪窜入邱北,潜结文山侬倮,约分途起事。文山知县史绍登谓:不救邱北则文山侬必不靖。遂亲率三百人往,人授刀一握[141],铁镖三十枚。既至,当者辄仆,收复卡汛数十处,廓清[142]邱北(节录国朝先王至事略)。

道光二十六年,守备陈得功[143]领邱北乡兵,出师永昌。内阁贺长龄奏会剿回匪,把总陈得功生擒贼匪,追捕尤为骁勇,着以守备即行升用。

二十七年,游击[144]陈得功,领邱北兵出师迤西[145]、永昌、顺宁、云州等处,后屡立战功,升游击。

二十八年八月,广南拦马牛,邱北戈底槽等寨沙匪作乱,纠众数百人,直扑粤西[146]西林县,袭入城,县令被害,居民焚掠一空。

二十九年三月,诸沙匪等,越师宗直扑罗平属淑基劫抢。时窦御史[147]家有丧事,各村宾朋齐集,不意该匪等突至,男女被害者甚伙[148],而财物亦掳抢一空。

咸丰元年,游击陈得功奉委剿办沙匪等,伏诛[149]之。得功假招募之名,诱该匪等至城,围而诛之,无一漏网[150]。

咸丰丙辰年七月,曰者乡回匪赛开勋、马锡龄等反,八月初三与汉民开仗[151],汉民败绩[152]。

初,永昌汉回构衅[153],互相吞灭,当事不善抚驭[154],遂致全镇骚动,谣言四起,彼此猜疑。七、八月邱之邻近回民并归曰者乡,推赛开勋、马锡龄为首,驱逐汉民。时承平[155]日久,有冯得有、颜兆龙、旷老等,纠集乡民数百,与回抵抗。而该匪蓄谋已久,又煽沙、苗各夷,谓杀汉不杀夷,联络匪众,势甚浩大,械利[156]兵强。于八月初三日开仗,汉民大败,回匪乘势追杀,附近村寨,焚掠一空,老弱妇孺,杀毙逾千人。其逃之远方者,或被劫杀,饥馑、瘟疫,百不存一。其战败之故,由于承平日久,不晓兵旅[157]。架衣侬人何在,率匪二千余围邱城,三日给金帛讲和退去。何在往上寨城子山,居民尽搬入城,并围城垣,不通水泄[158]。绅耆[159]商议乞和,纳银一千两,烟土[160]壹千两,遂撤去。自是匪势浩大,阿蒙[161]之沙甸、大庄、开化田心、茂克、弥勒竹园、广西之桃园、巨木块诸回联络附近沙、苗各夷,占据要地,肆行烧杀。邱属回乡，概被蹂躏[162]，汉民逃难在外，不得归业[163]者十余年。

七年丁巳二月，中协[164]陈得功奉委督办七属军务，回邱剿匪，克复革勒（原作"勤"，今改）、丫勒、乍尾[165]等处。

得功春奉命由省领川兵两营，由广西至飞土[166]，被沙匪截阻，欲渡无船，乃令军士善水者，由发蒙[167]渡过江，用藤击桩（原作"椿"，今改）于岸，挥军顺溜过之。顷即旌旗满山，沙匪惊骇，谓大军从天降下。得功遣由油房、央革攻白马曹[168]等处，亲率大军由飞土引兵克复乍尾、革勒、丫勒、五曹分州治，出示安民以为无事，不料回匪又于八道（原作"达"，今改）哨、山白、矣堵、老虎冲[169]，扼要埋伏。得功层层血战，至松坡脚[170]夹道，军士力战疲惫，不料贼势窃[171]发，阵亡三十余人。日晡[172]尚相持，城内颜兆龙等，枪声响震，即率兵接援，两面夹击，贼败退，始同入城。

咸丰三年三月，广西镇安府香街匪徒千余，窜入广西府境，至布村窥[173]毕街，以防军严密，走冷丁，分股窜扰上野、里达诸村砦（寨）。游击陈得功，都司[174]褚克昌，委员桂文奎等各带兵练[175]堵剿，贼遁归粤境。（《通志》）

咸丰五年秋九月，游匪胡乱挝[176]等，窜入他郎[177]厅境，游击得陈功得擒斩之。乱挝率党五六百人，由景东[178]花山汛窜入境，将功大猛连[179]寨。得功迎击败之。匪党退扎鱼洞，得功乘夜围剿，斩乱挝百余级[180]，生擒四十余人，匪党溃散。（《通志》）

咸丰七年三月，副将[181]陈得功，剿邱北回夷各匪，歼贼数百，贼奔曰者乡者。（《通志》）

六月进攻曰者乡不克[182]。

十月进攻曰者乡不克。

陈营[183]后山，颜营[184]摆落丫口。又命廪生余树材率兵六百名，营山北截贼要路。殊我兵胜则天雨，敌兵胜则天晴。相持月余始退回。是岁大饥[185]，米价高昂，百姓多饿死道路。兼以瘟疫流行，死者亦多。屡次围攻，俱为粮匮掣肘[186]，故退屯邱城，筹办军粮。

八年庚申六月，中协陈得功被戕[187]。

时兵多粮缺，不能不由民间捐助。得功号令最严，不避亲仇，招怨于人,遂遇害。

六月二十二日午,阿勒卡[188]报贼赶牛。得功亲率兵追。课卜[189]不吉遂止。是夜四鼓[190],乱堂至公馆喊禀:解送赶牛,请大人审讯。得功披衣出至屏门[191]叉杆并举,得功手握叉杆[192],连折数支,复踢倒数人,侧面用刀劈来,遂踣[193]地遇害。次日查抄家产,族人同被害者七人。

九月十六日,练目[194]朱开甲,戕杀[195]县主韩捧日、汛官狄槐。时文武被戕,城中无主。练目陶美、陈文相等,拥兵自雄,各不相下,又兼上宪[196]札催办戕官案。委汪游击领兵三百扎桥头,欲围攻城。乱党谅势不敌,潜赴罗平一带,搬兵相助。兵至知其身犯大逆[197],众所不容,遂去。后严开基、陶美等围擒朱开甲,于东门外诛之。

十月二十九日,县主周兴,又矣堵进城上任。

六月,县令[198]周兴奉委任邱,中途被沙匪截留矣诸月余,乘夜潜逃入城任事,而家眷仍被匪等扣留。

庚申九月,回匪扑城,严开基[199]等大破之。

贼袭城陷三门,祁永寿[200]奔至上寨喊救。严开基、陶美等率众由大营盘[201]照壁脚,驱贼出西门,门闭,斩贼甚多,尸塞城口,一贼最悍,奋斗又斩之,刀坠地误中基臂。裹创指挥追杀五里许,始收兵。抵家知痛,昏绝者数。当焚县署烈焰冲天,贼旗已插中街。杜陈忠[202]妻聂氏,督队闭东门,栅堵御,鸣枪倒贼旗,又得严、陶诸人由南街夹击,贼始奔溃,城得保全(即际盛)。

十一年,广南酋陶苗子,拥众犯邱,杜陈忠等击退。

贼据城子山,祁、陶、严、陈,各率兵由东西两路夹击。忠领队校军场扼[203]之,发炮中李初肩,皆奔溃。

秋八月,回酋马忠,金蛮老,拥众入城。杜陈忠、严开基等攻破追斩之。

该回奉伪命[204]任邱,文武官藉说和名,实谋据城联络诸夷大举。城中绅民烛奸[205],潜备攻击,惟虑众寡不敌,密函架衣助援。八月二十八日,架衣兵至上寨,贼知中计,方图抗拒,而各军已攻进书院[206]头门,贼势不支,杀毙多名。金蛮老、马忠皆跃城出,追斩之,骁悍尽歼,自此不敢窥城。

同治三年,参将施嘉宾,讨邱北五槽夷匪[207],平之。

初,元年,抚[208]局定后,各属汉夷,以次[209]奉行。惟邱北县五槽[210]各夷拒命,屡谕不从。前署[211]总督徐之铭,遣都司马锡龄、守备马开宗率回夷弁[212]兵二十人,会同署知县吕梦吉,相机筹办。夷目李世培,始终梗议[213],并纠众袭杀锡龄、开宗。即带兵弁据五槽,四出劫掳。故广西州知州吴淳鼎,迁知广南府,携家赴任,道经五槽,世培戕淳鼎而劫其资,全家被害。梦吉屡请兵,省城军务正急,不暇究也。上年之秋,之铭会商署提督马如龙[214],遣参将施嘉宾、游击张御鹤等带兵进剿,自秋迄冬,大小二十余战,焚毁老巢十余寨。擒斩为贼主谋何在、王万及戕官凶犯白崇、金洸、殷小老、李老十等多名。夷匪败窜,世培先遁去,嘉宾等多方搜捕,是月获世培伏法[215]。乃赦其余党,招抚各寨悉降之。五槽夷平,徐之铭疏采访[216]。

同治八年,广南王杨廷,奉命进剿曰者乡败溃。千总[217]殷文秀等阵亡。

同治九年,开化镇总兵张保和,进攻曰者乡不克,守备张万和[218]阵亡。

镇军由红花山百余里夜四鼓进攻。已破贼栅八道时,向(原作"乡",今改)导用一沙人,口齿不明[219],镇军问贼栅还有几道,曰:九道。镇军误以为八道尚难攻,九道乎?其实一道也,遂挥军退,贼乘势喊呐,军士心虚力疲,自相惊溃。镇军弃金刀衣甲始得脱。次日迤西义勇百余人,犹占据二栅不能出,用火烧死。次年事毕,垒其烬骨,丛葬村东,李善士立碑题曰:义士坟。

同治十年春,回匪马蔚,率二千余,烧杀南乡一带,占据腻脚,围攻黄泥哨,游击李崇魁救之。

同治十一年壬申,张镇军节次[220]克服田心、茂克、竹园等处,全力围攻曰者乡,降之。

令广南营参将李崇魁扫清南乡、腻脚一带。开化镇游击张金声攻取白马槽等寨,绝其粮道。又令军功[221]查文锦、李得魁、唐杏林、张丽、郭家珍、刘茂等,分布腻革龙、红花山等寨,立营截堵。令邑绅钱德、张奏凯[222]进扎水围营,游击塘子边进逼。又调邱城祁永寿、李昌鼎、杜陈忠、严开基、李洪,暨绅士筹备粮米,率乡兵由八道哨、小龙树一路扎营防堵,通共四千余百兵,雷动云屯[223],声势喧赫。该回匪见官军势大,知不能敌,俯首向军前乞降。镇军允准,不戮一人,派兵护送归沙庄。两营汉民至是已十三年始得归业。

同治十一年,各夷四出抢劫,县令林彭龄调乡兵次弟平之。

回众虽拨归沙庄[224],四乡各夷仍负固不服[225],抗拒官兵。又兼退伍练目乘机夜抢,用楞木撞门入室,搜掳为害甚巨。林公到任,调集乡勇设法筹划,陆续擒获,诛其渠魁[226],散其胁从,至二三年,地方始得平靖。

光绪四年八月,普云[227]作乱,县城戒严[228],月余平。(详记略)

光绪十四年,沙匪卢矣松[229]叛,总兵赵发等平之。(详记略)

光绪二十四年,游匪[230]入城,抄掳县令田亮勋[231]至祥已释回。(详记略)

宣统元年三月,沙匪扑城,官绅大破之。(详记略)

民国元年,何海清与师宗兵至邱开仗,后说和。(详记略)

民国五年,粤军犯滇。二月二十九日,黄恩锡入城占据半月,滇军击败之。(详记略)

以上六条,各有专题详述。

【注】

[1]戎:军队、军事。

[2]周武王伐纣:周武王是周文王之子,西周王朝的建立者,姬姓名发。纣:商朝最后的君王。周武王会合西南各国攻商,他在牧野战败自焚。

[3]濮人:古族名。又称百濮、卜人。殷周时分布于汉江之南,曾参与周武王伐纣的会盟。

[4]百濮国:古族名和古国名。主要分布在长江以南一带,元代以后称蒲人。

[5]景王二十年:景王,名姬贵,西周王朝的后代。二十年,前525年。

[6]舟师:水军。

[7]春秋时:前770~前476年。

[8]庸与百濮伐楚:庸:春秋前古族名;百濮:即濮人的又一称呼;楚:古国名,西周时立国于荆山一带,建都丹阳(今湖北秭归县东南)。

[9]麇人:无考。

[10]楚顷襄王:春秋时楚国君,前298~前263年在位。

[11]庄蹻:战国时楚国人,在滇称王(一说庄蹻是楚庄王的后裔)。按《史记》"庄蹻入滇"一段,与《云南郡县两千年》第三页所载,略有出入,附此备考:"楚使将军庄蹻将兵循江上,略地巴、黔中以西,庄蹻者故楚庄王苗裔也,蹻至滇池,池方三百里,旁平地,肥饶数十里,以兵威定,属楚。欲规报,会秦击夺楚巴、黔中郡,道塞不通,因还。以其众王滇,变服从其俗以长之。"(《史记》)

[12]巴黔:地名,巴:今四川涪陵;黔:今贵州。

[13]王滇:即做了滇王。王:称王,用作动词。

[14]变服:改变服装。

[15]邱古滇国:邱北属于古滇国。

[16]常頞:古人名,秦国的官员。

[17]诸此国:指当时的夜郎、滇、邛都、嶲、昆明等地区。

[18]汉武帝:名刘彻,西汉皇帝汉景帝之子。

[19]西南夷:秦汉时期,称今天四川西南部、云南、贵州、广西西部的部族为"西南夷"。

[20]身毒:今印度。《史记·西南夷列传》中有"身毒国"的记载,"身毒"为印度的音译。

[21]求道:寻求道路。

[22]足事亲附:滇大国,可以侍奉,让他附从。

[23]元鼎:汉武帝年号,六年:前111年。

[24]诛:把罪人杀死。

[25]兵威风谕:用军事力量胁迫他们依附朝廷,接受朝廷的教化。

[26]元封元年:元封:汉武帝年号;元年:前110年。

[27]郎中司马迁:郎中,官名。始于战国。隋唐到清,朝廷各部均设郎中,是帝王的侍从官,为司的长官。《明史》卷七十二《职官一》载

工部下设"营缮、虞衡、都水、屯田四清吏司,各郎中一人(正五品),员外郎一人(从五品),主事二人(从六品)"。清代因之。司马迁:西汉文学家、史学家、思想家。《史记》的作者。元封三年任太吏令。

[28]印笮:古族名,在汉武帝平定西南夷设郡以前,在西南有夜郎、滇、昆明、嶲唐、邛都、笮都、西僰七个部族。

[29]中郎将司马相如:中郎将,官名,秦置,至西汉分五官,左右三署,各署中郎将以统领皇帝的侍卫。司马相如,(前179~前117),西汉辞赋家,武帝用郎,曾奉使西南。

[30]持节:即符节,古时使臣,执以示信之物。

[31]越嶲:三国益州郡部,治所邛都,今四川西昌东。

[32]王者:君主。

[33]劳资縻莫:古部族名。

[34]天子:指汉武帝。

[35]邑:指邱北。

[36]大夏:即西夏。是指中国历史上由党项人于1038年至1227年间在中国西部建立的一个封建政权。拓拔思恭占据夏州(今陕西横山县),建国时便以夏州得名,称"大夏"。又因其在西方,宋人称之为"西夏"。其统治范围大致在今宁夏,甘肃,新疆、青海、内蒙古以及陕西的部分地区,其疆域方圆数千里,东尽黄河,西至玉门,南界萧关(今宁夏同心南),北控大漠,幅员辽阔。

[37]亡命:指逃亡在外不顾性命,犯法作恶的人。

[38]昭帝始元三年:昭帝,汉武帝后的西汉皇帝,名刘弗陵,年号始元,前86~前81年在任。

[39]姑缯叶榆:西汉时古部落。

[40]都尉:官名,战国始置,职位次于将军的武官。武帝时又置关都尉、农都尉,属国都尉于各要地,又中央官职中亦有称都尉者如水衡都尉。

[41]军正:军官名。为古代军中执法官名称。掌军事刑法。自春秋时期起到汉代,先后都曾设置此官,汉又有军正丞。

[42]大鸿胪:西汉官名,汉武帝时改典客为大鸿胪,原掌管关于

接待诸侯及少数民族、外来使者等事务,为九卿之一。

[43]句町:古县名,古句町国辖地,西汉元鼎六年(前111)置县,治所一般认为在今广南县境内。南朝梁废。

[44]河平二年:河平,西汉成帝年号;二年,前27年。

[45]夜郎:古族,国名。战国至汉时,主要在今贵州西部、北部,包括云南东北之古县名,汉武帝置,治所在今贵州关岭县境。

[46]漏卧:古县名,在今罗平县,西汉属牂牁郡管辖。

[47]大夫:古代在国君之下,有"卿""大夫""士"三级。此为一般任官职者之称。

[48]新莽天凤年:新莽,王莽建立新朝,年号建国,史称新莽,天凤亦其年号(前19~14)。

[49]大尹:官名,汉代始以都城的行政长官称尹,有京兆尹、河南尹。

[50]冯茂击益州:冯茂,无考;益州,州名,西汉元年(前109)置,治所在滇池(今晋宁东)。

[51]安帝元初四年:安帝名刘祜,东汉皇帝,元初四年(117)。益州郡,共辖二十四县,全在云南境内,治在滇池县(今晋宁县)。永昌郡,东汉置,治所在今保山东北。

[52]从事:官名,汉朝以后三公及州郡长官皆自辟僚属,多以从事为称,为别驾从事等。

[53]三十六种:意为三十六个部族。

[54]御史中丞:官名,汉代以御史中丞为御史大夫之佐。西汉末期,御史大夫改名为大司空,御史中丞遂为御史台长官。

[55]太守与刺史:太守,官名,汉景帝时改郡守为太守,为一郡的最高行政长官。刺史,西汉武帝置,分全国为十三部(州)刺史。灵帝时,为镇压农民起义,再改刺史为州牧,居郡首之上,掌握一州的军政大权。

[56]板楯蛮:部族名。

[57]刘先生:刘备。

[58]朱提太守来降都督:朱提,古县名,西汉置,治所在今昭通

来降,属地名。都督,官名,军事长官或领兵将帅,汉末始有此称。

[59]后主建兴元年:后主,名刘禅,建兴为其年号。元年即223年。

[60]耆帅雍闿:耆帅即老帅;雍闿:建宁的豪强,曾起兵反蜀。

[61]三年:建兴三年(225)。

[62]越嶲:越嶲郡治所邛都,今四川西昌东。共辖十五个县,其中三个县在云南西北,其余在四川西昌地区。

[63]建宁:古县名,在今曲靖。

[64]牂柯郡:在云南东南部和贵州西部,共辖十七县,其中十一县在云南,其余在贵州。

[65]七擒孟获:孟获,三国蜀汉建宁(治在今曲靖)人,彝族首领。刘备死后,他和雍闿起兵反蜀,数为诸葛亮所败,曾被七擒七纵。后为蜀御史中丞。

[66]四郡:见前注。

[67]南宁夷爨翫反:南宁,州名,唐武德元年(618)置,治所在味县(今曲靖西北)。爨翫:隋初云南实际上已为大姓贵族爨氏所割据。隋文帝委任西爨首领为昆州(今昆明附近)刺史。597年,西爨首领反叛,文帝派史万岁平定,第二年又叛,帝命杨武通征讨,把爨震、爨翫带到长安镇压了。

[68]检校:考查,考验。

[69]寄治越嶲:把州治暂时安置在越嶲。

[70]徙治南宁州:把治所迁回南宁州。

[71]诏如:皇帝下诏允许。

[72]嶲州:即西昌。

[73]皮罗阁灭五诏:南诏第四世王(728~748),唐开元二十六年(738)唐封皮罗阁为越国公、云南王。五诏:蒙嶲诏(在今巍山县北部及漾濞、永平一带)、越析诏(今宾川)、浪穹诏(今洱源)、施浪诏(今洱源、鹤庆、剑川之一部分)、邓赕诏(今洱源之邓川)。

[74]武宗会昌六年:武宗,名李炎,唐代君主,年号大中,十二年(846)。

[75]寇安南:寇,入侵;安南,本唐安南都护府地。北宋开宝八年

(975)封其王为交趾郡王。南宋隆兴二年(1164)改封为安南国王。

[76]经略使:官名,唐于边州置经略使。

[77]邕州:今南宁。

[78]岭南节度使:岭南,地区名,指五岭以南地区,工道名,治所在今广州市,辖广东、广西大部和越南北部。至德元年(756)升为岭南节度使。

[79]交趾:公元二世纪初,越南赵佗置。公元前111年归汉。辖境相当于今越南北部。

[80]黔中:郡名,战国时设置。贵州东北一部分属黔中。

[81]节度使:官名,唐代开始于重要地区设总管,总揽数州军事。节度使成为固定职衔是从睿宗景云二年(711)四月以贺拔延嗣为凉州都督充河西节度使开始的。元废。

[82]爨:见前隋文帝条注。

[83]蛮部:即黑爨松爨所借的兵。其中维摩部为今邱北。

[84]段氏:指段思平(893~944)大理国第一世王。

[85]唐之祸:《新唐书·南蛮传·赞》:"唐亡于黄巢,而祸及于桂林。"南诏不断出兵与唐军作战,唐朝调动徐州兵至桂林防守,唐朝规定守军三年换防,但徐州兵长期没有换防,咸通六年,徐州兵推举庞勋为首领发动兵变,虽最后被唐军打败,但紧接着爆发了黄巢起义,推翻了唐王朝统治。宋代统治者深信此论断,因此当大理国屡次请求内附时,宋朝统治者因为有前车之鉴,屡次回绝,最后赵匡胤用玉斧在地图上画大渡河为界,所以才有了今天大观楼长联里"宋挥玉斧"的典故。

[86]侬智高:邕州属的壮族首领。1053年,宋将狄青征之,逐走大理。

[87]枢密副使:官名,唐,代宗时始以宦官掌枢密,宋代以枢密使为枢密院长官。与中书省之同平章事,共同负责朝廷的军国要政。

[88]宾州:治所在今广西宾阳南。

[89]上元节青破昆仑关:上元节:阴历正月十五;昆仑关:在广西南宁市东北昆仑山上。

[90]函首:用木匣装人头。

[91]鄯阐:九世纪中叶,南诏王劝丰佑改拓东城为鄯阐城,后置府,府治在今昆明市旧城南关外。

[92]金齿:元代指金齿人聚居的行政区,至元二十八年(1291)又设大理、金齿等处宣慰司都元帅府。

[93]诸蛮:诸蛮部(《滇略》作诸爨部),信苴目之人名。

[94]至元中置广西路:至元(126~1294)。广西路,路:宋、金、元时期,地方区划名。

[95]宣慰司:亦称宣慰使,元置,掌管军民事,多设于少数民族地区。

[96]颖川侯傅友德:颖川侯:官名,傅友德,明初将领,宿州人,曾分兵取云南,封颖国公。

[97]蓝玉:明代定远人,勇敢善战,洪武三十年,任大将军,封凉国公。

[98]沐英:(1345—1392)明初将领,定远人,朱元璋义子,从傅友德取云南,封黔宁王。总兵:官名,明总兵官本为差遣的名称,无品级,无定员。

[99]酋:部落的首领。

[100]都御史:官名,秦以前本为史官,至明、清仅有监察御史和巡按御史。

[101]纳楼思陀:无考,疑为地名。

[102]镇守:官名。镇守:在重要的地方驻军防守。

[103]武定、寻甸事:即"寻武之变"。明朝嘉靖六年(1527),寻甸土目安铨率彝族民众反抗官府苛剥,武定土舍凤朝文乘机响应,攻陷武定府城,杀死汉族流官,进攻云南省城,后被平定。

[104]皆慑伏降:慑服,因畏惧而屈服。

[105]正统:明代年号,为中国明朝第六个皇帝明英宗朱祁镇的年号(1436~1449)。

[106]白金:白银。镒:古代重量单位,二十或二十四两为一镒。

[107]维摩:故治在今旧城。

[108]沙人、侬人:壮族分布在文山壮族苗族自治州的两个支系。

[109]尚书:官名,始于战国时期,明代以六部尚书分掌政务,六部尚书遂等于国务大臣。

[110]土舍:即土司。

[111]巡抚:官名,明置,与总督同为地方政府的长官,总揽一省的军政大权。

[112]守备:明代官名。明代设南京守备,节制本区各卫所,为重要军职。

[113]交趾:安南的别称。

[114]阿迷土舍普者辂:阿迷,今开远;普者辂:马者哨土司,普名声的祖父,其子名维藩。

[115]三乡:说法不一,一般认为是阿宁乡、曰者乡、马者龙乡。

[116]开三乡县:即前期三乡县,故治在今新城。

[117]补鲊:亦佐,均地名,都在贵州境。

[118]知事:指县长。

[119]普名声:一作普明声,阿迷州马者哨土司。

[120]巡抚:巡抚与总督,同为一省的最高长官,掌军政大权。

[121]何天衢:维摩州人,原为普名声十三兵头之一,驻在三乡县。

[122]反正:复归正道。谓从逆的官兵弃暗投明。

[123]铳:这里指火药枪。

[124]城守:知府。

[125]通:私通。

[126]知州:是古代官职名。宋以朝臣充任各州长官,称"权知某军州事",简称知州。

[127]禄功屡迁:记录了功劳;迁,升迁。

[128]罗掘:罗雀掘鼠的简称,意为食尽。

[129]黔国公:指沐天波。

[130]毁:诋毁。

[131]殉城:与城同归于尽。

[132]安南:指安南长官司。

[133]李定国:明清之际农民起义领袖,十岁参加张献忠部起义军。

[134]腻革龙:在今腻脚乡。

[135]械定:用脚镣、手铐拘系之。

[136]磔:古代分裂尸体的酷刑。

[137]临、蒙、通、石:临安、蒙自、通海、石屏。

[138]吴三桂:(1612~1678),明清之交时,引清兵入关,受封平西王,进攻云南,杀永历帝于昆明。水西县:属贵州省。

[139]鄂尔泰:(1677~1745),清满洲镶蓝旗人,西林觉罗氏,字毅庵,康熙举人。任内务府员外郎,与田文镜、李卫并为雍亲王(即世宗)的心腹。雍正三年(1725)迁广西巡抚,次年调任云贵总督,兼辖广西。在滇实行改土归流,在西南各族地区设置州县,改土司为流官,加强中央对地方的统治。后任军机大臣。世宗死,受遗命与张廷玉等同辅政,总理事务,加至太保。乾隆十年(1745)以病解职。

[140]广罗协:广罗:广西(今泸西),罗平;协:清军编制,协,相当于旅。

[141]刀一握:即刀一把。

[142]廓清:意为肃清。

[143]陈得功:邱北县人,道光咸丰间邱北著名的将领。屡立战功,历任把总、守备、游击、中协等职,咸丰八年六月遇害。

[144]游击:官名,清代绿营兵设游击,职位次于参将,分领营兵。

[145]迤西:即滇西。清代把云南分为三部分,俗称三迤,即迤东、迤西、迤南。

[146]粤西:广西。

[147]窦御史:名序,字兰泉,罗平淑基村人,清代著名文人。黄鹤楼长联是他撰的,何子贞书。

[148]伙:多。

[149]诛之:把罪犯杀死。

[150]漏网:意为逃脱。

[151]开仗:打仗。

[152]败绩:失败。

[153]构衅:构成衅隙,结怨。
[154]不善抚驭:处理不当。
[155]承平:太平。
[156]械利:武器好。
[157]不晓兵旅:不懂军事,不重视练兵。
[158]不通水泄:意为围得很严密。
[159]绅耆:绅,绅士;耆,老人。
[160]烟土:鸦片。
[161]阿蒙:阿迷,蒙自。
[162]蹂躏:践踏,比喻用暴力欺压、侮辱、侵害。
[163]归业:归回管理自己的产业。
[164]中协:协,清代军队编制单位。清绿营军兵制,以副将所属为协。三营为一标,两标为一协,相当于旅。
[165]革勒、丫勒、乍尾:均在今官寨区。
[166]飞土:为南盘江一渡口,在南盘江岸,属革勒乡。
[167]发蒙:在飞土渡上游。
[168]油房、央革、白马曹:地名,均在今官寨乡。
[169]老虎冲:即今猫猫冲。
[170]松坡脚:地名,今位于双龙营乡老松山脚。
[171]贼势窃发:意为遭敌突然袭击。
[172]日晡:申时,现在的午后三点至五点。
[173]窥:暗中观察动静,等待可乘的时机。
[174]都司:官名,明代都指挥使司,为地方掌兵最高机构,也指清代绿营军官,职位次于游击,分领营兵。
[175]兵练:练:兵,团兵亦称团练。
[176]胡乱挝:游匪首领。游匪,明、清向在广西与越南边界编余的散兵,沦为匪类,到处抢劫。
[177]他郎:厅名。
[178]景东:县名。
[179]大猛连:地名。

[180]级:人头,斩下的人头叫首级,百余级即百余颗人头。
[181]副将:官名,清代的副将隶属于总兵,统领一协军务,又称协镇。
[182]不克:未攻下。
[183]陈营:驻扎地,陈得功营。
[184]颜营:颜兆龙营。
[185]大饥:特大的荒年。
[186]粮匮掣肘:粮食匮乏。掣肘:影响战斗力。
[187]戕:杀害。
[188]阿勒卡:现名三龙,属下寨区。
[189]课卜:俗称"卜课"、"打卦"。是一种预卜吉凶的行为。
[190]四鼓:也叫四更,旧时把夜间分为五段,每段叫一鼓,因到时鼓楼要敲鼓,故名。也叫更。
[191]屏门:作为屏障的门。
[192]叉杆:旧时兵器,叉有三尖(齿)。杆即矛。
[193]踣:跌倒。
[194]练目:团兵头目。
[195]戕杀:杀害。
[196]上宪:上级官府。
[197]大逆:逆,叛逆。
[198]县令:古代大县长官称县令,小县长官称县长,宋代以后统称县令。
[199]严开基:双龙营小龙山人,在攻日者乡时阵亡。
[200]祁永寿:城内西门街人。
[201]大营盘:原指城内西门至南门(西南角)这一代地区。
[202]杜陈忠:一名杜际盛。
[203]扼:把守要地,防止敌人。
[204]伪命:指大理杜文秀的任命。
[205]烛奸:洞察到他们的阴谋诡计。
[206]书院:指明新书院,故址在今一小前临街处。

[207]夷匪:对少数民族的蔑称。
[208]抚:用招抚的方法。
[209]以次:依次或按照之意。
[210]五槽:五个槽区的合称,民国初年为五槽分县,治所在官寨。
[211]前署:前任。
[212]弁:旧时的低级武官。
[213]梗议:阻挠,反对之意。
[214]提督马如龙:提督,清官名;马如龙,丙辰年回族起义时将领之一,后投降清,任总兵之职。清代总兵为绿营兵,高级武官,受提督节制,掌理本镇军务。
[215]伏法:因犯法而被处死刑。
[216]徐之铭疏采访:意为采自徐之铭上的疏。
[217]千总:清代绿营军制,守备以下有营千总。
[218]张万和:张保和之弟。
[219]口齿不明:说话不清楚。
[220]节次:依次。
[221]军功:官名。
[222]钱德、张奏凯:钱德,双龙营人,张奏凯,曰者乡人。
[223]雷动云屯:形容声势浩大。
[224]沙庄:今天的沙甸、大庄。
[225]负固不服:占据有利地势,顽固不服从。
[226]诛其渠魁:杀死其头目。
[227]普云:普名声的后裔。
[228]戒严:指在战时或特殊情况下,采取严格的军队警戒措施。
[229]卢矣松:一说是六桂人,一说是纳寨人。
[230]游匪:指叛匪。
[231]田亮勋:(1867~?)字建侯,四川叙州府庆符县(今高县)人。光绪举人,1899年任云南邱北知县,本县志的诗文部中有他的作品。

防　汛

邱北自清初立县以来,设防汛[1]五:一邱北汛,置把总一员,汛员一百六十名;二腻革龙汛,置把总一员,汛兵六十名;三树皮汛置外委一员,汛兵五十名;四马恒汛,置外委[2]一员,汛兵四十五名;五架哈汛,置外委一员,汛兵一百名。其外温浏汛,光绪十八年增设武弁[3]一员,汛兵二十名。以上各汛,均由广西游击营分防,至光绪三十一年,一律裁撤。

【注】

[1]汛:清代兵制,凡千总、把总、外委所统率的绿营兵都称汛,其驻防巡逻的地区称汛地,汛诘,盘问往来行人处也。

[2]外委:清代的额外低级武官,有外委千总、外委把总,职位与千总、把总略同,但待遇较低。

[3]弁:旧时低级武官。

团　务

邱北团务[1]开办于前清光绪二十八年,由地方公举绅士充当团首[2],复经上峰[3]委任,兵无定额,饷项照绿营[4]由省请领。遇有军旅[5],随时分任征调。三十一年停办。

民国光复,奉督军[6]命令委绅回籍,实行认真整顿,保卫桑梓[7],以弭盗安良[8]为宗旨。绅士回籍,召集城乡各界人等磋商,妥筹良策,酌委保懂[9]、百长、牌长,各有责任。因设团保务所一所在城内,正街划分九区,共调团兵二百名,搭配地点一百名,驻城训练一百名,分驻各区操练防御。由县长委任绅士充当团首,城中设一正一副,每区各设一分团首,总理其事。系尽义务,并无薪饷。惟团兵每月支薪饷四元,一年轮流更换。自民国元年举办至八年,奉蒙自道[10]命令,邱北调学生七名,入陆军教练所学习,八个月毕业给凭,仍回本地各区,充当团练教习,以期育成多数人才,共勷要政。十一年,为地方迭遭兵事,团饷难收,因将驻城团兵改练四十名,各区仍旧。

【注】

[1]团务：旧时管理地方政策和民兵训练的机构。

[2]团首：其职位相当于今之区长。

[3]上峰：上级。

[4]绿营：清代的汉兵营。

[5]军旅：指军事。

[6]督军：民国光复后，督军为一省最高军政长官。

[7]桑梓：犹言家乡。

[8]殚盗安良：消灭盗匪，安定良民。

[9]保董：相当于乡长；百长，百户之长，相当于村长。

[10]道：唐代出现的由中央派出的地方监察机构，代表皇帝监督和检察各道所属州县工作，为后世沿用。

团兵驻防地点

城内四鼓楼[1]，洛太邑[2]，曰者乡，腻脚，树皮，荞（原文作"苆"，今改）地弯[3]，双龙营，腻革龙，温浏。

【注】

[1]鼓楼：四城门楼。

[2]洛太邑：今划归砚山。

[3]荞地弯：地名，今新店乡境内。

警　察

县属警察，创办于光绪三十二年十月二十日。设巡弁一员，兼巡记、巡长三员，巡兵二十七名，局役[1]四名，巡弁系尽义务。巡长以下各饷，由旧有小团营百名内，裁去四十名，以作经费。至三十三年九月，奉上先谕停止。因团营仍要成立，警款须由地方自筹，当时无款可筹，遂即停止。

巡警教练所，开办于民国二年正月五日。以知事[2]任监督，设所长一员,正教员一员,副教员一员,助教二员,学长二员,正额学生四十名,副额学生五名,于三月十一日,警察事务所成立。专设于城内十字街旧学署[3]。民国四年,改巡长为区长,一切悉照警章办理。兹设保安警察四等区长一员,巡长一员,警兵二十名。一切酗酒、斗殴、赌博、偷窃、违犯公理等,皆归管理。警照功过奖罚,按月禀报。其饷由地方酒户、烧锅捐、油榨捐、街捐[4]、牲税等项筹给。

【注】
[1]局役:助杂人员。
[2]知事:县长。
[3]学署:即黉学,遗址在今一小内。
[4]街捐:在集市日收取街上的一种税。

祠祀部

《书》曰:"类于上帝[1],禋于六宗[2],望于山川[3],遍于群神[4]",祀事之典礼,古今一揆[5],非特一乡一邑然也。

吾邱当元宪宗[6]时,开创立先师庙[7],遂为典礼之权舆[8]。厥后[9]士农工商,建祠宇庆祝祈祷,虽曰遵崇,殆[10]为徼[11]福计耳。他如司阴阳之柄,雷雨山川,扶名教[12]之防,忠教义节,咸进而俎豆[13]之,非幸也,宜也。馀有二氏[14]之教,未列祀典,随其所在。然琳宫梵宇,法相庄严[15],亦足以壮一方之胜概,或亦启灵秀,而佑我蒸黎[16]耶。"神之吊(原作"的",今改)矣,诒(原作"贻",今改)尔多福[17]",其是之谓欤!志祠祀。

【注】
[1]书曰:"类于上帝":出自《尚书·舜典》上说"肆类于上帝,至是祭天"。四类:指日、月、星、辰。这里是祭祀天神,又泛指特别事由的祭祀。
[2]禋于六宗:升烟以祭,古代祭天的典祀。禋泛指祭祀。六宗:四时、寒暑、日、月、星、水旱六种神。引申为诚心祭祀。
[3]望于山川:古代祭祀山川的专名。望而祭之,故称望。

[4]遍于群神:遍及各种神灵。
[5]揆:揣度,揆情度理。此处是道理的意思。
[6]元宪宗时:1251~1259。
[7]先师庙:孔子庙。
[8]权舆:起始。
[9]厥后:这以后。
[10]殆:大概、恐怕。
[11]徼:求取。
[12]名教:指以正名定分为主的封建礼教,一般特指儒家的纲常伦理。
[13]俎豆:古代祭祀的器具,引申为祭祀、崇奉。
[14]二氏:指儒、道两家。
[15]琳宫梵宇,法相庄严:琳宫:道教所居;梵宇:佛寺。法相:佛教术语,指诸法之相状,包含体相(本质)与义相(意义)二者。
[16]蒸黎:指众多的黎民百姓。
[17]神之吊矣,诒尔多福:语出《诗经》中的《小雅·天保》,《天保》是一首为君王祝愿和祈福的诗。这两句的意思是神灵受祭降下土,送给君王多福庆。

先师庙

在今城内县署[1]之东北隅,坐北向南。乾隆年间[2],县丞[3]钮卢二公,重建正殿五楹,面露台,东西两庑[4]各七楹,大成门[5]三楹。左三楹名宦祠[6],右三楹乡贤祠[7]。棂星门[8]石坊,左为礼门,右为义路[9]。中凿泮池[10],后为崇圣殿[11]三楹。并建腾蛟、起凤二坊[12],照壁宫墙[13]。又于街口文明坊[14],规模宏敞,气象峥嵘,坊毁,年久倾颓。咸丰元年,知县金台[15]同绅捐资重建明伦堂[16]于书院前层,增置祭器、乐器,规模始备。

丙辰变乱,殿宇坍塌。光绪四年,知县林彭龄[17]率绅士筹款培修,添建石栏、月台[18],益壮大观。

【注】

[1]县署:旧时的县政府。故址在今文化馆内。

[2]乾隆年间:1736~1795。

[3]县丞:官名,典文书及仓狱,为县令辅佐。

[4]庑:堂屋周边的廊屋,泛指房屋。

[5]大成门:孔庙大殿前的大门。

[6]名宦祠:内供各朝代在本县有过贡献的官吏牌位的祠堂。

[7]乡贤祠:内供对本县有较大贡献的乡绅的牌位祠堂。

[8]棂星门:文庙外围的建筑之一,形似木牌坊,有窗格。

[9]礼门、义路:礼门,谓君子循行的礼仪之道。语本《孟子·万章下》:"夫义,路也;礼,门也。惟君子能由是路,出入是门也。"义路,正道。《后汉书·李固传》:"夫义路闭则利门开,利门开则义路闭也。"唐代黄滔《与韦舍人启》:"伏惟舍人义路无疆,词源绝岸,设铸颜之炉冶,恢荐祢之牋函。"这里指两道相对应的大门,在大成门的两边。

[10]泮池:文庙的外围建筑之一,在棂星门前面。池上的桥名叫泮桥。

[11]崇圣殿:一般是建于大成殿后,内供孔子的祖先,祭孔子前要先在这里祭过才祭孔子。

[12]腾蛟、起凤二坊:孔庙外围建筑之一。此建筑暗含希望这里的人才辈出如蛟龙腾空,凤凰高飞之意。

[13]照壁官墙:大成殿前面的照壁墙,上有"太和元气"四个字,直径约五六尺。

[14]文明坊:位于街口,俗称牌坊,后因火灾被焚毁。

[15]金台:安徽人,咸丰元年任邱北知县。

[16]明伦堂:为明新书院前身。

[17]林彭龄:广西桂县举人,同治九年(1870)在邱北任知县。

[18]石栏、月台:在大成殿前。

关岳庙[1]

即旧武庙,在东门外。乾隆四年,分州王纬[2]创建。二十年分州吴圻[3]重修。咸丰二年,游击陈得功培修。年久倾塌。光绪十年,训导王永靖[4]偕士民重建。民国三年,奉命关岳合祀,换大门额曰:关岳庙。

【注】

[1]关岳庙:内供关羽和岳飞。遗址在今县医院前。

[2]王纬:浙江人,乾隆二年(1737)任邱北州同。

[3]吴圻:乾隆二十九年任邱北州同。

[4]训导王永靖:训导:教诲,开导之意,三师(太师、太傅、太保),训导之官也,后即以训导为学官名。府、州、县学皆置训导。王永靖,通海举人,光绪九年(1883),任邱北学训导。

精忠庙

在县城西门外

先农坛[1]

在东门外,乾隆元年州判[2]王纬建。

【注】

[1]先农坛:远古称帝社、王社,至汉时始称先农。魏时,先农为国家的六神之一(风伯、雨师、灵星、先农、社、稷),至唐代改为先农坛,至此祭祀先农正式定为封建社会的一种礼制,每年开春,皇帝亲领文武百官于先农坛祭祀先农诸神。各地的官员仿效行此礼制。

[2]州判:官名,清代知州的佐官,与州同的官职略同。

社稷坛[1]

在城外西南隅。

【注】

[1]社稷坛:祭祀土地和谷物的神坛。据说社稷坛遗址在今粮食局内,仅有一土台。

苍圣[1]祠

在学宫后
【注】
[1]苍圣:即苍颉,传说他是汉字的创始人。

文昌宫

文昌宫在北门外。原在城西南隅。道光二十四年,改迁今地。光绪三年,邑人赵映斗募捐重修。光绪二十三年,增设前厅大岸拜台[1]。

【注】
[1]大岸拜台:磕头的地方。

城隍[1]庙

在西关[2]外,雍正八年,建于署东,乾隆间[3]续修迁今地。光绪五年,邑[4]人祁永寿同士民重修。

【注】
[1]城隍:神名。
[2]西关:即西门。
[3]乾隆间:1736~1795年。
[4]邑:乡。

火神[1]庙

在南门外,乾隆四十九年,士民王朝举等建。道光二十六年,邑人何汝才倡修。(以上见《通志》)

【注】
[1]火神:管火的神,称火德星君。

石宦祠

在学宫内

乡贤[1]祠

同上

【注】

[1]乡贤:指品德、才学为乡人所推崇和敬重的人。

节孝[1]祠

在文庙右,民国八年新建。

【注】

[1]节孝:节指女性为丈夫守节;孝指儿女为父母尽孝。

昭忠[1]祠

在精忠庙左厢

【注】

[1]昭忠:专门为表彰忠烈之人而建的祠堂。

忠烈祠[1]

在城隍庙左边。民国十一年,邑人伍先友等募捐新建。

【注】

[1]忠烈祠:忠烈祠与昭忠祠同义。

寺 观

财神庙,在西门外街首。

彩云观,在城子山。

玄天阁,在北桥万松山。

三清宫,在后山。

地藏寺[1]

在西门外,地址系邑绅李伟人祖遗。民国六年,信妇杜李氏、邑绅李兴邦、李定邦,信妇李张氏先捐巨款,合县士民,虔心[2]乐从,各捐巨款同建,李伟人监修。

【注】

[1]地藏寺:内供地藏王菩萨。

[2]虔心:诚心。

文星[1]**宫**

在树皮今办学堂。

【注】

[1]文星:俗称魁星,古人认为主管一地的文运。

武圣[1]**宫**

在树皮。

【注】

[1]武圣:指关羽。武圣宫亦称关帝庙。

武圣宫

在木架革。

文昌宫

同上。

文昌宫

在龙溪。

武圣宫

同上。

文武庙

在扯牛皮(今属砚山)。

文昌宫

在大百户,前后两层,现办学堂(今属砚山)。

魁星阁

在大百户。

关圣宫

在菝地湾新寨,乡绅李祯祥筹资合村人创建。

武圣宫

在架木革。

文昌宫

在曰者乡。

武圣宫

在曰者乡。

万寿宫

在马者龙。

地藏寺

同上。

关圣宫

同上。

文昌宫

同上。

关圣宫

在普者黑。

宗 教 类

释　教[1]

吾邑佛氏[2]之流入最早。在昔境内寺庙林立,其教徒有僧、尼[3]两项,多奉释迦、观音、地藏[4]等佛,殿宇辉煌,侔[5]于宫阙,皆众信士[6]捐资建造者也。兵燹[7]后,殿宇败毁,沙弥[8]星散,已绝迹无存。偶有云游[9]至此,去住靡常。各村寺俱由管事招舍司[10]看守,服祀香火。

【注】

[1]释教:即佛教。因佛祖是释迦牟尼,故名。

[2]佛氏:佛教。

[3]僧、尼:僧男性佛教徒,俗称和尚。尼:女性佛教徒,俗称尼姑。

[4]释迦:释迦牟尼是佛教始祖,简称释迦。观音:佛教大乘菩萨之一,是"南无大慈大悲救苦救难广大灵感观世音菩萨摩诃萨"的简称,又作南无观世音大慈大悲观世音。地藏:佛教大乘菩萨之一,据《地藏十轮经》讲,由于此菩萨"安忍不动犹如大地,静虑深密犹如秘

藏",所以称为地藏。

[5]侔:相等,等同。

[6]信士:笃信佛教人。

[7]兵燹:兵灾。

[8]沙弥:指初出家的年轻和尚。

[9]云游:指僧、道之人到处漫游,行踪飘忽不定。

[10]舍司:掌管客舍住宿之仪。

道　教[1]

境内道教有清灵、火居二种。清灵云游方外,居处坛观,脱离家族社会之关系。火居乃与常人无异。惟金铙法鼓[2],讽经[3]念咒,为人忏悔[4],祈晴祷雨,超度[5]亡人而已,昔则有之,今也则亡[6]。

【注】

[1]道教:中国本土宗教,渊源于古代的巫术。

[2]金铙法鼓:金铙,即铙。古军乐器名,"四金"之一。法鼓,道教的法器之一。法华经有击大法鼓和法鼓常鸣的话。这里有宣扬佛法,普度众生,好像击鼓使声音普遍听之意。

[3]讽经:诵经。

[4]忏悔:旧时道人为人焚香拜祷。

[5]超度:佛、道教用语。僧尼道士,为人诵经拜忏,说是可以救渡亡者,超越人生的苦难之海,故名。

[6]亡:通"无"。

回　教[1]

蒙古[2]元初,赛典赤[3]以平章[4]使云南,是为回教入滇之始。其教曰:清真[5],以奉天、传经、劝善、戒恶为宗旨,崇奉穆罕默德[6],谓为圣人。以诚念、礼拜、斋戒、捐课[7]、朝真[8]等五功为典礼,凡奉教之家,男女老幼,一律信崇,世奉无替[9]。每岁斋戒一月,曰:把斋。宰杀牛羊,不饮酒,必侍星出始食。至于沐浴、洁净、不供偶像、不信他教,不食猪肉,则视若天经地义[10],罔敢越焉。有经十部,凡六千六百六十六章,字皆横行,以竹笔写之。邱属自彼教倡乱,汉人被其惨害者数千家。至今犹痛恨焉。境内新旧城、曰者乡等寨,约数百家。凡姓马与赛者,皆典赤子孙。其人长于服贾贸迁[11],多起家致富,亦有读书入泮[12]者。故与释迥别[13]。

【注】

[1]回教:伊斯兰教在中国的旧称。

[2]蒙古:十三世纪初,首领成吉思汗,统领各部,建立统一的蒙古汗国。

[3]赛典赤:(1221~1279),全名赛典赤·赡思丁,西域不花剌人,穆罕默德后裔,回族,成吉思汗、窝阔台、贵由、蒙哥、忽必烈五朝均见擢用。元世祖至元十一年(1274)任云南省平章政事,在滇期间,政绩卓著。

[4]平章:官名,元代三行书中书省平章政事,为地方高级长官(相当于今天的省长),简称平章。

[5]清真:中国通用汉语的穆斯林常用语。

[6]穆罕默德:伊斯兰先知,生于约570年,逝于632年,享年63岁,葬于麦地那。

[7]捐课:按照老人生前遗嘱,捐出一部分钱财来济贫或办学。

[8]朝真:赴麦加朝拜天房。

[9]世奉无替:意为世代供奉无止歇。

[10]天经地义:指正确而不可改变的道理。

[11]服贾贸迁:指经商做生意。

[12]入泮:古时,学生入学称为"入泮(pàn)"。这里指学生的入学大礼。在古代,凡是新入学的生员,都需进行称为"入泮"的入学仪式。明清时州县考试新进生员,须入学宫拜谒孔子,必经孔庙前的泮池,因称入学为入泮或游泮。

[13]迥别:大不同。

耶稣教[1]

邱北素无教民[2],亦无教堂[3]。自民国八年[4],有本城姜玉书一人投教[5],坚信崇奉。随从英国古女士引诱小江口等处沙民入教。此为耶入邱之起点。亦有乡愚因涉词讼[6],借教民为护符[7],约计不过数人而已。

【注】

[1]耶稣教:亦称基督教,因创始人名耶稣,故名。
[2]教民:即教徒。
[3]教堂:宣传教义、礼拜、祈祷的地方的建筑物。
[4]民国八年:1919年。
[5]投教:入教。
[6]词讼:打官司。
[7]护符:护身符。

常斋教[1]

盛行于咸(丰)回乱大炽之时。其教以戒杀生、放生,不茹荤[2]为宗旨,与佛氏释理无殊。近则信者多属妇女。盖青年幼妇遽殒[3]共。寡鹄孤鸾[4],藉此操修,以节欲念。裨全名节,是亦有功于世道[5]人心也。

【注】

[1]常斋教:常斋教的提法很少听到,习惯上叫吃长斋的人,按佛教名称,男的称优婆塞(即居士),女的称优婆夷。他(她)们已依照佛的戒律受持五戒,在家修行,是佛教徒七众之一。
[2]茹荤:茹:吃;荤:动物性的食物。
[3]遽殒:遽:突然;殒:死去。
[4]寡鹄孤鸾:鹄、鸾,鸟类。寡鹄孤鸾,指丧偶的鸟。比喻失去配偶或没有配偶的人。
[5]世道:社会风气。

秩[1]官部

唐虞之官十二牧[2],成周[3]之官三百六,皆所以熙绩亮工,承流宣化[4]也,汉唐以降,上下相维,内外相击,莫不以亲民之守令廑念[5]焉。邱自明设流[6]而后,官斯土者,原不乏人。而爵秩名氏多不可考,兹核其功德在民者,别以名宦[7]、循吏[8]。著其异,有能以死勤王[9]者,则以武烈表之,以风[10]有位焉。志秩官。

【注】

[1]秩:官吏的奉称。引申为官吏的职位或品级。

[2]唐虞之官十二牧:古时治民长官。虞、夏及周曰牧。十二牧为传说中舜时十二州的长官。泛指古代地方长官。

[3]成周:成周城,古城名。传说故址在今河南洛阳市东郊。成王时周公所筑。

[4]熙绩亮功,承流宣化:熙:光明;亮:显露、明鉴。熙绩亮功:彰显官员为官的政绩和功德。承流宣化:成语"宣化承流"的倒装,意思是宣布恩德,承受风教。指官员奉君命教化百姓。

[5]廑念:殷切关注。

[6]设流:即改土设流或归流。即把原来世袭制度下的土司官,改为朝廷派来的流官。

[7]名宦:较有名望的官吏,对地方有杰出的贡献者。

[8]循吏:旧时谓遵理守法的官吏。

[9]勤王:尽力于王事;指起兵救援中央王朝。

[10]以风:给予这些前人"武烈"的牌位,用这样的方式教化和激励后人。风:教化、风化。

名　宦[1]

明

周晓,字梧阳,江西奉新举人。万历十年[2]任维摩州,明敏廉洁,寄馆府城[3]。奉有批词,片言立决[4]。十四年调师宗,一介不取[5]。严以驭下[6],汉夷怀其德,胥吏[7]畏其神,称良云。(见府志)

　　陈忠,字良父,号葵轩[8],直隶[9]献县人。由官生[10],万历二十年任府事[11]。沙夷[12]叛,三出水下[13],修筑三乡县诸官署。管捕务,立乡长,分管各曹地方沙夷。沿江各渡口设哨兵,拨附近闲田地给牛种,且守诸所[14],经略[15]皆万世功考满,士民立祠尸祝[16]。(《广西府志》)

【注】
　　[1]名宦:对地方有过特别贡献的官吏。
　　[2]万历十年:1582年。
　　[3]寄馆府城:在广西教学。
　　[4]片言立决:意为几句话就解决了问题。
　　[5]一介不取:介通芥,草芥,指轻微的财物。
　　[6]严以驭下:意为严格约束部下。
　　[7]胥吏:旧时官府中办理文书的小吏。
　　[8]字、号:旧时人有名、字、号,因姓取名,因名取字。号也称别号。
　　[9]直隶:今河北省。
　　[10]官生:清代科举制度,京官四品以上、外管文三品、武二品的子、孙、曾孙及胞兄弟侄,应乡试者称为"官生"。
　　[11]府事:知府。
　　[12]沙夷:指壮族中的沙支系。
　　[13]水下:指今新旧城一带。
　　[14]诸所:诸哨所。
　　[15]经略:策划处理。
　　[16]尸祝:古代祭祀时任"尸"和"祝"的人。引申为崇拜之意。

清

　　鄂尔泰,满洲西林部落人[1]。官大学士太傅[2],谥[3]文端。邱北自明末万氏屠城,人民迁散,土酋窃据,州县并裁。雍正六年[4],尔泰总督云贵广西三省,巡阅经过邱境,见其地重山叠岭,最易藏奸[5],且远征徭运[6],往来跋涉,不便于民。咨访得实,奏请添设州同[7]一员,隶师宗。于是割还旧地,召集流亡,八年准汉夷人等,承领[8]地方田地,请照开垦,纳粮安居。迄今邱民得为完全县治者,皆公抚驭[9]之功焉。(《广西府志·艺文奏疏》)

【注】

[1]鄂尔泰:(1677~1745),西林觉罗氏,字毅庵,满洲镶蓝旗人。康熙朝举人,任内务府员外郎,与田文镜、李卫并为雍正帝心腹。雍正三年,迁广西巡抚,四年调任云贵总督,兼辖广西。在云南实行设置州县、改土归流,加强中央对西南地区的统治。

[2]大学士太傅:大学士:官名,明中叶为内阁长官。雍正中设立军机处,大学士遂为军机大臣所代替。太傅:辅导太子的官。

[3]谥:一般指古代帝王或大官死后评给的称号。古代人死后,按其生前事迹,评定褒贬,给予称号。文端,就是这种称号之一。

[4]雍正六年:1728年。

[5]藏奸:隐藏草寇。

[6]远征徭运:远距离征收赋税,运送极为不方便;徭:民夫,运送。

[7]州同:清代知州的佐官,属于直隶州的,相当于同知;属于散州的,则与州判分掌粮务、水利、海防、巡捕诸事,均从六品官。

[8]承领:向官府领取土地开荒耕地。

[9]抚驭:安抚、驾驭。

武 烈[1]

明

李嗣泌[2],崇祯二年[3]以同知署维摩州。五年,土酋普名声反,州人何天衢不从,率兵归三乡县,嗣泌开城纳之,遂召集民兵登陴[4]防守。后普还兵围攻,嗣泌与天衢协力坚守,力战却之[5],城卒不下。普死其妻万氏修怨[6],岁围攻,孤城被困,请援不至。嗣泌举家自焚,殉城[7]。事见赠光禄寺少卿事[8]。(《明史·忠义传》)

【注】

[1]武烈:意为有英武、壮烈之举的人。

[2]李嗣泌:崇祯四年任维摩州同知。

[3]崇祯二年:1629年。

[4]陴:城上的矮墙。亦称"女墙";俗称"城垛子"。

[5]却之:却,退却,此为抵抗之意。

[6]修怨:意为结怨。

[7]殉城:与城同归于尽。

[8]光禄寺少卿事:原称光禄卿,官名。南朝梁置。北齐以后称光禄寺卿,主要掌皇室的膳食。清末始废。

清

韩捧日,广东人,进士。咸丰六年任,当兵戈扰攘[1]之中,调停[2]兵食,峻防[3]要害。公措置有方,民赖以安。八年九月,乱党朱开甲[4]兵变,忌公明察,藉口复仇,戕之。妾[5]夏氏殉,次子韩锡光,汛官狄槐,昆明人,同日遇害。事闻[6],崇祀昭忠祠。(《通志》)

盛光斗,贵州兴义县人,附生[7]。投效军营,素以才著。同治六年署县[8],奉委督粮[9],行至五家寨老尖坡大路,突遇沙贼张布票等骑截阻,从役奔溃,公正色独拒,遂遇害。当事[10]题请崇祀昭忠祠。后捕获张布票等诛之。(采访)

狄槐,昆明人,广西营把总,驻防邱北汛。咸丰八年[11]九月,练目[12]朱开(甲),纠合土匪,潜入县城,槐与知县韩捧日被害。

【注】

[1]兵戈扰攘:兵荒马乱之意。

[2]调停:办理。

[3]峻防:严防。

[4]朱开甲:当时的兵头,后被严开基等诛之。

[5]妾:妻指正室,妾指侧室。

[6]事闻:上级知道此事。

[7]附生:科举制度中生员名目之一。明时于府县学外有取附生员之制,清代相沿。生员亦称附生。

[8]同治六年署县:同治六年,1867年。署县,指担任邱北知县。

[9]督粮:督办粮草。

[10]当事:犹言当局,地方首脑。

[11]咸丰八年:1858年。

[12]练目:团练的头目。团练即当时的民团组织。

循 吏[1]

明

竹密,芦山人。万历间以维摩州牧[2]代镇[3]陆凉州[4]。有才干,熟识机宜[5],久司陆政[6],地方不扰,民德之[7]牧。(见《通志》并《陆凉州志》)

【注】

[1]循吏:守法循理的官吏。《史记·太史公自序》:"奉法循理之吏,不伐功矜能,百姓无称,亦无过行。"

[2]州牧:即刺史。刺史,中国古代职官名,本为御史的一种,始于汉代。

[3]代镇:代管。

[4]陆凉州:即今陆良县。

[5]熟识机宜:犹时宜,事理。意为办事善于抓住时机。

[6]久司陆政:长期管理陆良的政治。

[7]民德之:人民感念他的恩德。

清

顾焯,江南[1]苏州人,丙辰进士[2],风流儒雅[3],仁恕廉明[4]。康熙三十一年任广西府二载,尊贤礼士[5],引年尚齿[6]。凡课士[7]、劝农[8]、问病、吊丧无不躬身先之[9]。爱民如子,即一薪一蔬皆谓百姓膏脂[10],不可轻用。遇妨农病士[11]之流,立驱出境,不容稍停。撤坐楼五楹建尊经阁、崇圣祠。详[12]复维摩州,未达部,以母忧去[13],事遂寝[14],及解任[15]。郡有[16]黄堂失慈母,草野[17]失众母之悲。(见《广西府志》)

杨泰,字天开,安宁人。前明崇祯壬午举人[18]。父卒[19],哀毁不茹[20]荤酒,终身思慕。妻亡不再娶,家产悉让与兄。清朝开滇,委权维摩州事[21],多善政。著《虎邱温泉志稿》,藏于家。

管抡,字青村,江南武进人,监生[22]。康熙五十三年任师宗州。洁己恤民,礼贤爱士。尤果决断,案无留牍[23],时有神君之誉[24]。且学识渊懿[25],纂修《州志》九图、五纪略、九考、三傅[26],考核精确。而邱邑山川景物,率多题咏[27],不至湮没,皆公之力也。(《师宗州志》)

王纬,浙江人。乾隆二年任州同[28],剔除弊端,勤恤民隐[29],劝农设学。锄豪强[30],崇礼让,筑堰坝,兴水利,凡诸大端[31],无不举行。邱属大江边,系两粤开广入省通衢[32]。渡手[33]勒索种种,公祥请明给工食,永利行商。升弥勒知州,所至多惠政[34],民德之[35]。(采访)

严秉玠[36],名宦祠牌位有名。年湮[37],政绩无考。

钮飞熊,满洲镶黄旗人[38]。乾隆四十九年任(县)丞[39]。兴学惠农,修城开河。如旧城龙潭,水分三道,灌溉田地数千亩,新城、马山头、矣堵等二十一寨,均资[40]水利,复绘成图木(目),条分缕析[41],详加标识,俾头目[42]收执以期垂久。其思虑周密如此,询贤侯[43]也。至今肖像尸祝[44]。(采访)

赵秉煌,籍贯待考。道光庚子年任知县。洁己[45]爱民,平隐听讼[46]。除水患,弭盗贼,修城池[47]。一时称为赵清天。升广西直隶州[48]牧。(采访)

朱汝霖[49],道光三十年任。除奸革弊。豪强敛手[50]。奉令办烧香案[51],获首犯远徙,余党解散,境内肃清。(采访)

金台,字春谷,安徽人。咸丰元年任。惠民爱士[52],创建明新书院[53],并迁文笔塔于城东松山顶,经营规划,别具心裁[54]。捐谷置租,以瞻诸生[55],至今受其赐[56]云。(采访)

林彭龄,字镜吾。广西桂县,举人。同治九年任。时地方甫定[57],民居[58]半为练目所距。禀请逐退。诸夷犹负隅[59]横行者,亲率兵勇,捣巢捕获,按法惩治,决不稍贷[60]。田亩荒芜,请发籽种耕牛,农赖以耕。虑民失教久,朔望[61]锣傅军民,拱听训谕[62]。重兴学校,筹膏火[63],课文

亲自校删,以期作育[64]人材,实心实政[65]。妇孺至今仍称颂,勿替[66]。(采访)

田亮勋,字建侯。四川宜宾县举人。光绪二十四年任。性和平,政宽简。每课士[67]辄为改正。工吟咏[68],约有清江诗社,与各士相唱和。禀请公提洒汶[69]租业归书院膏火。屡驳屡详[70],卒从其议,蒙宪批准,永提归公。迄今民国兴办学堂,年收租二十余石,藉资费用。此公嘉惠士林[71],功不可没。

冯汶,字砚庄,四川江安县监生,光绪三十四年任。持身清廉,地方绅士,非公[72]不见。时城中两等学校虽开办有年,然以款项支绌[73],诸多缺如。公将官肉官盐两项捐入,年得银叁佰陆拾元。又补克[74]学庄,为五嶰[75]杨二侵占,屡控不休,前任未能决断。公亲诣[76]踏戡,划明界址,颁发执照于办学绅管[77],而争端始息。

宣统元年三月,沙匪扑城。公与绅首董德培、黄思纶、杜天时、李伟人等,互相策励[78],先事预防,卒将丑类[79]击退。城赖以全,民赖以安。嗣[80]改升富州厅任,然其保境卫民之功,邱人至今尚作甘棠之思[81]云。

【注】

[1]江南:泛指长江以南。这里特指江苏省。

[2]丙辰进士:丙辰,顺治十四年(1676);进士,意即贡举的人才,明清均以举人经会试考中者为贡士,由贡士经殿试赐出身者为进士。

[3]风流儒雅:风流:指风度和气质非常卓越;儒雅:谓行儒家之学的正道,指博学的儒者。

[4]仁恕廉明:仁:旧指具有贤德的人。恕:谓以恕道仁爱之心待人。廉:清正廉洁。明:贤明的人。

[5]尊贤礼士:尊贤:尊敬有道法有才能的人。礼士:以礼貌对待读书人。

[6]引年尚齿:引年:古代的养老制度,常视其年龄加以分别。《礼记·王制》"凡三王养老,皆引年。八十者一子不从政。九十者女家不从政"。尚齿:古代谓尊尚老人。

[7]课士:谋读、谋徒。教人读书。
[8]劝农:鼓励耕作。
[9]躬身先之:亲自带头先做。
[10]膏脂:比喻人民用血汗挣来的劳动果实或财富。
[11]妨农病士:指妨碍农民和读书人之流的人。
[12]详:上报呈文的一种。
[13]以母忧去:因母亲死而离去。
[14]寝:停止。
[15]及解任:等到他离职去任。
[16]郡有:县里有。黄堂指县知事失去了慈母。
[17]草野:指民间。
[18]崇祯壬午举人:崇祯壬午指十五年(1642)。举人:明清时乡试考中者之专称,作为一种出身的资格。
[19]父卒:父死。
[20]茹:吃。
[21]委权维摩州事:委他管理维摩州的事。
[22]监生:明清在国子监(相当于大学)肄业的统称监生。一般所称监生,指由监纳而取得的,不一定在监读书。
[23]案无留牍:形容办案神速,没有积压。
[24]神君之誉:神君:旧时对贤明官吏的敬称。
[25]懿:深。
[26]九图、五纪略、九考、三傅:图、纪略、考、傅均为《地方志》内容之一。
[27]题咏:题诗。
[28]乾隆二年任州同:乾隆二年,1737年。州同,清代知州的佐官,属于直隶州的,相当于同知;属于散州的,则与州判分掌粮务、水利、海防、巡捕诸事,均从六品官。
[29]勤恤民隐:意为关心人民疾苦。
[30]锄豪强:锄:铲除。豪强:指当地依仗权势,横行不法的人。
[31]大端:比较重大的事。

[32]通衢:衢:四通八达的道路。
[33]渡手:划渡船的人。
[34]惠政:惠:仁慈,给人民以好处;惠政犹仁政。
[35]德之:感戴他的恩德。
[36]严秉玠:乾隆五十年前后(钮飞熊之后)任邱北县丞。
[37]年湮:年代久远,政绩无从查找。
[38]旗人:清代对被编入八旗的人的称呼,特指满族。
[39]丞:县丞:官名,为县令辅佐。
[40]资:供给。
[41]缕析:缕:详尽、细致。细致地分析。
[42]头目:指地方头人。
[43]贤侯:有贤德的官。
[44]肖像尸祝:画了他的肖像来怀念和崇拜他。
[45]洁己:同洁身,保持自己的纯洁操守,不同流合污。
[46]平隐听讼:不藏匿,不徇私,听取法庭上打官司的人争辩是非曲直。
[47]池:旧指护城河。
[48]直隶州:指直辖州。
[49]朱汝霖:道光十三年(1850),任邱北知县。
[50]领手:行动上缩手缩脚,不敢有所作为之意。
[51]烧香案:无考。
[52]惠民爱士:惠民:给人民以好处;爱士:爱读书人。
[53]明新书院:书院是地方高级学堂。故址在今一小前面。
[54]别具心裁:意为另一种创造和裁断。
[55]瞻诸生:瞻:养;诸生:也指在学的许多学子。
[56]赐:给以的好处。
[57]地方甫定:指丙辰动乱结束,地方刚平定。
[58]民居:民房。
[59]负隅:凭险顽抗。
[60]贷:宽恕。

[61]朔望:农历每月初一和十五日。
[62]拱听训谕:拱:环绕,拱立;训:训导;谕:晓谕。
[63]膏火:灯油。
[64]作育:培养。
[65]实心实政:尽心尽力从政。
[66]替:衰废。
[67]课士:给学士上课。
[68]工吟咏:善于吟诗。古人写诗,先吟诵后抄录。
[69]洒汶:村名。
[70]屡驳屡详:每次上报每次被驳回,他仍然上报请求,最后终于得到上级批准。
[71]嘉惠士林:好处给以读书人。
[72]非公:不是为了公事。
[73]支绌:款项不够支配。
[74]补克:村名,在今曰者乡。
[75]五嵇:今官寨乡。
[76]亲诣:亲自去。
[77]绅管:绅士、管事。
[78]策励:鞭策和勉励。
[79]丑类:指恶人、坏人。
[80]嗣:后。
[81]甘棠之思:甘棠即堂梨,一名杜梨。语出《史记·燕召公世家》:"召公卒,而民人思召公之政,怀棠树不敢伐,歌咏之,作《甘棠》之诗。"后世因用"甘棠"称颂地方官吏之中的有惠政于民者。

官制题名

明知州

周晓,江西奉新举人,万历十年任。(见名宦)
李镇国,见《师宗州志》。

竹密,万历时任。详《循吏》。
黄宇,万历十四年调,以同知行罗平州事。
何佽,万历十四年视维摩州,事并见《通志》者继荣纪。
李嗣泌,崇祯四年由同知署。见《忠烈》。

清

叶高标,康熙六年任。
康熙八年奉裁。
王纬,浙江人,雍正年任。见《循吏》。
古肇新,乾隆二年任。
姚炳,乾隆五年任。
张万选,乾隆六年任。
宋登仑,乾隆二十四年任。由寻甸知事兼摄。
吴圻,乾隆二十九年任。

县　丞

乾隆三十三年改设分县,仍隶师宗。
饶帷照,乾隆三十五年任。
王瑞琳,江西人,乾隆三十九年任。
解理,乾隆四十四年任。
钮飞熊,乾隆四十九年任,见《循吏》。
严秉玠、冯为霖,乾隆五十八年任。
张垣,四明人,嘉庆十四年任。
江孔殷、王天福、安某、魏某、刘某,以上三人均嘉庆二十年前任,失名,见《隍祠碑》。
熊象墫,道光四年任。
吕行恕,道光十七年任。

知　县

道光二十年复设正县。

刘伟烈,道光二十一年任。
高环,道光二十二年任。
俞良杰,顺天(在今辽宁省)大兴人,监生。道光二十三年署任。
赵秉煌,道光二十五年署任。
陈步策,河南温县举人,道光二十六年署任。
余居宽,道光二十九年任。
朱汝霖,顺天大兴人,供事[1]咸丰二年任。
金台,安徽人,供事,咸丰二年任。
韩捧日,广东人,进士,咸丰三年任。
周勋,四川人,监生,咸丰十一年署任。详《循吏》。
吕梦吉,甘肃中卫人,监生,同治元年署任。
陈福庆,贵州贵筑人,副榜[2]。
盛光斗,贵州人,同治六年任。见《忠烈》。
姚信孚,陕西咸宁人,举人,同治七年任。
林彭龄,广西举人,同治八年任。见《循吏》。
王世德,四川举人,同治十一年任,捐廉[3]课士,优给膏火。
傅炳墀,四川人,光绪三年代理。
傅鹤,四川人,光绪三年代理。
黄榜魁,广西桂县拨贡[4],光绪五年任。
邓廷銮,江西举人,光绪九年任。
任沛霖,监生,光绪十一年任。
徐有书,浙江人,光绪十三年任。
李垚,湖南沅陵进士,光绪十四年任。
罗云,四川拔贡,光绪十五年任。
伍春荣,四川军功[5],光绪十六年任。
秦汝森,广西副榜,光绪十七年任。
尹元亮,浙江人,光绪十八年任。政刑清惠,莅治明敏。
李大森,贵州人,光绪十九年任。
杨燦林,贵州人,光绪二十年任。
王墀,四川万县举人,光绪二十二年任。

谢春生,四川人,光绪二十二年任。
田亮勋,四川宜宾人,举人,光绪二十五年任。
王树槐,广西人,光绪二十七年任。
李良年,广西桂林人,进士,光绪二十八年任。
赵文哲,贵州人,光绪二十九年任。
伍毓松,湖南湘乡翰林[6],光绪三十年任。
杨万选,山东阳谷进士,光绪三十一年任。
张联恩,江苏荫生[7],光绪三十二年任。
杨文海,贵州人,光绪三十三年任。
杨万选,光绪三十三年复任。
冯汶,四川江安监生,光绪三十四任。
邓大治,贵州人,附生[8],宣统元年任。
曹乃金,四川人,宣统二年任。
张锦春,贵州进士,宣统是十三年任。

民国知事

陈光濂,四川筠连县拨贡,民国元年任。
费延彪,湖南武陵人,民国二年任。
曹文郅,湖南岳阳人,民国三年任。
韩国相,安徽人,民国四年任。
刘殿臣,云南文山县人,民国五年任。
徐孝喆,云南姚州人,民国六年任。
沈祜,浙江人,民国九年任。

训　导[9]

道光二十年复设正县,改师宗县为邱北县学。
李文发,师宗州学,康熙年拨驻邱。
邢曰恭,临安人,雍正年任。
武开周,道光二十六年任。
张润,咸丰元年任。

张砚,咸丰二年任。
潘士康,石屏人,同治五年任。
陈培元,东川人,廪生,同治十一年任。
郑炳元,光绪五年任。
王永靖,通海举人,光绪九年任。
柏鹤龄,光绪十二年任。
钱尊穆,昆明副榜,光绪十六年任。
欧汝聪,禄丰贡生,光绪十八年任。
张恒见,宜良贡生,光绪二十年任。
胡增龄,临安人,光绪二十七年任。

明　吏目[10]

虎仁恩,万历二十四年任。

清　吏目

陈在铭,康熙六年任。
康熙八年奉裁。

典　吏[11]

道光二十年设
丁斡,咸丰四年任,修文笔塔督工出力。
郑定材,同治十三年任。
林春　靳秉德　陈克新,光绪四年任。
刘英勋　沈承保　傅训,浙江人,光绪十五年任。
蒋永佑,黄开华,黄焕祖,喻章,彭文燕,赵庆和,刘嘉均,唐文焕,陈辅猷,胡际虞,李全康。

邱北汛

把总一员
李玭,汪廷栋,乾隆十九年任。

李发元,李斌,黎民和,李上文,乾隆五十七年任。
陈启鹤、陈永符,道光二十年任。
张儒林,武举。
马中骥,武举。咸丰二年任,监修文笔塔。
李彩,赵家春,武举。狄槐,昆明人,详《忠烈》。
祁永寿,邑人。咸丰八年任,至同治九年调腻革龙汛。
缪国才,开化镇千总,同治十年调任。
张联升,师宗人,同治十二年任。
张有富,外委署。
车昂,光绪五年任。
唐杏林,唐名选,陈有福,张文良,罗平人,千总调。
陈玉元,芮际唐,云南府武生[12],张联基,武生。
王炳荣,徐士林,武生。
李红,邱北武生。
保应常,广西营千总,光绪二十四年调任。
万家和,师宗人。
高文详,段时文,杨燦,石屏人。
田兴周,保应常,光绪二十九年复任。
杨鼎,十八寨人。李怀玉,呈贡人。杨云章,石屏人。

腻革龙汛

把总一员
陈启鹤,道光年任。
郭家珍,宁州人,同治八年任,借住曰者乡。
缪国才,同治九年任,十年调邱北汛。
祁永寿,同治十年任邱北调。
刘自馨,同治十二年任。
李天受,唐杏林,陈有福,王由兴,杨复兴,千总调任。
刁宗鹏,邱北人。

树皮汛

外委一员

王自富，唐名选，徐士林，车太平，卢发高(邱北人)，饶自有，段凤章，赵祺，王荣炳，李寿(世职)。

张联斗(武举)，汤宗垚，保双魁(世职)，刁宗鹏(邱北人)。

马恒汛

唐名选，缪嘉臣(邱北武生)，芮际昌(武生)，李寿，熊文定(贵州人)，许耀堂(桂林人)。

架哈汛

外委一员

王开甲，王联魁，缪汝贞，车茂林，车暹，张联箕，蔡汝淮，叶文林。

温浏汛

光绪二十八年设武弁，官级无定。

李恩赐(邱北人)，唐杏林，杨秀洪，王登魁，周永泰，范忠臣(河西人)。

以上各汛由广西[13]营分防，本营人员。

巡弁

陈俊弼，光绪二十三年。

巡长

马炳奎[14]，丁藩昌，民国二年。

区长

周鹅峯，嶍峨[15]人，民国二年。

张玉盛，罗平人，民国三年。

杜宗瑗,嵋峨人,民国四年。
江崇仁,民国五年。
杨诚忠,四川人,民国六年。
李鸿高,昆明人,民国七年。
刘荣封,镇南人,民国八年。
陈钊,嵩明人,民国九年。

清　团总

唐声闻,李兴邦,董德培,杜天时。

民国　团总

李伟人,李王章,杜启贤,李绍曾,董德峻。

【注】

[1]供事:清代中央机关书吏的一种,大体上指内阁、翰林院等官署的雇员。任职至一定年限可以转为低级官员。

[2]副榜:科举考试中一种附加榜示,亦称备榜,即于录取正榜之外,另取若干名之意。

[3]捐廉:廉:清代官吏除正俸(工资)外,另给一定数量的养廉银,二者合称"廉俸"。这里是捐献出自己所得的养廉银部分。

[4]拔贡:科举制度中贡入国子监(相当于大学)的生员之一种。

[5]军功:指凭借着有战功。

[6]翰林:官名,清制翰林院以大学士为掌院学士,下设侍读学士,侍讲学士等。殿试朝考后,新进之士授翰林庶吉士者,称为点翰林。

[7]荫生:科举时代凭借上代余荫,取得的监生资格。

[8]附生:科举制度中生员名目之一。清代生员亦称附生。

[9]训导:训诲开导之意,明清府、州、县学,皆置训导,掌协助同级学官,教育所属生员。

[10]吏目:官名。明代于知州下设吏目,掌出纳文书,或分领州事。

[11]典吏:官名,元置,明、清沿置。为知县下掌管缉捕、监狱的属官。

[12]武生:武生为当时对习武之人的统称。
[13]广西:指今泸西县,原广西府治所。
[14]马炳奎:即马继武,曰者乡河边人。
[15]嵋峩:今宣威市。

《邱北县志》第六册

人物部：乡贤　卓行　忠烈　义行　孝友　文学

人 物 部

　　维摩旧属蛮荒，何人物之足言？然十步之内，必有芳草；十室之邑，必有忠信。天地生才，何当择地而畀[1]耶？

　　邱自元明始归版图，得习中夏[2]礼仪之教。由是人才辈出，如二何[3]奇勋大节，照耀史编。英雄造时势，焉知后起者，不更超过前哲欤？

　　迄今数百年，教泽涵濡[4]。生斯地者，或矢志[5]于道德文章，或饬躬[6]于纲常伦纪，或争奇于才能技艺，以及迁客羁人，员妇[7]淑女。与夫学宗二氏[8]，而清秀自好者，广为搜罗，细加采择，较元明更为可传矣。兹历考为十五门，俾[9]各从其类焉，志人物。

【注】

[1]畀：举，指出生或者出现。

[2]中夏：中原、华夏。指元、明、清等中央王朝。

[3]二何：指何天衢和何永清。前者在普明叛乱时期恪守忠义之节，护卫中央王朝，殉城。后者对邱北的文化教育事业有奠基之功。

[4]教泽涵濡：指儒学的教化和润泽，滋润和浸染着这方土地。

[5]矢志：立下誓愿和志向，以示决心。

[6]饬躬：即饬身，亲身践行。

[7]员妇："员"同"媛"，即"媛妇"，德行高洁的妇女，在志书中又特指贞妇和烈女。

[8]二氏：指佛、道两家。语出唐代韩愈《重答张籍书》："今夫二氏之所宗而事之者，下乃公卿辅相，吾岂敢昌言排之哉？"这里是指严格遵从儒家、道家立身处事行为准则的本地圣贤之人和高洁的隐士。

[9]俾：使。

乡 贤

明

何天衢，字升宇，旧为摩州人，勇略出众，为土兵目[1]，扎三乡县城，时普名声谋逆，三路出兵，会战省城。委天衢以维摩、罗平一路，遣枪手三百名促行，天衢善喻[2]其众，曰："此丈夫报朝廷时也，岂可与贼反耶？"遂将三百坑[3]之，帅所部归维摩署，知州李嗣沁开城纳之。时名声已陷弥勒城，闻天衢不附，遂撤两路兵，归，不敢复动。抚按会题天衢，功在全滇，实天南半壁长城，授予参将[4]，守御一方。屡功，升都督同[5]，后名声亲攻，天衢有小卒阿得，伏草伤之，名声死。其妻万氏，屡岁仇杀，衢势孤单，堵孤城，请援不至，日久粮尽，自刎殉城。

(《明史·忠义传》)

【注】

[1]目：指为首的人，头目。

[2]善喻：以大义晓谕。

[3]坑：把普名声派来敦促自己行动的三百名枪手活埋。

[4]参将：武官名。位次于总兵、副总兵。

[5]同：指总兵领导下的同知。

卓　行

清

陈龙章，字飞甫。乾隆丁卯举人，官河南巩县知县。清慎廉明，剔恶除奸。任三年，政声卓著，修河劳绩卒，囊无余资，几无以殓。

丁春，字恒甫。乾隆丙午亚元[1]，性至孝，知四川梁山县，廉能之声播于邻境。丁忧回籍，服阙[2]调署长宁时，势绅夺寒士聘妻[3]，夜以千金纳贿，春严拒之。临审，士民聚观，当堂判，归寒士完娶[4]。宁民[5]至今称颂焉。

【注】

[1]亚元：正式的科举考试分三级，即乡试、会试、殿试。乡试通常是在省会举行，每三年一次，考中的为"举人"。乡试中举，第一名称"解元"，第二名至第十名称"亚元"。

[2]丁忧回籍，服阙：丁忧原指儿子遇到父母丧事，后多专指官员居丧。父母死后，子女按礼须持丧三年，其间不得行婚嫁之事，不参与吉庆之典，任官者须离职，称"丁忧"。服阙是服丧期满的意思，又作服满。

[3]聘妻：指已经接受了男方家送的聘礼，还未举行结婚典礼的女子。

[4]完娶：即亲迎。古者结婚聘仪有六礼，一曰纳采、二曰问名、三曰纳吉、四曰纳征、五曰请期、六曰亲迎。

[5]宁民：长宁县的百姓。

者贵，字子三，纳赛人，素有胆勇。道光末随王刚介出师武昌，转战荆襄，继得汉中守荐，投李爵帅[1]部下，爵帅攻江苏，令军中限半月有能复太湖桥者逾格保奖[2]，贵任其役，挑选五百义勇兵，各执短刀，乘夜袭入贼寨，群贼不辨虚实，轧自惊溃，于是望风披靡，连夺十余寨，直抵苏垣。是役也，计才五日，而捷音至，爵帅大加奖慰，倚如左右手,复同官军克复苏州,保上海,战功卓著,历保记名[3]。总兵锡以刚安巴图鲁勇号[4],接随爵帅剿办河南捻匪[5],英武善战,克复名城数十,绩功晋简放提督[6],头品顶戴[7],赏穿黄马褂[8]。同治癸酉,全滇军务平,奉旨随钦差大臣来滇,查勘事宜。贵性耿介,凡有馈遗[9],俱却而不受。惟丘北应解捐输银五千,贵力言丘北边僻小邑,凋残困疲,恳祈酌量蠲免[10],太府重其品,核准缴银一千两毕事。此关怀桑梓,大有造[11]于邱民也。光绪丙子,署通州协、兼带准军前营,治军有法,宽厚不扰,民颇德之[12]。继调太原镇总兵,在道卒。爵帅录其功,奏闻。奉旨:"江南宿将者贵,尽瘁岩疆[13],恩赏恤银三百两,交地方官祭奠,准荫[14]一子通判"。长子明忠,爵官太平府通判[15]。

【注】

[1]李爵帅:指李鸿章。

[2]逾格保奖:破格给予褒扬和奖励。

[3]历保记名:清制,官吏有功绩,交吏部或军机处记名,以备提升。指历次战斗都由军机处加以记名。

[4]锡以刚安巴图鲁勇号:"锡"通"赐";"巴图鲁"即蒙古语勇士,满语中"勇将"之意,后来成为清朝政府的一种荣誉封号。清朝的"巴图鲁"封号分为两种,一种仅有"巴图鲁"三字;另一种则在"巴图鲁"三字之前加有汉文或满文,这里属于后者。"刚安"含有为人刚勇、安定国家之意。

[5]捻匪:指捻军,是太平天国时期北方的农民起义军。

[6]简放提督:即补总兵。

[7]顶戴:清用以区别官员品级的帽饰。以红宝石为最高,依次为珊瑚、蓝宝石、青宝石、水晶、砗磲、素金、镂花阴文金顶、镂花阳文金顶。革职或降职时,即革除或摘去所戴顶子。

[8]黄马褂:清代的一种官服。凡领侍卫内大臣、护军统领等,皆服黄马褂。后也赐予有军功的臣下。亦作"黄马袿"。

[9]馈遗:指别人馈赠或送来的礼金、财物。

[10]蠲免:适当加以减免。

[11]有造：有恩或有功劳。
[12]德之：赞誉他的美德。
[13]尽瘁岩疆：鞠躬尽瘁地保卫国家的疆土。
[14]荫：遮蔽、庇护。后专指子孙因先世勋爵而受封、入仕。
[15]太平府通判：太平府是明、清两代的一个府，地理位置上位于长江下游南岸，辖区大致相当于今日安徽省的马鞍山市及芜湖市辖境。"通判"是太平府的副职。

钱德，字印川，天资英异，博通经史及韬略[1]诸书。丙辰变乱[2]，乡人纷纷逃窜。德谓天降丧乱，何处无之逃？将马往遂禀明陈公，就足底立营，更名双龙营。缮兵峙毂[3]，与县城为犄角势，共资抵御。临近曰者乡，为回匪占据，悍贼巢也。大府屡遣将追剿，皆溃败去。双龙营与以贼相持多年，战则必胜，以故贼仇之深。己未冬，乃悉众围攻，阅三月，德随机应敌，昼夜防守严固，复激励将士，乘贼懈，开栅奋击，斩获甚多。贼自是见旌帜，均退避不惶。县城安堵，皆遥为策应之力居多，复帅乡勇解省围，克复澄江、竹园、田心等处。由禀生历保加运同卫以同知用[4]。光绪乙亥，劳疾复发，卒。父老犹称其盛德。德负经济[5]才，思深虑远。如清绝业以资卷金[6]，变判产[7]以作庙租。创造[8]文武庙、云龙书院，并各寺宇。诸善举，利赖后人，其规划亦宏矣哉！

【注】

[1]韬略：本指《六韬》《三略》，均为古代兵书，意指文韬武略，引申为战斗用兵的计谋。

[2]丙辰变乱：清咸丰六年（1856）云南官府下令"灭回"，"格杀勿论"，昆明城千余户回民约5万人惨遭清军杀害，从而激起云南全省回民武装反抗，史称"丙辰之变"。

[3]缮兵峙毂："缮兵"是整顿甲胄，修理兵器，作好战备；"峙毂"是互为依恃。

[4]同知：同知为知府的副职，正五品，因事而设，每府设一二人，无定员。

[5]经济:这里是"经世济民"的意思,即治理国家的才能。
[6]卷金:资助各类书籍出版的经费。
[7]判产:指把变卖没收的固定财产归公。
[8]创造:首先提倡建造。

严开基,字瑞图,小龙山人。骁勇善战,忠义出于天性。咸丰回乱,率村勇抗御之,数十寨赖以安全。中协陈得功奉命剿七属,招为前敌,每战身先士卒,立功最多。德功遇害,开基与祁永寿、杜际盛协力守邱城。庚申九月,贼袭城,陷三门。时开基移扎上寨,闻信奔救,巷战数旬(原作"句",今改)钟,卒将贼众逐出,城赖以全,人赖以安。官绅厚酬,力辞不言功。然勋劳著于桑梓,邱人至今称道,弗衰清保都司[1]。

【注】
[1]清保都司:都司是指"都指挥使司"(简称都司),清代在边防要地则单设都司,实行军民合一的统治。这句的意思是说邱北人至今称道严开基,不亚于清代朝廷任命的都司。

忠 烈

明

资阿连,维摩土司。正统六年,维摩贼韦罗郎反,僭称[1]广新王,逼之,反。阿达仰天大痛曰:"吾家忠贞清白,世受国恩,且从而反耶"遂饮药,卒。后尚书王骥[2]讨平,奏闻,准其子斋明[3],世袭土职。

(《明史·土司传》)

【注】
[1]僭称:使用了超越自己身份地位的名号。
[2]王骥:字尚德,明代名将,束鹿县(现辛集市)吕村里人。永乐四年中进士,官拜兵可给事中,奉命镇守山西。宣德十一年由行在兵

部右侍郎晋升为兵部尚书。正统十三年,王骥率军十五万大军第三次南征麓川。将建造的舟船连结成浮桥,渡过金沙江,连下十余寨,进克孟养。此战对于稳定西南边陲起了大作用。班师途中,王骥挥师征剿了维摩土司韦罗郎的作乱。

[3]矞明:资阿连的儿子。

《明史·土司传》

阿得,都督同知何天衢小卒也。崇祯七年,普名声围攻三乡,阿得伏草中伤之,后天衢殉城,阿得亦死之。

《明史·何天衢传》(中)

清

刘溱,字雨舟。扯牛皮[1]人,天性孝友,好学不倦。咸丰初,授元谋县教谕(原作"喻,今改)[2],培植学校,敦厚风俗,每与生谈论忠孝事,慷慨激昂,若亲睹其事。又书《正气歌》[3],置诸座右,令儿辈诵读。咸丰九年三月,回匪破城。溱先督妻媳孙女投井毕,衣冠端坐学署,贼至,秉善挺身代父,并罹[4]害。平靖[5]后,荫恤如例[6]。

(《通志》并采访)

【注】

[1]扯牛皮:现砚山县永和村,原归邱北管辖。

[2]教谕:教谕是学官名。明清县学皆置教谕,掌文庙祭祀,并负责教育所属生员。

[3]《正气歌》:指南宋文天祥的绝笔诗《正气歌》,这句是说把这首诗书写下来,作为自己的座右铭,以激励自己。

[4]罹:遭遇。

[5]平靖:指匪乱平定。

[6]荫恤如例:按官府的规定对他的后代给予抚恤。

陈得功,字懋堂,豪侠尚义。幼时,慕朱家、郭解[1]之为人,尝为人雪[2]不平事，被遣宝宁。先是八角山杨某者，聚当截抢，一方受害，大府悬赏构之[3]，功挺身应募，亲捣其巢。生擒杨某归，于法广南府营禀保。道光二十年，拨补本标[4]外委。由是擒巨寇，勤训练。二十四年升广西营千总[5]，二十六年徐制军调赴永昌，剿办顺宁、云州等处回匪，升督标右营守备[6]，积功升都司，补鹤、丽中营游击，晋省领饷，值三牌坊火，延烧民房，功一跃上房，随机救扑恒制军火光中，见功英勇，逾恒询知。次日传见，大加奖励。未旋，营即调督署标中协副将，贵州苗叛檄，功往援，屡立战功。继与长官不和，被劾落职，惟恒制军力保功，立功赎过七年，委办开广七属军务，率领川军两营由广西路过江，屡屡血战抵邱，内绥外攘，民赖以安。维时寇氛甚炽，内无饷，外无援，惟以忠义激励将士，屡抗强敌，赏罚惟一，不避亲仇。遂结怨于人。八年六月二十三日为其下所害。按功，资兼文武，维持桑梓，屡抗强敌，所设施布置，人初莫之识。见其事成，方乃惊服所着懋堂刍言，如办边防，一条示滇桂两省，盗匪出没不常，此剿彼窜最难，着手拟于两边中要隘，设一行政员控制之，不分畛域[7]，有贼即办，边患或稍息[8]。其识见超卓如此。惜其书烧于兵后，滇乱平抚，宪岑录功奏闻，荫如例。

【注】

[1]朱家、郭解：朱家是秦汉之际的游侠，鲁人，以任侠得名，大量藏匿豪士及亡命之人。季布被刘邦追捕，他通过夏侯婴向刘邦进言，得赦免。以助人之急而闻名于关东；郭解，字翁伯，汉族，河内轵（今济源东南）人，其父亲因为行侠，汉武帝时被诛。郭解仍以行侠义为己任。二人均作为《史记·游侠列传》中的主要人物而著名。

[2]雪：用作动词，摆平或处置。

[3]构之：缉拿。

[4]本标：清代指总督、巡抚、提督、总兵本署直接统辖的兵队。

[5]营千总：清代绿营兵编制，营以下为汛，以千总、把总统领之，称"营千总"，为正六品武官，把总为七品武官。

[6]守备：就清朝武官名而言，是指管理军队总务、军饷、军粮职

务之正五品官。该官职受各省提督、巡抚或总兵管辖。另外,该职亦可由参将、游击充员代之。

[7]畛域:指界限,也比喻由宗派情绪产生的偏见。

[8]稍息:稍微得以平息。

陈得安,得功兄也。丙辰之乱[1],得功征黔,凡邱之炮台碉楼,绘图付回,布置精详。安各就地势妥为经营,周围联络,施放枪弹,互相救护,及贼围攻,防御坚守,城赖以安,厥功甚伟,惜与弟同遇害。

陈书云,字瑞图,性果毅[2],有卓识。从叔出师贵州,以功保府经[3],初地方建书院、文笔塔,均在事出力,后与叔同遇害。

陈书琳　陈书琪

(府经)陈书翰(把总[4])李发

以上诸人,同日被难。

【注】

[1]丙辰之乱:清咸丰六年(1856)云南官府下令"灭回","格杀勿论",昆明城千余户回民约5万人惨遭清军杀害,从而激起云南全省回民武装反抗,史称"丙辰之变"。

[2]果毅:果敢刚毅。

[3]府经:知府的属官,主管出纳文书事。又称府经厅。

[4]把总:是明代及清代前中期陆军基层军官名,也可称为百总。清代成绿营兵低级军官。秩正七品,位次于千总。

段文秀,性忠义,赋[1]有胆识,值回夷倡乱,纠合里中子弟,编成一队,与贼抗拒,维摩十七处赖以保全,至今尸祝[2]。同治初,移居邱城,地方举以为首,军势大振。贼见段字旗帜,不战自溃。奉调解省围,与严开基当先锋,克复石虎、归化寺、成功、晋宁等处,岑抚[3]器重之,同治六年,攻曰者乡阵亡。

【注】

[1]赋:天生的,生来就具备的。

[2]尸祝:本来指古代祭祀时对神主掌祝的人,即主祭人。这里引申为崇拜、怀念。

[3]岑抚:岑毓英(1829~1889),字彦卿,号匡国,广西人,壮族。清朝光绪年间重要的政治、军事人物。岑毓英先后署理宜良县、澄江府。后迁云南布政使、云南巡抚、贵州巡抚、云贵总督。1889年6月6日,岑毓英病逝于昆明,清廷追赠他为太子太傅,谥"襄勤"。

袁友,同子兆龙,父子俱武痒[1],家开艺圃,教武弟子,习学弓马,素有乡望。世乱,集众防堵,奉迤东道檄[2],剿办回夷,屡战辄胜,强寇畏服,时陈中协统兵回邱,被贼揖截[3]在松坡角川[4],兵阵亡三十余人。日晡[5]尚相持,兆龙闻枪声,即率乡勇接援,退始同入城。后兆龙攻花桑,阵亡,其父友,于大铁营破,战死。

【注】

[1]武痒:习武的生员。

[2]檄:军事命令。

[3]揖截:堵截。

[4]松坡角川:松坡角的一块平地。

[5]日晡:同"日哺"。指申时,即现在的下午三点至五点。

杜受濂,字九皋,开化守备。随陈忠协进曰者乡,奋勇争先,于阵。

蔡元,字忠,黄泥哨人,忠勇朴质。丙辰回叛。召集乡人扎营堵御,远近难民咸归之,当倡设粥厂,全活[1]甚众。同治庚午[2],回酋马蔚合贼二千余人占据腻脚,逼凌泥营,元率兵攻之,奋勇当先,即日阵亡。开化镇张工哀其忠,亲诣致奠,赞云:"成仁取义,决命疆场,忠魂宛在,永卫乡邦。"

【注】
[1]全活:救济百姓,使之得以生存。
[2]同治庚午:1870年。

缪伦,贼破曰者乡,逼令降,伦不肯,贼寸磔[1]至死,署骂不绝口。

【注】
[1]磔:古代一种酷刑,把肢体分裂。

张万和,开化镇保和之弟,带兵攻曰者乡,中炮阵亡。以都司奏闻荫恤如例。

缪加松,在官寨阵亡。

缪加椿,贼破午铺,投水死。

王美安,小龙树人,被回酋马锡林将房产文契套出,杀,祭大寿。

赵耀,戛勒人,被擒,誓不降贼,被惨杀。

陈高儒补克,禀生,被回匪全家杀尽,约十三人,乱平,其女将田地入书院,年收租十余石,永作学费。

陈国典父子四人,被回匪擒,同日遇害。

罗敏,了堵人,咸丰丙辰之变,全家受害。

丁宝琳,咸丰十年九月,回匪扑城,投井尽节,付明经[1]吊以诗,云:"贤哉丁宝琳,文学兼德行。西楼岂无人?奉谕同坐镇。燎火焰冲天。抱衾[2]悲肃慎。不肯辱贼锋,投井全[3]自尽。"

【注】
[1]付明经:本土乡绅。指一个姓付的贡生。
[2]衾:被子。
[3]全:用投井自杀的方式保全自己的人格不受辱。

孙天福　廖国顺　罗三
以上三人,巷战而死。

四川外委　洪发祥　高定川
郑中华　李枝荣　曾耀山　谢正邦　向占魁
王　正　陶玉春　张正魁　叶三起　范红春
蒋奇云　王世荣　王占魁　王定州　施益美
谢国元　周定邦　谢正卿　夏安邦　郑良杰
安占魁　廖三超

以上兵丁二十七名，随陈中协剿办本地回匪，阵亡。

严清，小阿牛人，素有胆勇，从懋堂[1]，屡立功。陈被害，清回小阿牛，沙贼杨朝风结南尾诸夷来攻，清与同村王清、黄二、殷凤起等力战，却[2]之。同治初贼悉众复攻，众寡不敌，退避山洞，洞险，贼不得入，薰以辣子，势甚危。适老熊山苗怀金等来援，反为贼败。由是辣烟弥漫，生路已绝，突有糯诺[3]救兵至，苗回夹攻，大破之，贼既退，众见清僵立洞门，持戈如敌。半晌方忿曰："我与贼势不两立。"果于数日后，率众攻破南尾，屠之。嗣后解省围，克竹园，均有功。同治辛未，进攻曰者乡阵亡。

【注】
[1]懋堂：陈得功，字懋堂。
[2]却：使之退却，即打败了对方。
[3]糯诺：地名，今太平村。

严富，字厚生，精于技勇。回逆肆变，与兄开基分进扑击，所向莫敢挡，北乡得以安靖。咸丰丁巳，得陈公函，引兵坡水尾、黑耳，又奉命攻石岩、水头、麻子寨，无不克捷。继攻曰者乡，每出奇制胜，众军皆败，独全军而还。宝山一战，贼逼寨，而军乃奋击破之，贼围双龙营，急赴救。先伏兵诱之敌，一日之间破贼十余堡。庚申九月城被贼陷，与兄逐贼出城，负重伤而亡。

张淮，在所求珠打仗，阵亡。

李春发,所求珠人,贼破矣拖得,被害。

兵治人,进攻锅底嶍,在军敌。

龙代,大铁人,变时贼招之不降,后被执,活埋。临事犹骂不绝口。

俞美,八达哨人,回匪倡乱,率乡人扎营斗斗坡,即日全家被害。

俞天,同上。

曹国正,普者黑人,贼劫寨,被害。

刘凤祥,随陈得功剿曰者乡,阵亡。

刘凤和,同上。

颜希孔,咸丰乙卯武举,率兵攻五嶍则邑,阵亡。

舒文灿,摆落人,合族一百六十余口,咸丰年被回匪破寨杀尽,舒六死更惨。

唐裕昌,庚西营千总。冯占科,马恒汎,外委。

张 安	杨 春	韩 金	黄在清	李 牧
汪天祥	伏 金	傅 品	罗文清	欧保林
刘希白	裴应祥	胡敬子	谢 春	王定国
陈万里	傅老十	杨汝明	郭 美	萧 三
黎朝宗	陈万发	李朱元	刘布顺	何以玉
李 元	何 春	李矣紫	何布报	李 堂
李矣宣	李志荣	王李三	李以量	李矣得
罗光登	罗天云	彭天保	杨文焕	乐顺和
李矣些	杨汝林	马世珍	夏 云	尹 泰
田 云	李 元	刘占科	万国才	杨茂清
苏文学	李世芳	何 有	李 仙	刘 德
黄 元	文 耀	萧凤祥	廖文星	王 能
汪 妃	程 贵	宣凤祥	龙 芳	任 应
朱廷珍	刘开文	老 扬	李 德	傅有才
李 芳	王维凡	龙占甲	周 富	刘 佩
张国名	傅 六	张 安	张 耀	赵嗣珍
袁 福	黄 鳌	罗自顺	赵有福	丁元志
严小九	冯国才			

以上九十五人,在邱属打仗阵亡。

周洪春	百　总	陈兆麟	管　队	王　定	周　云
何官保	李　甲	张矣林	顾天才	何章生	尹开祥
林发春	雷　升	王辅朝	傅　有	王　武	戴三八
高洪保	吴　珍	聂　佑	汪　元	王　东	周五十
李　升	滕　文	杨　照	李　少	何长官	小客客
李　华	刘　高	顾天明	晓　兄	郑　信	张玉保
李　定	王立德	李　老	赵世明	孙朝贵	王布得
王　丙	唐正选	陈高文	胡矣林	王　炳	唐世贵
陈三保	王　珊	小　金	熊起发	赵生保	文　笙
傅达科	王世相	刘　保	达官保	蒋　余	张世禄
刘　元	刘　贵	陈　英	刘　祥	张　玉	王　和
张　宏	王　明	周世昌	马　甲	陈兴发	王和玉
赵世臣	陈玉麟	贺　贵	宁　三	苗　金	蔡　光
余矣罗	陈　元	何矣受	张　照	何小松	沈　洲
苏成龙	李　华	王　贵	王　甲	杨奇贵	张　玉
雷　明	田　世	郑　品	周世品	李应祥	

以上九十八人,随总祁永寿出师竹园、田心等处打仗阵亡,均入昭忠祠。

东　区

张云升	达官保	杨　先	王时相	张文森
吴　珍	殷章元	宝王相	吕二哇	伏连科
赵存保	李　相	刘高林	张玉春	罗　苗
玉　山				

以上十六人,均出剿竹园阵亡。

| 太金安 | 龙　光 | 李　二 | 刘　三 | 曾　四 |
| 曾保寿 | | | | |

以上六人,同治四年,夷变,阵亡。

| 严　福 | 曾起发 | 曾　友 | 老　余 | 赵文玉 | 余老十 |
| 开　照 | 何矣罢 | 保有才 | 张　义 | 谢　二 | 李正安 |

祁志禄　杜联芳　周世能　张洪才　周　云　赵春保
张得胜　张矣佑　何　名　李自英　李大长　陶　四
张七斤　尹　君　张扬令　李　三　潘世珍　胡有德
杨小甲　李　发　李　元　张　义　张　二　何布占
普五十　念开甲　王有德

以上同治七年奉调,剿办滇省西逆,克复澄江、富民、晋宁、呈贡、石虎,嗣临敌阵亡。

施网,剿水塘阵亡。

马贵肖、马恒人,攻落太邑,阵亡。

朱章衣,同上。

张正发,同上。

李曾明,得苴人,豆鼓店阵亡。

王志高　王志知　王志文　王志福　王志宗　王志荣
王志道　王志恭　王志广　王志邦　王志仁　王志忠
王志明　王志祥　王志龙　王志和

以上十六人,均在落太邑本村阵亡。

张　珍　王曾怀　老　赵　张　狗

以上落太邑人,本村阵亡。

孙家学　张有亮　王二甲头　师　春　张　六　王老五
况　睿　乐绍忠　陈　章　李黄阁　王　七　张　老
龙献图　龙成功　龙老五　　　　王　老

以上十六人,马纬扑阵亡。

高占甲　鲁　相　陈　三　李天方　白地人　高占卿
朱　春　李　三　张　苟　张李冲　张　珍　二人落太邑人

以上十人,同治年打仗,阵亡。

孙家学,大百户人,同治年,带兵与贼交锋,阵亡。

张六,偏坡人。王老五,大铁人,与贼阵亡。

以上三人,均在黄泥哨冲锋阵亡。

罗　秀　李　三　陈老三

以上三人,阿落白人,同治九年阵亡。

赵文炳　蔡林春　任小开　陈长寿　旷花子　旷小老
杨　万　李　凤　李　华
以上六人。同治十年阵亡。
李　峻　李　忠　李　清　李利珍　李宏珍
以上六人。均在军出力，病故。
西　区
李世培　念　榜　陈小双　毕　二　秦　三　谢有才
杨　耀　谭　春　朱朝贵　戴常有　戴天佑　李二彪
刘　敏　张　耀　方小二　李六斤　陈有福　朱　甲
李六十　李　八　朱二甲　曹　二　冯　三　赵　三
杨高脚　司　二　陈　三　陶　二　赵玉祥　李宝受
李云受　何　四　李　老　周　祥　常老金　金　老
杨小官　张　林　张　明　孟有才　宋连芳　朱　坤
黎小满　殷　玉　李　芳　刘自得　张以佑　杨布定
熊小保　苗小受　马　志　汤　四　王铁匠　何春荣
陈九十　王占元　徐　宽　陈正卿　陈　鲁　刘　美
舒　三　潘世珍　傅　秀　段世安　戚大爷　钱　三
以上六十七人，均同治年打仗阵亡。
傅品高　王定国　杨起蛟　李石鳞　萧　美　邓元盛
洪总爷　唐总爷　杨　青　张　安　谭国标　林志回
王　芳　杨　端　陈　师　王元动　柏　五　管明智
金　四　潘　七　王元凤　王　举　张　洪　傅　秀
严　起　陈　岚　严　青　段世安　杨　华　王　荣
张　廷　罗体昌　刘太安　舒连芳　王正元　王　会
唐元亮　闵　向　彭有才　唐世寿　舒文灿
以上四十一人，攻曰者乡阵亡。
杨廷书，则则租人，武庠，丙辰回乱，奉陈中协令，扎马革等处营，贼围攻，急率众力战，死。
何开元（马革人）　陈大业（所求武生）　马震良（矣能文庠）
三人皆弁目[1]。

【注】
[1]弁目:清代低级武官的通称。指兵弁的头目。

杨 湘　武 庠　杨 洵　杨 浚　杨 溶　杨 澍
杨 洲　杨 润　杨 泽　杨 杰　杨 萃　杨 淋
杨 淮　文 庠　杨天柱　杨天德　杨天秀　杨天申
杨天和　武 庠　杨天宇　杨映斗

以上诸人,均则则租同时阵亡,尚有五十七人姓名待查。

李鸿文　李太明　张庆祉　李正昌　李二畔　李世祥
王进贤　杨小端　李开发　李太甲　王迎寿　张大行
张 定　付 瑶　杨写奴　赵福贵　李三三　王 五
王 六　张汝贤　张启开　张小柄　李连珠　杨耀庭
王应奇　张国贤　李怀信　王甲子　张丕动　李朱朱
李小荀　王汝安　李小荣　杨 四　赵文现　李小马
尹架衣　金 四　唐起候　绍 二　梁 元　卢十金
王 方　堂文华　胡 美　卢 三　戚 休

以上四十八人,均马者龙兵,攻贼,阵亡。

李荣兴　何以寿　郑国安　何布报
张以骂　何天常　余树材　廉 生

以上本地阵亡。

陈联忠,字权臣,西街人,光绪二十四年十月二十八日辰刻,游匪入城,忠上房脊大声疾呼:"贼不多,宜共击。"被贼枪中脑门,薨于瓦沟。

彭晋才　向 吉　陈有德　李世林　高 福　徐承忠
何开文　彭立刚　谭朝顺　何春林　黄 洲
储熊氏,武生储嗣昌之母,殉难,书节。
李应发　田亮采　知县弟　田少爷八岁　老 周
刘寿山　张金山　罗广熙　裕洪顺　身负小主一枪两毙

以上二十二人,系游匪入城遇害。

唐声开,字九阜,邑增生,性挥霍,广交之重信义,有季布一诺千金[1]之誉。光绪三十年,从右江道龙赴邕[2]剿匪,厉知县染疾,卒于军。妾许殉[3]。

【注】

[1]季布一诺千金:语出司马迁《史记·季布栾布列传》:"得黄金百,不如得季布诺。"形容说话算数,非常讲信用,言而有信,言出必行,说到做到。

[2]邕:今广西南宁。

[3]妾许殉:他的妾许氏也殉节而亡。

罗兴旺　杨老二　邓氏　张世元　何陈元

以上五人,系光复后何军安抚双方误会,中弹身亡。

丁芝蓉,护国联军参谋长阴昶长子。充连长,民国三年驻防老河口,与白狼[1]打仗阵亡。

【注】

[1]白狼:原名白朗,河南人,民国初年组织反袁军,被袁世凯围剿。

谭孝帝,驻襄阳排长,剿匪奋勇,中枪身亡。

以上二人均奉中央政府,荫恤如例。

李泰恒,陆军第九师三营九连排长,追击白狼阵亡。

李俊邦,陆军步兵少将,在鄂阵亡。

和松潘,本城人,民国七年随巴连长在宜良平坡阵亡。

王贤才　营长　王宗元　李凤承　罗汝良　王嘉宝　司务长　李文耀　刘朝清　张怀忠

以上八人,在广东阵亡。

龙成章,排长,湖北阵亡。

赵有明　连长　赵四炮手　湖北军营病故。

缪绶章　李小四　广东打仗阵亡。

高欲仁,字兴齐,大铁人,性忠勇,民国十年充南区团首,驭下有方,时尖山[1]匪众猖獗,盘踞阿落白,有来攻县城之势,县公署日接警报。集绅筹议,众举欲人率众往剿,欲仁慨然应命,星夜驰至,奋勇猛攻,欲仁单身持枪,逼近匪栅,不幸中弹身亡。

【注】
[1]尖山:今腻脚乡小尖山。

黄兴华、罗文修二人,民国十年随中区团首攻阿落白匪,阵亡。
严天锡,民国十一年,于东门外击广匪,身亡。

义　行

唐

郭郡矣,水下[1]人,素以勇略闻。太宗己酉贞观二十四年[2],大蒙国王细奴逻[3]用为武臣,同文臣澄江人波罗旁观南诏,奉唐正朔。
（《南诏野史》及诸葛元声《滇史》注）

【注】
[1]水下:今旧城马头山。
[2]太宗己酉贞观二十四年:650年。
[3]细奴逻:南诏第三代国王。

元

合剌孙父子,元世祖本纪:至元二十四年维摩州合剌孙之子。内附[1]。

（《元史》）

【注】
[1]内附:古代边疆地区的少数民族主动归附中央王朝。

明

　　李贤，洪熙中，清水江有贤者入贡良马二匹，褒以谕敕。《滇系》并《通志》。谕（原作"喻"，今改）敕见《艺文部》。

　　蔡士衡，本何天衢部曲[1]，以功授千户指挥职。崇祯七年万氏围攻三乡，县城将破，士衡进曰："大人为（此处疑缺"国"字）效忠，分也。然祖宗血胤[2]，当留一脉，以延宗嗣。"天衢曰："城破身亡他何顾焉？"士衡曰："七龄少爷，身任抚育[3]。"词益悲切，天衢乃以儿畀[4]之，乘夜逃出，匿姓名，佣工[5]抚儿，艰苦万状，迄万氏灭，始赴官陈情[6]，人方知天衢有后也。

【注】

　　[1]部曲：是魏晋南北朝时期形成的世家豪族控制的人口，不经过"自赎"或"放谴"，不能获得自由，实际上是世袭的农奴，既要为主人耕种，又要为主人打仗。

　　[2]血胤：骨肉、香火。

　　[3]七龄少爷，身任抚育：你年满七岁的小儿子，我来担负抚养的重任。

　　[4]畀：本义为"举"，这里指交付、托付。

　　[5]佣工：雇人。

　　[6]陈情：陈述事情的原委。

清

　　杨清、汪澍二人，雍正八年，散家财，晋省赴各宪衙门，禀请设官开州、建城安民，使邱得观文明之域，二人功也。

　　王瑶、李上元、段世熊三人，乾隆九年倡捐重修石坝，工程甚巨，竭力担当，利惠十余寨。

　　刘维世，阿控人，雍正八年，急公尚义司马王公卜地报马坡[1]建庙，维世力任勤劳，始终不懈。

【注】

[1]司马王公卜地报马坡:指当时的师宗州同知王纬,占卜吉地在报马坡。

楚志仁,架木革人,笃族睦邻[1],乐施好善,凡地方善举,无不捐助赞成,且义方教子[2],国钧[3]领武乡荐。

孙占鳌,中壬辰进士,钦点花翎侍卫[4],科第[5]相望,皆积德所致,人指所居为楚公里。

【注】

[1]笃族睦邻:对家族和邻居都诚实友好。
[2]义方教子:用正义和正道教导后代。
[3]国钧:其子楚国钧被推荐进入武乡(武生)。
[4]花翎侍卫:清代隶属于侍卫处的侍卫,花翎指蓝翎侍卫,正六品。
[5]科第:指其子孙登科及第,人才辈出。

缪品尊,字位公,国学生[1]。为人重义气,轻货财,不侮矜寡[2]人,不畏疆御[3],亲邻缓急[4],罔不周恤,至今过其闾里者,咸矜式焉[5]。

【注】

[1]国学生:指清代在国子监读书的监生。国子监是明清两代的最高学府,照规定必须贡生或荫生才有资格入监读书,所谓荫生即依靠父祖的官位而取得入监的官僚子弟,此种荫生亦称荫监。监生也可以用钱捐到的,这种监生,通称例监,亦称捐监。
[2]不侮矜寡:从来不侮辱鳏寡孤独的人。
[3]疆御:强暴,指有权势的人。
[4]缓急:经济拮据。
[5]咸矜式焉:都把他当做学习的楷模。矜式:榜样,楷模。

彭时誉,康熙间庠生,性醇谨[1],乐善好施,修桥补路,信孚[2]乡里。
陈祥伦,字天五,乐善好施,捐资成美,后以子得功贵[3],授以三品封典[4]。

【注】
[1]醇谨:为人忠厚谨慎。
[2]信孚:信誉为乡里人所信服。孚:信任、信服。
[3]得功贵:因为其子陈得功的原因显赫。
[4]三品封典:清制,以封典给官员本身称为"授",曾祖父母,祖父母,父母和妻室,存者称为"封",已死的称为"赠"。一品官曾祖父母以下均有封典,三品以上封其祖父母以下,七品以上封其父母以下,九品以上仅给予其本身。所以其子应该是清代三品以上的官员。

王琴,缪济,黎民泰,乾隆五十八年倡捐功德,铸武庙大钟。
祁永寿,字松山,由汛兵[1]从陈中协出师贵州都匀等处,有功,拔补广西营把总[2]。闻桑梓变乱,驰回救护,任防汛[3]。竭力维持,几经险难,卒使邱城转危为安。乱平,请于有司,力除地方秕政[4],邑之陋规革除,皆其力也。

【注】
[1]汛兵:汛地的士兵。中国清代兵制,凡千总、把总、外委所统率的绿营兵均称"汛",其驻防巡逻的地区称"汛地"。
[2]拔补广西营把总:提拔补官做了广西营的陆军基层军官。
[3]防汛:担任本地边防的负责人。
[4]秕政:指不良的政治措施。

杜际盛,字爱国,号元卿。咸丰回乱,际盛与祁永寿等协力保护邱城。治军甚严,地方赖以安静。庚申九月,驾衣(今作"稼依")告急,际盛以唇齿关系率队往救,讵意贼来袭,城已陷三门。际盛妻聂氏督家队堵御东街,亲燃大炮轰击,贼不敢进。无何,严开基统兵至,遂拼力将贼逐,城始完全。时人以聂氏方之梁夫人[1]焉。又十一年,李出犯邱,际盛率众出战,枪中李初肩,群贼乃遁去。是年秋,匪首马忠、金蛮老等假借说和,欲屠邱氏,际盛烛[2]其奸,遂先发制人之策,而斩之。由此,回意[3]不敢窥视邱城矣。张观察[4]闻际盛智勇,调为辅翼,屡立战功,曾保蓝翎守备[5],署石榴红[6]都司,其友爱兄弟,更为乡党所钦佩云。

【注】

[1]梁夫人:指南宋抗金名将韩世忠的妻子梁红玉,在宋军与金兵大战黄天荡时,她亲自擂鼓助战。

[2]烛:明察。

[3]回意:回匪在内心里面再也不敢窥视县城了。

[4]张观察:清代管理一个道的行政官员,当时邱北属于迤东道管辖。

[5]蓝翎守备:清代正六品以下的官员。蓝翎:孔雀的花翎,插在冠上以示官员级别。

[6]石榴红:今文山市德厚镇。

李昌鼎,字宝堂,性侃直[1]。陈中协回邱剿回匪,虑沙夷为其所煽惑[2],招昌鼎、王肖等为头目以统率之,使不继。贼势猖獗,王肖等叛(原作"判",今改)降[3],昌鼎始终守正,贼两次扑城,奋勇攻退。里中[4]每有争执,得其一言即解。清保都司御,补用守备[5]。

【注】

[1]侃直:刚直、正直。

[2]煽惑:煽动和蛊惑。

[3]叛降:叛变投敌。

[4]里中:乡里之中。

[5]守备:"守备"于清朝武官名而言,是指管理军队总务、军饷、军粮职务之正五品官。该官职受各省提督、巡抚或总兵管辖。另外,

该职亦可由参将、游击、充员代之。

张奏凯,性刚直。回乱,折卫御侮[1],均有力焉,调解省围,抚宪岑保以把总职。晚年酒酣耳热,历谈战事,发眉开张[2],犹想见当年雄壮。

【注】
[1]折卫御侮:保卫家园,打击敌人,使乡土人民不受屈辱。
[2]发眉开张:指热血沸腾,精神振奋,眉开眼笑。

李正兴,字祯祥,收地湾人。负志轩昂[1],世乱屡立战功,及老见义必为。如倡建文昌宫,不惜赘财[2],又地方有警,亲率乡勇,保护安堵。有司奖以"梓桑保障",保千总职。

【注】
[1]负志轩昂:立下了高远的志向。
[2]赘财:散财,这里指捐款。

黄恩福,字锡泉。椿子恩贡[1]。性厚寡言,应事接物,一秉以诚。重修文昌宫尤为出力,后举乡饮大宾[2]。

【注】
[1]椿子恩贡:黄椿是黄恩福的儿子,特获恩贡。恩贡:明、清定制,凡遇皇室庆典,据府、州、县学岁贡常例,加贡一次作为恩贡。作为恩贡,清代特许"先贤"后裔入监者,亦称恩贡。
[2]乡饮大宾:乡饮指古代的"乡饮酒礼",是地方的嘉礼之一。一般推举乡里最有声望的人前来担任贵宾。

彭汝珍,字云瑞,附生[1],性严重[2],慷慨好义,有胆略。同治间回逆之变,尝赞助千总段文秀,筹尽经济[3],洞中机宜[4],并为地方办公益,公正无私,人皆钦佩。

【注】

[1]附生:明清时附学生的简称。古代科举名词,始于明代。明代在廪膳、增广生定额之外所取的府州县学生员,因附于廪膳、增广生之后,故称为附学生员,简称附生。清代相沿袭。

[2]性严重:本性严谨,办事慎重。

[3]筹尽经济:千方百计筹款。

[4]洞中机宜:洞察当时的局势,并出谋划策。

黄恩纶,字文阁,附贡[1],性纯孝,持身谨慎。少失怙恃[2],侍继母、继祖母色食备至[3]。继母病,刲股愈之[4]。饮食起居凡二十余年,未尝少衰[5]。光绪中叶,有欲变卖洒文学庄[6],已有成说。恩纶与董德培、李伟人等出而谏阻,事始寝[7]。今学堂之有经费,要皆其保护之力。

【注】

[1]附贡:在科举制度下,若要取得全省乡试的资格,首先要参加府县之试,称为县试。参试者称"儒童"或"童生",合格录取者称为"生员","庠生"(即俗称秀才)。在生员中再选拔一批人,升读国子监的称监生,其他的称贡生。贡生又分为拔贡、恩贡、副贡、岁贡、优贡,这五贡为正途资格出身。另有一种通过纳捐取得的贡生称例贡、增贡、附贡、廪贡。

[2]怙恃:父母去世,失去依靠。

[3]色食备至:穿衣和吃饭无微不至。

[4]刲股愈之:剐下自己大腿上肉作药引子熬药,使继母的病得以痊愈。

[5]少衰:有稍微的懈怠。

[6]学庄:指学堂的地产。

[7]寝:变卖学堂的事情才算告吹。

缪嘉臣,曰者乡人,幼习弓马,身材魁梧。丙辰回变,负父逃,过江至矣那。多天雪[1],父廉冻毙,臣亦奄息路侧,过李老救醒,送地葬父。逃至罗平,收合族人为前队,保城有功,遂家[2]于罗。庚午开考,入邱北武庠第一,从镇军克复竹园、田心,保千总职。己卯回控判产,赴省申理,始终任劳,卒得全[3]汉业。六年。委防八达江底。瘴[4]故。

【注】

[1]雪:连续几天下大雪。此处用作动词,下雪。
[2]家:指在罗平安家立业。
[3]全:保全,保住汉族人原有的家产。
[4]瘴:指南方山林中湿热蒸郁能致人疾病的有毒气体,多指是热带原始森林里动植物腐烂后生成的毒气。

陈玉,雍正间与段世熙、马化麟出资开濬[1]河道,凡三条,引水灌溉田亩,里中沾其惠者甚众。
陈瑞杰,乾隆间捐资修建石桥七座,以利行人。
陈瑞英,立小石缸贮水解行人渴,并买地一块作为挑水费,此缸犹存。
陈世昌,附贡生。咸同[2]回乱与地方同人在局中办公多年,有功,保县丞。
陈琨,随陈协领兵百余,在新县城开垦屯田,兵粮赖以资,以功保五品顶戴。
王安、太学二人,均于咸丰丙辰,回夷犯城,蔓延于此。率众扎营水井山,乡人赖以得安,系笼陶人。
龙从云,树皮人,道光间,辟塘开沟利民,修葺庙寺。
王建相,字位一,小马恒人,变乱时,每率乡勇保护地方,全活人民不少,后保六品军功。
台云凤,字鸣阳,小马恒人,变乱时,率乡勇保护桑梓。
雷天志,龙溪人,为人好善,乐施,修桥补路。凡冠婚丧祭不及者有告,即量力助之。
乐崇,果冲人。乐于施济,凡冠婚丧祭颇多资助。
杨起,腻革龙人。丙辰之变,召集难民筑堡抵御,复率乡勇接济官军，攻克竹园田者乡等处。事平，委防腻革龙汛[3]。后归农，地方急难，赖以维持，真一乡之砥柱也。有司以"急公赴义"奖之。

赵映斗，字焕章，忠厚勤慎，力行善事，培补地方。光绪年同温士珍修建文昌宫，殚尽心力，桑梓共鉴。

黄樊、文生，建造书院、文笔，一心协力，始终效劳，夙夜匪懈[4]。录之，以为后之急公者劝[5]。

龙镇，大铁人，黾勉从公[6]，绝不瞻徇[7]。

高怀珍，英姿卓荦[8]，急公好义。

龙沛，大铁人。变乱之秋，一秉至公，老成持重，誓不投贼，后被执，抽断脚筋，犹谆谆[9]以桑梓为念。

张开，大铁人。同治与贼力战，身受重伤，仍复挥众不懈，卒能保全营垒，奖以军功。

缪士雄，曰者乡人，修建街心，以便行旅[10]。

李朝辅，李朝凤弟兄，俱勇敢，回匪扑城，同严、陶、陈、祁击退，保全邱城后，解架衣围，斩其悍贼有功。

李茂，黄泥哨人，修补石街，由本村至脚腻三百丈。又马蔚围村，绌出[11]请援，解围。

彭汝琳，字景川，恩贡。天性孝友，事亲色养备至。母病，刲股愈之。平居与亲党和好。弟死抚侄如己出，尤精医学，活人甚众。教读贫寒者，并不索赀[12]。

黄楷，字杏圃，秉性刚方[13]。世乱将平，办理善后事，绅耆晋省面谒抚宪请示。折回[14]，途遇寇，同人奔避，楷独以理正色责之，遂被害，临难不苟[15]，君子人欤[16]（原作"与"，今改）。

高炽，字有升，邑之白脸山[17]人也，性慷慨好施，尝捐巨资，花银一千元设置义渡于水尾，行旅称便。炽货殖[18]有余，资辄以修治道路，所居故[19]，山巅多羊肠鸟道，怪石参差，行者苦之，炽次第修筑，化险为夷，附近居民俱歌其德。讵意民国七年八月十四日，被匪劫杀于途，远近闻者，皆为悼惜。

伍启恩，字荣封，性刚直，与人无欺伪，好作慈善事，凡修桥砌路、创建庙宇等项，皆不吝重资，竭力提倡，并为地方办公益，垂[20]五十年,分文不苟[21],里中咸皆称其公正。卒年八十,清举乡饮介宾[22]。

董德培,字树人,增生,性谨慎,富有才识。光绪末委办地方专务,克尽厥职,盗匪皆为敛迹。沙匪扑城之役,德培与县令冯公互相策励[23],始能反危为安。以功保奖五品蓝翎,其外如兴办学校,提倡实业,设立自治,皆德培维持之力居多。卒后,远近俱为悼惜。

杨廷耀,恩贡生,性仁厚,乡居以耕读自娱。光绪初,普云乱事平后,近村小龙树山谷中有骷髅百具,为贼党走死遗骸,村人不敢殓,连耀累而埋之,泽及枯骨,是亦君子之用心[24]也。

李如珠,字晴川,岁贡生,性耿介,办地方公益多年,乡里称其贤。

【注】

[1]开濬:开挖和疏浚。这里特指开挖。
[2]咸同:清代咸丰、同治年间。
[3]委防腻革龙汛:委任他做腻革龙的地方治安官。
[4]夙夜匪懈:从早到晚都不懈怠。
[5]勉:鼓励、劝勉。
[6]黾勉从公:勤勉,尽力地办理公事。
[7]瞻徇:指徇私舞弊。
[8]英姿卓荦:人品和外貌都非常卓越,突出。
[9]谆谆:饱含深情的样子。
[10]行旅:过路的人,经商的人。
[11]缒出:用绳子把人吊到城墙下。
[12]赀:钱财。
[13]刚方:刚直、方正。
[14]折回:返回。
[15]临难不苟:面对生死危机,能不慌乱。
[16]君子人欤:是真正的君子啊。
[17]白脸山:今天的亮山。
[18]货殖:本指经济,这里指做生意。
[19]故:这里指家乡。

[20]垂:将近、接近。

[21]苟:差错、差失。

[22]介宾:古代指行乡饮酒礼时接待宾客的人。依据明代沈榜《宛署杂记·杂费》:"乡饮酒礼,每年二次……宛平县该管正月份。相沿,上席六卓,正宾一,僎宾一,介宾一,主宾二,司正一。"

[23]策励:出谋划策,相互激励。

[24]用心:这里指善心。

孝 友

陈国泰,龙章孙也,事亲极孝,每食必恭进之。偶有不怿,则深自责,悦而后已。祖母年高,辗转必奉之[1],以助其力,凡有所嗜,多方致之,终生孺慕[2]。人言不[3]。

刘秉善,扯牛皮人,增生,随父溱任元谋县学[4]。咸丰九年杜逆文秀遣孝友可[5]攻元谋,城将破,溱正衣冠坐署中,谓二子曰:"城破,死职吾分也,尔等孝。回匪破(此句有脱漏,疑为"城必矣,汝等宜先逃")。"善曰:"大人尽忠,儿何忍逃,宜遣幼弟以承血胤[6]。"继贼入署,将杀溱,秉善挺(原作"埂",今改)身代父,并遇害。

李成有,所求珠夷人,贼破寨,弃家负母逃至开化,行佣[7]供养十余年。俟(原作"氏",今改)失明[8],辛怡怡如孺子。乱平,开人怜其孝,赠货遣归,母八十余卒。及送殡,有白兔绕棺之异[9]。

胡自元,树皮人,父早丧,母朱氏失明,天性纯孝,每举动必禀命而行。愉色婉(原作"惋",今改)容[10],始终不懈,乡党咸称之。

缪嘉榛,曰者乡人,少孤,事母极孝。回匪破寨,潜归奉母进城,虽处贫困,竭力承欢。凡出新鲜菜蔬,母未尝,不敢食。平静归业[11],母病二年,亲涤溺器[12]不倦,焚香祈,代母殁[13]。嘉榛久劳羸惫[14],至是哀痛过甚,水浆不入,七日而殁。

戴汝安,老鸦屯人,谦逊寡言,待诸弟极其友爱,尤好诱掖[15]后进,村民皆服其德化。三子素承家训,亦孝友可风[16]。光绪甲申卒,年八十二。

杜陈光,字明经,性孝友,乡党咸称焉。罹乱,母令远遁,光弗忍离,时依左右,遇贼竟无恙。后赞勷[17]段文秀军务,以功保举五品,积劳致疾,甫[18]三十有六卒。

何以龄,兄以寿。咸丰十年替人下金鼎洞寻牛,不返。洞深无底,龄迫往救兄,众阻不听,遂下洞。如兄状[19],众久俟不见,嗟叹而归。至夜半,龄至。问其状[20],泣曰:"时见兄与众共食生牛肉,令某不食,被叱。"

【注】

[1]辗转必奉之:即使四处辗转为官,也一定要找机会回来亲自侍奉父母。

[2]终生孺慕:一生对父母孝敬、孝顺。

[3]人言不:对乡里人的赞赏,他却很谦逊地说不是那样的。"不"通"否"。

[4]县学:旧时供生员读书之学校。科举制度童试录取后准入县学读书,以备参加高一级之考试,谓之"进学""入学""入泮",士子称"庠生""生员",俗称"秀才"。

[5]谴孝友可:派遣对兄弟友爱的一个名叫"可"的部下。

[6]血胤:让小弟逃出,延续家族血脉。

[7]行佣:作雇工。

[8]俟失明,辛怡怡如孺子:等到他的母亲失明后,他却喜悦欢乐得像小孩子一样,尽心侍奉母亲。

[9]白兔绕棺:古代以白兔为祥瑞之物。语出《后汉书·桓帝纪》:"十一月,西河言白菟见。"《宋史·杨大异传》:"十世祖祥避地醴陵,因家焉。祥事亲孝,亲亡哀毁,泣尽继以血,庐墓终身,有白芝、白乌、白兔之瑞。"

[10]愉色婉容:虽然他的母亲看不见,他却仍然面色和悦地对待母亲,和母亲看得见的时候是一样。

[11]归业:回归原来的正业,这里指农业。

[12]亲涤溺器:亲自洗刷便盆。

[13]殁:祈求神灵,自己愿意代替母亲去死。

[14]羸惫:因长期劳累而身体羸弱,疲惫不堪。

[15]诱掖:鼓励、褒奖。

[16]可风:可以成为当地的风范、楷模。

[17]赞勷:即"赞襄",辅助,协助。语本《书·皋陶谟》:"皋陶曰:'予未有知'。思曰:赞'赞襄哉。'"

[18]甫:刚刚。

[19]如兄状:和他兄长一样一去不返。

[20]状:洞内的情况。

文　学

李世淑,岁贡;张识,恩贡;赵桀逵,岁贡;何洛,岁贡,均康熙间文学。

康熙间,州县并裁,拨隶师宗,若无人焉。维持其际,则侏离椎髻[1],几同化外[2]。安望复还县治哉[3]? 乃李世淑诸人,热心桑梓,保存学校,与乡保[4]牛壎急功尚义,如力争马头山,宾兴田控省[5],往来跋涉,劳瘁不辞,卒得宪令批准,勒石垂久,嘉惠士林。且禀请复设维摩州同,协力担当,诸人皆宛邱之表表者也。见新城石碑。

孔文翼,乾隆间增生。天资卓异,学行素著,所撰各碑记,叙事精详,词旨渊懿[6],堪为后人型范[7]。

廖士麟,乾隆间庠生。博极群书,为文渊雅古茂[8],不徇时[9]。好兼工书法,观所撰《隍祠碑文》,可想见其人。

邢薄,字恩波,乾隆间增生。敦厚和平,文艺书翰,尤为俊逸,见《邢氏家谱》。并隍祠碑,笔力劲道。

陈正达,嘉庆间庠生。叙渡汪寨"妙音寺"碑文,笔机流畅,文词古劲[10]。

李成章,嘉庆间庠生。学问博洽[11],工古文词,为邢氏叙《家谱》,颇有条理。

官中选,岁贡生,天性纯厚。工诗文,设帐授徒,教诲不倦,人才多所裁就[12]。

席中书,字文林,嘉庆间恩贡。性嗜学,工吟咏、书法,教徒有方。且于地方开导水利,时有李超宏,亦与同事。

周国栋,性诚懿[13]。与人无忤,诗文兼长。

李上凯　缪纹　杜发元　黄门俊　何超　侯为霖　彭戴尧以上嘉庆间文庠,文行素著[14],见诸各碑。

乐法周,字凤歧。道光二十六年,邱北分学开贡[15],首当其选。立品高峻,有司[16]造访,逾垣而避。

傅于敏,字勉齐,廪生。性敏捷,读书过目不忘。师宗令于公殿章[17]器重,拔置前茅,留署课读[18]。后辞归教读,邻境从之者众,著有《兰湖诗草》全部,仿归去来辞一章,琅琅[19]可诵。

彭绍思,字述孔,恩贡生。天性纯孝,恬淡自适。文笔超卓,书法端严,谈书兵策,多中机宜。赞助陈得功出师贵州,以功保举归里授徒。邱中文士多请贽[20]为弟子,晚年举乡饮大宾。

马兰,道光甲辰副榜[21],性坦易[22],工诗文,兼研究性理之学[23],一切天方礼拜[24],皆屏[25]而不事。本富饶,以琴书自娱,诸名士常与咏和往来。适全滇回汉互斗,邱邑骚动,兰力为解说,奈乱机已萌,卒不能止,势处嫌疑,悍徒逼逐,不容居城。兰不得已,弃家远遁,诸友相送流泪而别,不知所终。

黄椿,字寿山,丙午举人,事亲孝。两上春官不第[26],遂隐居不出,言无藻饰,志性高洁。年甫三十有奇卒,士类惜之。

马有翼,字辅臣,曰者乡岁贡。学问淹贯,品行端方,县主金公延掌[27]明新书院,振兴文教,扶持士子,一时人才多所裁就,著有《枫桥诗稿》,世乱佚失。

段仁,道光贡生。与同村赵云龙互相砥砺,淹通[28]经史,训士有方,著有《镜潭集》。兵毁,剩有数篇,吉光片羽[29],尤堪珍惜(原作"袭",今改)。

赵云龙,曰者乡廪生。学识超卓,工古文词,叙文昌宫碑文,冲澹醇雅[30],洵非时流所及。

王兆熊,曰者乡人,增生。家贫力学,博洽能文,蔼然乐易[31]。教授有方,膺乡荐[32],列胶庠者多出其门,晚举介宾。

傅雍和,字翱民,于敏子。由军功保国子监学正[33],才识敏达,品行庄凝[34]。年十八设帐于家,远近时髦[35]多从之游。入师宗学,旋以优等食饩。早夜攻苦,精习举子业,以期腾达。丙辰乱作,人民离散,雍和倡设讲坛,固结民心,邱人咸赖安辑。庚午开考,已幡然头白,仅以一贡终。虽在戎马倥偬之中,犹能留心典故。凡关地方得失,无不笔之于书籍,久成帙,名曰:《清江笔录》。今此修志,多所取裁。

李嘉澍,字雨亭。平易谦和,砥节砺行,文笔清丽,设教邱城,一时英杰,咸资裁就。历任罗平、建水、大理教职,尤为府宪所推重。归里,筑一小园,咏啸其中。绝迹公门,两举乡饮大宾。年九十终,长子治邦,亦明经次,皆文学,士林[36]荣之。

罗正起,字顺昌,恩贡。有才思,约束族人,咸尊礼法。晚年课徒训子,淡于宠和[37]。卒后,铨授[38]曲靖府学训导。

萧正兴,字俊侯,恩贡。性豪迈,长于诗赋,然不与俗谐,尤善书擘窠字,学宫照壁:"太和元气",其手笔也。

王图翰,字维屏,建阳人[39],以善书驰誉。登钟王奥[40],药王殿额题:"山中宰相"及联字,其遗迹也。

傅保和,字亶叔,字兼欧赵[41],以工书名。

赵映甲,字品臣,品学纯正,隐居教徒,启迪不倦,字兼欧柳[42],善作擘窠书[43]。

彭尚才,字梦白,廪生。天性磊落,工诗词、文艺。后进多从之游。复力主不卖补克学庄,尤造福于学校。弟英才,亦能诗,著有《听涛轩稿》,隽永(原作"咏")有味。

何永清,字晏卿。天资笃厚,勤学好问,教人纯谨有法。沙族风气未开,子弟最黠[44]。间有读书,罔知义理,生斯长斯,有能力图振拔,不为习俗所囿[45]者,前有永清,后有张茂才,两人皆岁贡,文理清通,启迪后进。历有年所,才识人品亦复相捋[46],故采而录之。以为后之文闻风兴起,进化文明,皆知两人有以导其先路。按。许叔,云南人,自生长彝方,未见中土礼教,负笈[47]至京,受经司马相如[48],归教乡人。史褒之,至今传为美谈。两人亦铁中之铮铮[49]也,特载之,以为后人劝。

恩贡席中书,岁贡席琮,廪生席琴,增生席成鼎,庠生席成纲、席汝聪、席星、席坤、席士端。邱北弹丸小邑,向隶师宗,衣冠世族[50],寥寥无几,惟扯牛皮席姓,代有文人,世继书香,尤推一邑之冠。惜事无考，故类录之，以俟他日采补。

杨太和，嘉道间文庠，工书博学，素孚乡里。

张金华，字焕然，廪生。性纯孝，家贫，以教书为事。邱中英俊慕其品学，多肄业其门。

丁荫昶，字茂之，性孝友。家贫，力学。兄卒，抚侄如子。弱冠[51]进学，旋食廪饩[52]，奈数奇，屡荐不售[53]。扼腕者劝捐训导[54]，自是博览史鉴。宣统元年，赴粤投黎天才幕参办军事，运筹帷幄，洞中机宜。是以黎军之名远震（原作"振"，今改）遐迩。辛亥八月，武昌革命军起义，张勋等扼守南京，莫之敢撄[55]。上海都督陈其美稔知[56]黎胆识兼优，威略素著，遣人求助。黎谋之丁，秘商决策。谓□清专制二百余年，复我黄族，此千载一时也，遂反，号为辅军，会江南第九镇徐绍桢败绩，飞电告急，兼以清吏大肆杀戮江南父老，涕泣奔告，日有数起。丁进曰："吊民伐罪[57]，义不容辞。"黎即率全部与苏浙各军会于镇江，约攻南京。越日出发，经龙潭、西沟渡等处，进夺乌龙。幕府两山即以丁镇守之，以为声援，直逼城下。以大炮远攻北极阁，张人骏、张勋连夜遁去，黎即率队入城，占领狮子山，以及劝业厂、督、藩两署。是役成功，亦赖丁计划之周也。于是群推黎为江南第一镇统制正，整队北伐，复汉阳失守，湖北都督黎元洪急电请援，乃驰军赴鄂，驻扎祁家湾、三汉阜一带。而北军之在孝黄[58]者，闻风纷纷畏退，乘此进攻，直捣黄龙不难也。乃不转瞬，共和告成，黎遂留鄂，改为陆军第九师兼襄郧镇守使，任丁为军法部总长。民国六年，内阁违法[59]，西南诸省兴师讨之，丁又说："民国破坏，匹（原作"鄙"）夫有责，若坐观成败，何以对天下？"乃与荆州诸将同谋议（原作"义"，今改）后，先自主推黎为湖北靖国联军总司令官，丁为参谋长。一切军事，悉以咨之。河洛幽燕[60]，大为震动。奈湘、桂军狙[61]于合议，未能会师。不料敌乘此机，即以重兵犯襄，正激战间，忽闻荆州失守，第一师退守鄂西，斯时孤立无援，困斗非计，于是转向鄂西，别图进取，即将兴、巴、归[62]一带，连日攻下施、鹤[63]等处，亦完全占领。现黎统师驻襄，锁钥国门[64]，以待解决。而北政府传檄[65]，首指构丁[66]。其为敌人所注重者如此。

杜天时，字相之，恩贡生。温良和厚，义气盎然，与兄天赐明经[67]，弟天培亦文学,互相师友,敦厚手足。时科举即停,创办新政,众议举为董理[68],如学堂、自治团务、警察、账济、招募诸大端,需欸孔亟[69],天时义不顾私,靡不精心筹措,期于有济[70]。虽骤经事变,民情汹汹,而天时措置有方,卒使地方转危为安。且性好施予,夫妇同心向善。增修崇节坛、节孝祠,使守节女得所依皈。又建修名胜,如彩云观、玄天阁、地藏寺,皆首捐巨资,赞成善举。及他修桥铺路,施孤怜贫,皆邱人所称羡者也。前清剿办沙匪,赏给五品顶戴。民国光复,节次[71]缉匪,奖以金色章。年五十八,临终谓子曰:"吾兄弟及子侄辈,尔当善视之,如吾在日。"其情切骨肉如此,远近闻者,莫不悼惜。

唐声远,字骏卿,岁贡生,沈静寡言。与兄声闻,极其友爱。邱人有元方、季方之欤[72]。晚年安于恬淡,不涉外事。惟孜孜焉以教子勤学,是亦知所本务者也。

严汝鑫,字渊亭,附生。家贫,力学。事亲以孝闻。教读三十余年,循循善诱,邑中才智之士,肄业其门者甚众,享寿五十而卒,远近皆为惋惜。

杨击舫,字汉槎,云南师范选科毕业,返家后任县立高小教员三年。颇具热心,教法纯熟,邱中新学渐有进步,惜攻苦过甚,竟成痨疾[73],卒年二十九岁,诚邱邑教育界之不幸也。

唐振声,字子和,岁贡生,诗文兼长,尤精考据。县志之修,多臂助[74]。设帐乡里,邱中英俊,半出其门。

【注】

[1]侏离椎髻:"侏离"是对古代西部少数民族乐舞的总称,这里指借指少数民族;"椎髻"是将头发盘结成椎形的髻,为少数民族的发饰,同样借指少数民族。这句是说本地的少数民族一直被元代以来的中央王朝所遗忘、忽视。

[2]化外:邦国文治教化之外的地域,即边疆荒蛮之地。

[3]安望复还县治哉?:哪里敢奢望专门设县来治理呢?

[4]乡保:乡里的基层官员,即乡里的保长。

[5]宾兴田控省:宾兴田指科举制度背景下作为地方宴请士人

经费来源的公田,这句是说为了力争把这份田产保留,专程到省府去诉讼。

[6]渊懿:文采斐然,思想深刻。

[7]型范:效法的榜样。

[8]渊雅古茂:深远高雅,古雅美盛。

[9]不徇时:不赶时髦,不随波逐流。

[10]古劲:古朴而雄健有力,犹苍劲。

[11]博洽:学识广博。

[12]裁就:本意指裁剪衣服,引申为培植人才。

[13]诚懿:指品性老实,德行美好。

[14]文行素著:为人的品行以及他们的作品。

[15]分学开贡:分社学堂,选拔贡生。

[16]有司:指当地官员。

[17]于公殿章:师宗知州于殿章。

[18]课读:进行教学活动,传授知识。

[19]琅琅:同"朗朗",指抑扬顿挫,非常适合朗诵。

[20]请贽:用礼物赠送给他,请求收为弟子。

[21]副榜:科举考试中的一种附加榜示。亦名备榜。即于录取正卷外,另取若干名之意。清代,乡、会试正榜以外,还录取一定名额的"副榜"。

[22]坦易:胸怀非常坦荡,而且平易近人。

[23]性理之学:宋代以后以朱熹为代表的理学。

[24]天方礼拜:天方,我国古代称中东一带阿拉伯人建立的国家。礼拜即宗教徒向所信奉的神行礼。

[25]屏:拒接参加。

[26]春官不第:春官是官名,掌司四时之官,唐至清皆置。不第:没有考取。

[27]延掌:延揽他主持讲学。

[28]淹通:博览和精通。

[29]吉光片羽:本指神兽的一小块毛皮,后比喻残存的珍贵文

物。吉光:古代神话中的神马名。片羽:一片羽毛。

[30]冲澹醇雅:指碑文的风格平实,意味悠长,回味无穷。

[31]博洽能文,蔼然乐易:学识广博,善于写文章;对人态度和蔼,乐于助人。

[32]膺乡荐:接受州、县的推举,取得等同于进士的资格。

[33]国子监学正:国子监的职员。

[34]庄凝:神情庄重,精诚专一。

[35]时髦:当时有进步思想倾向的年轻人。

[36]士林:士大夫行列。

[37]宠和:宠辱和名利。

[38]铨授:选拔授予。这里特指追授。

[39]建阳:建阳市位于福建省北部,建溪上游,武夷山南麓,另称潭城,是福建省最古老的五个县邑之一。宋代曾以"图书之府"和"理学名邦"闻名于世。

[40]登钟王奥:"钟王"指的是钟繇和王羲之,他们树立了楷书行书草书美的典范,此后历代学习书法者都以"钟王"为宗法。奥:钟王二人书法的精髓或真传。

[41]欧赵:欧阳询是唐代楷书家;赵孟頫是元代楷书家。

[42]欧柳:欧阳询是唐代楷书家;柳公权是唐代楷书家。

[43]擘窠书:大字的别称,最初是篆刻印章用语。古人写碑为求匀整,有以横直界线划成方格者,叫"擘窠"。一般书体为楷书。

[44]黠:狡猾,凶狠。

[45]囿:限制。

[46]相拐:相当。

[47]负笈:背着书箱。

[48]受经司马相如:师从西汉著名的辞赋家司马相如学习。

[49]玿玿:象声词,玉器相击声、琴声或水流声,也指声音清脆明快。这句是用铁和玉作对比,突出何永清和许叔的名声在当地流传很广。

[50]衣冠世族:指世代为官的名门望族。

[51]弱冠:古代男子二十岁行冠礼,表示已经成人,但体还未壮,所以称作弱冠,后泛指男子二十左右的年纪。

[52]旋食廪饩:不久就得到了由官府供给的粮食。

[53]屡荐不售:多次被推荐都没有结果。

[54]捐训导:花钱买一个儒学训导的职位。明、清于府、州、县学均置训导。

[55]敢撄:敢于触犯。

[56]稔知:平时就知道,熟知。

[57]吊民伐罪:慰问受苦的人民,讨伐有罪的统治者。

[58]孝黄:今湖北孝感和黄陂两个县。

[59]内阁违法:指1917年成立的王士珍内阁,此前段祺瑞内阁因为府院之争暂时失利而辞职之后,王士珍继任成为国务总理,他虽然标榜自己拥护主和政策,但是由于北洋系的多名督军都在段祺瑞的操控下攻击王士珍内阁,要求政府继续对南方作战,王士珍和冯国璋大总统不得不让步,任命段祺瑞为参战督办;西南军阀以恢复国会、停止进兵作为条件取消两广独立后,政府响应,公布对南方停战布告,但是却造成北洋系更大的抵触,皖奉联合,威胁冯国璋,冯被迫请段祺瑞再次出任总理。王士珍内阁仅仅存在了3个月的时间。

[60]河洛幽燕:河南和河北。泛指当时的北方各省。

[61]狃:习惯、习以为常。

[62]将兴、巴、归:率领军队驻扎在兴山、巴东、秭归一带。

[63]施、鹤:今湖北的恩施、鹤峰。

[64]锁钥国门:带兵守卫在夔州这个军事重镇。

[65]北政府传檄:北洋政府发出的军事通告或命令。

[66]首指构丁:首先就指明要缉拿丁荫昶。

[67]明经:唐朝时期指科举考试的中的一科,考试主要内容为贴经和经义,较进士科简单,故有"三十老明经,五十少进士"的说法。明清时代也特指贡生。

[68]董理:监督管理。

[69]需欸孔亟:"欸"通"款",需要的款项很紧急。孔:很,大。

[70]期于有济:期望达到官府所希望的数目。

[71]节次:逐次;逐一。

[72]元方、季方之欤:意指两人难分高下。后称兄弟皆贤为"难兄难弟"或"元方季方"。 出自南朝刘义庆《世说新语·德行》:东汉陈寔有子陈纪字元方、陈谌字季方,两人皆以才德见称于世。元方之子长文与季方之子孝先各论其父功德,争之不能决,问于陈寔,寔曰:"元方难为兄,季方难为弟。"欤:赞叹、赞美。

[73]痨疾:肺结核病。

[74]臂助:给予大力的帮助或支持。

《邱北县志》第七册

续人物部

(烈女,方技,选举,军职,乡饮,寓贤,仙释,仕宦,荫袭)

烈 女

明

陈氏,都督同知何天衢正室也,素明大义。值普名声有异志,天衢心不自安,(陈)氏力劝之归中朝。自是功在全滇,名标青史,皆(陈)氏赞助之力。后万氏围攻三乡,县城危困,(陈)氏语诸妇曰:"吾家受国厚恩,义不受辱,宜早死,勿见贼面。"乃率妾婢,先缢死。论者谓(陈)氏勉妾妇以完坤贞[1],遣幼儿以存宗嗣,大节凛然,须眉[2]少见,况巾帼[3]乎?特备录之,以光志乘。

赵氏,何天衢妾,与主母陈氏同日自缢死。按:万氏屠三乡城,殉节者甚多,如红衣女投瞽井[4],青衣幼女数千人投河,绿裙女骂贼死之类,皆凛不可犯,惜年湮,姓氏无考。

清

马英妻王氏,年二十二,夫殁守志,抚五岁孤子成勋游泮[5],学宪吴旌额[6]曰:"松筠[7]比节"。

乡饮李聪之胞妹,回匪破寨,义不受辱,自缢死。

文生张应珍之婶母,寨破殉节。

汪氏,陈得功妾,得功遇害,吞金殉。

县主韩捧日妾夏氏,韩公被戕,妾以身障之,情急忿骂,贼并杀之,血迹溅砖,洗而益明。特恐日久湮没,故志之,以励风化。呜呼!石沉珠坠,金谷园[8]荒,谁谓千载下犹有此嗣响者。

旷睿妻杨氏,因夫遇害,闻耗自缢死。

杨占春妻(此处原缺姓)氏,夫故不久,遭兵变,子女出奔,遇贼,获氏,恐被辱,均赴水死。

教谕刘溱妻杨氏,扯牛皮大家也。随夫任禄城教谕。同治己巳,杜逆[9]遣伪将马天保攻禄,城将破,以幼子秉义付嘱仆曰:"吾为命妇,义不见贼,死于井,汝若保小主,生死不可弃也。"贼未入署,率媳胡氏、乐氏,女玉贞,孙女凤兆,共婢六人投于井,越十八日,始出尸。

增生刘秉善妻胡氏,随夫赴禄劝。翁任内,贼破城,夫秉善以身代父,贼并杀之。(胡氏)与姑杨氏投于井中,自溺而死。临难全节,晚近罕见,乃父死于忠,子死于孝,婆媳死于节。

乾坤正气,千古留册史光辉,洵非虚语也。

以上二氏,咸丰九年殉难,已旌《通志》。

阿额陈美白母(此处原缺姓氏)氏,年二十二,夫从军,马白阵亡,寄发辫回,氏执发悲痛,立誓守节。抚子入武庠[10]后,年七十余卒,以发殉。乾隆六年,邱北州张万选旌以碑。

庠生彭时美妻李氏,青年守孀,乾隆督学郭旌额"峻节松秋"。

庠生彭中举妻许氏,夫故,二十六岁,矢志抚孤,兼好善,修石桥头路。道光年,奉旨旌表。

路文纬妻王氏,年二十余,夫远戍,家贫苦守,同邻妪往采藜藿,忽遇凶回马灿相逼,氏大声呼救,仓卒危急,遂于城子山巅坠岩而死。事闻官廉，得其实，获凶置法。绅民为之请旌，道光间，奉旨准建坊入祠。至今贞列芳屹立南关。邑宰题联云：悲分影之孤鸾，祸起强梁，命可捐身不可辱；阐幽光[11]于五凤，宠膺旌典，生全受死亦全归。

黄錞母严氏，二十余守节，学宪旌其额曰"获训松龄"[12]。

彭世芳妻陈氏，唐家详妻王氏，乐氏女玉贞，孙女凤兆，右四人，咸丰九年殉难，见《通志》，已旌。

张藩妻侯氏，张堃妻王氏，右二人，咸丰十年殉难，已旌。见《通志》。

彭天秩妻李氏，段方辅妻吕氏，任文林妻刘氏，刘元泰妻周氏，唐开运妻彭氏，阚咨女，右六人，已旌，见《通志》。

张官氏，官树箴女也，夫殁，氏十八，无所依，遂归母第，守节以终。

杜陈光妻周氏，夫殁，氏年二十五，矢志守节，抚孤天赐成立，以明经显。

黎民和妻丁氏，年十六，夫出师阵亡，家贫，或劝改适，即拔簪刺面。纺绩养姑，扶侄为嗣，守三十八年，由师宗旌表，见《通志》。

监生彭泗清妻许氏，夫死，年十七，嫁甫一载，无出，矢志守贞，抱从孙尚才为嗣，爱养备至，抚之成名，卒年六十三，督军唐旌以"苦节克风"额。

傅秀妻李氏，夫阵亡，尽义死。

颜友母李氏，因子阵亡，死之。

王曾怀妹小换，守贞不字，因胞兄遇害，死之。

杨陈氏，则则租人。丙辰回乱，贼破寨，投水死。

杨济妻缪氏，早寡，贼破寨，投水死。

冯少姑，冯保之妹，幼字徐苯，时白莲教风靡，其夫迷信入教，冯从所夫，亦常斋绣佛。道光间严捕奉教者，徐被逮，充辽阳军。冯孑然孤立，劝之嫁，不肯。而闭户诵经，虽邻族不轻易见，年七十卒，邻里葬之。

傅仲元妻，年二十五，夫死守节，贫苦备励，抚子成立。

贡生官树箴女换弟，少许丁姓，未嫁而夫殁，女愿居家守贞，事父母以终身，母病，刲[13]股愈之，父病亦然，里中皆称贞孝。

傅文明妻车氏，夫死殉节，同日葬。

杨五先生妻汪氏,曰者乡人,苦守冰霜,戚里敬服。

彭一恒妻官氏,青年守节,抚孤成立,卒年六十。

保举知县唐声闻妾许氏,宦裔也。唐在邕娶之,甫[14]二月,唐病剧,谓曰:"病势不起,所耿耿者,惟卿耳。"许曰:"君疑妾有二心乎?有子则守,母道也;无子则殉,妇道也。妾不敢负君,君无忧焉。"唐卒,阅一日,许闭户自缢,后敛于衣中,得血书一,其略曰:"妾幼读父书,略知守礼,奉事良人,以为得所,孰意天降祸殃,良人遽逝,临终惨嘱,痛彻肝腑,欲抚榇[15]归里,邕滇万里,跋涉谁抚?欲祝发尼庵,佛殿兵烟,丁零谁伴?思维一死,以了凤债,尚冀二姊慈扶孤儿,以承父志。至榇归之日,使妾得付祖茔,侍良人侧,虽死之日,犹生之年。呜呼!孤灯夜冷,永诀尺绫,命也如斯,夫复何言,百拜奉达。"后龙督军挽联云:"生死亦寻常,只此殉节殒身,一念即成千古事;琴瑟无断续,但得追随同穴,九原方遂百年心。"

冯常氏,年二十,夫死无子,矢志靡他,谨守壶范,贞静如闺女,矩步绳趋。虽至戚,不轻一见。卒后,里人怜其苦节,代请旌表。

李兆义之祖母谭氏,立志守孀(原作"霜",今改),年九十四卒。

龙三妻高氏,树皮人,夫被贼害,青年无子,坚志守节,纺绩以养孀姑。有劝其改适[16]者,正色拒之,年六十三卒。

官允升妻叶氏,青年守节,无嗣,以针黹[17]度日,辛苦耐劳,年六十余卒,戚里请其旌表。

李天方妻旷氏,青年夫故,矢志守节,光绪癸巳年,奉旨旌表。妾吴氏十六岁,闻耗,尽节而终,亦奉旌表。

余天成妻彭氏,二十六矢志守孀,旌额"节励冰霜"。

许佩林妻王氏,二十四守孀,七十三卒,光绪年,旌表。

王相臣妻李氏,性贞静,年二十二,夫殒,子荣槐方半岁,氏矢志守贞。上事翁姑,下扶孤儿,一发千钧,卒能完全节孝。子以明经显,洵[18]巾帼丈夫也。

陈联升妻傅氏,夫殒,矢志守贞,抚三子,皆以文学起家,卒六十二。光绪间旌表,南关树立贞节坊。陆军上将江南统治黎辅臣题联云:"年近七旬,茹檗含冰曰最久;珠成三树,熊丸荻画[19]教居多。"

彭天申妻唐氏,夫死,年二十六,无子,守节寿终。

陈书义妻杨氏,夫死,年二十,矢志守贞,扶孤成名,现年七十余,光绪间,奉旨旌表。

庠生彭汝珍妻李氏,夫死,年三十,家徒壁立,矢志苦守,针黹抚子尚才,廪生,督军唐旌额"节比松筠"。

唐世熊妻张氏,夫死,年二十五,矢志守贞,抚孤成名,七十余寿。光绪九年楚雄陈翰林思霖奏请,奉旨旌表。

唐立典妻王氏,夫殒,年二十三,矢志守贞,抚孤成名,光绪三年奏请,奉旨旌表,准建坊,入祠。

段仁辅妻吕氏,年二十,矢志守贞,抚子成立,清旌表。

何兆春妻辛氏,年二十八,夫殒,无子,抚侄为嗣,立志苦守,年七十卒。

何兆衡妻李氏,夫殒,遗子方在襁褓中,立志苦,抚孤成立,卒年六十。

张学元妻雷氏,年二十八,无子,矢志守贞,卒(此处缺"年"字)六十一。

李有才妻朱氏,年二十五,立志守贞,奉姑抚幼,纺绩度日。及子成林继殒,媳郑氏年二十三,姑妇益励冰霜,两世苦守。有司以"苦节纯孝"旌其门。

黎仲妻旷氏,守节,抚子成立,奉旨旌表。

陈书翰妻彭氏,年二十五,夫被害,无子,守节终。

文生祁顺妻唐氏,年二十,夫故守节,事翁姑,以孝行见重乡党,卒年五十。

张九功妻余氏,夫死子幼,氏苦守抚成,学宪旌以"松贞柏节"额。

廪生张金华妻陶氏,年二十九,夫死子幼,矢志苦守,抚之成立,卒年五十三。

庠生彭泗源妻邓氏,夫死,青年守孀,抚孤成名,学宪丁旌额"操凛冰霜"。

张君祥妻罗氏,夫死,年青抚子,抱弟之子为嗣,矢志节操。光绪年旌表。

张朝相妻黄氏,夫死,年青,矢志守贞,抚孤成立,寿终。

丁文耀妾谢氏,夫死,年青守节,抚孤成立,学宪旌额"柏贞柏节"。

彭晋才妻董氏,夫死于游匪之难,遗二子,皆幼稚,氏矢志抚之,均皆成立。

张盛安妻李氏,夫死,年青无子,矢志苦守,寿终。

朱章顺妻罗氏,夫殒,年青,苦守抚孤,亡年六十。

高福妻李氏,年二十五,苦守抚孤,卒年五十八。

朱章耀妻黄氏,年二十三,矢志守孀,四十卒。

陈春才妻胡氏,年二十五,守节抚孤,卒年五十。

周绍起妻罗氏,夫死,年十八,无子,依母苦守,仰十指度生活。齿积余金,捐建观音寺于本村,卒年四十三。

李永珍妻李氏,夫殁,二十八,矢志守贞,抱从子为嗣,抚之成立,卒六十。

李芳园妻谢氏,夫殁,二十七,苦守抚孤,卒四十八。

杨胡氏、杨云妻祁氏。

李占荣妻王氏,夫殁,年二十六,抚子成立,卒年六十。

阚美妻方氏,夫死,年二十三,矢志守孀,抚孤成立,卒年五十四。

陈有德妻萧氏,夫死,二十五,无子,矢志守节,卒四十八。

许关甲妻赵氏,夫远出,故。年二十九,苦守抚孤,亡年六十三。

吕文义妻李氏,夫死。二十五,苦守抚孤成立,现年六十一。

王俊妻谢氏,夫殁。二十八,守节抚孤,卒年六十。

王泽妻罗氏,夫殁。二十五,矢志守节,亡年九十。

廪生彭尚才妻邢氏,夫殁。二十九,矢志守节,训子孝姑,艰苦备尝,二子成立,克绍书香,民国五年督军唐旌额曰"皓首全贞"(现存)。

罗文科妻夏氏,夫殁,二十九,守贞,抚孤成立,现年五十八。

李嘉贵妻李氏,夫殁,二十四,守节,抚孤成立,现年五十五。

祁李英妻李氏,夫殁,青年守节扶孤,学宪旌以"松筠鹤算"额,后奉旨旌表。

李贵妻朱氏,夫死,二十二,矢志守孤、孝姑。年老,乡里重服。光绪间奉旨旌表。

陈学礼妻王氏，夫死，二十二，矢志守贞，抚子成立，卒年五十三。

祁开李妻杨氏，夫殁。二十六，无子。守节孝姑，现年七十二。光绪间奉旨旌表（现存）。

李春林妻王氏，年高尽节。同日死者，七十四人。

杨小端妻王氏，夫阵亡，殉。

储熊氏武生嗣昌，光绪二十四年十月二十八日，游匪入城，殉难全节。

李世贵妻戴氏、马扬义妻张氏、施贞女（文林女）、王致高妻贾氏、文西玉妻杨氏、杨有开妻王氏、吴正林妻钱氏、赵得明妻丁氏、李春发母罗氏、严汝金妻李氏、梁腊鼎妻王氏、王志福妻刘氏、袁开发妻张氏、席承宪妻刘氏、张小阁妻陈氏、席承兴妻（此处原文缺姓）氏、孙家学妻（此处原文缺姓）氏、张举表旃氏、胡有德妻吴氏、赵开泰妻张氏、胡陶妻赵氏、路云妻冯氏、李开科妻杨氏、唐立忠妻傅氏、李彩妻谭氏（奉旨旌表）、舒法伯母刘氏、楚国梁妻杨氏、舒秀士妻魏氏、陈文忠母朱氏、殷朝富妻王氏、杨学宽母李氏，以上皆守节寿终。

缪嘉榛母冯氏，学宪旌额"彤管扬休"[20]。

杨有开妻王氏，夫阵亡，时年二十八，守节至八十而终。

王德学妻雷氏，年十七，夫亡。守节，至今五十岁。

马发林母李氏，青年守节，教子义方，受旌额。

缪有贵母高氏，现年九十五，守节六十五年。

陈玉章伯母唐氏、严氏，罗陈氏，夫显明早卒。

殷朝美妻朱氏、陈文忠母张氏、钱正扬妻冯氏、乐应福祖与母、王刚妻方氏、李唐氏（品荣母）、陈自明妻王氏、杨国柱妻吴氏、戴汝湘妻邓氏、唐二妻路氏、孟思元妻王氏、黄银甲妻陈氏、保朝宽祖母冯氏、彭天让妻李氏、常秉仁母郑氏、吴占元妻杨氏、常泰运妻李氏守节，学宪以"峻岭寒松"旌其门。

吴国宾妻孙氏、杨阿丕妻顾氏、张永祺妻王氏、戚子昆妻方氏、李登祥妻杨氏、张汝祺妻李氏、王俊妻谢氏、吴美妻王氏、王泽妻罗氏、吴超妻高氏、吴占科妻钱氏，以上皆守节寿终。

吴钱氏，占科妻，道光丙子生。二十岁于归，二十九岁守节，卒七十四。性平易,事姑曲尽承顺[21],抚子成立。

吴孙氏,吴钱氏长媳。十九岁于归,二十五守节,性质朴,寡言笑,事姑每得欢心,姑媳两世孀居,互相怜惜,尤征雍睦[22]。

董小贵妻秦氏,小贵经商,死于贼,氏痛悼,哭不能声,三日而卒,年二十七。

谭兴妻陈氏,二十九守节,现年五十七。

谭华妻宋氏,二十二守节,现年六十七,有子亮。

孙玉妻山氏,二十八守节,寿四十九,有子和中。

武生唐诰母张氏,已旌。

唐尧卿母谭氏,二十八守节。

谭尧佐母殷氏,二十八守节。

陈金声母金氏,二十九守节。

俞培元妻钱氏,二十八守节。

金文亮妻钱氏,二十八守节。

王兴妻余氏,二十二守节,抚孤成立。

张留宝母董氏,二十七守节,留宝未弥月,抚之成立。

秦选妻王氏,二十八守节,抚孤成立,现年五十八。

高运妻唐氏,二十九守节,抚孤成立。

秦明理妻龙氏,二十九守节,抚孤成立。

常万妻苗氏,二十八守节抚孤,纺织为生,夜三鼓始眠,如是者三十年,寒暑无间也。

罗维锦妻谭氏,年二十八,夫外出不归,氏以独力撑持家务,家有薄田,竭力耕耘,得免于饥寒,含辛茹苦,数十年如一日,卒为三子授室成家,子亦仰母意,克勤克俭,家渐以康。

黄闻妻周氏,二十余守节,五世同堂,百岁终。

严文光妻刁氏,守节。五世同堂,八十四终。

赵成龙妻李氏、林应春母马氏、赵永和妻杨氏、马应喜母梁氏、舒云义妻颜氏、张鹏飞妻石氏、苏余氏,以上均守节寿终。

严文达妻舒氏、傅李氏、黄有高妻李氏、赵顺妻李氏,以上守节,年七十余,现存。

潘王氏,夫殁,二十守节,五世同堂,年八十二,现存。

东　区:

王所重祖母赵氏、王所保祖母念氏、李刘氏,以上三妇均守节寿终。

李春发母马氏、马金福母马氏、陈开发妻周氏、段官元母杨氏、王李氏、严汝金妻李氏,以上守节,现存。

【注】

[1]坤贞:指妇女的贞节。

[2]须眉:胡子和眉毛,作为男子的代称。

[3]巾帼:本指古代妇女的头巾和发饰,借指妇女。

[4]眢井:废井;干枯的井。

[5]游泮:明清科举制度,经州县考试录取为生员者就读于学官,称游泮。

[6]额:牌匾。

[7]松筠:松和竹。松竹皆岁寒不凋,因用以比喻节操坚贞。

[8]金谷园:是西晋大官僚石崇的别墅,地处洛阳市。石崇死后,金谷园荒废。

[9]杜逆:指杜文秀。

[10]庠:古代的学校。

[11]幽光:潜隐的光辉。常用以指人的品德。

[12]荻训松龄:荻训,即"修母荻训"。宋朝文学家欧阳修的母亲郑氏,在欧阳修四岁那年就守寡了,家里非常贫苦,她自己辛辛苦苦地工作,才能敷衍衣食等各种费用。她亲自教儿子读书,家里没有纸笔,平时在地上炉灰里划字,在下大雪的夜里就用荻草的梗教儿子写字。松龄,指清代著名小说家蒲松龄。

[13]刲:割取。

[14]甫:刚刚,才。

[15]椽:棺材。古代多以梧桐木做棺,故为梧桐的别称。

[16]改适:改嫁。

[17]针黹:指缝纫、刺绣等针线工作。

[18]洵:诚然,确实。

[19]荻画:指用荻在地上书画教育儿子读书。用以称赞母亲教子有方。

[20]彤管扬休:多用于对古代妇女的赞扬。彤管指杆身漆朱的笔,古代女史记事用。扬休,显扬之意。

[21]承顺:顺接。

[22]雍睦:和谐,和睦。

寓贤

徐弘(原作"宏",今改)祖,字霞客,江阴人,性好游览,每岁三时出游,冬则归省[1],老母以为常。其行也,从一奴或一僧,不治装,能忍饥数日,或裹粮走数日。于书无所不读,因考山川多抵牾[2],乃遍历天下名胜,穷河源。尝云:"张骞凿空未睹昆仑,唐陈玄奘、耶律楚材御人主命,乃得西游[3]。自以布衣穷河源,上昆仑,历西域,题名绝国,与三人而为四,死不恨矣。"曾三至滇,寻金沙江源,极于犛牛徼外[4],作《溯江纪源》一编。旋游宾川,止于鸡足,作《鸡山志》四卷。

弘(原作"宏",今改)祖方出游时,道遇江宁僧静闻,雅慕鸡足,遂携之,行至广西府三乡县,作随笔,叙三乡人何天衢抗敌殉城事,较他书犹得其实。及静闻病死,弘(原作"宏",今改)祖怜其游志未遂,及返,乃葬于文笔山之阴。由腾越入缅,或止之,不果行,归。寻病,卒。著游记若干卷(《通志》参《弘(原作"宏",今改)祖随笔》)。

傅升闻,字桂馨,康熙间人,广西吏员,老成慎重。维摩初设州同,钮公禀请,来丘勷[5]劝助治理,后退寓旧城,和睦乡邻,官给"才堪佐理"额,以奖之。

朱兴仁,字宽宏,持己端严,颦笑不苟,文章言行,乡里奉为师资;且躭志林泉[6],与物无忤[7],人谓其清风洁志,得志氏止足之训云。

董嘉瑞,字绍美,慈良好善,兼工书法,当咸同间兵燹、瘟疫诸灾接至,绅民商同设坛宣讲,以挽颓风。著有《救正法录》《大法元宗》二善书,约千万余言,嘉瑞慨然,肩任缮写,整肃衣冠,薰衣端坐,三载余不息,付梓事竣,酬以金,辞之。

【注】

[1]归省:本意是指出嫁的女儿回娘家看望父母。这里特指徐弘祖回家侍奉母亲。

[2]抵牾:指相互矛盾、冲突,记录不一致。

[3]张骞凿空未睹昆仑,唐陈玄奘、耶律楚材御人主命,乃得西游:张骞是汉武帝时人,封博望侯,出使西域,首先为汉王朝沟通西域诸国。凿空:开通道路。陈玄奘即唐僧,俗名陈祎,629年私自出关从长安西游,求取佛法,历尽千辛万苦,到达印度,645年回到长安,带回经书657部,十年间与弟子共译出75部1335卷,还著有《大唐西域记》十二卷,记述他西游亲身经历的110个国家及传闻的28个国家的山川、地邑、物产、习俗等,他的西游,当时并未得到皇帝允许。耶律楚材:金、元时期的政治家、文学家、谋士,面对当时干戈四起、生灵涂炭的神州大地,他决定以自己的才华辅佐成吉思汗,拯救水深火热中的人民。成吉思汗十四年,随成吉思汗西征,常晓以征伐、治国、安民之道,屡立奇功,备受器重。二十一年,又随成吉思汗征西夏。

[4]牦牛徼外:出产牦牛的边远地区。西汉以前的牦牛徼外指汶川以西,包括今阿坝、若尔盖、红原、壤塘等县。

[5]勷:古同"襄",助;辅助。

[6]跣志林泉:林泉,指隐居之地。跣志林泉意为游山玩水。

[7]与物无忤:指处世态度随和,与他人无所抵触。

方 技[1]

傅经,字训五,乾隆间人。精医,善画山水景物,一经点缀,无不生新。后寓省垣,医名大振,鄂制军誉曰:"不意边方尚有此明医,殊可嘉也。"后嗣傅咸和,字俊儒,文生,以医学世其家,张镇军赠以"是乃仁术"额。

陈顺智,字若愚,恩贡生。为人和易,通晓音律,善绘山水,迄今得其遗幅,莫不珍爱宝之。

【注】

[1]方技:古代的方技是指专门研究生命的学问,包括医药、房中、炼丹等。后世往往特指有关医药的技术和知识。

仙 释

李璜,师宗川人。明弘治间,代土官珑耿赴京袭职,即奏改土设流,及旋,珑索之急,逃匿阿宁乡山中。

净空和尚,清初云游至邱,开建半边寺,清修梵行[1],足不履城市,惟日诵《金刚经》。寿终,乡人殓葬,见其箧中,知系明宗室,从永历缅难[2],循迹至此。其诗有"禅路早开黄觉寺[3],潜踪难寻定王台"之句。

源洲,万寿寺僧,有苦行,募修寺殿,不避险阻。

【注】

[1]梵行:意为清净、尊贵、值得赞叹的行为;或如清净、尊贵的诸佛、独觉佛、出家圣弟子等清净者们的生活方式。

[2]永历缅难:指永历皇帝逃到缅甸后,被吴三桂带兵押回昆明一事。

[3]黄觉寺:即"皇觉寺",位于安徽省凤阳县城西北凤阳山日精峰下的明朝中都古城内。相传明朝开国皇帝朱元璋曾在该寺为僧,故名。

选 举

举人:陈龙章(乾隆丁卯年科)、丁春(丙午科亚元)、刘榛(道光丙子科)、黄椿(道光丙午科)、马兰(道光甲辰科副板)、钱钧衡(光绪丁酉科)。

武举:雷天培(乾隆庚寅科)、严畏(乾隆庚子科)、赛继勋(嘉庆甲子)、赵开泰(道光壬子)、颜希孔(道光乙卯)、楚国钧(同治庚午)、春耀先(癸酉)、徐德荣(乙亥科)、楚占鳌(光绪戊子)、李树勋(己丑)、马兆昌(甲午科)、赛宝光(丁酉)。

武进士:楚占鳌(二甲)。

拔贡：蔡瑞卿（光绪己酉）。

恩贡：张诹、席中书、傅雍和、彭绍思、杨廷耀、丁浩和、黄恩福、罗正起、杜天时、罗正发、李治邦、陈顺智（光绪己酉）、彭汝琳、萧正兴。

岁贡：李世淑、赵璨遴、何洛、席琮、官中选、周国栋、马有翼、刘溶、周秉彝、乐法周、官树箴、何永清、李嘉澍、唐声远、张茂材、李如珠、刑文德、钱钧衡、唐振声、王荣槐、杜天赐、黄廷耀。

例贡：唐家槐、陈世昌、何天长、赵映甲、朱兴仁、罗正忠、黄恩纶、陈顺忠、李伟人、陈顺尧、丁荫昶。

学校毕业：田芝秀，北洋陆军协和大学校辎重队毕业。

钱大中、李王章、朱辅弼、杨击舫，以上省会优级师范选科毕业。

陈俊弼、罗文榜，以上省会警察毕业。

李绍曾，省会法政毕业。

杜天培、严汝鑫、唐炳声、彭立品，以上省会单级师范毕业。

杜启贤、黄廷旌，以上省会农业毕业。

陈光典，省会农业、二部师范毕业。

严汝森，省会工矿毕业。

李绍文、马炳奎、彭立权，以上省会陆军讲武学校毕业。

董用惠、陈仲年、杨树森，以上省会中学毕业。

谭孝章，省会志愿大队毕业。

马应甲，省立四区师范毕业。

黄宝兴、刑运光、杜启瑞、陈家勋，以上省立第三师范讲习所毕业。

法定公民选举：宣统三年，云南咨议局议员李伟人，字蔚仁。民国十年，省议会选举议员罗文郎，字月轩。

县自治选举：杜启明，字星东，连任县议长。黄廷耀，副议长，字晓初。黄廷光、戴万杰、钱大年、张士良、舒湘、李秀恒、胡朝贵、朱宝林、罗文斗、王所宝、李春森、杨春秀、杨树勋、张文俊、杨正乾、杜启贤、龙廷相、唐玉振。

仕　宦

陈龙章，河南巩县知县。

丁春，四川梁山知县。
刘溁，元谋县教谕。
彭绍思，贵州安顺府教谕。
黎天才，署山西潞安府知府，以副将兼任。
者明忠，太平府通判。
李嘉澍，署大理府教谕。
钱钧衡，马关县知县。
田芝秀，师宗县知县。
黄荧，嵩明县知县。

军　职

何天衢，都督同知。
陈得功，云贵中协副将。
刘秉义，副将衔，管带，南防营长。
楚占鳌，花翎衔，前侍卫。
祁永寿，都司衔。
张奏凯，守备衔。
严开基，游击衔，尽先都司，署他郎营。
杜际盛，千总保举都司，署石榴红都司。
段文秀，千总，阵亡。见忠烈。
李昌鼎，都司衔。
缪嘉臣，守备衔。
程开疆，广西南宁营守备，代理参将。
马发林，南防第一营管带，驻古林箐。
杜受濂，开化镇守备。
黎天才，山西潞安协副将。
黎民悦，陕西略阳游击。
刘茂，参将衔，广西营千总。
李恩赐，副将衔，广东统领。
董得培，保举千总，加守备衔。

勋二位陆军上将,江南统治,襄郧镇守使,靖国联军总司令,黎天才。总参谋长,丁荫昶。

司令,李恩赐,中将。

王忠义,少将。旅长。

杨正昌,少将团长。

田芝秀、赵国泰、程开疆,少将,团副。

钱大猷、缪宝章,营长。

程开榜、赵开春、张学林、杨正刚、祁彰、秦金科、李绍文、丁芝萱,少校参谋。

周绍文、黎天详、丁芝州、丁芝羽,中将副官。

丁芝苓,少校副官。

陈恩科、王有林,陆军随军学校毕业,少校衔,陆军步兵上尉。

李逢珠,军需筹办处处长。

钱钧衡,书记官。

杜天赐、赵子陵,二等科员。

谭宪章,陆军步兵上尉。

荫　袭[1]

刘静涛,邱北人,元谋县教谕刘溱子,以父咸丰九年县城失守,带勇巷战阵亡,荫袭。

段毓龄,邱北人,尽先千总段文秀子,以父同治十年攻剿县属踞匪阵亡,荫袭。

者明忠,以父者贵任通州协副将,荫二品。荫生引见后,以通判用,明忠官太平府通判。

【注】

[1]荫袭:指因祖先有战功或官职而循例受封、得官,是古时做官的途径之一。假如某官员死时,儿子尚小,甚至儿子先已故去,孙子还在褓襁乃至腹中,日后想要走这条路进入官场,先人的告身便是证明。

乡　饮[1]

大宾[2]：彭绍思、周国栋、李嘉澍、黄恩福、黄恩纶。

介宾[3]：李大方、陈世昌、师占先、彭一咸、彭一鼎、黄联甲、伍启恩。

众宾[4]：余开和、何汝泰、谭定贵、许诚、唐开春、苟洪仁、陈书珍、温士珍、杨天成、黄恩义、何布起、谭文贵、罗正显、罗正宇、王任、杨开亿、杨芳（百零三岁）、乐顺、孙仁、李世达、李王廷、杨满元、赵映斗、王重贤、杨寿元、唐家详、卢发科、苏文云、朱文明、谭朝顺（监生）、张文华、丁宝学、李永龄。

大宾：杨廷耀、龙映斗、朱文详、王开珍、杨映州、绛开运、杨炳南、史家兴、郭光璧、王秉文、普光正、罗超、席士雄、席汝贵、张凤鸣、李顺、席士珍、杨开成、李应举、龙得贵、王家珍、舒文彬。

乡饮：严文焕、赵秉直、严开州、李唐、李金、李成、李秀、李兴、傅尔元、葛颖、潘汝义、段万、苏有得、唐昱、唐矗、李聪、李文举、严有成、王光纷、汪聂亮、苗怀金、赵文星。

【注】

[1]乡饮：是记述乡人以时聚会宴饮的礼仪，起源于上古氏族社会的集体活动。乡饮酒礼于每年的正月十五与十月初一分别举行一次，其地点设在各府、州、县儒学的明伦堂。作为政府的宴请活动，当时的制度规定其经费必须由官钱中开支，坚决不允许向民间摊派。分四类：第一，三年大比，诸侯之乡大夫向其君举荐贤能之士，在乡学中与之会饮，待以宾礼。第二，乡大夫以宾礼宴饮国中贤者。第三，州长于春、秋会民习射，射前饮酒。第四，党正于季冬蜡祭饮酒。《礼记·射义》说，"乡饮酒礼者，所以明长幼之序也。"《乡饮酒义》说："乡饮酒之礼，六十者坐，五十者立侍以听政役，所以明尊长也；六十者三豆，七十者四豆，八十者五豆，九十者六豆，所以明养老也。民知尊长养老，而后乃能入孝弟。民，入孝弟，出尊长养老，而后成教，成教而后国可安也。君子之所谓孝者，非家至而日见之也，合诸乡射，教之乡饮酒之礼，而孝弟之行立矣。"乡饮酒礼的意义要在于序长幼，

别贵贱,是以一种普及性的道德实践活动,成就孝悌、尊贤、敬长养老的道德风尚,最后达到德治教化的目的。

[2]大宾:被邀请参加乡饮酒礼的所有宾客均为当地身家清白、齿德具尊的耆老乡绅,其中的致仕官员被称为大宾。

[3]介宾:参加乡饮中年龄稍长、有德者被称作介宾。

[4]众宾:参加乡饮中一般人均统称为乡饮宾,即众宾。

《邱北县志》第八册

艺 文 部

关于历史之记载
关于地理之记载

艺 文 部

左史[1]记言,右史[2]记事,事非言莫镜[3],言非事莫传[4],此文艺之所必也。邱邑,地处边徼[5]。自明迄今,屡经兵燹[6]。虽有文籍,灰烬无存。兹者旁蒐[7]记传,广罗旧闻,凡有关于历史之记载,往哲之著述,以及山川景、文人题咏,择其尤雅者,统载于编,俾[8]后之览者,瞭若指掌,则一邑文献,胥于是觇焉[9],志艺文。

【注】

[1]左史:春秋时期,"君举必书",有大史、小史、内史、外史、左史、右史等史官。左史负责记录国君的专门讲话和君臣之间的谈话。

[2]右史:右史官,负责记录本诸侯国发生的重大事件。

[3]镜:镜,"景"也,影子。历史事件如果不是通过书面语言记录的形式就找不到当初的影子。意思是明镜者可以察形,也可以借古鉴今。

[4]传:得以流传。这句是说通过书面语言记录的历史,如果没有历史事实作依据,就难于流传后世。

[5]边徼:边境。

[6]兵燹:因战乱而造成的焚烧破坏等灾害。

[7]兹者旁蒐:在此广泛搜求。旁蒐:旁搜博采。

[8]俾:使得。

[9]胥于是觇焉:全部在这部县志中都可以查看得到了。觇:偷偷地察看。

洪熙二年[1]正月,上谕　阁[2]臣杨士奇、蹇义[3]等,昨苑马寺[4]奏:云南清水江,民李贤,进良马两匹。朕观此马神俊踔厉[5],虽骅骝[6]无以逾。此为朕不贵异物,乡等素知[7],自当却还第[8]。念该民得此神骏,不敢自御,且万里来京,跋涉非易,情同献曝[9],实属可嘉。马付该寺,善饲调御,该民酌赏银钞川资,以示奖恤[10],并给冠带荣身,谕敕[11]一道,晓谕[12]边民,俾知朝廷一视同仁,即来则安,未来则止。勿负朕意,钦此。

【注】

[1]洪熙二年:洪熙是明仁宗朱高炽的年号,二年即1379年。

[2]阁:指台阁大臣。

[3]杨士奇、蹇义:杨士奇是当时"台阁重臣"中的"三杨"之一,"三杨",即杨士奇、杨荣、杨溥,他们形成了明代著名的"台阁体"诗风。蹇义,初名瑢,洪武十八年(1385)进士,授官中书舍人。"因奏事称旨,语言诚实,太祖又喜其诚笃,为之更名义",并亲笔御书"义"字颁赐。

[4]苑马寺:明朝掌管养马的机构。其职司同于行太仆寺,为从三品衙门。

[5]神俊踔厉:"神俊"指马的神态、姿质不凡,"踔厉"指马的精神雄健、奋发。

[6]骕骦:良马名,也作"肃爽""肃霜"。

[7]乡等素知:朝中大臣们过去一向都清楚地知道。"乡"通"向",过去。

[8]却还第:退还此马到它的来源之处。

[9]献曝:《列子·杨朱》记载,春秋时期宋国有一农夫,用新旧丝絮缝成冬装,聊以卒岁,劳作后"自曝于日"(晒太阳)感觉非常舒适,甚至忘记了天下还有"广厦澳室,锦纩狐貉"。于是,他高兴地说:"负日之暄(晒太阳的温暖),人莫知之,以献吾君,将有重赏。"从此,"献曝"词成了"上书建议,自谦言不足取"的专用词汇,与其同义的还有"野人献芹"。

[10]奖恤:对献马的行为加以褒奖和慰问。

[11]谕敕:皇帝的诏令。

[12]晓:明白地告诉,告知。

云南总督桂良[1]、巡抚张澧中[2]奏请添设邱北县治,以纾[3]边患。道光二十二年正月二十八日。奉上谕:云南督抚奏邱北分县,清水江东界昆连黔桂,盗匪出没无常。此剿彼窜,县丞权轻,难资弹压,且离师宗县三百余里。变起仓猝[4],往返文告缓,不急[5]济输纳钱粮,民尤不便,奏请改设知县[6],足固边围[7]而利民生,此固因地制宜,防边弭盗[8]之要政也。第既设县治,应添典史[9]一员,司[10]监狱,缉捕准移师宗。学训导[11]一员驻邱,学额[12]即由师宗分拨三名,每届准取文武童生[13]各三名,廪生[14]五名,增生[15]五名。然必核计,补廪[16]在十五年外,方准应贡[17],惟守令为亲民之官,最关紧要,而边疆夷民杂处,抚绥化导[18],职尤甚重,不得不慎重选其人,以膺[19]牧民之寄,应令该督抚慎选贤良,以居其任,着即照章,通盘筹划。何者当典[20],何者当除,一切应办事件,总期因地因时通盘熟计,毋畏难而苟安,毋因噎而废食,庶民志帖服[21],边防克靖[22],然后可以久安无事。至边缺疾苦,亟须津贴[23],如何定例之处,著[24]该督抚妥议具可也。

【注】

[1]桂良:(1785~1862)清朝大臣,字燕山,满洲正红旗人,瓜尔佳氏。1839年任湖广总督,旋调闽浙总督,继任云贵总督,1840年兼任云南巡抚。

[2]巡抚张澧中:字兰沚,陕西潼关人,清朝大臣。道光二十年,任云南巡抚。

[3]纾:解除;排除。

[4]变起仓猝:指叛乱之事突然发生。

[5]不急:来不及,赶不上。

[6]知县:官名。秦汉以来县令为一县的主官。唐称佐官代理县令为知县事。宋常派遣朝官为县的长官,管理一县行政,称"知县事",简称知县,如当地驻有戍兵,并兼兵马都监或监押,兼管军事。元代县的主官改称县尹,明、清以知县为一县的正式长官,正七品,俗称"七品芝麻官"。

[7]固边围:使边境之地得以稳固。

[8]防边弭盗:加强边防,消除草寇和强盗。

[9]典史:古代官制,设于州县,为县令的佐杂官。原本职责是"典文仪出纳"。明清两代均有设置典史,掌管缉捕、稽查狱囚,属于未入流(九品之下)的文职外官,但在县里的县丞、主簿等职位裁并时,其职责由典史兼任。因此典史职务均由吏部铨选,皇帝签批任命,属于"朝廷命官"。

[10]司:专门负责。

[11]学训导:官名。明、清于府、州、县学均置训导,担任辅助教授、学正、学谕教诲生员的工作。

[12]学额:科举时代每次考试录取的府县学生的名额。后指学校收录学生的一定名额。

[13]童生:文童的别称。明清的科举制度,凡是习举业的读书人,不管年龄大小,未考取生员(秀才)资格之前,都称为童生或儒童。

[14]廪生:廪膳生员,科举制度中生员名目之一。明府、州、县学生员最初每月都给廪膳,补助生活。名额有定数,明初府学四十人,

州学三十人,县学二十人,每人月给廪米六斗。清沿其制,经岁、科两试一等前列者,方能取得廪名义。名额因州、县大小而异,每年发廪饩银四两。

[15]增生:"增广生员"的简称,科举制度中生员名目之一。明初定制,生员名额有定数,府学四十人,州学三十人,县学二十人,每人月给米六斗为廪食。后增加人数,廪者遂称廪膳生员,增广者称增广生员。清沿其制,而名额皆有定数,廪生有廪米,有职责。增生无之,故增生地位次于廪生。

[16]补廪:明清科举制度,生员经岁、科两试成绩优秀者,增生可依次升廪生,谓之"补廪"。

[17]应贡:科举时代,挑选府、州、县生员(秀才)中成绩或资格优异者,升入京师的国子监读书,称为贡生。清代有恩贡、拔贡、副贡、岁贡、优贡和例贡。清代贡生,别称"明经"。

[18]抚绥化导:抚绥是安抚,安定的意思;化导是教化和引导的意思。

[19]膺:因被任命、提升或被选举而担任某职。

[20]典:主持;主管。

[21]民志帖服:当地百姓从内心深处顺从。

[22]边防克靖:边关能够安宁。

[23]亟须津贴:马上需要朝廷拨付的额外支出的经费。

[24]著:责成。

请复维摩州疏

兵部尚书云南、贵州、广西三省总督鄂具巡抚云南兼建昌毕节等地方沈题为边境请添州佐[1]等事:

窃滇省广西府属,向[2]有维摩一州,建治于邱北县地方,所辖俱系夷倮[3],业已久沐王化,只缘地广人稀,科粮不满千石,于康熙八年将维摩州裁去,地方钱粮分归广南府、师宗、弥勒二州管辖征收,但邱北距师宗弥勒有三四百里,距广南有五百余里,守目有鞭长莫及,顾应难周,以致土目[4]越境滋扰,仇杀抢掳时闻,凶犯负隅,复难追捕,殊为民害。今臣巡视粤西由广南经过,细加咨访[5],邱北一带皆重山叠岭,地方辽阔,最易藏奸,且远征遥运,往来跋涉不便于民,任设州县,所出粮赋无几,一切役俸工养廉等项不无繁费,臣再三筹酌,请于师宗州添设州同一员,驻到邱北地方,一切钱粮归于征收起解[6],户婚、田土、细事令其就近审理成招,并铸给官防[7]以昭信守,庶于地方有所裨益。如蒙俞允[8],臣再三查明定界,谨会仝。抚臣沈再俱题。

【注】

[1]州佐:指古代地方长官的僚属。

[2]向:过去。

[3]夷倮:少数民族。

[4]土目:土司所属员司的称号。世袭,兼理文武,职守权力因时因地而异。

[5]咨访:咨询访问。

[6]起解:启程押运。

[7]官防:旧时官府的一种长方形公章。

[8]俞允:应诺之词,称允诺为"俞允",多用于对君主。

开州立城碑

世宗皇帝御极之七年[1],诏命云贵总制今相国鄂公统节[2]粤西。冬十一月,由弥勒广南道,按临[3]西粤,重山叠岭,僕贼[4]出没。总制鄂公盱衡筹划[5],数考舆志,旧属维摩州,于康熙八年裁汰[6],时有里民杨清、汪树等因夷寇扰,累民受其害。呈请复设州治统制,鄂公檄[7]司府查议,即时至广南详咨博询,弥广通衢,中间相隔道远,无官司稽查未便,爰于雍正八年二月,自粤西题请维摩州旧裁并师宗,邱北地方复设同知,即以旧维摩州之地附近邱北者,仍割归回之。夏四月,诏可。纬时以钦奉恩旨,来云贵广西三省试用,总制鄂公以沙、侬、僕拉[8]交错之区,兼抢掳劫杀相寻之地,新开夷疆,思得干员,屈指滇属,未得其人。而大方伯清河,张大中丞会稽沈公力荐纬可总制。曰:"然。"即檄纬前诣经理[9],于是年冬十一月至邱。始至之,曰:"荆棘苍茫,土地棼错[10],人情犷悍[11],摽掠横纵[12],举凡措置,悉奉总制鄂公方伯,今大中丞张公周详指划。"于雍正九年春,疆界聿清,爰有定址,计阿迷州归辖者大小马恒等十四寨,弥勒归辖者则煦庄大小百户,曰者三乡。师宗归辖者则阿宁、戈底、者只、宜常、六桂、補罗等六曹,统计村寨四百余,户口以万计。周围六百余里,邱粮折征统计一千四百四十有奇,条编地亩[13],差徭公件统计一千三百八十有奇,谨按维摩旧志,考其地,固南按交趾[14],西界文蒙,东连百粤[15],北通五曹,为开化、临元、广南、罗平之要隘。虽夷獠數窟[16],实滇省咽喉之地也。康熙八年,吴道以私匿[17]广南,不计地方要害,裁并归界,汩为夷地,六十一年来,声教未通,旧州父老流离分窜。迄今犹有睹古墓而悲伤者,而总制鄂公一旦更始维新之,不独慰此邦人士之望,其经理区划,实为全滇金汤永固捍卫。今七载以来,蒙各宪指其舆学校,设官司,义学繁多,名师云集,崇先农而民知力田。文宫而始勤学,以及城池武庙,次第并举。会馆乡祠,商贾辐辏[18],城郭建而保障严,兵卫聚而守御固,经制[19]定而苛派除,夫役严而供应绝,起视吾民,已喁喁[20]向风幕义,绰有可观。向之所为招募仇杀者,今已家絃户诵矣;向之所为抢掳劫夺者,今已戒兄劝矣。入胶痒[21],升国学,无分汉夷;重人伦,讲廉耻,不问遐迩。盖风气大变,亦我各上宪殷殷栽培之功效,于以体相国鄂公肇造新隅,仰副皇上柔远维迩之至意云尔,纬因之有感矣。曩吾初至之时,目击獠猓沙皆苟戈,而视佩刀而前见办来员役群訾为历民者,均操刀而争逐之。兹则徒事诗书,彬彬有礼岁,岁入学宫,日繁且多。由今观之,向日之民情若彼,今日之民风若此。彼不知化民之由,必欲分夷汉而区别之,是岂一道之治也哉。吾原州人士,庶益бу碎砺[22],将与中州[23]文治,并将其驱,岂不盛欤!纬今奉命入觐[24],因叙其始末,为之记。

【注】

[1]世宗皇帝御极之七年:世宗皇帝指爱新觉罗·胤禛,他继位的第七年即1729年。

[2]云贵总制今相国鄂公统节:"总制"即总督,明清对于内阁大

学士也雅称"相国"。这里特指云贵总督鄂尔泰。

[3]按临:巡视。

[4]僰贼:指彝族的盗贼。

[5]盱衡筹划:盱衡是观察之意,筹划是统筹策划。

[6]裁汰:指裁减。

[7]檄:古代官府往来文书的下行文书名称之一。

[8]沙、侬、僰拉:沙、侬是壮族中的两个支系,僰拉是彝族中的一个支系。

[9]经理:经营管理。

[10]焚错:这里指贫瘠。

[11]犷悍:粗野强悍。

[12]摽掠横纵:抢劫、掳掠横行。

[13]条编地亩:指勘测土地面积。

[14]按交趾:和交趾相接。

[15]百粤:指广西。

[16]薮窟:作乱的巢穴。

[17]私匿:出自私情划归。

[18]辐辏:云集,众多。

[19]经制:各项经营管理的制度。

[20]喁喁:比喻众人敬仰归向的样子。

[21]胶痒:学校。

[22]碎砺:砥砺,勤勉。

[23]中州:河南省的古称,也是北宋都城汴京的代称。

[24]纬今奉命入觐:"纬"指王纬,在雍正八年和乾隆二年两度任邱北州知,对当地建树颇多。觐:朝见皇帝。

节录图书编

章 潢

尝考自古入滇之路有三:楚将庄蹻[1]客巴黔,以西威定[2],属楚。其所由入,则今之贵,古之牂牁郡也。南越以财物役,属夜郎漠王[3],

汉王乘诛[4]南越之威,胁取滇王,史称牂柯。江出番禺[5]城下,其源在田州、泗城[6]之境,与云之广南、贵之普安实相接壤。轻舟东下,径达南海,所谓南路也;广南一郡,便于入粤而近,艰于入滇。去泗城不二百里,而近普安、安龙,商旅往来自粤,日夜不绝,在今仍为通衢。且山径平夷,无盗贼出没。所少者亭驿憩息,土旷人稀,产铜矿。诚于此郡迩封[7],许土著之民开凿取利,以其七与民,征其三以为经管之费,客货往来,仍禁土人私收,官为定额,稍资其入,以助官费之不足。移维摩州于隘地,以弹压草窃[8],不加赋于民而事集。以跋涉黔中崎岖之径甚远,何惮而久不为此。愚谓开通此道无大费,而有巨利。滇土故饶筀、马、羢、童髦、牛厖[9]、矿碌诸产,舟车辐辏,省负挽之烦,百货增置一利也。通二广绵、枲、缯[10]、帛、铁斧远方难至之物,自此踵集。滇民益以富,实二利也;岁有荒歉,可移民移粟,三利也;士旅往来纡迟,间关剽掠[11]之警,人乐游其土,四利也;流落边徼老友孤寡,得褓负生还[12],五利也;水浮[13]与陆走,劳逸相悬,人情孰不舍劳而趋逸者,自此传置资粮,皆可次第裁缩,纾[14]官民之困,六利也;此又其小者,西南有事,调发滇南劲卒,西可制蜀,东南可控百粤,其或滇中有负固内讧[15]之忧,如蒙之割据皮罗,思平之僭窃[16],呼召川蜀之兵,自岷泸西入,提旗擣垒[17],则邛、筰[18]以南无坚壁,南檄百粤,左言鸟章之士[19],不数日抵安龙、广南,则钲鼓[20]相望于昆池。其或外侮窥我门庭,连制三省,战旅麻列蝟合[21],西指则吐蕃[22]从幕,南驰则交夷[23]不敢高枕而卧。施长组[24],问包茅[25],不则哀牢以西稽首纳琛[26],不敢犹豫趑趄。利害较然,明若观火。执事者[27]毅然行之,吾滇人万世之利也,岂特士旅之便而已哉。

【注】

[1]庄蹻:楚国将领,前279年,楚顷襄王派将领庄蹻率军通过黔中郡向西南进攻,经过沅水,向西南攻克且兰,征服夜郎国,一直攻打到滇池一带。黔中郡原曾为楚地,后被秦一度攻占,前277年秦派蜀郡守张若再度攻取黔中郡和巫郡。翌年,楚不甘心失败,又调集东部兵力收复黔中郡部分地区,重新立郡以对付秦国。因黔中郡的

反复争夺,庄蹻归路不畅,便"以其众王滇,变服从其俗以长之"(《史记·西南夷列传》)融入了当地民族中。关于庄蹻入滇的时间,史载有异说,《史记》和《汉书》的《西南夷列传》列为楚威王时事,《后汉书·西南夷传》则说是楚顷襄王时事。

[2]以西威定:指黔中郡以西的地方,都在庄蹻军事力量的统管之下。

[3]夜郎漠王:据司马迁的《史记·西南夷志》中记载:"西南夷君长以什数,夜郎最大。"西南夷在历史上泛指定居在云贵高原与川西的各个古老民族,"漠王"即大王。

[4]诛:本义为杀,这里是剿灭的意思。

[5]江出番禺:据《史记·西南夷列传》:"夜郎者,临牂柯江,江广百余步,足以行船。"汉代牂柯郡的范围,包括巴蜀以南、滇以东、南越之北、武陵之西一带,大体上应是夜郎故地。作为江水名称的"牂柯"二字,在不同典籍中又被写作"牂牁""牂舸""桩牁"等;但对这条江的考证,自明清以来有30多家,计7种说法;今学术界则有牂江说、都柳江说、盘江说、左右江说、北盘江说等不同的看法,但该江属于珠江水系这一点,却是各家的共识。目前,多数研究人员认为,夜郎古国应地处南北盘江流域。其王城应当接近滇、蜀,在且兰的西边。

[6]田州、泗城:田州即现在的广西恩隆县,泗城即现在广西凌云县。

[7]迩封:就近设置相关机构。

[8]弹压草窃:武装震慑草寇和窃贼。

[9]筜、马、僰、童髦、牛麋:筜是用竹篾拧成的索;马指骏马;僰指僰人;童髦指儿童时期。牛麋指牛皮制品。

[10]枲、缯:枲是麻类植物的纤维;缯对丝织品的总称。

[11]剽掠:抢劫掠夺、击杀。

[12]襁负生还:"襁负"是以带系财货负之于背,生还指老友孤寡得以活着回家。

[13]水浮:指水路运输。

[14]纤:系,结。

[15]负固内讧:仰仗地理位置的险固,一定要和朝廷作对。

[16]蒙之割据皮罗,思平之僭窃:如六诏时期的蒙俭、皮罗阁、段思平僭越王位。

[17]提旗擣垒:拔起敌方的战旗,捣毁敌方的营垒。擣:捣。

[18]邛、笮:邛指今四川西昌,笮指今四川雅安。

[19]鸟章之士:身着鸟形图饰的中下级别军官。《诗·小雅·六月》:"织文鸟章,白旆央央。"郑玄笺:"鸟章,鸟隼之文章,将帅以下衣皆著焉。"

[20]钲鼓:指钲和鼓,是古代行军或歌舞时用以指挥进退、动静两种乐器。

[21]战旅麻列蝟合:作战的军队像麻秸、刺猬身上的针刺那样密集。蝟:通"猬"。

[22]吐蕃:公元七至九世纪时古代藏族建立的政权,是一个位于青藏高原的古王国,由松赞干布到达磨延续了两百多年,是西藏历史上创立的第一个政权。与当时的南诏、唐朝之间有着错综复杂的关系。

[23]交夷:指交趾一带的少数民族。

[24]施长组:发布号令给下层负责的官员。

[25]问包茅:苞茅是南方的一种茅草,又叫菁茅。苞茅草盛产于荆山山麓南漳、保康、谷城一带。楚王在这一带立国之初,周天子特意让楚人上缴的贡品,就有这种茅草,主要用于缩酒祭祀。菁茅或苞茅也被尊为灵茅。问:索要。

[26]纳琛:献出珍宝。琛:宝物。

[27]执事者:指朝廷的相关责任人。

建城碑记

滇自会城[1]去东南六百余里有维摩州,考其旧志,自宋元历明季,世代相沿。迨至我朝定鼎[2],以钱粮不满十石[3],于康熙八年奉裁地方,分附邻属。其民则夷多汉少,因之征输亦无定额。各府川相隔窎远[4],呼应不灵,山险林深,盗贼逃亡多所潜匿,素性凶悍[5],互相仇杀。以故向日弃置边徼[6]，未经料理。雍正七年前督部堂[7]令大学士少保伯鄂[8]兼制粤西道，经维摩地方，题请邱北设立分州专理，复将州属之弥勒三乡、阿迷十四寨、师宗六嶙均归管辖。其旧维摩拨归广南府，之八甲，因广南郡守吕，纷争扰攘，仍隶广南。复简拨[9]我会稽王公纬来牧是邦，下车以来清理疆界，分定地方，南至开化，东接广南，北连师宗五嶙，西通阿迷弥勒。周围数百里，实边要隘也。

稽自王公莅任以来，劝农牧，设学校，除痼弊，弭盗贼，凡有利于民者，无不次第毕举。其大者，锄豪强而边击，消仇杀。勖廉耻[10]而男女尽礼知义，家絃户诵，文教日兴。盗息民安，奸风尽息。数载于兹，恬恬熙熙[11]。盖边疆千载未逢之机会也。

旧治在新旧城二处，因山逼水背，我公乃盱衡[12]地势，见夫马报坡山明水秀，排列悠然，控踞正脉，万山环绕，众水归源。更兼包毓雄奇，罗列秀特，文笔插天，丁峰特起。旧志所谓："擅五行之秀，基龙定之祯[13]者，于是乎在。"公乃卜吉于此，复捐清俸，修筑土城。五载以来，渐为朽坏。公乃喟然叹曰："事不慎其始，未有不失其终者也。"功而惜其费，鲜有历诸久者也，乃会绅耆士庶，倡捐清俸，专输民力，褒多益寡[14]，同为赞助。盖泰山不择土壤，沧海不纳细流。州城建修，乃公之成。感公之德，相劝励，不数月而大功告成。四楼耸峙，轮郭坚固，万山朝宗，千岩毓秀，更有异者，东门肇起，忽有众雀鸣绕梁间双巢，驱之不去；诚句麟奇木之兆[15]，不让古人。夷汉同风，声教大开，实足征异[16]。其署西，诸绅复建文昌宫，北立城隍祠，城外东南隅，复奉文建先农坛[17]，焕然一新，猗欤休哉[18]。诚边夷之壮观，亦一代之盛举也。倘不勒石以志其功，则世远年湮，恐公之勤劳，以及州人士踊跃趋公之义举，无可而征之[19]矣，于是绅、士、耆、庶民[20]，欢欣鼓舞，立石以垂不朽云耳。

【注】

[1]会城：指省城。

[2]定鼎：指清王朝一统天下，定都建国。

[3]十石：一市石等于十市斗，一百市升。十石即一千市升。

[4]窎远:深远,辽远。
[5]素性凶悍:本性凶猛强悍。
[6]边徼:边境。
[7]部堂:清代各部尚书、侍郎之称。各省总督按例兼兵部尚书衔者,也称部堂。
[8]大学士少保伯鄂:明代朱元璋废除了丞相,设殿阁,殿阁的组成人员就是大学士。清王朝参照明制,改内三院为内阁,大学士改加殿、阁头衔。少保是官名,辅佐太子。"伯"鄂指鄂尔泰,雍正三年(1725)任广西巡抚,次年调任云贵总督,兼辖广西。在滇实行改土归流,在西南各族地区设置州县,改土司为流官,加强中央对地方的统治。
[9]简拔:挑选,任用。
[10]勖廉耻:鼓励知耻守廉。
[11]恬恬熙熙:欢乐祥和,人来人往,非常热闹。
[12]盱衡:观察。
[13]基龙定之祯:山势如龙,报马坡是龙脉之所在,在此建城,属吉祥。
[14]襃多益寡:用多出钱的来弥补少出钱的。
[15]诚句麟奇木之兆:麒麟,是传说中是吉祥的禽兽,只有在太平盛世才能见到,后比喻非常难得的人才。意思是本地出现了"众雀鸣绕梁间双巢,驱之不去"的景象,确实不亚于古人说的麒麟栖息在树上的情况,预示着本地会人才辈出。
[16]征异:现象灵异。
[17]先农坛:先农,远古称帝社、王社,至汉时始称先农。后改为先农坛,至此祭祀先农正式定为古代社会的一种礼制,每年开春,皇帝亲领文武百官行藉田礼于先农坛,各地仿效而行。
[18]猗欤休哉:叹词,表示赞美;休:美好。多么美好呀!为古代赞颂的套话。
[19]征之:随着时间流逝,没有办法寻找实证。
[20]绅、士、耆、庶民:当地的士绅、士大夫、耆老、百姓。

城隍庙碑记
陈龙章

尝闻阴阳无异理,人神无二道。明有礼乐,幽有鬼神,其旨归于一致,此先王所以有神道设教之义也。粤稽易有城后,于隍之文。《周礼》有司民之祭,唐李阳(原"杨",今改)冰有当涂县《城隍庙碑记》[1],凡邦国郡邑,俱有城隍。废坏者则修葺之,新造者则筑濬[2]之。亘古以来,不易之定制也。聚盖一方之民,为高城深池以卫之,必有聪明正直之神主乎其中,以为黎[3]之保障。此城隍之神,载在祀典,由来尚[4]矣。邱北自雍正八年设立州治,前司马王公,于百务初理之会,首建祠于署东,置由设租,以为祀事之需,不可谓非急先务者。司马陈公莅任兹土,以地非爽塏[5],规模异隘,卜迁于西关之外,不敷武而营立马[6],然正殿仅成,门庑缺如,殊无壮观瞻而肃庙貌。今司马王公心切民瘼[7],以为此一境生灵所系,因陋就简,慢神及疠民,爰鸠工庀材建立戏楼及神庥[8],门庑焕然改观,士民之祷祈、演剧于其中者,皆凛然有祸福善淫之惧。所谓神之听之,中和且平者,其在所斯乎? 夫"莫为之前,虽美弗彰;莫为之后,虽盛弗传"[9]。是举也,以绍前徽[10],以垂奕冀[11],以迓[12]神观,而固边围,胥[13]是乎在。予不敏,勉从梓里之请,而为之记其事云。

【注】

[1]李阳冰:唐代李白族叔,曾经任当涂县令。
[2]筑濬:指修建得很完善。
[3]黎:本地黎民、百姓。
[4]尚:通"上",指远古。
[5]爽塏:高爽干燥,这里指高燥之地。
[6]不敷武而营立马:不久就动工建造,大体完工了。
[7]民瘼:瘼,疾,疾苦。人民的疾苦。
[8]神庥:庥,荫也。意思是得到神灵护佑。
[9]莫为之前,虽美弗彰;莫为之后,虽盛弗传:语出韩愈《与于

襄阳书》,意思是不要做在前头,虽是好事却无人知晓;不要做在后头,虽然盛大却不能流传下去。这里引用韩愈的原话,是希望后人不仅能继承前人所开创的辉煌业绩,并且能发扬光大,更上一层楼。即"承前启后,继往开来"的意思。

[10]绍前徽:绍通"昭",显示前人美好的德行。

[11]垂奕翼:垂告后人建立城隍庙的美好愿望。

[12]迓:迎接。

[13]胥:全,都。

重修关圣庙碑记

署广西分防抚彝州　英　圻

曾考汉志关帝行事,心向往之。盖古之生为将相,殁为神明者亦矣。独帝赫濯[1]千秋,使人莫不尊亲如此,所谓圣人之风,感慨[2]百世。浩然正气,充塞两间[3]者。非耶? 故自皇都以及州里,靡不宗构雕宫,宰隆典祀[4],俎豆[5]辉煌,几与文庙等,称曰:关西夫子有以也。余甲申奉符[6],莅兹谒帝,展礼竟起[7],四顾梁栋将颓,砖瓦欲圮[8],不禁感慨系之,因询从役者,前言曰:"开州王创自乾隆四年,近岁以来,风雨飘摇,无有修葺焉。"余为徘徊踌躇,瓦木不可流马[9]运,工匠不可朽腹[10]使。虽悉世宦,亦无万里捞金,随任修补之理。然既牧斯邑[11],奚忍庙宇之颓圮? 于是鸠工庀材,而重葺之,有干犯[12]王章,祈愿罚者,准罚以赀[13],所不足悉皆捐俸,并未问诸下里[14]。迄今颓者新,圮者完,庙貌巍焕[15],掩映龙山之乔松。帝之凭依,其在斯乎。是举也,自侈云乎哉[16]? 仰体圣天子守令之设[17],尽余职守。而不因循推诿焉耳,是以为记。

【注】

[1]赫濯:光照、流传。

[2]感慨:这里是感动和勉励的意思。

[3]两间:指天地之间,阴阳之间,人神之间。

[4]宰隆典祀:非常隆重地用礼仪进行祭祀。

[5]俎豆:俎和豆,是古代祭祀、宴飨时盛食物用的两种礼器,亦泛指各种礼器,引申为祭祀和崇奉之意。

[6]奉符:捧着礼品。

[7]展礼竟起:行完礼节站起。

[8]圮:毁坏。

[9]流马:指三国时期蜀汉丞相诸葛亮发明的运输工具"木牛流马",分为木牛与流马,当时为蜀国十万大军提供了粮食。

[10]朽腹:自己凭主管意愿使唤。

[11]既牧斯邑:既然做了这个地方的主管。牧:主政,管理。

[12]干犯:旧时刑律用语,指与罪案有牵连的人。

[13]以赎:自己用钱赎罪,解除对他的处罚。

[14]问诸下里:向基层摊派费用。

[15]巍换:焕然一新。

[16]自侈云乎哉:哪里是自己夸夸其谈的呢。

[17]仰体圣天子守令之设:在上是体察了圣明的天子和各地官员建立"关圣庙"的良苦用心。即关羽身上所体现的"义"。

重修万寿宫碑文

傅于敏

郡有万寿琼宫者,乃佛主之堂宪,仙人之旧馆也。客曰:岂无所自?始乎比莲宫鹿苑[1],壮佛国之观瞻。贝阙珠宫[2],识飞仙之创造;自来福地,天开大半,资乎人力。况邱北地非辐辏,城号尹宣,重建琼宫,当自有说。敏曰:"勿疑乎,神依人而废,庙因见而成。"苟非前人经营于其先,安必后人补葺于其继。此乃寿宫之设于僻壤间也,由来久矣。昔者禹拜李公,傲嘉王公并豫章[3]众姓皆游滇,逐未还,聚于斯,每滇神诞日,期爱假庙以作坛,虽借物以致敬,觉升香之有碍。于是公同群议,捐资成美,买城中城东之民房,请官给照作江西之佛地,我客攸宁。初建衡宇于雍正癸酉年,继起雕甍于乾隆壬申岁。龙山耸秀,大丰美于豫章;狮岭腾欢,资财源于吉庆。数十年来,物换新移,瓦解垣颓,庙貌则倾欲坏。惟桂柏则青(原作"菁")葱并茂,众客相议,必得老成懂(原作"董")事者以为提调,庶丙辰年所造后殿之倾圮,前殿改作宫厅之规制,不致十笏[4]莫于一极矣。时有本庙首事周倚龙、陈祥伦等毅然任之,鸠工庀材[5],因其旧制,增其式廓,倾庙中之积玉,众客之份(原作"分,今改)金,自嘉庆壬申年兴工重修,升高五尺,退后五尺,新建两厢,广数步。二公之竭力,众客之诚心,则庙宇于以重隆,神灵于以妥侑[6],岂不克笃[7]前烈哉。自今而后,佳节良辰,庆祝宴会,行见鹭州[8]人士,燕笑一堂,神庆民和。且为洪都[9]生色矣。工既告竣,宜叙其事之始基,详其地之四,至其开除之数目,及其随庙之屋舍,勒石以垂不朽。客曰:"美哉!"敏曰:"莫为之前,虽美弗彰;莫为之后,虽盛弗传[10]。"勉为文以记之。

【注】

[1]莲宫鹿苑:莲宫指寺庙。鹿苑指僧园、佛寺。

[2]贝阙珠宫:指用紫贝明珠装饰的龙宫水府。形容房屋华丽,亦喻指瑶台仙境或帝王宫阙。

[3]豫章:南昌的旧称。

[4]笏:金银的计算单位。铸金银成笏形,一枚为一笏。

[5]鸠工庀材:招集工匠,准备材料。

[6]妥侑:"妥"是安坐的意思,"侑"是劝酒的意思。此句是说神灵得以安坐在大殿里享受香客的拜祭。

[7]克笃:能增益。

[8]鹭州:指赣江上的鹭州,代指江西。

[9]洪都:南昌,这里代指江西。

[10]莫为之前,虽美弗彰;莫为之后,虽盛弗传:语出韩愈《与于襄阳书》:"莫为之前,虽美而不彰;莫为之后,虽盛而不传。"意谓:不要做在前头,虽是好事却无人知晓;不要做在后头,虽然盛大却不能流传下去。

移建县治城东青龙山文笔记
邑　宰　金　台

　　岁在壬子仲春之月,移建文笔于青龙山,之诚盛事也。因县治城外南山,旧有文笔一座,创自戊申之年,为前任张君率生民所造。原因培补[1]邑之风水,但临坎地煞在午方[2],缘非建旺之乡,遂少灵秀之气,惟城东青龙山,耸峭玲珑,延绵迤逦,松杉森茂,溪水环流,如屏翰之维蕃[3],如星辰之拱向,盖天之钟秀,于是而待有志者以培成也。然以地属边隅,汉夷杂处,民乏鸱夷[4]之富人鲜。愚公之诚有志,未逮迁延。至今张君舆绅民创造之初,其意何尝不善惜乎?囊曰:"勤勘地势之约略,未考堪舆之精详。厥功虽巨,未当其位。"是岁暮春,余篆斯土盗缉,民安人和。政暇览山川之形胜,察地脉之渊源,始龙居异位,煞旺丙丁[5],而加以文笔高耸,竟成虎旺龙弱之形,必须移建异宫,庶合文明发达之象。"诗曰:"维岳降神,生甫及申。"[6]是人物之繁,必须假借于山川灵气,与风水之培植也,明矣。于是与二三同志,亲临此山,审度形势,劝捐功德,诹吉鸠工[7]。一时急公好义者,输将云集,胼手胝足,不辞劳瘁,众擎易举,不日而大功告竣。俯仰旷观,其见诸煞受制。万壑归宗,古木垂阴。白云绕岫,徘徊瞻眺。相与遊目而骋怀,洵足为此邦地灵人杰之验,固予栽培一邑风水,拳拳服膺之意,实赖诸君任劳任怨之力焉。行见地运天开,文人蔚起,尔民之斯炽昌者比比矣。嗣后,凡属附近村寨汉夷民,人勿伐斧斤,勿践牲畜,惟宜加植树木,期于繁茂青(原作"菁")葱,为阁邑之雄峙焉。倘以故违,定以盗贼扰害地方论罪。庶几山川有灵,永垂石塔于不朽也。后之守斯土者,亦有感于斯文。

【注】

[1]培补:培植和弥补此地原有风水的不足。

[2]临坎地煞在午方:坎卦是同卦(下坎上坎)相叠。坎为水、为险,两坎相重,险上加险,险阻重重。"地煞"是星相家所称的主凶杀之星。古人以十二地支配方位,午为正南,为南方的代称。因为水火

难于相融,彼此相克,故需要用人为的方式加以培植和弥补。

[3]屏翰之维蕃:如同屏障的辅翼。

[4]鸱夷:指革囊。

[5]煞旺丙丁:古人以天干配五行,丙火属纯阳之火,名为太阳大火,有普照万物之功,性情刚烈,故为阳火。丁火属纯阴之火,名为灯烛之火,有照亮万户之功,性柔质弱,故为阴火。就方位而言,丙属于南方,邱北县城旧治在暮冶山之北。其正南方,由于就阴火和阳火而言都旺,水难于克之,不吉利,特别容易发生地方民族之间的暴乱,所以用在东边青龙山建立文笔塔的方式来弥补。

[6]维岳降神,生甫及申:出自《诗经·大雅》中的《崧高》,意思是"神明灵气降四岳,甫侯申伯生人间。(甫:国名,此指甫侯。其封地在今河南省南阳市西。申:国名,此指申伯。其封地在今河南南阳北),这两句是说用培育天地山川灵气的方式,以使得本地能够人才辈出。

[7]诹吉鸠工:选择吉日,聚集工匠。

修理学宫碑记

恩贡生　傅雍和

伏考[1]屡朝盛典,首以修理文庙为先。凡十八省、府、厅、州、县,官吏绅士,皆受天子明命,尊礼先师[2],敦从文教。而先师之泮宫[3],犹宜加意,岂可任其荒陋之不治乎?若阶墀之狭陋,时当剪剔。台坫之崩倾,亟宜助扶。与夫垣庑之倾颓,风雨之浸淫,无不当为缮葺[4],弗忍罅漏。而后春秋之享祀,朔望之拜瞻,庶几祼献申虔,歌容兼盛,抑或钦庙貌之光,则祀事孔明焉耳。乡来立城建祠,得钮卢二公率属创造,虽殿楹台阶,量地安设。而年久不无崩颓。延至道光三十四年改设正县,蒙县令高,领国帑而增以丹殷,石工始就其事。迄今三十一年,石栏捲脚一概危颓,为司土列胶痒者,深为不忍。因于光绪三年,管事程天基、彭汝琳等倡捐,城乡举、贡生,捐(原作"监",今改)功德重修整。不烦时,不病民,鸠工庀材,众志乐为,经始于丁丑夏,落成于戊寅春。惟东庑廊房石脚梭滚,栋折梭崩,檐厦将倾,此处再得十余金,稍加培补,即成完固。尚冀复起者倡捐,该修缺者补之,露者盖之,朴者饰之,芜者除之,克勋厥成。将见吾邱士子力学求道,砺节砥行,修德行以立文艺之本,习文艺以为致用之资,相与激昂振奋。斯登巍科,跻显仕[5]。则上不负天子,下不负所学,俾茂声芳绩[6],炳耀当时,声施后世,岂邦家之光,亦学校之荣也。是为记。

【注】

[1]伏考:私自考察。

[2]先师:指孔子,清代加封孔子为"大圣至成先师"。

[3]泮宫:古代的国家专设的高等教育学校。《礼记·王制》:"学在郊,天子曰辟雍,诸侯曰泮宫。"这里专指春秋时鲁国泮宫。

[4]缮葺:修缮和整理。

[5]登巍科,跻显仕:登上显赫的科举之路,跻身于显贵的士族行列。

[6]俾茂声芳绩:使得好的名声和辉煌的功绩。

增修文昌前楼碑记

盖闻文运宏开,辉陈斗极,昌期渐启,气似珠联。国朝宗文昌帝[1],君春秋祀事,大典煌煌,颁及陬汲[2]。凡以上征缠度[3],下睹休明[4]也。吾邑距城里许,道光庚子年创修文昌宫,居坎位向离[5],明诚盛举也。第以上殿两厢势雄壮,而跪拜之间局甚狭隘。邦人士慨焉久之,洎乎[6]光绪己丑年,温君席儒、赵君焕章倡议建增扩其拜台,建其前楼,两阶屹立,旁厢联络,恢恢乎[7]邱邑之大观矣。我邦人或馈义浆,或倾仁粟[8],共成此举。从兹祀事,跄跄济济[9]会而祭者,数十百人。进退雍容,咸欣宏敞。行见拾级而登,仁听飘香于丹桂。斯文继启,垂看侍立于紫宸。已凡诸君功德芳名,勒之贞珉[10],以垂永久,是为序。

【注】

[1]文昌帝:文昌帝君为民间和道教尊奉的掌管士人功名禄位之神。文昌:星名,亦称文曲星,或文星,古时认为是主持文运功名的星宿。

[2]陬汲:偏僻的地方。

[3]缠度:指建设的经费。

[4]休明:用以赞美明君或盛世。

[5]居坎位向离:八卦中的坎卦位于北方,离卦位于南方,即坐北朝南。

[6]洎乎:到了。

[7]恢恢乎:宽阔广大貌。

[8]义浆仁粟:旧指施舍贫民的稀粥和粮食。

[9]跄跄济济:跄跄:举止合乎礼仪,形容队列整齐庄严,行动合乎礼仪。济济:庄重恭敬;

[10]贞珉:石刻碑铭的美称。

重修龙泉寺碑记

镶白旗　钮嗣杰

粤稽古佛,自周朝以占宝气,迄汉代始梦金人[1]天竺降生,扬抸[2]中国。瞿坛[3]为姓,惠泽闾巷。卫之以雕墙,仵之以峻殿。丹艺炫其彩,珠玉表其华。故夫翠竹黄花,群沾法雨;长松细草,普阴悬云。所以崇奉弥隆,而历代钦敬愈笃者也。家君承乏[4]邱阳,藐躬[5]随(原作"隋",今改)侍,访其名山胜迹,有龙泉寺,在城西南十里许。故径幽僻,人迹罕至,于时往观。讵庙貌倾圮,神像剥落,不禁喟(原作"谓",今改)然叹曰:昔人因龙潭而结寺,何忍听其残破若此。况山环水抱,佳趣靡穷。层峦耸翠,翔鹤映苍松之影;碧露喷珠,潜鳞奋青云之志。座下龙泉,源渊流远,接引千村之烟火,润泽万顷之田园,滋培有赖,旱潦无忧。洵[6]为名区胜境,福国佑民,诚庙宇间一大灵窟也。予徘徊久之,默许心愿,重修葺理,稍续前人,彰明盛德之意。凡寺内外以及桥梁道路,一瓦一椽,概竭以资,诸佛法像,普通庄严。不数月厥功告成,辉煌灿烂,焕然复新。未敢藉此以邀福[7],实欲继启而宏观,更望后之君子,留心粘补,香烟永茂,德益无量焉,撰(原作"篆",今改)文勒石,以志不朽云尔。

【注】

[1] 自周朝以占宝气,迄汉代始梦金人:"金人"指佛像。东汉永平十年(67),汉明帝梦见一位金人,身长六丈,相貌庄严美好,全身金光灿烂,在金銮殿的上空飞翔。梦醒之后,明帝遍问群臣,所梦见的金人到底是什么神?太使傅毅答说:"臣听说《周书·异记》中有一段记载:周昭王即位二十四年甲寅岁四月八日平旦时分,所有江河泉池忽然泛升高涨,四处的井水也溢出来,狂风大作,宫殿、房舍、山川、大地也都震动起来。到了夜晚,有五色光芒入贯太微,在西方遍布成青红色。当时,昭王问太使苏由:'这是什么祥瑞?'苏由回答说:'西方有大圣人诞生。'昭王问:'对天下有何影响?'苏由答道:'此时没有,一千年后声教被及此土。'于是昭王即派人把这件事情镌刻在石头上,埋在南郊的天祠前。如果以年代计算,刚好就是当今之时,陛下所梦的金人,想必就是佛陀无疑。"由于这个因缘,明帝便派遣使者蔡愔、秦景、王遵等十八人西行到印度求佛法,佛教从东汉开始传入中国。粤:句首发语词。

[2] 扬扢:显扬。

[3] 瞿坛:"瞿坛"是梵语,意为"佛祖"。这两句是说,凡是供奉了佛祖的地方,佛祖的恩德就会泽惠到那里的大街小巷。

[4] 承乏:古代暂任某官职时的谦称,谓职位一时无适当人选,暂由己充数。

[5] 羸躬:孱弱的躯体。

[6] 洵:确实,实在。

[7] 邀福:请功,表功。

重修文昌宫碑记

邱北之南隅,有所谓树皮者。地虽偏僻,而山川之灵秀,代有达人[1],故建以文庙。捐输早萃[2]六十里,以观成荟,乃馨香俎[3],意(原作"憶",今改)为千百年所不朽。

然年深月久,虽免风雨之飘摇,鼠穴蠹穿,竟成栋梁之毁折。诸君恐圣迹之遂湮,庀良材[4]而重构,美奂美轮,较胜畴昔之观。肯构肯堂[5],大迁从前之。原时余际兹美举,不揣固陋,爰成俚语,用谢诸绅士之请,其言曰:"文星有主,巍峨碧落之间;帝座重修,璀璨神仙之麓;云凝画栋,从来仰止。千霄霞霭,瑶天莫不瞻回景岳。岂仅科名着迹,为士子之司衡[6]。自宜庙貌之重新,乃识神灵之再宥[7],兹拟鸠工复建,幸得坛美多人,敢告先达,兼布时髦。念科甲之何从?为子孙之余地,事在必为。会见云拥日月,劬[8]共盛举。行看香涌楼台,光华遥映斗缠[9]之焕彩,依然轩冕。既崇省会[10]之,文章藉甚俚言,愧拙大雅。难忘,谨叙。"

【注】

[1]达人:是指在某一领域非常专业、出类拔萃的人物。

[2]捐输早萃:附近捐款的人早就做好了准备。

[3]香俎:香火和酒肉等祭品。

[4]庀良材:选取优质的建材,挑选优秀的工匠。

[5]肯构肯堂:立堂基;构:盖屋。原意是儿子连房屋的地基都不肯做,哪里还谈得上肯盖房子。后人反其意而用之,比喻儿子不仅能继承父亲的事业,而且做得更好。

[6]司衡:主宰。

[7]宥:护佑。

[8]劬:辛劳,劳苦。

[9]斗缠:指北斗七星。

[10]省会:晓谕,吩咐。这句是说按照别人的吩咐,写下这篇碑记。

徐弘(原作"宏",今改)祖《随笔》一则

普明声者,阿迷州[1]土寇也。祖者轹,父子为乱三乡、维摩间。万历四十二年,广西郡守萧以裕,调宁州[2]禄土司兵合剿,一战(原作"故",今改)破之,轹父子俱就戮。始复维摩州[3],开三乡县[4]时期,明声在阿迷,宁州禄洪欲除之。临安守梁贵梦,郡绅王中丞抚民,畏宁州强,留普树之敌,曲庇明[5]。初犹屯阿迷境,历十余年,兵顿强。残破诸土司,遂驻州,尽夺州守权。崇祯四年,抚臣王伉忧之,裹毡笠,同

二骑潜至州,悉得其判状[6],疏请剿。上命川贵四省合剿之。石屏龙土司先薄漾,为所歼。三月初八日,王中丞亲筑临安,布政周世昌统十三参将[7],将本省兵马七千人,逼沈家坟。贼命黎亚选扼之,不得进,相持者二月。五月初五日,亚选自营中遣生为明声寿,醉返营,一童子泄其事于龙,龙与王土司夜劫之,遂斩黎,进薄州城,环围四月,卒不下。时州人廖天亨任职方郎[8],贼恃为奥援。遣使使入京,纵反间[9],谓普实不叛。王抚起衅邀功,百姓悉糜烂。于是部郎疏:"论普地不百里,兵百千人,即叛,可传檄定,何骚动大兵为?"而王宫谕锡衮、杨庶常纯武[10],各上疏言宜剿,事下枢部议。先是,王抚疏明声包藏祸心已久,前有司养痈莫发,致成蔓草难图,上因切责前抚、按。而前抚闵洪学已擢冢宰[11],惧勿能自解,既以飞语[12]怂恿大司马[13]。大司马已先入部郎言,遂谓明声不当一县,抚、按比周,张大其势,又延引日月,徒虚糜县官饷。疏上,严旨逮伉及按臣赵世龙。十月十五,抚、按俱于临安就逮。十二月十八,周世昌中铳[14]死,十三参将悉战殁。五年正月朔,贼悉兵攻临安,诈郡括万金犒之,受金,攻愈急。迨十月,城垂破,贼忽退师。以何天衢袭其穴也。天衢,三乡人也,居明声十三头目之一,见明声有异志,心不安,陈氏妻劝归中朝,天衢因乞降,当道以三乡城处之,今遂得其解围力。后普屡以兵攻三乡,各相拒,无所胜,乃退兵。先修祖父怨于宁州,方攻宁时,洪[15]已奉调中原,其母集众目,人犒五金,京青布二[16],各守要害,贼不得入。后洪返所,谓予太重,责之金[17],诸族目悉解体。贼谍知[18],乘之入,洪走避抚仙湖孤山[19],州为残破。岁余,洪复故郁郁死。贼次攻石屏州,及沙土司等长官,悉服属之。志欲克维摩南鲁白城,在广南西南七日程,临安东南九日程。与交趾界,城天险,为白彝所踞。明声常曰:"进图中原,退守鲁白,吾无忧矣。"攻之三年,不能克。七年九月,忽病死。子福远,方九岁,妻万氏,多权略,威行远近。当事者姑以抚了局,酿祸迄今。自临安以东,广西以南,不复知有明官矣。至不敢一字指斥,旅人询及者,辄掩口相戒。府州文移,不过虚文。予过安庄,见为水西残破者,各各有同仇志,不惜为致命。而此方人人没齿[20]无怨言。不意一妇人威略乃尔。南包沙土司(原作"土司沙",今改)抵蒙自县。北包弥勒州,抵广西府。

东包维摩州,抵三乡县。西抵临安府,皆其横压之区。东唯三乡县何天衢,西唯龙鹏[21]龙在田,犹与抗斗,馀皆闻风慑服。有司为之笼络,受其羁勒者十八九,王伉以启衅被逮,后人苟且抚局,且举动如此,朝廷可谓有人乎?夫伉之罪,有误用周世昌,不谙(原作"请",今改)兵机,弥连数月,兵就变生耳。当时正宜责其迟,留策其观后效。临敌易帅,且不可,遽就军中逮之,亦太甚矣。嗟呼,朝廷以东西用兵事如此,不独西南也。

师范曰[21]:"封建非可以亡周,而周竟替于秦,则封建亡之也;藩镇非可以亡唐,而唐卒篡于梁,则藩镇亡之也。朝廷之礼虚,巡狩[22]之典废。彼所谓封建者,始则挟王以图霸,继则威国以称雄,驾驭之权轻,跋扈之习惯。所谓藩镇者,浅则据地以请命,深则披甲以窥京。"呜呼!沐氏之镇滇,普氏之食土,固非封建藩镇之可比,而其势可参观[23]焉。昭靖(英)忠襄[24](春)之世,上既推心置腹,下亦竭悃宣劳。降此渐多越分,朝弼[25]昌,祈显罗罪谴,而启元[26]益思自逞,徽宗宋氏沐祀早斩矣。得至天波走死徼外[27],斯又不幸中之大幸也。普明声,么么小丑耳,当道者翼之如骄子,倚之如金穴,畏之如乳虎,养痈遗患[28]蔓延十余年。廖大亨之疏曰:"普地不百里,兵不千人,即叛可传檄而定,何必劳师昌饷?"其言是也。其所以为者非也,虎兕出于柙,龟玉毁于椟中[29],是谁之咎欤?

【注】

[1]阿迷州:明代隶属临安府,治所在今开远市。徐霞客《盘江考》又作"阿弥州"。

[2]宁州:隶属临安府,即今玉溪市华宁县。

[3]维摩州:隶广西府,治今砚山县北境的维摩。明末维摩州治在今丘北县下寨马头山的旧城。

[4]三乡县:《明史·地理志》载,维摩州"西有三乡城,万历二十二年(1594)筑"。万历四十二年(1614)正式开三乡县。三乡城在今邱北县治稍西下寨马头山的新城。

[5]曲庇明:暗中庇护普明声。

[6]判状:谋反的证据。

[7]周世昌统十三参将:《明史·云南土司传》作"周士昌"。参将:明代在边区军事要地设参府,分守各路。主持参府的统兵官即参将,又称参戎,位在总兵、副总兵之下,无定员。

[8]职方郎:明代于兵部设职方司,掌管疆域图籍、军制、城隍、镇戍、简练、征讨等事。职方司的长官称职方郎。

[9]纵反间:使用反间计。

[10]王官谕锡衮、杨庶常纯武:王锡衮,云南禄丰人,官至大学士,明末为沙定州所执杀。杨绳武,字念尔,云南弥勒人,崇祯时中进士,选庶常授监察御史,官至兵部侍郎。

[11]擢冢宰:擢:提升;冢宰:周官名,为六卿之首。后世亦称吏部尚书为冢宰。

[12]飞语:指没有根据的流言,或恶意的诽谤。

[13]大司马:汉武帝时改太尉置大司马,为全国军事首脑。后来则用作高级武官的专称,明代亦别称兵部尚书为大司马。

[14]铳:古代的一种火器。文山一带俗称火药枪。

[15]洪:指宁州土司禄洪。

[16]京青布二:两匹京城的青布。

[17]责之金:索回银两。

[18]谍知:叛军刺探到这个情况。

[19]孤山:又名环玉山。今仍称孤山,位于抚仙湖南部。

[20]没齿:闭口。

[21]龙鹏:今作龙朋,在石屏县北境。

[22]师范曰:本段是县志编写者引用"师范"的话,对徐霞客所记录的普明声之事所发的议论。(师范:1751~1811,大理白族自治州弥渡县人。师范一生写诗5000多首,他编著的《滇系》一书,计40册,约45万字,记述了云南的历史、典故、艺文等内容,是研究云南历史的宝贵文献。)本篇的标题也应该是编写县志的人所加,因为徐霞客的《滇游日记》中有《随笔》两则,均无标题和专门的议论段落,此篇为第二则。《随笔二则》是徐霞客在云南省城及滇南调查采访的

学术笔记,非当今的文学"随笔"性质。约写成于崇祯十一年(1638)的六月到八月之间。第一则记明代开朝勋臣沐英的后代、世袭镇守云南总兵官、黔国公骄横不法的劣迹。第二则记阿迷州土官普明声危害滇南的始末。徐霞客于普明声死后仅四年,穿行在曾经遭受普明声蹂躏过的地区,各处仍伤痍遍地,普之妻万氏"威行远近"。"至今临安不敢一字指斥,旅人询及者,辄掩口相戒,府州文移,不过虚文。"在这样的环境中搜集整理的采访记录,是官书和正史所不可能真实反映的,这也是有关普明声之乱最早的实地调查报告,有着很高的史料价值。徐霞客通过普明声之乱揭露了朝廷的腐朽无能、养虎为患。而县志编写者独具慧眼,采录此篇,借古以鉴今,所引用的师范的史评更是中肯而犀利。

[22]巡狩:出自《孟子·告子》:"天子适诸侯曰巡狩。巡狩者,巡所守也。"意思是视察诸侯为天子所守的疆土,是先秦时期对官吏的一种考核和监察制度。

[23]参观:参照。

[24]昭靖:指西平侯沐英,洪武二十五年六月丁卯卒于云南。十月己巳追封黔宁王,谥昭靖。忠襄:指乐浪公濮英,洪武二十年闰六月庚申战殁金山。追封金山侯,谥忠襄。

[25]朝弼:沐朝弼,身为沐英的第八代孙子,但却是个野心勃勃的骄纵之徒,为了自己的私欲竟不惜干尽丧尽天良的坏事。"事母嫂不如礼,夺兄田宅,匿罪人蒋旭等,用调兵火符遣人诇京师"等,都是史书中记载的沐朝弼犯下的罪行。

[26]启元:沐启元,黔国公沐昌祚之孙。对沐启元的暴虐,正史从未提及或叙述笼统,而徐霞客在《滇游随笔》第一则中详细加以了记录。

[27]天波走死徼外:黔国公沐天波,是黔宁昭靖王沐英的第十一世孙。沐天波最后跟从永历皇帝逃入缅甸,他一人用流星锤击杀十多个缅甸人,可是终因寡不敌众而被残杀在国外。

[28]养痈遗患:痈:毒疮;患:祸害。留着毒疮不去医治,就会成为后患。比喻纵容姑息坏人坏事,结果自己遭殃。

[29]虎兕出于柙,龟玉毁于椟中:语出《论语·季氏将伐颛臾》,在原文的比喻句中,孔子第一是把季氏比作虎兕,把颛臾比作龟玉。季氏攻伐颛臾,就好比虎兕从笼子里跑出来伤人;如果颛臾在鲁国境内被季氏攻灭,就好比龟玉在匣子里被毁坏。这层比喻义,有力地揭讨了季氏的贪暴及其伐颛臾的非道义性。第二是把作为季氏家臣的冉有和季路比作虎兕的看管人和龟玉的保管人。出现"虎兕出于押,龟玉毁于椟中"的情况,其过错既不在于虎兕和龟玉,也不在于柙和椟,而在于它们的看管人和保管人。从普明声之乱来看,这里明显用的是典故的第二层意思:过错不在普明声,而是朝廷的纵容和养虎为患,自乱朝纲。

普明声万氏始末

普明声,阿迷州土人也。初为马者哨哨头、水鸟之乱,与沙吾必奎等俱奉调,率兵破贼有功。既而,京营御使傅宗龙[1]受命按黔,间道由建昌回滇,募兵赴任。知明声勇黠[2],所部土兵亦强,特请随行。滇抚闵洪学[3]入奏,尝言:"自明声东行,滇土司兵益弱。"其为时所重如此。明声在黔,屡破水西贼家,会宗龙以内艰归水西,随就抚,明声亦回,得授阿迷[4]土知州,日益骄蹇。崇祯五年,巡按赵洪范至临安[5],明声率兵迓[6]之,戈甲旗帜列数里,洪范恶之,贻书抚军王伉,谓其养痈,伉亦习明声不法,遂列奏[7],请檄调黔蜀兵会讨焉。是年冬,三省汉土兵俱集。以黔镇商士杰掌兵政,伉自出临安督粮,右布政使周士昌监军击明声,败之,进围阿迷州。明声使其下伪约降,阴使人以重贿诱吾必奎曰:"君不闻狐死兔悲乎?阿迷平,兵行返(原作"反",通假字)元谋矣。"既而,官军与贼战,必奎卖阵,先走(原作"文",今改),官军大败。事闻,大司马熊明遇以起衅[8]为伉罪,遂与洪范俱被(原作"建",今改)逮,士昌殁于阵。明声虽战胜,仍巧词乞抚,尝道:"惩前事,不后到讨[9]。"总督朱燮元自黔至,以兵威抚定焉。广西郡守张继孟奉委抚明声,思以计杀之。每称明声才,武且有功,不宜摧毁。以致变乱,皆有司之过也,明声闻之喜。一日,继孟将谒兵[10]备道于临安,先诫其下:"必取夺阿迷。"见明声将至,故熟睡舆中,其下不得请。醒,而问所次,已逾其境数里矣。佯怒,责其从行者,且曰:"我有事,须急至临郡,往返恐后期,可沿途置骑俟我,我今回见普公。"遂尽屏舆盖先行,独与从者驰数骑趋阿迷。明声先已人侦继孟,闻其言益大喜。出迎谒,语甚欢。方持茶饷客,继孟曰:"尝闻南中土司善药人,我不敢饮。"明声惊遽,指天誓:"方德公无以报,何有此?公果疑,明声请先饮。"竟易盏饮之。不知继孟执茶时已预藏毒药手中,置茶内矣。明声留治馔,辞以有事,谒兵备急,俟回痛饮。明声已闻其途中言,信以为实,因别去。继孟疾驰,易数马,即夕达临安。明声药发,始觉,命其党率兵追之,不能及,明声死。其妻万氏,江右寄人[11]女也,狡而淫。据其众,役使诸小彝,选部下壮而美者,更番入侍。沙源诸子,定海、定洲、如琦等皆与之私。既久,觉无以服人,乃招定海为赘婿。已复嫌其朴陋[12],而定洲少年白皙,更窃杀定海,而赘定洲。其子普服远耻之,与万氏分寨而居。后服远以病死,定洲遂兼有安南、阿迷之众,并近彝,地愈广,南至交岗。甲申,张献忠陷蜀,云南震恐,使参将大赘率兵防金沙江。吾必奎者先为元谋知县,久绝不嗣[13]矣。至必奎以战功得官,仍居故地。自阿迷卖阵后,杰赘日甚。大赘贪墨[14],屡以事侵之。乙酉八月,必奎聚众反,连陷武定、禄丰、楚雄诸郡县。黔国公沐天波檄各土司会剿,十月,官兵与土官禄永命、龙在田等击败必奎,擒之。永命,宁州土知州。在田,石屏土人也,俱以水鸟之乱有战(此处缺"功"字),在田历级副将。崇祯十一年,奉调至襄阳,隶总理熊文灿军前,击流贼革眼、躷塌天、双沟,败之,以是知名。张献忠等受抚谷城,颇与蜜。既而,献忠叛,文灿获罪,在田亦罢归,元谋之役与永命俱在行间。十一月沙定洲兵亦至。时必奎已伏诛,定洲犹留城外不肯归,会奸人饶希之、余锡朋等,遍骗天波金宝,无以偿,以贸易往来各土司营中,夸天波家饶富,定州心动,阴结都司院韻嘉、张图用、袁士宏等为内应。以十二月朔,入城辞行。天波以家忌,未出见。定洲入门大呼,其下蜂起焚劫,天波由小彝出西城。时禄永命在省,方巷战拒贼,从官周鼎止天波,留讨贼。天波疑鼎,见,诱杀之,遂走楚雄。其母陈氏、妻焦氏亦走城北普吉村之金井巷,当夜举火自焚死,定洲因尽得沐氏所有,盘踞省城,劫巡抚吴兆元,为题请代天波镇滇,传檄各郡县。龙在田在安宁,宇禄、永命等各引所部部归。万氏在阿迷,闻变惊曰:"吾家当为此败矣。"谋至省,执定洲以投诚。既至,见定洲气焰赫然,资用饶洽,更喜过望,夫妇坐入,人与持戟与抚按住,往来欣然自得也。沐天波至楚雄,定洲率众追之,是时楚雄新为吾必奎所破,金沧道副使杨畏知奉调监军至楚,楚人留之,畏知遂驻楚。闻定洲西出,与天波计,守(原作"安",今改)御之,具未集,曰:"公在,楚贼以全力聚攻城,必破。公不如西走永昌,使楚得为备,贼即西追,恐楚塞其后,留攻楚。又恐从西来,首尾牵制,上策也。"天波促之,定洲至楚雄,城闭不得入。为畏知所阻(原作"给",今改),遂去。遣其党王朔、李日芳等攻大理、蒙化,陷之,屠后以万计。畏之乘间撤其居民,尽入城,清四野筑隍,檄调汉土兵焉,郡县多遥应之。其明年丙戌,定洲恐畏知截其归路,又开迤东,禄永命龙在田等各自守,因不敢至永昌。撤兵竭力攻楚雄,楚雄守具既集,屡攻不能下。一日,畏知坐城楼,贼发巨磙[15]击之,烟焰所指,正罩畏知。贼相庆曰:"必死"。须臾烟散,畏知端坐如故,惟击去帻耳,惊叹以为神,畏知视贼懈,则出奇兵夺垒,前后所杀甚众。至夏,贼稍稍引去,东攻石屏,石屏守亦坚,后回攻宁州,破之。永命死,至嶍峨,土官王克猷走,死于路。龙在田在石屏惧,与其党许明臣窜大理,定洲既定迤东,复引而西攻楚雄,分兵为七十二营,每七营各为一大营,屯之环城挖濠为久困计。畏知守益坚,终不能入。明年丁亥,张献忠被(此处缺"杀"字)于西充,其义男孙可望等率残兵,由遵义入黔,龙在田使人告变,且劝其至滇。可望因诈称黔国焦夫人弟,率兵来复仇。云南初苦沙乱,皆延颈望其来,不知为贼也。三月可望等至滇,定洲解楚雄之围。率众御于革泥关,大败,遁归阿迷。可望破曲靖及交水,俱屠之,遂由陆良(原作"凉",今改。今天的陆良县过去也作"陆凉")、宜良入省。宜良知县与佐持羊酒迎可望,贼喜不入城。至省,抚吴兆元等逋迎于郊,巡按罗国献在曲靖被执,不从,带至省,自焚于署前。通判朱寿琳以金都御史奉差,募兵于滇,亦不屈,从容赋《绝命诗》,被杀。可望等因尽据城池,官署布列以居,法禁苛切[16],百姓失业流离,较昔尤甚矣。既而,分遣李定国徇迤东诸郡,可望自率兵西出,杨畏知御于启明桥,兵败被执。可望闻其名,不杀,诱降之,曰:"吾今不为贼,当与尔共扶明耳。"畏知曰:"果尔,当从吾三事,一不用献伪号,二不杀百姓,三不掳妇女。"可望皆许之,即折箭对誓。迤西得免屠戮,畏知之力也。可望至大理,龙在田、许名臣迎降之,以书谕沐天波,如与畏知言,天波子报遣永昌通判刘连标、上杭人推官王云开夹江入,俱不屈,自缢死。可望分兵入丽江,悉取其数代所畜,厚待天波子。阴使刘文秀随之急驰,度兰津桥,至永昌,会天波与乡官龙龚自纍等于北城楼,遂携之,同杨畏知等俱至省,姚安举人席止珍拒贼,见执至省被磔[17]甚惨。李定至临安,临安为定州洲部目李阿楚驻守,拒战甚力,定国穴地道置砲[18],砲发而城陷。阿楚赴火死,兵犹巷战,定国怒执城中绅矜兵民,尽戮之于城外白场,所杀七万八千余人,而阵自焚与自缢者不与焉。初意,遂袭阿迷、蒙自,取定州,闻晋宁再有变,因尽掠临安子女而回,遇河西在籍巡抚都御史耿廷箓赴水死,其妻杨氏被执,亦不屈,见杀。至晋宁,围之,屠其城,并屠昆阳、呈贡、归化,所杀又数十万人。先是,昆阳有孔师程者,以从军得官,纠合晋宁各城人拒贼。定国既至,师程入舟遁去。晋宁知州石仟、冷阳春,呈贡知县嘉兴、夏祖训俱死之。定国又尽杀临安,被获妇女于路亦千余人。江川知县周柔强不迎,定国率众屯于抚仙湖之孤山。定国既至省,使人出击尽歼之。盖迤东屠戮之惨,几与蜀同[19]。而迤西独免,宜楚雄人至今尸祝[20]杨畏知不衰也。然城亡,与亡大节不夺。如冷阳春诸人,亦何可多得哉。可望、定国既回省,经营土木,毁南城民居万间作演武场,城内作四王府礓石,毁呈贡昆阳二城为之。可望、文秀、定国与艾能奇皆僭称王,在籍御史任僎等又倡议尊可望为国主,遂置六部等官,以撰兼吏、礼二部尚书,铸兴朝通宝,括尽省田地及盐井之利,俱以官四民六分取。各郡县工技,悉归营伍,以备军资。可望,饶机智,既据有全滇,益自尊大,而其党犹视之。李定国尤倔(原作"崛",今改)强,每事相阻忤。明年戊子,可望与刘文秀等义缚定国于演武场,声其罪,杖之百,既复相与抱持而哭,命定国取沙洲、定州以赎罪。定国心撼之,念相推奉已久,无能与抗也。定州归,屯兵佴革龙,与万氏分险自守。其下汤嘉宾、陈长命等各据一山立营,相数千里为犄角之势。

私(此处疑缺"通"字)交趾,借其援以固诸蛮心。一日,偶聚于嘉宾营,定国侦得之,率兵遽至,围以木。城困守三月,绝其水源。诸蛮惧,出降者相续,遂械[21]定洲等数百人回省,剥其皮。于是天波具衣冠,雪(原作"谢",今改)祖宗母弟妻子之仇。滇人之受沙毒者,亦咸称快焉。

师范曰:"万氏以夷妇,毙明声,杀定海,卒陷定洲,以丧元珍嗣[22]。虽剥皮刮肠,而滇之残毁已不堪问。使彼初念,执定洲以投诚,足盖前愆[23]矣。乃既慑其气势,复恐其饶裕[24]"《易》曰:"见金夫,不有躬[25]。"其此之谓。

【注】

[1]傅宗龙:傅宗龙,字仲纶,云南昆明人。万历三十八年进士。任铜梁知县,调巴县,不久,入为户部主事。后授御史。

[2]勇黠:作战勇敢,而且有心机。

[3]闵洪学:明朝乌程人(今浙江吴兴)。万历二十六年(1598)中进士,成为参政。天启二年任云南巡抚,天启七年因平贼有功,得以入京。

[4]阿迷:今云南开远市。

[5]临安:今云南建水县故称。

[6]迓:迎接。

[7]列奏:罗列上奏普明声的不法情况。

[8]起衅:发生动乱。

[9]惩前事,不后到讨:可以惩罚我前面的错误行为,现在就不要找借口来灭我了。

[10]谒兵:警卫人员。

[11]寄人:寄:依附。依附于他人篱笆下。

[12]朴陋:相貌一般,丑陋。

[13]嗣:没有后人。

[14]贪墨:贪图财利。

[15]巨礅:火炮。

[16]法禁苛切:法律制度尤为苛刻。

[17]磔:古代一种酷刑,把人的肢体分裂。

[18]穴地道置砲:挖地道放置炸药。

[19]几与蜀同:几乎和张献忠在四川进行的大屠杀一样。

[20]尸祝:本指古代祭祀时对神主掌祝的人;引申为祭奠或者崇拜。

[21]械:押解。

[22]丧元殄嗣:使普氏的元气失尽,让普明声的后嗣断绝。

[23]愆:罪恶。

[24]饶裕:富饶丰裕。

[25]见金夫,不有躬:出自《周易·蒙》:"六三,勿用取女,见金夫,不有躬,无攸利。"郑玄注:"见刚夫而求之,故曰不有躬也。"孔颖达疏:"见金夫者,谓上九,以其刚阳,故称金夫,此六三之女,自往求见金夫……是为女不能自保其躬,固守贞信,乃非礼而动,行既不顺,若欲取之,无所利益,故云不有躬,无攸利也。"这里是以"见金夫"的女子为例,说追求现实利益的本性不可太过,如同"见金夫"的女子不可娶为妻子,这样的女子见到有财势的人就会失身去贪求,盛炽的现实利益和追求之心对自身和他人都没有什么好处。此处是以万氏为镜,警示后人。金夫:有权势的男人。

上下东区战事述略
前清咸丰六年丙辰十月朔之变

咸丰一二间,劫贼四起。滇迤东,贼回居四之三,劫贼又以馆驿、东沟为多。缘渠魁强,半在二邨也。时承平日久,州县泄沓[1]成风,大吏均不习兵,复惧滋变,漫置之州县。谕(原作"喻",今改)旨:"诸大劫案,皆以仇杀之。"愈劫民愈伤,控案[2]如山。藩、臬、粮、盐、田道司[3],知督抚[4]不足济也。相与拜本[5],清文宗怒饬[6]督抚查剿,并饬滇官京卿黄琮、窦垿[7]者回滇办团,因时势好为之。六年,滇督抚严参[8],回怵焉,遂明邀,聚铳矛,作抗抵计。汉民亦率集铳矛,邀聚防之。畔隙既深,汉民受回毒甚,竟乘回迁居报怨[9],杀机开,汉回遭池鱼殃者,不可胜计。九月中,回竟明言杀汉,十月朔,三迤各大回村,同日竖旗扬戈,虏屠所在汉人辈。邱东乡汉民,攻回之族。广南大小落白,沙夷来攻也。遂大集汉、沙民,是日于距温牛二十里左右门坎地方御之,甫交绥[10]即大溃,盖沙民受回旨[11]久矣。败后,沙夷挨村掠略,复纵火焚烧庐居十余,犹未尽(原作"烬",今改)。汉民先奔者往师宗罗平作寄公,老弱妇稚艰行者均被杀于田陇,或转死渠沟,以故六、七二年,东乡汉民村庄变为蔓草荒烟,吁惨矣。

【注】

[1]泄沓:本指多言,啰嗦。后转义指办事拖拖沓沓。

[2]控案:朝廷督办的大案。

[3]藩、臬、粮、盐、田道司:指当时管理赋税和人事的藩台、管理司法的臬台,管理粮食的粮道,管理食盐专卖的盐运使。

[4]督抚:掌管军事的总督和管理行政的巡抚。

[5]相与拜本:地方官员相约向朝廷送上奏折。

[6]饬:古同"敕",告诫,命令。

[7]京卿黄琮、窦堉:作为到京都任职的候选人黄琮(黄琮,云南昆明人。道光六年进士,选庶吉士,授编修。累擢兵部侍郎,以亲老乞养回籍。咸丰七年,云南回乱方炽,命琮偕在籍御史窦堉治团练。时饷绌兵单,疆臣主且剿且抚,而汉、回仇隙素深,团练骄悍不听约束,往往抚局将成,练勇擅杀降回,益纷扰。总督吴振棫劾琮及窦堉办理失当,皆褫职。事稍定,振棫疏陈纵容练勇诸事,皆出窦堉主持。琮当省城被围时,登陴固守有劳,又劝捐出力,诏复原官。)和云南御史窦堉(窦堉,清嘉庆九年(1804)生,祖籍江南泰川,明代迁居云南。原罗平州西区淑基村人(现云南省曲靖市师宗县淑基村)。淑基窦氏,为清代滇东望族。同治四年(1865)逝于贵州任上,享年六十二岁。)回到云南兴办民团。

[8]严参:严厉参奏朝廷云南回族即将动乱的实情。

[9]报怨:报仇。

[10]甫交绥:等到一交战。

[11]旨:拉拢,好处。

普云作乱始末

普云者，明末普明声之遗孽也。幼读书，粗知文字。一日，阅明声乱滇事，叹曰："祖宗如此英雄，子孙何以落寞至此？"遂存不轨之心，阴图恢复土职。每逢朔望，备香猪办斋饭邀约夷众，密会山洞，诵读黑书[1]，蛊惑人心，远近被诱众至二千余人，与沈开科等密谋起事。定于光绪四年八月初三，由大射姑山率党分攻架衣、维摩、江那、树皮，四处同时响应。普亲带悍卒，围攻架衣[2]三日不下，被该处乡兵击退。沈开科一股沿途烧掳扯牛皮[3]六七寨，其一股声称攻取摩笼，致令树皮陈有福、马恒、芮际昌各率兵防堵要隘，该匪却绕道分两路直扑树皮，刚至村后小石桥，诸贼不用军器，只跪地念咒，用扇乱搧封刀，被该村义勇龙玉、杜云祥、陈顺林等开枪击毙数人，遂奔溃。其由小龙树一股进村，扒墙扯草，放火侦探，村妇胡朱氏夜间熬糖，知有贼，即用滚汤泼去，贼负痛跌下，后遂惊溃，自相践踏者不计其数。天明，四路告急，丘城戒严，知县黄榜魁，把总车昂调兵防守，昼夜梭巡，延至月余无事，人心始安。大府悬赏购捕，而普云不知下落，或云死于乱兵。盖攻江那[4]时，破沟中击毙十八人，想普在焉。

次年，二小龙树野火烧山，现出骸髅数十具，当贼败窜入山箐者，村（此处疑缺"民"字）不敢殓。而贡生杨廷耀雇人，垒而埋之，亦泽及枯骨之一善也。

【注】

[1]黑书：邪术之书。
[2]架衣：今作"稼依"，今属砚山。
[3]扯牛皮：今砚山县永和村。
[4]江那：今砚山县江那镇。

土匪卢矣松始末

土匪卢矣松，六桂嶍沙夷也。性狡猾，颇有勇力，一时恶少多（此处疑缺"附"字）之。该族习惯，以伏莽相尚[1]。卢匪既富有勇力，众遂推为渠魁[2]。光绪十四年,聚党数百,与壩业、六不消等处相攻,寻旧怨也。该处人民竟张大其事后,词妄禀[3],谓卢匪有大举之势,大吏特饬广西营游击彭俊惠,率兵进剿,不胜,退驻邱城,请兵来援,一面征调乡勇,乘间焚其巢穴,该匪乃退据戈底嶅,势亦张,率众拒战,互有死伤。连日鏖战,上四寨皆被焚掠夺,时总兵赵发率大军继至,该匪见势不敌,始窜入粤西之纳劳,兵勇尾追,于十五年正月,该匪就擒,栏送[4]省城正法,并诛其兄卢矣桂,乱始平。

【注】

[1]以伏莽相尚:都崇尚草寇,崇拜勇力。

[2]渠魁:首领。

[3]词妄禀:用捏造的假材料禀报给上级。

[4]栏送:用木料制作的囚车运送。

东乡民兵与官兵合攻土匪之战

前清光绪十七年[1],辛卯正月。广西营彭游戎,追剿纳赛土匪卢矣松戈底嶅[2]。自有邱以来,素称贼窟乡也。卢恃李布洪、李张为援,往投焉。卢至,彭亦率兵至。二月末,卢李三人竟率匪翼与彭交锋,武生周永泰奉檄带民兵助之,适当贼锋鏖久,勇丁徐有才死之,梁金富亦受伤,然匪终不支,败逃而去,卢旋被彭计擒法办,事后论功,周永泰获六品顶奖。

【注】

[1]光绪十七年:1891年。

[2]戈底嶅:今戈寒乡。

游匪入城始末

游匪之先啸聚集于广西之边境,相传为越南退伍之旧部苏三娘之遗党,不受招抚,以故酿成巨患。始而劫抢于滇桂交越等界,并田篷、白色、剥隘等处,渐至蔓延于开广附近,遂有窜入邱北之祸。当游匪未入之前数日,曾劫抢石马,遭通海烟帮商人寄信回报,然不料明目张胆,敢于拥众陷城也。

盖邱北自回乱削平,而后间间相安无事。战具置之不修,墙垣任之倒塌。故游匪之来,战守均无长策,此地方政治失败之情形也。至游匪入邱之年,为光绪年二十四年十月十八日辰刻,其党约三百余人,各执快抢由东门鱼贯而入,甫进城,即分党占据正街各铺户与四城门,及后山墩台,时城中人民尚不知为匪,以为官兵经过,将开拨他处。有出问讯者,有曩昔曾来丘与之熟悉,而共相款洽者。其匪首则派多人进署,声称奉大理提督冯宫保调,欲面见县令,交付公事。而县令田亮勋亦不疑为匪,慨然出现。时有文案[1]平鼎亦出,田甫交言即被执,平亦被执,枪声遂从县中轰然一发,于是号定各铺之。匪遂大动作,枪声隆隆,居民方知为匪,始则奔逃,哭泣之声不绝于路,枪约响二旬钟,始稍停。盖匪党于此时往来民家,搂括银钱故也。一面打开监卡,将犯人放出,使其带(原作"代",今改)路、荷枪,其无赖匪徒乘机发财,货物财帛,狼藉满街,任其恣取。总计游匪入城自辰至申,始满载而去,而邱城数百年之精华,遂掠掳一空。

是役也,死于匪难者共二十余人,方匪去时,执田往,以御追兵,田令是晚宿祥已[2],至次日,并无追兵。又经邑人王召臣、郑开泰往求,始释归。三日后,开化镇命陈其耀、钟春芳等率兵丁数百名,按辔徐行,缓缓而至,然畏缩不前,莫敢追击。百姓奋激,欲借其枪支,挺身尾追,钟亦不许。乃盘旋在邱,搞磕索诈[3],藉此报捷有功。此当时邱城被枪后之情形也。厥后[4]钟守备等赐雀翎、戴红顶,官兵冒功[5]保举。百姓冤沉海底。赏罚若此,诚可叹也。

【注】

[1]文案:秘书。

[2]祥已:地名。

[3]搞磕索诈:敲诈勒索。

[4]厥后:这件事情发生以后。

[5]冒功:谎报军功,彼此订立攻守同盟。

沙匪扑城始末

广西距城一百里罗那嶝,三五村落,人烟只(原作"止",今改)数十户,有朱布戛者,世务农,生二子,长已娶,幼仅七龄,面貌端庄。光绪三十四年,来一道人,进门即抱儿置上座,倒身百拜,口称吾主,赦臣之罪。家人不解,忙请教读[1]来问,曰:"臣不远千里而来访真主,来迟祈赦。"先生曰:"幼孩何知赦?"曰:"代答亦可。"母随口应曰:"起。"复百拜起,朱欲观其异,待饭留宿。道人嘱另洁一室(原作"时",今改),保主同宿,夜间儿熟睡,约邻缝窥见沙帐内,灯光闪璨,金龙盘现。次日,屏人[2]说朱曰:"方合清朝数尽,沙当开运,紫微[3]降此,主当其应。"朱始则疑,夷人从(原作"徒",今改)无做官者,敢非望乎?道人于丛祠中取出书、剑,诸多符验。朱犹虑村小势孤,难成大势。道人又曰:"臣凭三寸不烂之舌,愿去说合五曹、邱北、栏马、牛沙,教英雄倾心服从,联络举事,何虑大事不成?"兼之祖坟夜夜有光。朱遂坚信不疑,于是假以金壮其行装。宣统元年正月,过广西纳暮,约诸处沙首王布藩、何臣忠、张布亚等,赴罗那嶝朝见,夜睹龙现诸异,无不坚信。以为沙人当有天下也,乃代传伪命,封王为丞相,何为战殿将军,张为开国勋臣,道人则以护国军师自任。布藩谢恩回,号召邱北广西各边地沙夷数千户,同时响应,以待举事。复遗心腹迎接小皇帝过江,潜住六十日。二十日,又迎至黑那。住三十日,暗约齐集、那墓、小西陇等寨,共会大业。宰牛十八条祭旗,兴师先取邱北城。是时邱北尚未知之也,间有人说,一月内凡赶双龙营、黑那街,沙人多买盐、白布,市物一空,价为之涨,心实难测。邱北有人传说,或斥以沙人何能为此?不足虑也。时有回人纳娃失牛,觅至小西笼地方,沿途沙人络绎不绝,拥聚万人之多,远远潜伏偷看,遥见万众中有一道人,伏怀剑作法,大旗招摇,遂移家人。又有沙人艾文义者,颇明大义,入城报信。绅士禀官,时县主冯汶会议曰:"无论事之有无,急宜防守,有备无患,庶保万全。"遂调勇守城,设伏截击。又遣邑绅陈学易率十余人,前途侦探,殊行至中途,突遇沙匪果于间。二月初三日四更时,数千人由北路呐喊攻城,曙光中见该匪等无甚枪械,各执刀叉木棍,前锋离城一箭路,插立大旗,团保董德培同绅民等于城上开枪放击,打倒大旗,伏兵夹击匪,毙数十。后队天崩地塌,溃败奔走。次早乡勇开城追击,连路米豆狼藉,生擒党百余名,共称道人姓,呼名大才,有异术,知吉凶,自拜旗,回仙山,请师临阵暗助,封枪封刀,撒豆成兵,掷米成粮,必获全胜。熟料其毫无效应,想必卷资潜逃矣。讯明确实,枭首示众。初四日,三家寨张布耀等见事不成,遂执幼儿献功。是役也,诛其渠魁[4]。散其协从,刻即扑灭,据实详上,未始无功。一面飞章告急,大府郑重其事,檄知府李世楷统领各军千余人,督办法剿,与扶各执一见争辩,莫不决。惟周谓:"分别良莠,剿扶兼施。"然前后尚杀一百余人,朱布戛全家皆诛杀,产业归公。五月平定,论功,保举李世楷署临安府,周沆(原作"沉",今改)知府用冯汶升富州,倅[5]范成章加级,邑绅在事出力者,皆蒙褒保奖[6]。七岁幼儿,以不知天命,免死,送省收养监内,至反正后始释出迤西安置。所谓护国军师者,则不知归于何所也。

【注】

[1]教读:私塾老师。

[2]屏人:支开其他的人。

[3]紫微:原为萨满教占卜时的星象名词。因为紫微是紫微占卜学中众星之一,所以紫微也是紫微占卜简称。古代认为一个人的运气如一块表,当指针走到不同的位置,人的运势会有好差不同的表现。

[4]渠魁:匪首。

[5]倅:副手。

[6]保奖:由上级作记录,给予嘉奖。

辛亥重九,滇垣革军起义及何海卿到邱始末

武昌起义,恢复祖国。继之者,其吾滇焉。辛亥九月初九日,滇垣光复。十三日,邱城闻报,知县张锦春召集军、警、商、学各界人员,于公局开全体大会,议决一律护爱,宣布大义,各街巷张挂彩旗,庆祝民国万岁。城乡景从[1],上下安静,宜若无事矣。然乾坤旋转,运会使

然,有出人所不及料者。乃于十月初旬,探得何海卿率军一队由广西、师宗沿途需索多金,现至五嶰,费分州良马[2],亦被估率牵,不日定即抵邱城,随奉迤东安抚使吴函,谓"何私领多人,滋扰地方,邱北宜加意防备,勿令窜入,已派王哨,牟同师宗团兵尾追云云"。

至初八日,何海卿兵果至,而师宗兵亦到,彼时城惊恐,不辨真伪,只得楼城固守。师宗兵则往东门外武庙,何军则安往西门外城隍祠,而何军务要入城,经绅首与之交涉,皆未得具体办法,告以丘城壤地褊小[3],大军一入,男妇惊骇,反为简慢[4],一切供给,敢不如命?再三婉求,反触其怒,传令开枪,又遣一队围攻师宗之兵。时日正午,城内亦开枪还击,枪声隆隆,弹雨飞飞落城内,伤毙三人,攻及一旬(原作"旬",今改)钟,何撤队。

次日,围攻如故。时何队中有高韫华传说停战,只身吊入城调和,叙明奉蒙自道委,安抚百姓,非有他意,何苦自相鱼肉,诸少年有欲杀之,以绝外伺者,赖绅董阻之,谓斯人不计利害,舍命说和,亦义士也,岂可造次?议尚未决,适本城祁彰由蒙回家,亦知道委是实,此系两下误会之过,于是始开城迎接。何严整队伍,会众于公局内宣布曰:"此番奉命安民,注重严办贪官污吏,张知县赃款盈囊,宜查抄归公,以济军饷。"众禀以张到任未久,并无私蓄,祈详查宽宥[5]。又曰:"该县毫无主宰,几酿大祸,准即罢职,另举一人以专职守。"再四追寻询众,推董德培暂代县事。

第三日,宰杀牛羊,追悼死事四人,送牌位入昭忠祠堂。是晚,请城绅道局谈叙,谓军饷不敷,须为补助。绅等恳求纳三百元以作交付收讫。越一日,开拔回蒙,张县主送至树皮,乃归。

是役也,总计前后费用公款银一千一百元,知事陈光濂到任,设法弥补,此反正初实在之情形也。

【注】

[1] 景从:"景"通"影",如影子一样随行。

[2] 费分州良马:原来隶属于各地的好马,都全部被他们拉走。

[3] 褊小:狭小。

[4]简慢:怠慢。照顾不周全。
[5]宽宥:原谅、饶恕。

粤军犯滇过邱始末

民国五年,袁世凯僭称帝制,晋粤督龙济光王爵[1],天下靡然从风。惟滇省兴师北伐,拥护共和。龙奉袁旨征滇,用其兄龙观光为军统,挂征南将军印,分兵五师取滇。第一师司令李申三,由白色、剥隘进至富州县,被滇边总司令李烈钧[2]截,往不得进。惟第二师司令黄恩锡,率粤军由归顺一带,沿途招募数千人,二月初九日至猫街,即用其地匪首欧文凤,授以伪营长之职,十一日抵江边,被滇军第一营营长王洪顺抵住,两下开仗,互有死伤,不能过。时邱城驻有第二营长任联金,王管带因见粤军势力大,前来请援,并邀地方为之办运粮秣,以便据险固守,待大军补助。城中官绅会议,乃举城绅王荣槐、李永成赴羊街一带办粮供运,并求任联金开队赴援,可免粤军偷过,岂(原作"詎",今改)意任联金居心不良,其队开到猫街,竟私涉黄恩锡约为内应,夜逼洪顺曰:"粤军势大,顺之则生,逆之则死,某以降矣。岂营长一人敢能抗拒,若执迷不悟,命尽令夕,某亦难顾。"王回视,见枪刀逼凌,尽属任党,叹曰:"事已如此,任汝所为。"任出号众曰:"营长已归顺了,停战迎接,遣令者斩。"于是黄即整队过江,安慰王洪顺,授以前锋统领之职,王李二绅见粤军大队过江,星夜从间道[3]驰回,报告奈已无可如何。而黄十三日宿温浏,十四日至双龙营,又召集强盗杨婆罗、黄破脚巴苗显等,授职有差,聚众二千余人,十八日韩县长出城,之水寨迎降,任联金满队张拥,众入城。先是马统领保任虽为管带,督军查知系匪,密令韩县执任正法,韩畏惧不敢,至是执出示公文示任,欲讨其喜,任叱曰:"五关送凭,何益[4]?"韩见事不好,遂乘隙潜逃,任命杨定坤追赶,至树皮追获,区长杨诚忠得银七十元放走。十九日赵开春率兵隧直入邱城,饬令官民儿人等宜欢迎大队。时城中警兵十余名,围兵十余名并无枪械,万难抵御。二十一日,耆民出城十里,迎接黄司令进城,驻扎宝业学校。时粤军至数千之多,各店歇满,街巷拥挤,人情汹汹。男妇有逃避乡村,复下令不许滋扰百姓，违者立斩。然军队虽多，均系乌合之众，毫无纪律，尚不知官长为何如人，而黄司令即据邱城，夜郎自大，饮酒高会，自谓滇中战将，谅无敌手。看于宜良，可得一战。不然，闻风先遁，全滇不难直扫矣。遂命任联金、方小圃袭竹园，围陷弥勒，五嵶分县，降文先至。而广西陆良等处，直如秋风扫叶耳。乃张大其词，四门粘示，某年某月日克复邱北城，某某等州、县等望风投顺如此，声势吞金马碧鸡，直指顾间耳。岂止残害桑梓，不惟人心不附，亦天道所不容。三月初五日，兵抵芦柴冲，王洪顺被滇军警卫四团第一营长叶焕春击毙。罗有亮兵溃，粤军死亡百余人，冲散四百余人，失管退大炮二尊，机关枪二挺，步枪数百支，军势大挫。黄先令赵开春围广南，至阿基得知有备，率队折回。滇军四面追剿，请援之文，雪片飞来，又闻得龙大军统被拘南宁消息，后无接济，不得已，黄心大恐，即率大军开拨至大江边，遇滇军迎头痛击，败奔临安江外，仍留何管带、欧老四保守邱城。当是时，邱邑闻大军将至，居民惴惴，兼之月余，供给罗掘尽净，苦已不堪，倘两军对垒，炮火横飞，炎昆之祸，靡有孑遗。绅民等挺身说欧、何曰："二位坐守孤城，以百余人之队，当滇中精练习之军，泰山压卵。无投不破，不如早筹良策，保全邱民，则公等之患，当千载不忘也。"二人曰："我等筹思久矣，惜资斧匮，何以动身？"绅民等刻即承认愿凑银五百余元交付，亲送出城，时三月初八日。滇军警卫团副李识韩[5]大军已到树皮，是夜大雨倾盆如注，绅民心实焦灼，通宵不昧。次日商议举罗光廷、居玉堂等陈明，粤军全行退去，邱民陷水火之中，愿公登诸衽席之上云云。李已严装整队，预备攻战，将到邱矣，岂料余三月初九日二更后，赵开春忽然又至，传令把守四门准备御敌，有谏言阻者即以军法从事。满城人民惊惶无措，有绅民李伟人、黄廷耀、陈学潜、杜启明、陈顺忠，与邦李定邦、彭立言、王荣槐等集议曰："事势如此，危险万状。倘再犹豫，大祸至矣。虽刀斧加首，再所不惧。"遂见赵曰："大人战功卓著，名驰粤省。但此城一入战线，受害何堪设想？大人，邱人也。毕欲数万无辜生灵尽丧锋镝，大人不为身计，独不为桑梓计乎？"再三婉求，赵逆始允，愿退。犹多方需索，乃由各绅中借得银三百元交讫，始于鸡鸣时率队追赶，伪司令黄从江甯去。初十日午,合县老幼出城,欢迎李团副进城,而韩县长亦随至,下令各良善家闭合户,不准游行,以便稽查匪党。乃擒与韩有仇者一二人刺毙,有村民不知禁令,身穿粤商服装者,误杀五人。由是报捷,乃粘示四门,称我军克复邱北城云,驻邱扎三月,继因叶队长由广南来邱,奉文滇军陆续调回,乱平,总计前后共用款数千元。军去后,而县事交马统领代理。盖至是,邱民始得安枕。

【注】

[1]龙济光王爵:龙济光(1868~1925),字子诚(紫宸),云南蒙自人,彝族,民初军阀,陆军上将,曾任广西提督、广东安抚使、都督兼署民政长,两广巡阅使。护国运动在云南发生后,袁世凯布置了三路进兵云南的计划,其中南边一路就是指使龙济光进兵云南,企图夹击护国军,但被李烈钧率领的护国军第二军和广西陆荣廷部的夹击,在广西百色、文山剥隘一带缴械投降。龙济光不甘心,又密派其子龙体乾潜回云南,勾结联络土匪,在逢春岭和水田发动叛乱,攻打蒙自未遂,转而攻陷个旧,后被滇军击败。同时龙体乾又率稿吾卡土司兵攻打建水,也被滇军击败。1916年4月,滇桂黔粤四省军警同盟会发出通牒,限龙济光24小时内独立,袁世凯也授命他"独立拥护中央"。龙济光被迫宣布独立,但通电中既不责备袁世凯,也不支持护国军。袁世凯死后,龙济光急忙取消独立,表示服从中央,后被黎元洪委任为广东巡抚使,1925年3月9日病逝。王爵:指龙济光接受袁世凯郡王的分封,领受爵位,公开承认袁世凯的帝制,故称袁世凯为"郡王",而不直接称皇帝。

[2]李烈钧:(1882~1946),字侠如,号侠黄,汉族,江西省九江市武宁县罗溪坪源村人。国民党二级陆军上将。青年时期便追随孙中山革命,辛亥革命爆发后,李烈钧被推任江西都督府参谋长、海陆军总司令,迫使北洋海军主要舰艇宣告起义。李烈钧后率舰队西上迎击清军。1912年中华民国成立,被孙中山任命为江西都督。1915年初,袁世凯宣布复辟帝制,五月九日,又公然接受日本提出的旨在灭亡中国的"二十一条",出卖国家主权,激起全国人民坚决反对,烈

钧亦非常气愤,认识到不能离开革命组织,毅然按照孙中山的规定办理手续,加入了中华革命党,后出国。1915年12月初,孙中山电催烈钧回国,进行反袁武装斗争,遂与在南洋的革命党人商量,从新加坡至海防,转河内,往老开,准备潜入云南,策动西南地区军阀唐继尧讨袁。随后蔡锷也逃脱袁世凯的监视,抵达昆明,共商讨袁事宜。决定以反对袁世凯复辟帝制,捍卫共和国体制为宗旨,组织"护国军"。蔡锷任第一军总司令,出兵四川;李烈钧任第二军总司令,进军两广;唐继尧任第三军总司令,坐镇云南。12月6日,李与唐、蔡共同揭起护国讨袁大旗,通电各省,宣布云南独立,发表讨袁宣言,历数袁世凯二十条罪状,拉开了讨袁护国的序幕。12月7日,李烈钧率第二军向滇桂边境进发。1916年2月,在广西百色,击溃桂军,李烈钧部顺得进入广西。5月经南宁沿江直下广东肇庆,然后沿粤江北上。6月初,攻打韶关,6月6日,袁世凯当了83天皇帝后,于绝望中死去,继任总统黎元洪,宣布恢复临时约法和国会,护国战争顺利结束。1931年"九一八"事变后,李烈钧致电蒋介石,主张尊重言论自由,改良政治,一致抗日。1946年2月20日,李烈钧因高血压、心肌梗塞在重庆逝世,享年64岁。

[3]间道:小路。

[4]五关送凭,何益?:"五关"指临潼关,潼关,穿云关,界牌关,氿水关。商代的黄飞虎因其妻贾氏被纣王逼死在摘星楼,故而反出朝歌,投奔西岐。一路之上,过此五关。这句是说我已经过了五关,你才送给我过关的凭证,有何作用?凭:古时过关人必须持有的过关的书面凭证。

[5]滇军警卫团副李识韩:(1883~1958),1937年5月被国民政府授予少将军衔。白族,字佩荆,云南洱源县茈碧乡人。先后就读于昆明陆军小学、湖北武昌陆军中学、保定陆军军官学校。1909年毕业后回云南参加辛亥革命,历任滇军排、连、营、团长。护国战争时任叶荃部团长,曾率部在邱北一带击溃袁世凯振武上将军龙济光之弟龙觐光部3000余众,为护国军扫除后患,挺进川湘建立了殊功。这时李识韩应该是副团长身份。详注参见第九卷的诗文部。

双龙营沿革纪略

邑人　伯壎　钱钧衡

窃尝盱衡[1]往事,俯仰时局。而古往(此处缺"往"字)今来,世运之迁流,人事之变更,有未可一言罄[2]者矣。其远者姑不俱(原作"具",今改)论,但即此一二百年以观,而忽兴忽衰,忽治忽乱。或时方兴也,而衰之兆已伏其中;或时正乱也,而治之机且乘其后。风云变幻,奇出不穷。而究其所以至(原作"致",今改)此者,则天事居其半,人事亦居其半。必执一说以相衡,亦非平允之论也。

是乡,旧为夷地。其开辟于何时,已不可考。相传当清之初年,有夷民十余户,在今文星阁遗址之南,名小新寨,其间颇有致富者。逮雍正间,始有汉人卜居正街,然亦不过二三户,乃名"足底"。"足底"二字之义不可解,或谓乃"独犁"之转音,以其时居民三家共犁一具,故名"独犁",由"独犁"转音而为"足底",此说殊不雅训。宁有村邑命名而必视器具之多寡者?附会之谈,不足信也。

夫地名之义,有解,有不解。内地且然,而况边省。其不解者,原不必强为之说,阙[3]之可也。其时太平无事,民物滋丰。及乾嘉之年,烟户已八百余户。一时祠庙如关圣宫、观音寺、文昌宫、龙王庙、子孙殿、文星阁,皆巍然焕然,多有可观之。至商务之盛,则又非他处所能及。盖是时两广商贩,多去道于此耳。且温浏、猫街、八大河一带,棉花、食盐由此转运。故每逢市期,车马喧闹,云屯雷动,熙来攘往者,殆以万计。而且农耕士读,各勤其业,各遂其欲,此邦极盛时也。至道光末年,天灾忽至,疫气流行,每岁必损丁口数百或数十不等,是将衰之兆欤?亦卫生之未严耳?自时厥后,户口渐减,犹幸年丰岁稔,刀斗无声,虽有偏灾,不为大患。

咸丰丙辰,因南安州[4]之石羊厂,汉回构衅,互相吞灭。当道者失于惩治,遂至祸及全滇,此间原有回民数十家,是岁之四五月,谣言四起,互为猜疑。七月,全属回民数十家,并归曰者乡,从此汉回决裂。八月三日,遂以干戈相见,一战不胜,四方惊窜,望空披靡。回民则乘势烧杀,于是逃亡者不可胜计矣。闻诸先君予之言曰:"当其时,此地人民尚不下五六百户",果能同心协力,修我戈矛,坚壁以待,亦未有不可守者,乃计不出此,东逃西奔,纷纷作鸟兽散。以致数千人或被劫杀,或遭饥饿,或染瘟疫,而十不存一矣。然则浩劫之来,虽曰天运,毋亦人谋之不臧[5]乎?

当丁巳戊午之年,斗米万钱,此地了无人烟,焦土瓦砾,榛莽荒秽,寺庙佛像,同为灰烬。诗人故宫禾黍[6],感慨深之。今并禾黍亦不可得,伤心惨目,又何如者? 此衰极之时也。

先是陈公懋堂督师剿办曰者乡回匪,时贼势浩大,相持年余,不能克,退守县城。特檄先君子印川公与徐君俊、李君世培收合流离之众,于此立营,于县城为犄角势,更名双龙营,谓其左右皆有龙泉也。基甫就,附者且数百家,无何陈公遇害,贼焰愈炽。丁未正月,贼复悉众来攻,四围筑垒十余处。至三月初八日,大破贼于今之观音寺,斩数十,贼始引去。

是役也,先君子躬披甲胄,亲冒矢石,故人皆奋勇,克成大捷。后复乘夜来袭数次,皆不得逞,自此军威稍震。远近夷民,望风归附,是又将兴之象也。

同治戊辰,省城戒严,先君子奉调解围,随同克复石虎关、呈贡县、竹园等处,声威远播,频奏殊勋,于是曰者乡贼回不敢正视吾营矣。

岁壬申,张镇军保知(原作"如",今改)将该回遣散,滇境肃清。村中回业,经前县林令作为叛产,变价入官,以充军费。时归业者众,营中仅百余户,而旧曰土著者已不过二十余户矣。无业之人,思得叛产以为子孙计,先君子慨然曰:经私购则财力雄厚者优为之,而贫乏者必至仰人(原作"于",今改)鼻息,或且无田可耕矣。举军事之余资,请归之武庙。合境叛产,共出钱四百千,拨粮投税及街中费用,又百银。轻其租赋,听无业者分种,于是无田者有田矣。

癸酉冬,始由公处提款,就文昌宫旧址建立学校。上奉孔子、文昌、关帝,以为报功崇德之地。前厅设两厢,上下即作读之所。亦深慨此邦之凋敝,非培植人材无以为起衰之本。每于公私之暇,顾左右而言曰:"他日功竣,必举往事而历言之,勒之于石,以备后人之观览。"乃于乙亥六月,忽焉弃世,赍志以没,何胜悼痛?

夫前事之不忘,后事之师也。先君子岂必故务其劳,亦以危急存亡之秋,艰辛备历,局外者不知也。且曰:系夫颠沛流离之众,生命危贱,不啻草茅。当其时,或有人焉,出而任劳任怨,以持夫大局,则于斯世斯民,未必无万一之补。况邱北汉少夷多,种族之见,终不能忘。倘一旦祸起非常,而散无统纪,再蹈此次覆辙,其祸可胜言哉。原宜未雨绸缪,切勿(原作"无",通假字)临渴掘井,是则先君子之志也。

是岁之冬,该回以先君弃世,遽图归业,控之大府,大府更不详查,遽如所请。汉人又执买契以相持,屡次委员查办,讫无了局。直至壬午秋,前县黄为衡受知师,始判(原作"叛",今改)令我营,加补银三百八十两,安置回民于他处。此间所有叛产,永归文武庙首事管理,以作香火之资,而讼累始息。

丙子丁丑之年,衡方幼小,上下官吏,皆有左袒回民之意,几经危险,岌岌乎有不可复守之势。幸其时公款正多,有家之众同心协力,故控州控省,得以勉强支持。而回忆购买之初,脱非出以至公,一听各家之私置,则势孤力薄,而膏腴之田,其不为回民复得者几希矣,然则恻恒公溥之贻顾不厚欤,自壬午迄今又三十矣。百余家之众,轻租薄赋,乐利亲贤,是以为一家之遗,亦无不可也。

惟是安不忘危,夷不忘险,忆自壬申以至今日,仅四十耳,中间游匪之难,土匪之难,饱受虚惊。使不思患而预防,势必竭蹶于临事。地方之责者,顾一日自宽哉。今则人民渐众矣,市场之盛亦日盛一日,复旧日之观,固意中事,然必有人焉。随在维持,以公事为己事,以众人之休戚,为一己之休戚,而又合群策群力以赴,则此邦之盛,日新而月异矣。

衡,今者春秋五十有二,而自维材薄[7],猥荷[8]文老之推许,于地方毫无裨益,故谨就此邦之沿革,与夫往事之得失,约略言之。俾后之览者,得以感发而兴起焉,则又非一人一家之幸也。

【注】

[1]盱衡:观察,了解。

[2]罄:说完。

[3]阙:欠缺。

[4]南安州:今楚雄市。咸丰六年(1856),有临安矿商与回民争夺楚雄石羊银矿,诉于官。官府裁决不公,见临安人势盛则扶临安抑回,回人势盛则扶回抑临安,导致流血械斗,互有死伤,造成滇东南一带人人自危,最后乱及全滇。

[5]臧:周全。

[6]故宫禾黍:指《诗经》中的《黍离》一诗,一般认为是东周大臣哀悼西周覆亡的作品。

[7]自维材薄:自己心里思量个人的才能实在有限。"材":通"才"。

[8]猥荷:冒昧地担负。

曰者乡沿革治乱记

曰者乡山脉,来龙自五嶙杨雄山,大气磅礴,曲折八十里,至村后结成石龙山,村市即居于山麓。后则三台叠来,前则五峰朝拱。水有三潭、二塘之胜,山有玉屏、笔架之奇。松杉环护,狮象关锁,宜乎地灵人杰,古道相敦也。仍执杀横横,曾见叠出,伊何故哉?有谓先年兵祸屠戮最多,积而为厉,是或一道也。窃以为不然,家少教育,俗多强悍,相沿袭成习,谁厉之节[1]?倘欲归咎于地,而谓地运使然,此岂理也哉?

按:曰者乡,明代土舍昂尚才,由广西土知府昂普德族分支,住居矣白村,今衙门石狮旧址尚存。今其掌管各乡租粮、夫役事,非今日之曰者乡也。今之曰者乡原为小哇者,明时山深箐密,隔蔽天日,有十余户猓夷,供土舍俑役,荒烟蔓草,禽兽与居。至清初,吴藩[2]败后,有御滇营游击缪成龙、唐秉渊二人逃遁至此,见此地也幽僻,可以韬藏[3],各变姓名,缪改严顺,唐改李平,隐此数年。出资令夷民斩除荆棘,开垦田亩,始以杨沙保、马溪学承领[4]顶粮投县完功。自此开沟修河,居民渐聚,有二三十户,田地种十分之二。至康熙间维摩州裁,曰者乡割归弥勒管辖。后雍正八年复设维州,同隶师宗,一切钱粮仍照旧册,以杨沙保、马溪学户口,归师宗征收,始定名曰者乡。小哇者二寨,按曰者乡年纳条银四十两秋米二十八石;小哇者年纳条银四十两秋米十六石。乾隆间,同乡公议设立市场,定子午二日街期,商旅云集,货物日兴,汉回夷三种人移居来此,烟户[5]至一千数百家之多,已成邱属一大市镇也。时有王正伦、缪品尊、唐明选、杨思惠、昂连、江献廷诸首事,倡建文武庙,设立学堂,延师[6]教读。又建三官庙、玄天阁、水月寺、龙王堂、火神庙、水兴禅院,培植风水,作育人才,由是文风丕振。膺乡荐者有人;贡、成、均者有人;入文、武庠者有人。分为八大寨,户弦家诵,女织男耕。屋墉泯雀鼠之争,道路少虎狼之惧,各教相安,不可谓非太平之世也。岂(原作"讵",今改)料咸丰丙辰,永昌[7]汉(此处当缺"回"字)构衅,互相吞灭。当事不善抚御,遂至全滇骚动。此间有回民数十家,是岁四五月,谣言四起,彼此猜疑。七八月,邱属邻境回民,并归曰者乡,推赛开勋、马锡龄为首,将汉民驱逐,从此决裂。八月三日开战,汉民打败回匪,乘势追杀,务歼异己,附近村寨,恣行屠戮,焚掠一空,老弱妇孺,杀毙逾千人。幸免者皆伏匐穷谷之中,呼号待毙。其逃之远方者,或被劫杀,或遭饥馑,或染瘟疫,而难民百不存一矣。更可惨者,先人填墓亦被发掘,祸及泉壤[8],此诚不共戴天之仇也。七年,陈中协得功奉命剿办,屡战不利,竟以粮匮,退回邱城。既而,得功被害,贼势浩大,各处强寇麇集于此,乃纠合沙、苗、摆猓诸夷,联络沙庄、婆竹诸回,大兴造反,且设官分职,帅主掌全体军事,总管理民事,经管任军火。十三参军,专征伐;二十四猛将,备折卫[9]。遥受杜逆[10]伪命,概归十三营总统马蔚调遣。燕雀处堂[11],以为子孙不拨之基矣。同治八年,大府委广南王杨廷剿办,十总段文秀等阵亡,余皆溃败。九年,张镇军保和乘夜围攻,已入街心,反被回匪击退。守备张万和及兵勇阵亡者二百人。至壬申,镇军将竹园、茂克、田心克复,令李崇魁扫清腻脚、南乡一带,又令游击张金声攻取白马嶨等寨,绝其粮援,然后以全军围攻曰者乡,该匪知势不敌,俯乞降,镇军允准,还汉民业。安置回民于已羊、新城,该回嫌二寨狭小,情愿拨归沙庄。两营汉民欲报复先仇,经出,示禁止。该回将行,忧虑镇军必报弟仇,道路泣哭,自分必死,殊镇军宽容大量,派官护送,不杀降人,有古名将风。此恩此德,宜回民百世不忘也。全滇肃清,村中汉民逃难十三年,至此始得归业,经林县主将回匪叛产变价,以充军需。而汉民旧日不过十余户,能买者二三,不能买者七八。而该回侨居沙庄,艰以谋生,复全行旋乡[12],力图恢复。男妇数百人纠(原作"鸠",今改)集于村外油房,亦穴居露宿,播淹流离。汉民前受之苦,彼亦略尝之矣。乃拟词上控,反谓汉民霸回业,时有缪家祯、唐声闻、张奏凯、王云、舒文彬等同心协力与伊抵抗,控省控州,拖异种种,委多员,俱不能决。适赛姓死一老人,该回遂借口威逼人命,控词控骗。十一年,经王州主凤池黄县主榜魁,将两造传讯,验明照印,果系填卖充军需,并非汉霸,劝令汉民,已买者再补七成,未买者仍还回民,案决。十四年,绅士王兆熊、唐声、缪家祯、张奏凯、舒文彬、杨元熙、王学智、王云、辛汝霖、唐立德等重建文武庙,规复一切事宜,迄今又数十年矣。汉回相安,生齿[13]日繁,市场日盛,益加增旧日之观,亦指顾间耳。然种族之见,芥蒂犹存。一旦祸机猝发,前车不鉴,后车仍循,是则大可忧也,然此就是邦治乱略而言之也。若夫转移风俗,防患未然,贵在当事之预筹良策焉。

予观是乡,山川奇异,地土膏腴,可云乐国矣。独惜好勇斗狠,积重难(此处缺"难"字,今补)返,安得有人焉?破除积习,共济和衷,本一家之仁让,与一乡之仁让;以众人之休戚,以一己之休戚。鹗音革鸾[14],奚必舍梓里之纯风,而羡桃源之仙景耶?

【注】
[1]厉之节:用节义相互勉励。
[2]吴藩:指吴三桂。
[3]韬藏:隐藏;包藏。
[4]承领:答理,承认。
[5]烟户:户口。
[6]延师:延揽、聘请教员。
[7]永昌:今云南保山市。
[8]泉壤:九泉之下的亡灵。
[9]折卫:后勤保障以及守卫。
[10]杜逆:杜文秀(1823~1872),清代咸丰、同治年间云南回族

穆斯林起义首领。杜文秀在道光十九年(1839)考中秀才。通晓伊斯兰经典。道光二十五年(1845)永昌汉族地主团练"香把会"勾结官府残杀回民,杜于道光二十七年(1847)代表回民赴北京控告,无结果。咸丰六年(1856)临安(今建水县)汉绅侵占回民银矿,焚劫回民村寨,云南巡抚密令各地"聚团杀回",从而激起各地回民的反抗。杜在蒙化(今巍山)联合汉、彝、白等各族人民起义,攻占大理,建立政权,被推为"总统兵马大元帅"。1869年清朝军队反攻,杜文秀军队转为失利。1872年杜文秀于大理城服毒自杀身亡。

[11]燕雀处堂:处:居住;堂:堂屋。燕雀住在堂上。燕雀本是在屋檐下筑巢的,而今居住在堂屋内。比喻由于生活安定而失去警惕性,或者大祸临头而自己不知道。

[12]旋乡:返乡。

[13]生齿:人口。

[14]鸮音革鸾:鸮音是指鸮鸟的恶声;鸾是指鸾鸟(凤凰),它的出现和鸣叫预示天下安宁。此句是说希望恶鸟的声音消失,凤凰的鸣叫出现,引申为希望作乱之人减少,贤人辈出。

咸丰八年张开仕之计防

张开仕者,温浏之人也。先以武勇充滇中协陈副戎勇目[1],尝立功,获六品顶奖。八年,以失副戎意[2],归。各村老倡议,举筑营构备贼,并将此意达副戎,允之。开仕遂招律者[3]为兵,议以地方业多者分给各兵,令其警则战,暇则耕。复将贼毁余墓石,建营修栅,并储备药弹磙铳,守御初(原作"粗",今改)具[4]。沙夷来攻,见其整备,退去。嗣是,温浏及山村民能居侨寓者[5],亦多以次言归矣。

【注】

[1]勇目:军队里的下级军官。

[2]以失副戎意:因为失宠于陈得功的原因。

[3]律:以从事农业生产为主的人。

[4]守御初具:防守的营垒初具规模。

[5]能居侨寓者：有条件在外做寓公或者暂时寄居在外地亲戚家的人。

罕纳土库房之战

李小捞，温浏上田壩沙民李有才裔[1]也。以温浏附近十余村皆得之，渠家借沙夷焰张，欲再筑各村人而据之。咸丰九年六月，遂连补曹沙夷集罕纳土库房，图大举。张开仕议，先攻之，阻其计。战酣，夷败入栅。勇丁周贤先登，中铳[2]死。兵稍却，夷别出兵抄我后，遂败。崋夷亦因乏巨磙药弹而散。

【注】
[1]裔：后裔，后代。
[2]铳：鸟铳，传统的火器。

桃树村之大捷

咸丰十年三月，广南苗陶某、僕拉李初各称帅，组（原作"祖"，今改）合两种人逾二千，由令冲沙沟边抢烧桃树，意在由五家寨焚掠山曹各村。张开仕督兵往援，至桃树，余火犹炎，诸苗与僕拉尚在憩栅头。孟元周率勇丁老周击之，孟既精拳勇，老周复广粗。贼惊，起御，孟及老周已杀伤数人矣。合战未几，敌不支。既不敢前向五家寨，复不能退下沙沟边。误窜岩箐间，相挤峭石危溪，死者逾数百。适孟元周喉为敌矛伤，老周又苦战死，遂收兵。然自是诸夷不复敢藐窥汉民矣。

滇粤两军小八达兴石缸之战

民国四年，帝制议，滇川黔皆不应。粤东将军龙济光受袁世凯郡王[1]命任，攻滇，以挠川黔势。发兵越南而西，复分兵由泗城至西隆边地猫街攻邱，意在得邱后分支取广西、阿迷而进。阴十二月末，滇唐督军[2]檄马文仲[3]，令王和顺[4]任连军充管带，率前锋驻丘境，相机御敌。王因以第[5]叶连长驻小八达扼粤军，不使渡。五年阴正月初间，两军临河以炮相轰，战二日，粤军终不得渡。王连以颈受伤，乞王任援，至小八达即与粤军通,王不从,逼附之,合兵入县。任土匪杨婆猡以营副纠无赖,谋占东区。适马统领文仲援兵前锋至,伏于石缸坡,遂击之,大败统领,继之东区遂无兵事。

【注】

[1]袁世凯郡王:袁世凯称帝,本该叫皇帝,但为遮人耳目,假称"郡王"。拥护他的,就接受郡王任命的爵位。

[2]唐督军:唐继尧(1883~1927),字莫赓,汉族,云南会泽人,1883年出生于一个书香家庭。1904年赴日留学,入东京振武学校第六期。1905年秋加入同盟会。1908年毕业于日本士官学校。1909年返云南,在讲武堂担任教官及从事革命活动。辛亥革命爆发后,参加蔡锷指挥的昆明"重九起义"。1915年12月25日,蔡锷、唐继尧联名通电全国,宣布云南独立,发起推翻袁世凯帝制的"护国起义",掀起"护国运动"。1927年2月6日唐继尧交出政权下野。1927年5月23日,唐继尧病逝,享年44岁,葬于昆明圆通山。1935年,民国政府感念唐继尧的"护国"之功,明令褒扬,于1936年改公葬为国葬,并补行国葬仪式。

[3]马文仲:(1854~1927)回族,字秀廷,云南师宗县大新村人。1913年10月授陆军少将。前清为诰封建威将军。因屡建奇功,先后任哨官、官带、军门。云南都督蔡锷曾委其为普防殖边统领兼第五区指挥官,清开化(今文山)、普洱总镇,定远、镇远两军军统。1915年底,震惊中外的反袁护国运动在云南首举义旗,云南护国军以唐继尧为都督,蔡锷与李烈钧分别出任第一、二军总司令,于12月25日在昆明五华山誓师,通电中外,出师北伐,由此揭开了护国战争的序幕。当时,广东军阀首领龙济光实力相当雄厚,欲与广西陆荣廷部互相勾结,认为只要桂粤联盟,就可支撑东南半壁河山,做袁世凯奠定帝制,稳固江山的基础。于是便取道广西南宁,兴师伐滇,欲由罗平、师宗直窥省城。在此重大的历史转折关头,当时充任护国军统领兼第五区指挥官的马文仲受都督唐继尧之命,速赴滇桂黔交界的入滇要隘三江口设防御敌,堵截粤军入滇进犯。战初,由于敌众我寡,且

两广联军来势凶猛,又具有精良的装备,护国军部曾一度被动,损失惨重,每场战斗均是以寡敌众、以弱敌强的硬仗,但由于马文仲具有多年战事的经验,且又能指挥若定,终使三江口的阻击战取得了最后的胜利,不仅阻止了粤桂军阀的对滇进攻,而且更有力地声援了两路护国军的讨袁,为推翻帝制立下了赫赫战功。指挥官马文仲也以扼制扰滇粤军有功,荣获三等宝光嘉禾章与文虎嘉禾章褒奖。

[4]王和顺:(1871~1934),广西邕宁县人,壮族,字德馨,号寿山,清末广西四大游勇首领之一,出身于贫苦农民家庭。青年时就投身于反清起义,1905年后,王和顺随孙中山先生投身于资产阶级人民革命,并深得孙中山先生的信任和赏识。先后组织了防城起义和河口起义,并参加了广东光复的战斗。1913年被袁世凯聘为总统府军事顾问。后对袁专权腐败不满,弃职南归。1915年,袁世凯复辟帝制后,积极参加讨袁活动。1934年于广州病逝。

[5]第:隶属。

第九册

诗 文 部

诗 文

宋乾德[1]中,牂牁入贡,诏见询问地理风俗,令作本国歌舞。一人吹瓢笙,名曰:《水曲》,即今芦笙也。杨升庵[2](原作"菴",今改)尝作《芦笙吟》五解[3]:

芦笙吟,芦笙吟,可怜一片匏[4],能括四海音;

芦笙吟,芦笙吟,可怜一寸芦,能通四海心;

昔我闻芦笙,乃在盘江河,河边跳月歌,令人元鬓皤[5]。

今我闻芦笙,乃在开南桥,短歌和长谣,从夕至侵朝。

悲亦不在声,欢亦不在声。昔声与今声,不是两(原作"雨",今改)芦笙。

【注】

[1]乾德:宋太祖赵匡胤的年号(963~967)。

[2]杨升庵:杨慎(1488~1559),明代文学家,汉族,四川新都

人,字用修,号升庵,后因流放滇南,也自称博南山人、金马碧鸡老兵。武宗微行出居庸关,他上疏抗谏。世宗继位,任经筵讲官。嘉靖三年,因"议大礼"受廷杖,谪戍终老于云南永昌卫(今保山市)。

[3]解:段或章。

[4]匏:匏瓜,葫芦,芦笙用葫芦制作。此句是说可叹一个普通的葫芦,竟然能囊括音乐全部的旋律。

[5]元鬓皤:原来黑色的两鬓变白。元:通"原"。

龙潭歌

维摩州城西南,旧有龙潭,建寺名龙泉,一名盘龙潭,广四五丈,深数百丈,水东流,山顶时有云雾,潭上沙平数十亩。

维摩山色摩[1]苍霄,蜿蜒起伏穷岩凹。
雾藏空洞疑鸟雀,壁峭万仞愁猿猱。
清漂一勺在壑底,深净积水无波涛。
及其流势下激石,浩呼汹若闻惊飚[2]。
潭空上映天宇碧,云影日脚相盘旋。
藤萝垂青映水底,飞鸟眩顾疑飘摇。
时有云气出水面,瀚渤[3]气更穷昏朝。
水禽戏浴落翠羽,小鱼跃水跳银刀。
骊龙潭底方昼睡,明珠颔下谁当撩?
两(原作"雨",今改)三佛阁嵌岩际,天风震荡益坚牢。
有时钟声殷地起,惊骇百兽俱纷逃。
(此处疑缺"但"字)得高僧间说法,老龙窃听当寒霄。
何须华阳割左耳[4],在渊九四占乾爻[5]。

【注】

[1]摩:直抵。

[2]惊飚:突然出现的暴风。

[3]瀚渤:亦作"瀚浡""瀚勃",云蒸雾涌的样子。

[4]何须华阳割左耳:传说在今天江苏常州市西部的茅山,老虎

岗西北坡林间的山岩之下,有三个大小不一的天然石灰岩溶洞。这就是茅山著名的华阳洞、玉柱洞、仙人洞,其中最著名的是华阳洞;古时有位名叫吴绰的人,听说茅山中盛产有各种名贵的中草药材,一日闲来无事,他便身背竹委,手拿药斧进入茅山采集中草药材,当他走到华阳洞附近时,忽然发现离华阳洞口不远处的松林下,有一个活泼可爱的小男孩手拿三颗大明珠正在那里玩耍,吴绰心想:深山之中哪家的小孩能跑到这里来玩耍呢?而且手拿三颗大明珠,没非他是山中仙子吧。于是他便走上前去并随声问道:"你家在哪里?父亲名叫什么?快来让我看一看你手中的大明珠。"可是小孩闻声见人之后,并不回答,只是只奔华阳洞内,吴绰害怕小孩被山中洞内的野兽所伤,一边继续大声叫问,一边快步入洞中寻找,刚追赶了片刻,却见那小孩将三颗大明珠填入自己的左耳之内,忽然变成了一条小龙,吴绰平时胆量过人,便举起药锄向小龙的左耳砍去,小龙躲避稍慢,竟被吴绰用药锄将左耳砍落在地,而三颗大明珠却没有看见,小龙随即也无踪无形了,吴绰只好走出洞来,背上药篮继续采集他的中草药。唐代韩愈《答张道士寄树鸡》诗:"烦君自入华阳洞,直割乖龙左耳来。"此句意思是说用不着羡慕吴绰在茅山遇见仙人的事情,眼前龙潭的风光就很美,是仙人居住之地。

[5]在渊九四占乾爻:《周易》中的乾卦,倒数第四爻为九四,卦曰:"九四,或跃在渊,无咎。"本指事物尽管发展到了成熟阶段,也不急于进取。这里是说看到龙潭风光如此美丽,自己的心情高兴到了极点。

下六嶅打渔歌
管 抡

蛮溪陟冬水未冰,蛮人捕鱼争先登。家家结网学渔子,笞筥置簏兼罟罾[1]。溪流潺潺水清绝,蛮奴眼觇[2]如鱼鹰。下视溪底照历历,藤胃树荫寒光凝。裸身灭顶类投颠,意与河伯宫凭陵[3]。须臾忽从溪岸见,跳掷有似猿猱升。巨鱼触网独倔强,壮呼势撼山谷应。得鱼大小不悉计,膝行顶礼恭趋承。巍肩斗酒且慰赐,拔剑割肉牛饮扔。蛮歌呀呀不堪听,聊以拜舞鸣欢腾。唔咿昭吁未甚悉,原语妇子厥角崩。岁宴风日竟和畅,人牛对卧同田塍[4]。方今圣明照万里,元相戴翼如股肱[5]。虞阶已书有苗格[6],殷武挞伐[7]荆楚惩。远吏恭承天语出,惠此荒服曰汝能。宣德布威有馀暇,聊以渔猎观猎徒。归鸟既静众山寂,皎霜月(此处疑缺"夜"字)悬秋灯。蛮官罗拜[8]马足下,靴刀抹首红罗缯[9]。谁为绘此响蛮会[10],直用一副吴淞绫[11]。

【注】

[1]筶筲罟篧兼罾䍡:"筶筲"是装鱼用的竹篓子,"罟篧"是捕鱼用的网,"罾䍡"是指有坠子的渔网和用竹竿作支撑的方形渔网。

[2]觇:偷偷地察看。

[3]凭陵:凌驾,超越。

[4]田塍:亦作"田塍",即田埂,田间的土埂子。

[5]戴翼如股肱:戴翼:辅助,指臣与君同心,天下大治。股肱:比喻君王左右的辅佐之臣与国君同心同德、肝胆相照。

[6]苗格:出自《尚书·大禹谟》:"帝乃诞敷文德,舞干羽于两阶,七旬有苗格。"孔颖达传:"讨而不服,不讨自来,明御之者必有道。三苗之国,左洞庭,右彭蠡,在荒服之例,去京师二千五百里。"本指洞庭湖周边的"三苗之国",后以"苗格"代指边民臣服。

[7]殷武挞伐:出自《诗经·商颂·殷武》:"挞彼殷武,奋伐荆楚。"挞伐:讨伐,用武力使屈服,比喻大规模地攻击或声讨。

[8]罗拜:罗列而拜,围绕着下拜。

[9]缯:本义是每年只在特定时节(重复)使用的丝制品,引申为丝织品的总称。

[10]响蛮会:场面博大、气象豪壮的少数民族的庆会。

[11]绫:斜纹底上起斜纹花的中国传统丝织物。是在绮的基础上发展起来的。始产于汉代以前,盛于唐、宋。绫光滑柔软,质地轻薄,用于书画装裱,制作衬衫、睡衣等。

游龙泉寺读管诗有感而作
缪云章

深谷寻诗如搏虎,神力幽搜寸心苦。
推烟唾月诗满山,妙语得三三失五。
丝罗磴窄疏磬凉[1],青豆房[2]高佛烟古。
开襟小憩淡尘虑,瞥见新诗树旗鼓。
扣壁一读一快意,奋袂[3]且为交趾舞。
看花蓬岛[4]领群仙,证果菩提参六祖[5]。
就中诗味得禅悦,如钵瓶水着盐卤。
心空及第此三昧[6],聊印后人开智府[7]。
我唤山灵和复吟,万壑松涛逗[8]秋雨。
老鹤窥窗云不飞,那知下界沙尘土。
湫底睡龙垂千年,清沫跳珠自吞吐。
笑我诗怀结四缚[9],频穿鲁缟争强弩[10]。
入山已觉深复深,怀古更今抚然抚[11]。
何当凿壁镌旧题,石隙遂将和诗补。

【注】

[1]丝罗磴窄疏磬凉:到寺庙的山路狭窄,寺庙周围的钟磬声稀疏可闻,季节已经是秋天,有凉意了。

[2]青豆房:语出南朝梁简文帝《与慧琰法师书》:"辩论青豆之房,遣惑赤华之舍。"后遂用"青豆房"指僧房、僧舍。

[3]奋袂:挽起衣袖。

[4]蓬岛:蓬莱岛,海上仙山。这里借指水围寺。

[5]六祖:指被尊为禅宗六祖的曹溪人惠能大师,他对中国佛教以及禅宗的弘化具有深刻和坚实的意义。惠能得到五祖弘忍传授衣钵,继承了东山法脉并建立了南宗,弘扬"直指人心,见性成佛"的顿教法门。他弘化于岭南,对边区以及海外文化,也有一定的启迪和影响。

[6]三昧:源于梵语 samadhi 的音译,意思是止息杂念,使心神平

静,是佛教的重要修行方法。借指事物的要领,真谛,教内外对此词皆有不同的论述和解释。 其有一般和特殊两层含义:它可以指通常的集中思虑的能力,或者指修习所得的、发展了的集中力。佛家也特指禅定者进入更高境界,并完全改变生命状态的一种神秘力量。

[7]开智府:开窍,指参悟到禅宗的真意。

[8]逗:引惹。

[9]四缚:佛教用语,谓众生由欲、爱、等、业的束缚,流转生死,连续不断,故名四缚。

[11]鲁缟争强弩:俗语"强弩之末,不能穿缟素"的化用,意为自己已经用尽全力,到此再写不出美好的诗句来了。

[12]抚:轻轻地按着。

水围寺

宰 邑 建 侯 田亮勋

君不见,孔颜乐处[1]寻无端,行藏妙用契农山[2]。又不见,太守之宴[3]众宾欢,醉翁亭畔颓[4]苍颜。古人会心宁在远,兴来初不废游观。我生已在千载后,尚友宜在千载前。一行作史此事发,持论毋乃过于偏。忆从游倦辞京国,天风吹我到南滇。翠海经过复洱海,中有明镜涵清妍。海心亭上三杯酒,大石庵里四垂天(亭在翠海中,庵在洱海边,水阁石岩,中央突起,上祀大士,为滇中胜境)。两境分明聚一目,中央涌出青如莲。水耶石耶且清瘦,重探奇迹恐无缘。岂知山灵有意来招我,忽然飞到邱之峰巅。(县以山,得邱北名)暮冶维摩互隐现,九连亦复相牵连。(暮冶、维摩、九连,皆县属山名)清江清绝潭龙起,洄环下沂为奔川(清水江,源出县之旧城龙潭中,东流入八达河)。川平山开奇境出,水围古寺依山边。小桥叙度云林外,危楼倚石撑秋烟,仿佛昆华苍洱奇绝处,神仙窟宅非讹传(此亦祀天士)。便欲登临出世界,盘空磴道相跻攀。师弟宾主差不俗,舞雩漫咏归来篇(初拟即回,因天晚止宿)。豪情胜慨助剧饮,一饮一醉一陶然。兴酣更酌日已暝,楼阴倒浸星光圆。短歌唱彻关山月,长笛吹出鱼龙渊(时在夜分,楼台倒影、星月涵辉,同辈长笛一声,短歌四起,依歌而和,实属清雅)。父老环观亦解事,相与芹献[5]殊殷拳。得心寓酒山水乐,人语中含大有年。顺成自是邀天龙,教养尤愿思其难。一言自勉还想慰,千秋怀抱惟安全。余怀渺渺空潭曲,仰见明河月色阑。洁之维之永今夕,感兹情至礼尤虔[6]。(乡老谓年谷顺成,悉受宰官之赐,因与诸生挽留,乐数晨夕。余感其意。而心滋愧矣。)我辞不得且狂醉,卧游辄复抱山眠。须臾明发气候改,起视山光水色争澄鲜。坐携余兴春未晚,如从方壶与圆峤[7]。回思匍斋踢终日,耳目往往嫌拘牵。有时抛我彩玉杖,有时荒我紫芝田[8]。江山清空我尘土[9](用东坡〔原作"波",今改〕句),将毋笑语来坡仙。如斯欢乐才有几,一游一豫缘非悭。合与古人争眼界,登高壮观天地间[10](借太白语收全篇)。

【注】

[1]孔颜乐处:语出《论语·述而》载,子曰:"饭疏食,饮水,曲肱而枕之,乐亦在其中矣。不义而富且贵,于我如浮云。"孔子说,吃着粗粮,饮着白水,弯着胳膊当枕头,这也充满乐趣。用不义的手段得到富贵,对于我好像浮云那样转瞬即逝,无足轻重。意思是孔子以清贫简陋的生活为乐。

[2]行藏妙用契农山:"行藏"出自《论语·述而》:"用之则行,舍之则藏。"意为被任用就出仕,不被任用就退隐。后来用"行藏"泛指人的行迹。"妙用"指神妙的功用。"契":暗合、契合;"农山"出自《孔子家语·致思第八》:孔子北游于农山,子路、子贡、颜渊侍侧,孔子四望,喟然而叹曰:"于斯致思,无所不至矣。二三子,各言尔志,吾将择焉。"最后孔子赞赏颜渊的志向,那就是不损害财力,不危害百姓,又没有浮夸。此句是说自己一生的行事都暗合于孔子的标准。

[3]太守之宴:指欧阳修担任滁州太守时候的宴饮,事后欧阳修写有《醉翁亭记》。

[4]颓:醉倒的样子。按欧阳修《醉翁亭记》里的原话就是:"醉翁之意不在酒,在乎山水之间也。"

[5]芹献:《列子·杨朱》里一个故事,从前有个人在乡里的豪绅前大肆吹嘘芹菜如何好吃,豪绅尝了之后,竟"蛰于口,惨于腹",后

来就用"献芹"谦称赠人的礼品菲薄或所提的建议浅陋。

[6]尤虔:特别虔诚。

[7]方壶与圆峤:本意是指海上仙山,也泛指"圣境天开"的"琅缳福地"。

[8]紫芝田:语出宋代晁补之的诗《戏成一首》小序:"旧说庐山有紫芝田百亩,人莫得见,偶于开先、栖贤林中步,两日各得一枝正紫如玉。"原诗是"千古芝田人不到,深林继日拾琼瑰。从今为记晁夫子,曾到芝田百亩来。"彩玉杖指玉石制作的拐杖,紫芝田指能产紫色灵芝的神田。

[9]江山清空我尘土:出自苏轼《清空应》诗:"江山清空我尘土,虽有去路寻无缘。"清空即洁净,苏轼希望人们要忘掉顾虑,忘掉往事,做人要洁身自好,要有高洁的人格。

[10]登高壮观天地间:出自李白《庐山谣寄卢侍御虚舟》:"登高壮观天地间,大江茫茫去不还。黄云万里动风色,白波九道流雪山。"

水围寺

茂 之 丁荫昌

峨峨石山璧空起,群峭摩天奇若此。
山奇若此俨飞来,飞来飞到水中沚。
水中有石境中天,派接清江清且涟。
暮冶维摩亦咫尺,洞天星月非人间。
举目山河分两界,境界如斯良足羡。
倘教我辈复登临,胜迹从兹饱一看。
但念山高与水清,非经题咏不成名。
况生此邦居此土,志乘缺略难为情。
幸哉遇我田夫子[1],儒雅风流蜀名士。
游踪昔年半寰瀛[2],五岳归来更何视。
只缘天空与海阔,万物静(此处疑缺"观"字)皆自乐。
及门童冠舞春风,矫矫同翔云里鹤。
何年樵路白云侵,为深幽境入山林。

漫云游览寻常事,观风问俗宰官心。
俗仆风纯绝尘鞯[3],壶榼[4]招邀驾亦枉。
枉驾遥看画里山,梵宫高耸凌虚儌[5]。
便欲寻山问水源,水复山重又一村。
旁有小桥通略约,寺藏黄叶不知门。
森然动魄下马拜[6],(借用韩句)四山苍莽僧何在?
寂寞禅关扣一开,磴道盘空亦转快。
行行更上一层楼,四围积水翠盈眸。
突兀青空撑石骨,屹立天地诸为俦[7]。
菩萨居此亦荒渺,莲花峰头我拜倒。
此游此境殊清奇,无乃方壶与员(原作"圆",今改)峤[8](应为"峤")。
欲寻往事未堪稽[9],徒见残碑卧壁西。
摩(原作"磨",今改)崖古字非蝌蚪,几人到此为留题?
上言此地隔尘世,初因避难有人至。
致时结构小幽楼,磊落王郎[10]留姓氏。
乌衣公子[11]系人思,况有募缘[12]老住持。
此是合侪大功德,看碑碑字已迷离。
乡人对此三欢喜(原作"息",今改),古木荒台犹爱惜。
话到沧桑事已非,纵酒放歌余落日。
落日无言下太空,明星倒映楼阴重。
偶然师弟兼宾主,洗盏更酌欢融融。
风送小窗吹铁笛,依稀苏子[13]游赤壁。
清月出领边秋光,夜深静卧境幽绝。
明朝转瞬气候变,云中日出迎人面。
按辔垂鞭缓缓归,一路犹闻歌夏谚[14]。

【注】

[1]田夫子:指田亮勋,字建侯,曾任本县知县,本卷里有他的诗。
[2]半寰瀛:半个天下,这里指半个中国。
[3]尘鞯:世俗事务的束缚。鞯,套在马颈上的皮带。

[4]壶榼：泛指盛酒或茶水的容器。亦借指铺陈酒具饮酒。

[5]凌虚徵：指官高入云霄，使人畏惧。

[6]森然动魄下马拜：出自韩愈《谒衡岳庙遂宿岳寺题门楼》："森然魄动下马拜，松柏一径趋灵宫。"意思是：景象森然惊心动魄下马跪拜，沿着松柏小路走进神灵的宫殿。

[7]俦：同辈，伴侣。这里指周围的诸山与之为伴。

[8]方壶与员峤：传说东海上有五座仙山：岱屿、方壶、员峤、瀛洲、蓬莱。

[9]稽：查核、稽考。

[10]王郎：指西汉时期人王昌，聪明好学，八岁时父母双亡，十岁随舅走南闯北做生意，常接触社会上三教九流人物，江湖义气极浓，所以这里说他"磊落"。

[11]乌衣公子：达官贵人的后代。

[12]募缘：化缘。

[13]苏子：指苏轼。

[14]夏谚：本指流行于夏代的谚语，这里指本土流传的古老歌谣。

过山庄见红梅吟

孙松森

南还过山村，岩壑幽无坋[1]（客腊旋里，经一山庄，有红梅数株，问之，马主云：村名不识）。今人已变绝，系马林中隐。（隈倚也）惊见小红梅，满村开欲奋。谷阴早冲寒，春光十分醖[2]。茅舍三两家，七八枝破壁[3]。皎如月下娇[4]，低头挽长绲[5]。恋此不忍离，几忘羸马偾[6]。回首岗陇合，黄叶山飞紊[7]。但见枫树老，千峰红似烬[8]。相逢无仗人，嘉名何处问？过兹都俗坏，乡地垒牛粪。何从觅高人，荒栈尤增忿。难作踏雪翁，偏寻里糇瘭[9]。旋煮腊粥庭，花净如佚品。高香彻骨清，绝寒（此处疑缺"而"字）不愠[10]。又似吴越姬，旁放碧桃花。对之色汶汶[11]，有如齐锦纨。秀夺楚客缊[12]，神清愧充郓[13]。（今山东郡，人亦丽，华秀清腴也。以喻桃梅可矣）。丁君[14]古逸士，植梅素所蕴。盆栽二红梅，严冬葩独运。露战白相敌，雨酣红微晕[15]。早嫁林山人，高亭羞不近[16]。

色空水是魂,对月泌仙韵[17]。玉质与琼姿,自宝尤斤斤[18](古诗宝身,独斤斤)。消受良独难,一笑千金靳[19]。感子受客殷,癖吟[20]声更闻。开阁延清赏,幽径命僮拚。二妃[21]案上娇,催不待彼辉。花本高隐俦[22],古之光与员[23](严光、戴元)。 独立冰雪天,饮热肯人隐。人生会遇难,一面都缘分。知君惜花心,我吟亦羞捃[24]。不俗即仙匹[25],是定字杭郡[26]。格讥庶免批(原作"坡",今改),是否请君训[27]?

【注】

[1]坋:尘埃。

[2]醖:古同"蕴",包含。

[3]破璺:璺的本意是指陶瓷、玻璃等器物上出现的裂纹。这里特指梅花绽放。

[4]娇:美人。

[5]縓:吊丧人所执的绋。这里的两句是说晶莹的梅花像月下的美人低头挽着绋的样子,纯净而伤感。

[6]羸马偾:瘦弱的老马已经仆倒在地。

[7]紊:混乱的样子。

[8]焴:灼热、炙热的光。

[9]糇糒:地方长官因公出差或率军出征时候所携带的干粮。

[10]不愠:不生气,此句以梅花喻人,说身处绝寒之地,也丝毫不生气。

[11]汶汶:不明貌。指梅花如吴越的美人,让桃花也黯然失色。

[12]缊:在红色和黄色之间的丝絮,即赤黄色的丝织品。

[13]郓:山东郓城。指梅花的神清气爽,让华秀清腴的山东美女都自愧不如。

[14]丁君:指丁荫昌。

[15]露战白相敌,雨酣红微晕:梅有红梅、白梅;冬天下雪时,白梅与白雪斗艳。冬天下雨时,雨撒在红色的梅花花瓣上,如喝醉酒的人脸泛红一样。

[16]羞不近:梅花是花中的隐士,耻于种植在亭台楼阁之上。

[17]泌仙韵:在月下,梅花散发出醉人的清香。暗用北宋林和靖《山园小梅》的诗意:"疏影横斜水清浅,暗香浮动月黄昏。"

[18]斤斤:小心谨慎,躬讲经籍,自尊自爱。

[19]一笑千金靳:指梅花如佳人,只有遇到知己才会露出笑颜。对一般的俗人则非常吝惜,不肯给予。靳:吝惜。

[20]癖吟:吟诗成癖。

[21]二妃:二妃指尧的两女:娥皇、女英,也是传说中舜帝的两位妻子,舜出巡,死于苍梧,二妃赶至湘江,泪尽而亡。她们的泪水染竹成斑,故称"斑竹",又名"潇湘竹"。此处以二妃比喻梅花。

[22]俦:同辈,伴侣。梅花本来就是古代隐士的伴侣。暗用北宋隐士林和靖"鹤妻梅子"的典故。他在西湖边的孤山上养鹤种梅,终身不娶。

[23]光与员:严光,字子陵,东汉著名隐士,25年,刘秀即位,多次延聘他入朝为官,但他隐姓埋名,退居富春山。最终他享年八十岁,葬于富春山。后世人称富春山为"严陵山",又称其富春江垂钓处为"严陵濑",其垂钓蹲坐之石为"严子陵钓台"。后来北宋政治家范仲淹重修桐庐富春江畔严先生祠堂,并撰写《严先生祠堂记》,内有"云山苍苍,江水泱泱。先生之风,山高水长"的赞语,遂使严光以高风亮节,闻名于天下。戴元,古代隐士中无戴元这个人,疑是作者误记。此处疑为戴进,戴进字文进,号静庵,又号玉泉山人,浙江钱塘(今杭州)人,生于明太祖洪武二十一年(1388),卒于天顺六年(1462)。是明代画坛开宗立派的人物,曾经创立了称誉一时的"浙派",由于仕途的失败,理想的破灭,使他采取与世无争的态度,开始淡泊名利,洁身自好,借诗文翰墨来怡养性情,其画作多为山水隐逸题材。又疑是指戴元表:(1244~1310),宋末元初文学家,被称为"东南文章大家"。庆元奉化剡源榆林(今属浙江班溪镇榆林村)人。宋咸淳七年进士,元大德八年,被荐为信州教授。论诗主张宗唐,诗风清深雅洁,类多伤时悯乱、悲忧感愤之辞。著有《剡源集》。

[24]捃:指采集或拾取当道者之言随声附和。

[25]不俗即仙匹:一个人没有世俗之气,就可以和神仙相媲美了。

[26]是定字杭郡：这样看来我可以给丁荫倡送上一个"杭郡"的字。这里把丁荫倡比作是北宋的高士林和靖,因林和靖一生隐居在西湖边的孤山上。

[27]格讥庶免批,是否请君训？：大约你是不会对我给你取的字加以批评和讥笑的吧,是对是错,还请你训导。

题 画
田亮勋

仰亭[1]老画师,滇中多独檀。胸有真山水,下笔追所见。杂披墨点浓,洒落烟云幻。岳峙与渊亭,毫端互既现。萦林络石间,橐然[2]分两界。老树郁青苍,枝柯交烂漫。写出雨中春,人家临水畔。山翠乍浮空,仰观纷万变。大笔何淋漓,披图神欲眩。宛如米海岳[3],操觚[4]同染翰。又如蜀山尖,尺幅点逾万。岂真聚米[5]为,墨痕胡历乱。我欲还问君,何从得（原作"德",今改）此券[6]？迄今历几年,胜此鹅溪绢[7]。昔从仙人居,壁间曾展玩。好画兼诗佳,者辄欣羡此。画形似之真,鼎应[8]非赝（此处疑缺"品"字）。今君乞我诸,为写匡庐[9]面。我意亦良佳,欣然为涤元[10]。两境入霜毫,春归秋又半。独怪山中人,此间胡恋恋[11]。何时赋归来[12],一篇相讽劝。倘入深山深,当以此为券。

【注】

[1]仰亭：李诂,字仰亭,昆明布衣,生卒年不详。清代嘉庆年间人,著名画家。他是杨畹亭弟子,见古名画辄临摹,很逼真。老画师杨畹亭过世以后,为了表达对恩师的敬仰怀念和感激之情,遂以老画师名取字"仰亭",也以"仰亭"名世。李仰亭的绘画既继承其师杨畹亭衣钵和汲取古人的精华,也有自己的创新；既有临摹仿效,又有自己对山川风物的观察和领会。

[2]橐然：明显的样子。

[3]米海岳：指宋代画家米芾,米芾尝自号"海岳外史"。

[4]操觚：古代用来书写的木简。

[5]聚米：指融汇了米海岳的画技才能达到的。

[6]此券:这幅画。

[7]鹅溪绢:指产于四川省盐亭县鹅溪的绢帛。唐代为贡品,宋人书画尤重之。

[8]鼎应:一定。

[9]匡庐:庐山,又名匡庐山。

[10]涤元:指李诂的画作拥有者,名叫涤元,姓不详。结合前后语境,应该是当时本地或者居住在昆明的一个隐士。

[11]恋恋:指对山林的依依不舍之情。

[12]赋归来:原指陶渊明辞官后写的《归去来兮辞》,此处是说自己何时才能写出陶渊明那样的作品,规劝世人。

端午宴学生于狮山
彭彦才

午日晴和好,狮山闲凭朓。
溪田底山尽,石磴盘空小。
瓦檐撑绝壁,隐见乔木杪。
塔山在其东,凌虚青窈窕[1]。
与此相对峙,宛若游龙矫[2]。
白云为藩篱,花间听啼鸟。
呢喃乳燕飞,睨睕[3]黄莺巧。
山光悦其性,岚翠当槛绕。
拾级升苔阶,昙花佛[4]现宝。
郁郁细叶松,婆娑蔽炎昊[5]。
更上一层楼,薰风[6]沁心脑。
红榴映短垣,绿花盈芳沼。
寻乐须及时,师友舒怀抱。
对酒且高歌,酡颜[7]便醉倒。
人生驹过隙,百年等昏晓[8]。
何用浮名牵,焉问身安饱。
质[9]非金与石,何事尘纷扰。

富贵或热中,劳碌苦烦懊。
何如顺其性,澄心悟妙道。
山水发清音,诗书细探讨。
宠辱不关心,明哲身可保。
堪嗟楚灵均[10],江山空文藻[11]。
泽畔自行吟,形容[12]益枯槁。
抒愤著《离骚》,美人吟香草[13]。
援古以证今,予怀徒渺渺[14]。
立志希贤圣,进境由自造。
铁砚穿宜磨[15],菜根[16]香自较。
兹游既不虚,即景吟成藁[17]。
童冠咏而归[18],晚烟暝城堡。
展卷坐书齐,青灯光皎皎。

【注】

[1]凌虚青窈窕:指塔山凌空高耸,一片苍翠,像一位身着绿衣、亭亭玉立的美人。

[2]宛若游龙矫:指塔山又像一条游龙那样蜿蜒曲折。化用曹植《洛神赋》中描写洛神的句子:"翩若惊鸿,宛若游龙。"

[3]睍睆:美丽,好看。

[4]昙花佛:指佛前的昙花。佛家认为佛前的昙花一千年出芽,一千年生苞,一千年开花。含有"弹指即谢,刹那芳华"的意思。

[5]炎昊:本是炎帝神农氏太昊伏羲氏的合称。这里指天空。

[6]薰风:指初夏时的东南风。语出《吕氏春秋·有始》:"东南曰:薰风。"

[7]酡颜:饮酒脸红的样子。亦泛指脸红,也称酡红。

[8]昏晓:黄昏和拂晓,即一天。此二句意思是人生如白驹过隙,即使活百年也只等同于一天那么短暂。

[9]质:身体。

[10]楚灵均:战国后期楚国的屈原,名平,字灵均。

[11]江山空文藻：楚国的江山早已经不存,只有屈原的《楚辞》得以万古流传。

[12]形容：形体和容貌。

[13]美人吟香草：屈原的《离骚》主要采用"香草美人"的象征手法。美人象征国君,香草象征贤臣。这句是说屈原开创了"香草美人"式的象征体系,被后世一直沿用。"吟"在此句中无实意,是句中语气词。

[14]渺渺：指在屈原的作品面前,自己显得十分渺小。

[15]铁砚穿宜磨：即成语"磨穿铁砚",《新五代史·晋臣传·桑维翰》："初举进士,主司恶其姓,以为'桑''丧'同音。人有劝其不必举进士,可以从佗求仕者。维翰慨然,乃著《日出扶桑赋》以见志。又铸铁砚以示人曰：'砚弊则改而佗仕。'卒以进士及第。"后因以形容立志不移,持久不懈。也常用来形容笔墨功夫之深。

[16]菜根：指明代还初道人洪应明收集编著的一部论述修养、人生、处世、的语录体专著《菜根谭》。洪应明以"菜根"为本书命名,意谓人的才智和修养只有经过艰苦磨炼才能获得。这里指以清贫的生活为乐。

[17]藁：通"稿",稿子,草稿。

[18]童冠咏而归：语出《论语》的《侍坐章》："莫春者,春服既成,冠者五六人,童子六七人,浴乎沂,风乎舞雩,咏而归。"这是曾皙对自己志向的描绘,也是礼治之下太平盛世的景象,所以孔子很赞赏。

生辰自序　四十韵

傅于敏

自恨痴模样,难酬四大悬[1]。
髫龄[2]勤襁褓（原作"抱",今改）,抚育痛寒温。
七岁承师训,终朝近达尊。
研朱先把笔,解语[3]望穷源。
略识之无字,时防市井喧。
涂鸦随意马[4],孟浪[5]戒心源。
直入诗书圃,悠游道义门。

慈严稍渐喜，友爱益思惇[6]。
养膳追乌哺[7]，伤翁挽鹿奔[8]。
残篇留几册，好语嘱千番。
责弟诚如结，教儿舌莫扪[9]。
拮据宁谓瘁，应务岂云烦。
调护犹遭怨，维持怎免冤。
躬居天以下，菜种郭之墦。
敛迹曾经劝，销声讵足论。
俨然闲岁月，别有小乾坤。
请学妄师孔，安身只效樊[10]。
分烟异户口，特立痛孤鸳。
午夜宜知情，频年竟自昏。
堪嗟予落末，未获悟天根。
不欲多闲视，须宜为结婚。
清风吹两袖，爱日慰诸昆。
右壁从无路，茑萝施别村。
尚期陈妇枣，胡乃折庭萱。
既失商山侣[11]，谁亲坐上罇。
悲伤情惨淡，哽咽气潜吞。
瓦屋尘生甑，芒鞋索绛跟。
艰难愁再食，辛苦泪双痕。
绽裂予为补，蓬头仆代髡[12]。
忧戚哀父体，营禄结饔飧[13]。
筹奠成家计，适情发笑言。
兰湖芹跃浪，岩野竹添孙。
守分跻名士，食贫愧淑媛。
阶前花四照，坐上酒全浑。
鹜[14]怎同争粒，羊奚为触藩[15]。
莫矜[16]能负米，聊仿不窥园[17]。
廪饩颁君贶[18]，胶庠仰帝阍[19]。

融年[20]今已度,彭寿[21]敢希存?
绕膝欣称兕[22],强亲亦馈豚[23]。
狂吟四十韵,语语最惊魂。

【注】

[1]四大悬:指天地的承载之德、父母的养育之恩、师长的教诲之情、朋友的忠信之义。对每一个人而言,这些都难以报答,也无法报答,所以称之为心中的"悬念"。

[2]髫龄:指幼年。

[3]解语:本意是善解人意。因唐玄宗曾经把杨贵妃称为自己的"解语花",这里应是指作者的妻子。

[4]意马:成语"心猿意马"的略称,指用心不专一。

[5]孟浪:鲁莽;冒昧。

[6]惇:诚信,敦厚。

[7]乌哺:旧称乌鸦能反哺其母,故以喻人子奉养其亲。

[8]伤翁挽鹿奔:挽:拉;鹿车:古时的一种小车。旧时称赞夫妻同心,安贫乐道。语出《后汉书·鲍宣妻传》:"妻乃悉归侍御服饰,更著短布裳,与宣共挽鹿车归乡里。"

[9]莫扪:不要用手握住舌头,使之不能说话。

[10]请学妄师孔,安身只效樊:自己身为教师,极力向孔子学习为师之道;安身立命,则仿效明末清初的少年爱国英雄夏完淳。夏完淳的词集叫《玉樊堂词》。清代初年的江南汉族文人效仿他的节操,筑"效樊堂"以自励。

[11]商山侣:即"商山四皓",是秦朝的四位博士:东园公唐秉、夏黄公崔广、绮里季吴实、甪里先生周术。后来他们隐居于商山,曾经向汉高祖刘邦讽谏不可废去太子刘盈(即后来的汉惠帝)。后人又用"商山四皓"来泛指有名望的隐士。

[12]髡:剃发。

[13]饔飧:早饭和晚饭。

[14]鹜:野鸭子。联系下句,这句表面是说看见野鸭子与鸡在庭

院中争抢食物,实则暗喻自己鄙视那些不择手段往上爬的小人。

[15]羝羊为触藩:成语"羝羊触藩"的灵活运用。公羊以角抵撞藩篱,比喻人在现实生活中碰壁,处在进退两难的境地。语出《周易》的《大壮》卦:"九三,小人用壮,君子用罔,贞厉,羝羊触藩,羸其角……上六,羝羊触藩,不能退,不能遂,无攸利。"

[16]矜:自大。

[17]窥图:阴谋。语出《旧五代史·唐书·明宗纪》:"时议皆以为安重诲方弄国权,从荣诸王敬事不暇,独忌从珂威名,每于帝前屡言其短,巧作窥图,冀能倾陷。"

[18]廪饩颁君贶:"廪饩"是指科举时代由公家发给在学生员的膳食津贴。"贶"是赐赠之物。意思是自己把得到的馈赠之物作为奖品发给学生。

[19]胶庠仰帝阍:西周时胶为大学,庠为小学,后世通称学校为"胶庠"。帝阍:天门,天帝的宫门。此句是说自己培养学生,希望他们能叩开仕途的大门。

[20]融年:四十岁,即不惑之年。

[21]彭寿:传说中彭祖活了八百八十岁,后世以他作为长寿的代称。

[22]绕膝欣称觥:儿孙绕膝,拿着酒杯给自己斟酒,心里非常高兴。

[23]强亲亦馈豚:享受儿孙绕膝的天伦之乐,高兴的心情超过亲戚们给自己送来了猪肉。

早渡盘江　七言律

明巡抚　刘　翺　凤溪人

娟娟寒月光透天,叠嶂凌霄北斗悬。
江浴盘龙通两粤,风惊宿鸟渡江川。
雉裘到处烽烟靖[1],荣戟年来露布鲜[2]。
笑倩良工写王会[3],漫劳唾手勒燕然[4]。

【注】

[1]雉裘到处烽烟靖:"雉裘"是借代,指用雉的羽毛作头冠上的装饰,身着裘皮衣服的武将,靖是平息,安定。意思是朝廷的军队所到之处,战乱马上得到平息。

[2]棨戟年来露布鲜:"棨戟"是有缯衣或油漆的木戟。是古代官吏所用的仪仗,出行时作为前导,后亦列于门庭,露布是不加火封印的公文。鲜即少,这几年来,很少接到紧急的军事文书。

[3]倩良工写王会:请一个高明的画师来把这样太平的景象画下来。

[4]勒燕然:在燕然山上刻石记功。语出《后汉书》卷二十三窦宪的故事:"宪、秉遂登燕然山,去塞三千余里,刻石勒功,纪汉威德。"

过维摩旧州

三省总督　鄂尔泰　西林

邑经三宿岂忘情,伏枕虫鸣声一报。
堠[1]离秋冬霜未苦,地连滇桂路难平。
酬思万一知何日[2]? 实学空疏已半生[3]。
苗女瑶童观夹道,梢云[4]共见拥双旌。

【注】

[1]堠:古代瞭望敌情的土堡。这句是说站在堡垒上瞭望远方,季节是晚秋,秋霜还不浓。

[2]酬思万一知何日:心里想着是报效国家,励精图治,仔细谋划,但不知何时才能实现。

[3]空疏:空洞浅薄,没有实在的内容。

[4]梢云:高云;瑞云。语出《文选·左思〈吴都赋〉》:"梢云无以逾,嶰谷弗能连。"

狝[1]邱江边道中口占

邑　宰　傅炳墀

捧檄[2]南来怕问津,邮程金马莽荆榛。
江流地底穿山腹,路入天中避日轮。
窟暗青林时卧虎,邨[3]荒白昼不逢人。
微臣未有涓埃[4]报,那合衡茅[5]寄此身。

狝邱江边道中行

赤甲山前古戍屯,江流浩淼抱云根。
楼台夜月长庚[6]渡,花柳春风太乙门[7]。
下界星辰浮水国,上方钟磬落烟村。
年年送别梁河客,黄草陕西欲断魂。

【注】

[1]狝:古代指秋天打猎为狝。

[2]捧檄:手里拿着朝廷的任命书,到此为官。

[3]邨:村庄。

[4]涓埃:溪流和微尘。这里比喻自己所建立的功勋实在太小,微不足道。

[5]衡茅:衡门茅屋,指简陋的居室。语出陶潜《辛丑岁七月赴假还江陵夜行涂口》诗:"养真衡茅下,庶以善自名。"

[6]长庚:金星的别名。古代称之为"太白金星""太白""启明"。它有时是晨星,黎明前出现在东方天空,被称为"启明";有时是昏星,黄昏后出现在西方天空,被称为"长庚"。长庚渡在这里特指涪陵的李渡(渡口)。

[7]太乙门:指原四川(今属重庆市管辖)涪陵李渡的门。清代诗人毛凤韵对涪陵李渡景观的描写中有"太乙门高岩百尺,长庚渡阔浪千重。"清末,傅炳墀曾经任《云南通志》总纂,主编《涪州志》等史籍。傅炳墀,涪州(今涪陵)李渡人,他在《李渡》一诗的序文中写道:

"太乙门在涪陵西,赤甲山之东,大江北,余家在焉。唐李白曾渡江于此。"可以和此诗作参证。

月季呈丹
管 抡

维摩丈室旧因缘,散落天花着处拈[1]。
锦缎新翻巧杼轴[2],晓星初起宝箱边。
钩衣[3]色与相俱幻,插鬓红随白共兼。
独笑使君[4]年渐老,霜髭[5]逐月也频添。

【注】

[1]散落天花着处拈:佛教典故"拈花一笑"的化用。宋代僧人普济《五灯会元·七佛·释迦牟尼佛》:"世尊在灵山会上,拈花示众,是时众皆默然,唯迦叶尊者破颜微笑。"这是禅宗以心传心的第一宗典故,包含有两层意思:一是指对禅理有了透彻的理解,二是指彼此默契、心领神会、心意想通、心心相印。

[2]杼轴:织布机上的两个部件,即用来持纬(横线)的梭子和用来承经(竖线)的筘,亦代指织机;此处比喻诗文的组织、构思。

[3]钩衣:制作有精美图案和花纹的衣服。这两句是描绘当地少数民族的服饰和装扮。

[4]使君:汉代称呼太守刺史,汉以后用做对州郡长官的尊称,可以通俗的理解为先生,管抡曾经当过师宗州的知州,所以这里应该是指自己。

[5]霜髭:嘴唇上边白色的须毛。

过八达江
前 人

前驱负弩[1]极攀跻,猎猎旌旗望欲迷。江入乌蛮[2]流水阔,山围鹦鹉[3]暮云低。舟剖独自如鱼腹[4],楼架危巢类鸟栖[5]。怪底轻裘浑欲脱,地炎直接广交齐。

朔风捲尽瘴茅荒,路入层峦万岭长。碧涧曲依田上下,白云拥出树丹黄。岭崖画断垂鳞鬣,村落斜穿卧石羊。我自居夷枕着句,顿忘投老入蛮乡。

早晚烟霏重不醒,乱山压压雾冥冥。深湫日(原作"曰")暗龙潭黝,蔓草风旋虎气腥。石捍崩泉疑作雨,山髹[6]古木尚留青。时平不用封侯策[7],片石虚传剑阁铭[8]。

【注】

[1]负弩:背负弓箭,开路先行。古代迎接贵宾之礼。

[2]乌蛮:乌蛮源于汉族史书对西南土著居民的称呼。

[3]鹦鹉:山名,现叫"英武山",在云南省曲靖市师宗县东南部的大同、五龙、龙庆三乡结合部,是师宗县境内的最高山脉。

[4]舟剞独自如鱼腹:指船太小和简陋,有被抢劫的危险。剞:抢劫。鱼腹:谓葬身鱼腹,或被淹死。语出《楚辞·渔父》:"宁赴湘流葬于江鱼之腹中,安能以皓皓之白而蒙世俗之尘埃乎?"联系下句,也可理解为当地少数民族渡河用的如鱼腹一样的独木舟,也通。

[5]楼架危巢类乌栖:指八达江边的壮族过去特有的杆栏式建筑,在江边高耸着,有如乌鸦筑的巢。危:高。

[6]髹:古代指红黑色的漆。此处是指连绵不断的群山。

[7]封侯策:指官吏送给朝廷的关于治理国家的建议性奏折。

[8]剑阁铭:太康初年,西晋文学家张载到四川探望父亲,途经剑阁,因有感于剑阁地势险要,风光独特,便写下了《剑阁铭》。铭文先写剑阁形势的险要,次引古史,指出国之存亡,在德不在险的道理,被后人誉为"文章典则"。

夷嶰道上杂诗

前　人

涧水湾环泻一溪,田田高下作胡梯。夷人秷秸[1]排鳞次,绝域山川信马蹄。箐雨滴残霜叶响,春畬[2]吹断烧痕齐。谁人独晓娜隅[3]语,蛮府新从日下题。

雾霄连山树色昏,清阴一道入松门。溪沉苎网[4]留鱼婢[5],水侵秧田啜(原作"缀",今改)稻孙[6]。挂扙拨云寻曲径,桥滴柯露湿盘根。行行不辨东西路,遥措烦烟想一村。

【注】

[1]秸秸:堆积的秸秆。
[2]春畲:春季放火烧荒,整地备种。
[3]娵隅:古代西南少数民族称鱼为"娵隅",这里借指少数民族语言。
[4]苎网:用苎麻织的小网。
[5]鱼婢:即妾鱼,又称婢妾鱼,一种细长的鲫类鱼。也泛指一般小鱼、幼鱼。此句谓春天柳絮飞扬时,小鱼儿都游来了。
[6]啜稻孙:指秧田里的小鱼在吞食散落在水面上的稻花。啜:仰头吞食。

暮冶峰

邑　宰　傅炳墀

雄峰屹立耸云烟,撑起南荒五尺天。
西粤屏藩[1]遮半壁,北门[2]锁钥巩全滇。
垂洞涧影秋空上,匹马衫痕落照边。
回望巴山青不断,朦胧(原作"濛龙",今改)树色隐东川。

蜀道之难且莫歌,滇黔山险更如何?
中原路尽蓝田驿,蛮触[3]疆分赤水河。
箐合铁桥蹲虎豹,峰盘铜柱走羲娥[4]。
天梯石栈攀缘苦,况说夷酋未止戈。

【注】

[1]屏藩:屏障。
[2]北门:当时邱北的北门,这里代指邱北。
[3]蛮触:典故名,语出《庄子集释》卷八下《杂篇·则阳》。说有建

立在蜗牛角上的国家,右角上的叫蛮氏,左角上的叫触氏,双方常为争地而战,伏尸数万。后以"蛮触"比喻因小事争吵的双方。这里指清水江沿岸的少数民族。

[4]铜柱走羲娥:铜柱是指汉代马援征服交趾后,立铜柱记功。羲娥:日神羲和与月神嫦娥的并称。借指日月,泛指岁月,亦指日夜。这句是说日月轮转,朝代变换,只有暮冶峰依旧。

暮冶峰
唐振声

山势岩峣[1]不可跻,凭高俯瞰万峰低。
天穷榆海三危北[2],地接炎州百粤西[3]。
日暮荒村余虎跡,烟深古木暗鹃啼[4]。
边方无限登临感,犹幸年来息鼓鼙[5]。

【注】
[1]岩峣:亦作"岧峣"。 高峻;高耸。
[2]天穷榆海三危北:暮冶峰的北面,仿佛是天的尽头。
[3]地接炎州百粤西:暮冶峰的东面,是属于热带气候的广西、广东,邱北在两广的西面。
[4]暗鹃啼:传来杜鹃鸟悠长的啼鸣声。
[5]息鼓鼙:没有战鼓声。鼓是军中的大鼓,"鼙"是行军时候用的小鼓。

暮冶峰
恩 贡 萧正兴

巍巍山势拱南天,俯视群山亦渺然。
云气荡胸凌碧落,晴光绝顶尽苍烟。
峰回雁阵难经此,境避鸿荒[1]不计年。
共道地灵钟俊杰,人才继起想骈骈[2]。

【注】
[1]鸿荒:远古时代。
[2]骗骗:同"翩翩",本意是形容举止洒脱,仪态大方(多指青年男子)。此处也可以理解为自己一想到此地将来会人才辈出,自己就浮想联翩。

一览亭

丁荫昶

云程直上画楹[1]凉,凤翼[2]孤撑拥大荒。
塔势横空环岛屿,山形倒影入池塘。
院中花木盘根久,座上弦歌逸韵长。
到此胸怀真洒落,一杯浊酒话沧桑。

【注】
[1]画楹:有彩绘的堂柱。
[2]凤翼:一览亭的飞檐高高翘起,如凤凰展翅时的翅膀。

水围寺

平家鼎

山从何处拟飞来,屹立湖心不染埃。
云影倒拖天上下,日光斜照水楼台。
峰环翠翠屏间列[1],髻拥青青镜里开[2]。
直把尘心消遣去,飘飘如在小蓬莱[3]。

【注】
[1]峰环翠翠屏间列:寺庙周围青山环绕,如翠屏罗列。
[2]髻拥青青镜里开:寺庙所在地的飞来峰倒映在水里,形如美人的发髻。
[3]小蓬莱:蓬莱为海上仙山,作者认为水围寺是此地的仙山,所以说小蓬莱。

水围寺

陈顺忠

湖势澄清涌翠鬟,层层石磴可跻攀。
水深碧岸周围阔,径入幽林几叠滂。
佛殿凌虚撑眼界,僧楼无主掩禅关[1]。
红尘冉冉[2]应难到,不羡维摩大小山。

【注】

[1]禅关:寺庙的大门。
[2]红尘冉冉:处在尘世之中为名利而匆忙奔走的人。冉冉:匆忙的样子。

重游城子山

吴怀清　吟樵

十年前共客跻攀,今我重来鬓已斑(原作"班",今改)。
流水闲云独不老,暮林倦鸟[1]知总还。
牵萝[2]缓步楼初耸,题壁旧痕雨既删。
往事不堪回首忆,白头人愧对青山。

和前韵

孙竹森

苏州(吴苏州,名伟业,明季人。)逸韵[3]古谁攀?丽句清词凤尾斑。
每到奇观麟振采,频登高寺鹤初还。
岩花石藓同秋老,峰雨塔烟向午删。
何必长公[4]怀往事,但将临眺况羊山[5]。

【注】

[1]暮林倦鸟:化用陶渊明《归去来兮辞》中"鸟倦飞而知还"的句子,说自己厌倦了尘世的喧嚣,渴望过田园生活。
[2]牵萝:手拉着藤萝上山。萝:指能爬蔓的植物。
[3]苏州逸韵:指明末清初的诗人吴伟业遗留下来的诗歌的风

格。吴伟业是江苏太仓人,号"梅村",长于七言歌行体诗歌,初学"长庆体",后自成新吟,后人称之为"梅村体",世称"吴苏州"。代表作是叙事长诗《圆圆曲》。这句是"古苏州逸韵谁攀?"的倒装,是说像明末清初吴伟业那样的"梅村体"现在有谁可比?我认为只有这里的吴怀清的诗歌可比。在本卷里有吴怀清大量的七言诗。

[4]长公:兄长,这里指吴怀清(字吟樵)。

[5]临眺况羊山:登临城子山,远眺况羊山。

留别邱阳诸君

邑　宰[1]　陈光渡

相知尽在不言中,去往无心等寓公[2]。
失计依人何择鹿[3],做官如我可怜虫。
萧萧惜别芦洲白,小小从戎榆塞红[4]。
挥手临歧莫四顾,一声孤雁泪长空。

【注】

[1]邑宰:县邑之长。即县令。

[2]寓公:古指失其领地而寄居他国的贵族。后凡流亡寄居他乡或别国的官僚、士绅等都称"寓公"。

[3]择鹿:指选择依靠的人。这句是说自己被过去所依靠的上级抛弃了。

[4]榆塞红:指秋天榆树的叶子经秋霜而变红。

城子山阻风

前　人

昨夜狂风屋角摧,万山借势走惊雷。
好谈因果倚兰若[1],妄想功名热学魁[2]。
塔影当天夸定力,车声彻夜话轮回。
无穷怨望无穷忏,佛老观空亦达哉。

【注】

[1]兰若:也叫阿兰若,佛教名词。原意是森林,引申为"寂静处""空闲处""远离处",躲避人间热闹处,也泛指一般的佛寺。

[2]学魁:横行而占上风。语出唐代李翱《祭吏部韩侍郎文》:"戎风混华,异学魁横。"

留别
邑宰 李良年 淑甫

整(原作"镇",今改)日行随案牍[1]劳,螺峰回首湛恩叨。才轻讵展筹边策,缘浅翻惭卧辙曹。幸有微功收指臂,绝无隐痛到指膏[2]。应官蓬转[3]跨鞍去,惆怅临歧路几条?

兰楫同操仅半年,匆匆判袂[4]总前缘。边城聚首非无地,暗室扪心各有天。惟送耳言[5]成益友,最销魂事是离筵。萍纵一散何时合,静听嘤鸣乔木乔。

莫笑民风杂汉夷,纲常全赖士维持。弦歌习听嚣尘静,剑佩相摩陋俗移。穹屋纵难防雀角[6],八宫[7]何待嫉蛾眉。请看附郭漆园叟[8],与世无师是我师。

未雨绸缪土彻桑,乘时御侮本多方。一朝制敌牙獶豕[9],几辈封侯石烂羊[10]。剩有团规添治谱,赚来诗稿压归装。此行簪组[11]尚拘束,不此冥鸿天际翔。

边警迭传风鹤惊,支撑危局仗孤城。鸿沟有界分防密(由龙窝大桥上下,皆扼要防堵),鹭堠添兵探报明。伫见舞干苗可格[12],畴云伏莽寇难平。羽书旁午瓜期近[13],挥手维摩无限情。

【注】

[1]案牍:指繁琐的公文写作或公文往来。
[2]指膏:病名。爪甲部之急性化脓性感染。
[3]蓬转:像蓬草一样飘飞。
[4]判袂:判指分,袂指衣袖,判袂即离别。
[5]耳言:即耳语。

[6]雀角:指狱讼,争吵。

[7]八官:指居室。

[8]漆园叟:指庄子,他曾经做过漆园吏。

[9]豮豕:被阉割的猪。

[10]烂羊:汉朝后期,官廷内部腐败,外戚与宦官的斗争一直不断,两派为了拉拢自己的势力,对外滥授官职,所授的官职名目繁多,小商人、厨子等纷纷穿绣面官服。百姓怨声载道并编制歌谣:"灶上养,中郎将。烂羊胃,骑都尉。烂羊头,关内侯。"后以"烂羊"为典,指地位卑下者或滥授官爵。

[11]簪组:出自柳宗元《溪居》:"久为簪组累,幸此南夷谪。"簪子是古人用来插定发髻或连冠于发的一种长针,是用来绾住头发的一种首饰。这里指为官之人。

[12]舞干苗可格:原本已经臣服的边地少数民族又起叛乱。舞干:拿着兵器战斗。

[13]羽书旁午瓜期近:在传递紧急军情的信件纷繁来往的时候,却接到了因为自己任期已满,调离本地的命令,离开的时候马上就到了。旁午:纷繁的公务;瓜期:指官人的任期。

傅敏斋先生小引

久座寒毡气特雄,群英乐育被春风[1]。
立身高节因穷[2]见,破世愁城用酒攻。
奇句得从思议外,好诗出自性灵中。
一篇读罢推窗看,万里清光月在空。

【注】

[1]群英乐育被春风:本地的英才都聚集在其门下,接受他的教诲,如沐春风。

[2]穷:困境,此句是"时穷节乃现"之意。

游匪掳城
彭英才

小丑无端起寇锋,枪烟不断满城中。
菁华掳尽冤沉黑,性命戕残[1]血溅红。
惨向沟岩寻眷属,悲从荆莽唤儿童。
伤心次日回家望,市景[2]萧条大不同。

【注】
[1]戕残:被残杀。
[2]市景:街市的景象。

邱阳即事
邑　令　邓廷銮　殿　丞

廿年劫运[1]幸全销,感念疮痍酒独浇。
仆女侬童[2]歌自若,僮花仡(原作"犵",今改)草[3]舞犹娇。
烟岚铺海风多瘴[4],怪石撑山地不饶。
差喜频年占岁稔[5],殊方解歌太平谣。

【注】
[1]廿年劫运:指发生在晚清的丙辰之乱。
[2]仆女侬童:彝族和壮族的少年。
[3]僮花仡草:"僮"是壮族,"仡"是仡佬族。这里以花草比喻少年。
[4]瘴:指瘴气。
[5]岁稔:年成丰熟、年年丰收。

夷嵝竹枝词
管　抡

活水湾湾石礴[1]齐,拢塍仄[2]足浸春泥。四时不断龙潭水,未到清明即驾犁。

下下高高数十家,蜂房高缀鸟巢斜。四围壁陡中央汲,笑尔居然井底蛙。

汲水中流负担高[3](担不用索),贮泉新筑木长槽。赖瓢日饮长流水(谓水为赖,取水曰瓢,皆夷语也),井渫从无点滴叨[4]。

下土粳稌高种棉[5],春初杀狗起畬田[6]。纺车夜坐无停织,好赶猴场[7]去换盐。

三番淅米好分蒸,桶釜[8]宽边见未曾。隔宿有粮无作饭,凌晨百碓响登登。(不食隔宿米,旋舂旋食)

仿佛桃源别一天,高高下下水盈田。男勤耕织女勤作,鸡犬桑麻乐有年[9]。

本非仙子好楼居,高厂檐牙四角虚。壁立家徒何所有,鸡栖豚栅喜同庐。

语言文字总难通,木刻犹然太古风。输纳钱粮无定数,几堆颗粒股分丛。

夫多游手妇当家,日办三餐夜绩麻。松代膏油能继晷[10],壁光从不向邻赊。

蛮女[11]偷闲点素妆,顶盘高髻耳镶铛。短衣细袖蹁跹舞,折百腰裙拖地长。

【注】

[1]石礴:石头的缝隙。

[2]拢塍仄:田埂非常狭窄。

[3]汲水中流负担高:本土的彝族一般住山头,壮族一般住在水的源头或者水边,壮族过去用水车送水到田间,水车借助河水的力量把布满在车身周围的竹筒里的水倒出来流到沟里,再输送到田间。水车转动送水时如人挑水,却不用绳索。所以这首诗写的应该是壮族的日常生活场景。而且从作者的附注来看,明显是本地壮族的语言习惯。这组诗歌描写的应该是兼有壮族和彝族两个民族的日常生活场景,标题中的"夷",得视具体情况而定是哪个民族。

[4]井渫从无点滴叨:指壮族田家饮用的都是用木槽或竹槽接

入从山里流下的泉水,储存在石缸里,所以没有任何污泥。

[5]下土粳稌高种棉:指靠近水边的田种水稻,在高处的山地种棉花。

[6]畬田:用刀耕火种的方法耕种的田地。

[7]猴场:本地的集市,指属猴的日子去赶集的街天。

[8]桶釜:大如木桶的蒸饭用的锅。

[9]有年:大丰收。

[10]晷:日影,借指太阳。此句是说本地少数民族家庭在夜里一般用松脂照明,一直到太阳升起。

[11]蛮女:彝族少女。这首诗应该是彝族的日常生活场景。

【附注】

竹枝词:原本是一种诗体,是由古代巴蜀间的民歌演变过来的。唐代刘禹锡首先把民歌变成文人的诗体,对后代影响很大。竹枝词在漫长的历史发展中,由于社会历史变迁及作者个人思想情调的影响,其作品大体可分为三种类型:一类是由文人搜集整理保存下来的民间歌谣;二类是由文人吸收、融会竹枝词歌谣的精华而创作出有浓郁民歌色彩的诗歌;三类是借竹枝词格调而写出的七言绝句,这一类文人气较浓,但仍冠以"竹枝词"。这里的均应该属于第二类。

邱北竹枝词

吴怀清

半是郭兮半是村,后山松影接云根。连番鼓吹[1]青栅里,知是邻家女儿婚。

报马[2]居民耕读多,更深夜静尚吟哦[3]。巡风岳士[4]西街过,继晷灯残旭日和。

南关城外一溪边,三两人家结舍田[5]。明月一肩人采采[6],卖花声在卖饧天[7]。

郭外绿阴晚照间,人声叱犊在溪田。知家教子勤耕种,豳风[8]粒食古来艰。

【注】

[1]鼓吹:唢呐声。

[2]报马:指报马坡。

[3]吟哦:指吟诗声和诵读声。

[4]巡风岳士:夜里负责打更报时的人。

[5]结舍田:指整修田地,准备种秧。

[6]采采:人众多的样子。在春耕农忙时节,人们都披星戴月地在地里劳作。

[7]卖饧天:指春日艳阳天。因为此时小贩开始吹箫卖麦芽糖,故名。

[8]豳风:指《诗经·豳风》中的《七月》,这是一首叙写一年四季农事艰难的长诗。

宿半边寺

萧寺钟沉夜寂寥,松风瑟瑟月轮高。征人小住禅窗下,愁绪三更入梦遥。

过小江口　五言绝

管　抡

晓树影离离,溪头初过雨。残叶满空山,渔人隔烟语。

碧雾喷珠

赵子陵

云雾锁深渊,探骊[1]信有缘。现光[2]随浪涌,疑是老龙眠。

【注】

[1]探骊:骊,古指黑龙。在骊龙的颔下取得宝珠。

[2]现光:指水面上浮现宝珠的光芒。

古寺飞来
前　人

山诧飞来异,摩空[1]色自苍。四围青霭[2]合,宛在水云乡。

【注】
[1]摩空:凌空。
[2]青霭:指云气。因其色紫,故称。

仿《归去来兮辞》一章
傅于敏

归去来兮,定省[1]久旷胡不归。既肆其志以遨遊,亦陟屺岵[2]而独悲。脱颖甘退让于毛遂[3],说难曾奉教亦韩非[4]。叹流光之荏苒,几回首其难追。穿依门之望眼,破弥缝[5]之征衣。迨[6]晨鸡之既唤,亦伏枕而难安。

魂飞天外,梦返家门。慈严偶著[7],兰桂齐存[8]。奉盘具匜,引壶酌斟。凉秋报罢,匿隐蓬根。黑貂曾被于秦(原作"奉",今改)惠[9],青囊见拒于齐桓[10]。薇一采以自食[11],马千驷而慵看[12]。风清清而透暮,云淡淡以浮栏。保幽真[13]于物表,弃(原作"楼",今改)轩冕[14]于林峦。椒殿之鹤书[15]恨晚,槐宫之蚁阵[16]空蟠。

归去来兮,宁崇儒削[17],托诗而重道,讵[18]同流而合污。又奚辞乎?至愚荷名贤之绳削[19],托诗思以优游;亲朋沽春[20]以待,寄笑傲于沧(原作"苍",今改)洲[21]。

或伤情愫,信步登楼。既踏虚而响震,亦蠢走[22]而惊眸。意龃龉而难入,唾泥滓[23]以长袖(原作"抽",今改)。叹逢遇之不偶,感吾生之行休。

已矣乎,飒飒西风透入帏幕,青灯独伴有谁知。倏听砧声[24]归计决,胡为皇皇何欲之?事业今如此,英雄几殆而穷[25]。何自而受篸桐[26],何为而遭捶?怀良辰以孤往,直与世而长辞。抚丹铅[27]而辍哭,揹黄卷[28]而伤悲。聊齐物以自化,顺乎天命复奚疑。

【注】

[1]定省:子女早晚向亲长问安,泛指在外的儿女探望问候父母或亲人。

[2]陟屺岵:出自《诗·魏风·陟岵》:"陟彼岵兮,瞻望父兮……陟彼屺兮,瞻望母兮。"《诗·序》解释本诗是行役者思念父母之作。后因以"屺岵"代指父母。此句是说当自己在外漫游的时候,经常登上高山,眺望家乡,思念父母。

[3]脱颖甘退让于毛遂:此句包含"毛遂自荐""脱颖而出"两个成语。是说自己不如毛遂当年那么出众,也没有自荐的信心和出众的才能。

[4]说难曾奉教亦韩非:韩非子著有《说难》一文,韩非认为,游说的真正困难在于所要游说的对象(即主君)的主观好恶,即"知所说之心",指出为了游说的成功,一要研究人主对于宣传游说的种种逆反心理,二要注意仰承人主的爱憎厚薄,三是断不可撄人主的"逆鳞"。

[5]弥缝:缝合;补救。

[6]迨:及,到。

[7]慈严偶著:慈母严父都还健在。

[8]兰桂齐存:即"兰桂齐芳"之意,芝兰和丹桂,指代子孙一辈;芳:比喻美德、美声。旧指儿孙同时显贵发达,又比喻子孙后代一起取得荣华富贵。

[9]黑貂曾敝于秦惠:此句用战国时期苏秦游说秦惠王的典故,在游说失败后,苏秦当时是"黑貂之裘敝",一副落魄相。用苏秦游说失败的故事,比喻自己当年在仕途上的落魄相。

[10]青囊见拒于齐桓:青囊指古代医生盛医书的囊,后借指医术。古代常用良医比治国的良相。齐桓公(前716~前643),春秋五霸之首,他任管仲为相,推行改革,实行军政合一、兵民合一的制度,齐国逐渐强盛。此句用管仲被齐桓公重用的典故,说明自己怀才不遇。

[11]薇一采以自食:伯夷、叔齐是商末孤竹君的两个儿子,相传其父遗命要立次子叔齐为继承人。孤竹君死后,叔齐让位给伯夷,伯夷不受,叔齐也不愿登位,先后都逃到周国。周武王伐纣,二人叩马

谏阻。武王灭商后,他们耻食周粟,采薇而食,最后饿死于首阳山,古代把他们当作抱节守志的典范。此处自比两位高士。薇:野豌豆的苗,可食。

[12]马千驷而慵看:语出明代方孝孺《送吏部外郎龚彦佐序》:"夫禄之以天下而系马千驷,常人思以其身易之而不可得,而伊尹不屑一顾视焉。"此处作者自比伊尹(曾辅佐商汤王建立商朝,被后人尊之为中国历史上的贤相)。

[13]幽真:幽静纯真的情趣。

[14]轩冕:轩冕,典故名,原指古时大夫以上官员的车乘和冕服,后引申为借指官位爵禄,国君或显贵者,泛指为官。这句是说把官帽丢弃在林间草丛中。

[15]鹤书:也叫鹤头书。古时朝廷用于招贤纳士的诏书。

[16]槐宫之蚁阵:古代广陵人淳于棼梦游大槐安国,被招为驸马,拜南柯太守,享尽荣华富贵。梦觉,乃知所游为宅南大槐下一蚁穴。即成语"南柯一梦"。后以此比喻富贵权势之虚幻无常。

[17]宁崇儒削:宁可委屈自己,也要遵从儒家的修身标准。

[18]讵:岂,哪里。

[19]至愚荷名贤之绳削:我是愚笨到极点的人,担负着践行前代名贤之人为人标准的重任。绳削:本指木工弹墨、斧削。引申为法则、标准。

[20]沽春:买来的春酒(冬天发酵,春天酿成的酒叫春酒)。

[21]沧洲:语出唐代李白《江上吟》:"兴酣落笔摇五岳,诗成笑傲凌沧洲。"指狂放的诗歌风格凌驾于《诗经》之上。因为地理位置上的"沧洲"(古称"河间")既是《毛诗》的发祥地,又是《诗经》文化的传授研究之处,故而修学好古的献王在河间整理并请毛苌为博士讲授《诗经》,所以这里的"沧洲"是借指《诗经》中的浪漫主义诗歌。

[22]蠹走:如蠹虫一样为名利而奔忙。

[23]泥滓:自己把那些为名利奔走的人视为泥土和渣滓,拂袖而去。

[24]砧声:亦作"碪声",捣衣声。

[25]英雄几殆而穷：真正的英雄大约都是身处困境之中的。
[26]笈桐：指羁绊。
[27]丹铅：指点勘书籍用的朱砂和铅粉，也借指校订之事。
[28]捔黄卷："捔"通"掩"，"黄卷"指发黄的经典或老旧的书籍。

盘江赋

原夫天一之生[1]靡涯山下，之出无际，汪洋乎归四海，池涎及乎八裔。是以梁州之界不泛漪涟，羁縻之国[2]亦多清冽。

清潭常漾月，曲水堪祓禊[3]。松顶[4]濯翠于东壁，盔山沐影于西偏。翠岫浣翎[5]，北顾暮峰，盈掌于南沺。神马昂出，匣之首双龙喷出突泡之泉。碧桐垂百尺之荫，蒲草浮四时之烟。

幅员之内，既饶胜境；郡治之外，有复巨川。彼夫距城百八，一水旋流，宛转如带兮滚滚无端，如环兮悠悠碧涛。漱屿清如许雪，浪翻花白不休。襟带一府，回绕四州。因其委曲，故名曰：盘罗。离古昆成纡回之势，犟䖟两部作旋折之涧。滩头往还，渡口流连，欲达益兮。匡城一带竟渡仙湖兮，铁池片帆；五罗乘艘以通交广，八百句驾艇而入乾阳。纳明湖之一壑兮，增被溯湃；汇玉溪之数流兮，益力波涛。更吸泸江之浪，复吞瓜水之潮。曲江为群流之会，布找乃众壑之交。

至于产鳞鲤、隐蛟龙、潜螺蚌、跃鲲鲖、濯凫雁、浴鸥鸿，谁云一勺之多，能测生物之穷？至于津梁皓皓、白石磷磷、安澜森森、急湍沉沉、渔家隐隐、钓网纷纷，逐波流而上下，随飞浪以奔腾。

当其春也，弥望青螺，触目琼葩。万缘纷披，鸟唤波中之影；千红掩映，鱼唼顶上之花。及至清流忽没，夏涨盈窟[6]。奴桔（原作"隶"，今改）千头[7]，闲种溪边之竹；鼓吹两（原作"雨"，今改）部[8]，静听泽泮之蛙。既而炎皇解印，白帝弹冠[9]。月明古渡，烟紫暮山。任云吞而雾吐，凭露汲以霞飡。迨乎冬冰既结，岸壁垂丹，石梁疑于驾虹，渔火类乎星悬。堆黄云[10]而足食，捕锦鳞以烹鲜。四时之景无尽，江中之景千端。见夫巉岩似削，劈用神工之斧。峭壁如裁，剪以并州之刀[11]。两山夹送，形如铺练之皎洁。群流奔赴，声同万马之咆哮。陟飞途而俯瞰，分清测一线。临道岸而诞登兮，碧浪千条；怪石峻嶒，作中流之砥柱；

冈峦耸翠,回既倒之狂澜。

白水村中,不屈严光之钓[12];磻石(此处疑缺"之"字)上,可垂尚父之竿[13]。有客来游,题苏子之赤壁[14]。浮槎[15]未去,泛张于广寒[16]。谩数盘谷之胜,不亚濂溪[17]之湾。其来也,分派于岷山之地;探其往也,朝宗于古奥[18]之间。汤兮盘兮,作五华之衣带兮。浪津自细流之不择,成此水之洪深。笑指江干[19],明表素心,水湄水涘[20]想伊人。

【注】

[1]天一之生:指"水"。因"天一生水",它源自远古时代先人对天象的观测,是为"河图"。语出《尚书大传·五行传》:"天一生水,地二生火,天三生木,地四生金。地六成水,天七成火,地八成木,天九成金,天五生土。"此句是说考察南盘江水的源头,是从连绵不断的山脚下涌出(南盘江的源头在今曲靖市沾益县境内)。

[2]羁縻之国:古代统治者对西南少数民族采用羁縻政策,承认当地土著贵族,封以王侯,纳入朝廷管理。宋、元、明、清几个王朝称土司制度。

[3]祓禊:上古风俗,阴历三月上旬的巳日(魏以后始固定为三月三日),到水边嬉游,以消除不祥,也叫"修禊"。

[4]松庑:用松木建构的小厅堂。

[5]翎:鸟翅和尾上的长而硬的羽毛。

[6]夏涨盈窨:夏季涨水,充满了江两边的岩洞。

[7]奴桔千头:上千棵桔树就像上千个家奴,指前人为后人创造财富。三国时期吴国的地方小官李衡由于妻子专横霸道,而且好吃懒做,家道日益衰落,儿子都是读书人,没有什么谋生的本事,就瞒着妻子在武陵购置田地修建房屋,并种上千棵桔树,请人管理。待到临死前才告诉儿子,给他们留下了活命的"千头奴桔"。《三国志·吴志·孙休传》南朝宋·裴松之注引《襄阳记》:"衡每欲治家,妻辄不听,后密遣客十人于武陵龙阳泥洲上作宅,种甘橘千株。临死,敕儿曰:'汝母恶我治家,故穷如是。然吾州里有千头木奴,不责汝衣食,岁上一匹绢,亦可足用耳。'衡亡后二十余日,儿以白母,母曰:'此当是种

甘橘也,汝家失十户客来七八年,必汝父遣为宅。汝父恒称太史公言:江陵千树橘,当封君家。吾答曰:'且人患无德义,不患不富,若贵而能贫,方好耳,用此何为!'吴末,衡甘橘成,岁得绢数千匹,家道殷足。"此处是用竹子比桔树。

[8]鼓吹两部:南齐时期,孔稚珪对世俗很讨厌,喜欢山水自然,他居住的房子周围不加修饰,长满野草,坑坑洼洼,高低不平,经常可以听到蛙的鸣声,有人说他效仿后汉陈蕃。他认为这两部鼓吹别有一番风味,是器乐合奏。鼓吹:古时仪仗乐队的器乐合奏。两部器乐(鼓和箫)合奏,又特指蛙鸣。

[9]弹冠:弹去冠上的灰尘,整冠。这两句是作者想象如果炎黄和白帝来到这里,也会忘却尘世,辞去官职。

[10]黄云:比喻成熟的稻麦。

[11]并州之刀:太原旧称并州,以产刀著称。

[12]不屈严光之钓:不乏像严光那样在江边垂钓的隐士。

[13]可垂尚父之竿:可以垂下姜太公那样的钓竿。姜太公:姜姓,吕氏,名尚,俗称姜子牙,别号飞熊,商朝末年人。他在渭河北岸用直钩垂钓时,周文王前来拜访了他,因此得到重用。

[14]苏子之赤壁:苏轼在游览黄州的赤壁后,写下了前后《赤壁赋》。

[15]浮槎:古代传说中来往于海上和天河之间的木筏。

[16]泛张于广寒:张帆泛舟可以直达月宫。

[17]濂溪:源出于江西庐山莲花峰下,西北流向,合龙开河入长江。北宋理学家周敦颐晚年居此,因此以故乡濂溪为水命名,并自号"濂溪"。此处指溪水。

[18]古奥:古而深奥,不易理解。

[19]江干:江边。

[20]水湄水涘:都指水边(江边,河边)。"水湄"暗用姜太公在渭水边垂钓的故事;"水涘"化用《诗经》中《蒹葭》的诗意"所谓伊人,在水之涘",这句的意思是:自己站在盘江边,心里想着有明主贤君的出现。

桥背水赋
以新城象鼻子石洞为韵　　蒲绍芹

邱城西十五里,昔人费万金造成长桥。水由上过直达隔岸,溉田万顷,其利甚溥[1]。

非不知烟迷古洞,雾锁前津。鸦头涨喷[2],螺黛波皴[3]。雪浪陶残今古,银涛洗尽埃尘。曾经(原作"今",今改)变局多年,桑田成海,不辨仙源何处,桃洞迷春[4]。倘能筑白下之长堤,水从上而从下,犹是分潭清之一派城,润旧而润新。

原夫邱阳之西,有水焉。碧澜响彻(原作"澈",今改),绿涨潮生。源头涌出山脚,流行安得穷溯委？相看激浊,岭脊穿来,湍向北溟而入峰腰,吼震声从东海而鸣。未闻上杨柳之桥,深淹石栈,谁使同桃花之水遍绕山城？何乃流水潺潺,横桥朗朗。来水面以垂竿,向桥头而结纲,水分碧玉以条条,桥列翠屏而两两,濯斯缕而濯斯足。桥伴流觞,决诸东而决诸西,水中荡桨,直待题桥人到,竞传名士风流。如逢背水阵开,争看英雄气象。岂鼋背之成梁？岂鱼背之献瑞？岂鸦背之夕照光华？岂牛背之笛鸣鼓吹？岂背水流浃汗？怅危峰之插天,岂背曝日暄？见人影之在地,盖以水隔岸而难通,田无泉而见弃。踏去芳草,渡旁之渡顺流宛接于马头(村名)。盼来菱花塘外之塘,凿洞通乎象鼻。尔乃坝筑,鱼鳞波翻,雁翅(原作"齿",今改)排空。羡飞艇之寄拜,井获涌泉之喜。鞭石而成其若此,激而行之,望洋而叹,乃如斯浏其清矣。双星稳渡[5],不须借鹊以填桥。百谷滋生,真足是如鱼而得水。但见他混混泉源,胡奈尔招招舟子,由是泽足千村。土松三尺,犁雨[6]锄云,苏禾润麦,弗藉桔槔[7]鼓动。活泼天机,惟看笭箵[8]虚张。通流地脉,洒云涛于雁翅。江头一幅帘青,挂瀑布于虹腰,野外千寻练百。

曾记怀人春水,客咏绿波[9]。相传进履圯桥,翁逢黄石[10];鲰[11]技愧雕虫,才殊吐凤。志切匡时,心存济众。行咏锦水,忧国怀屈子之悲[12];浪迹清江,穷途效阮生之痛[13]。睹此横江铁锁,谁挽既倒之狂澜？何如架海金梁[14],永作中流之砥柱[15](原作"栋",今改)。好趁雪中觅句,频敲坝岸之时(原作"诗",今改)。回思月下听箫,颐醒扬州之梦[16]。看他日扬威海国,方鸣得意于龙泉。幸此时作赋,闲居且喜,传经于鹿洞[17]。

【注】

[1]溥:广、大。

[2]鸦头涨喷:此句"鸦头"疑为"源头",描绘背水桥出水口激流汹涌的气势。

[3]螺黛波皴:如田螺一样的尖山一片苍翠,远远看去像一幅水墨画。皴:中国画的一种技法,用淡干墨涂染以表现山石纹理,峰峦折痕及树身表皮的脉络、形态。

[4]桃洞迷春:暗用陶渊明《桃花源记》里武陵人探寻桃花源,里面的人"乃不知有汉,无论魏晋"的故事。春:春秋,代指王朝。

[5]双星:指牵牛星和织女星。

[6]犁雨:下了一犁深的春雨,指及时又适量的春雨。

[7]桔槔:指水车。

[8]笭箵:渔具的总称。

[9]怀人春水,客咏绿波:南朝江淹在《别赋》中写道:"春草碧色,春水绿波,送君南浦,伤如之何?"

[10]进履圯桥,翁逢黄石:司马迁在《史记·留侯世家》中完整地记叙了这个故事:良尝闲从容步游下邳圯上,有一老父,衣褐,至良所,直堕其履圯下,顾谓良曰:"孺子,下取履!"良愕然,欲殴之,为其老,强忍,下取履。父曰:"履我!"良业为取履,因长跪履之。父以足受,笑而去。良殊大惊,随目之。父去里所,复还,曰:"孺子可教矣。后五日平明,与我会此。"良因怪之,跪曰:"诺。"五日平明,良往。父已先在,怒曰:"与老人期,后,何也?"去,曰:"后五日早会。"五日鸡鸣,良往。父又先在,复怒曰:"后,何也?"去,曰:"后五日复早来。"五日,良夜半未半往。有顷,父亦来,喜曰:"当如是。"出一编书,曰:"读此则为王者师矣。后十年兴,十三年孺子见我济北,谷城山下黄石即我矣。"遂去,无他言,不复见。旦日视其书,乃《太公兵法》也。苏轼认为老人是在培养张良的忍性。

[11]鲰:鲰生,典故名,典出《汉书》卷四十《张陈王周传·张良》。

原来指浅薄愚陋的小人,后亦指小生。这里是自称的谦词。

[12]屈子之悲:屈原投江前行吟泽畔,满怀忧国之悲。

[13]阮生之痛:借用魏晋时期阮籍"穷途而哭"的典故。阮籍之所以"穷途而哭",是想假作醉酒癫狂来躲避司马昭的迫害,他时常独自驾车,信道而行,走到绝路就痛哭而返,以示对现实的强烈不满。

[14]架海金梁:架在海上的金桥。比喻起重要作用的杰出人物,能够身肩重任的栋梁之才。

[15]中流之砥柱:比喻坚强的、能起支柱作用的人或集体,就像立在黄河激流中的砥柱山(在今三门峡)一样。

[16]扬州之梦:这两句化用了晚唐杜牧两首吟咏扬州风物的诗歌的诗意。一首是《遣怀》:"落魄江湖载酒行,楚腰纤细掌中轻。十年一觉扬州梦,赢得青楼薄幸名。"另外一首是《寄扬州韩绰判官》:"青山隐隐水迢迢,秋尽江南草未凋。二十四桥明月夜,玉人何处教吹箫。"意思是当看到背水桥沿途的风景,自己宛如置身于水乡扬州。

[17]鹿洞:指白鹿洞书院,位于江西省九江市庐山五老峰南麓,享有"海内第一书院"之誉。始建于南唐升元年间(940),是中国首间完备的书院;南唐时建成"庐山国学"(又称"白鹿国学"),为中国历史上唯一的由中央政府于京城之外设立的国学。南宋淳熙六年,理学宗师朱熹知南康军(今江西省九江市星子县),率百官造访书院,当时书院残垣断墙,杂草丛生。朱熹非常惋惜,责令官员,修复白鹿洞书院,并自任洞主,制定教规,延聘教师,招收生员,划拨田产,苦心经营。这里借指当时邱北的清江书院。

鸡㙡赋

旧志云:"鸡以刑菱者,飞高敛足[1]。"以貌说本杨慎[2],或作蚁㮠,以其产处下皆蚁穴,通雅人作鸡㙡[3]。以其六月大雨后,生沙土中,或松涧林鲜中者,其香味甚美,菜蔬中均以为上品。但出土一天(原作"田",今改)即宜采。过五日即腐,香味即尽。滇中各县俱产,只够盘餐。惟邱邑页华龙、大百户一带每遇街期,肩挑篮负不止数十担,土人盐而脯[4]之,以代酱豉,经年味美饶,送者即为厚仪。《汉书》所谓

"蒟酱"[5],或即指此,不然南奥何必以此款[6]天子使耶?

维滇南之异产兮,别其品曰蒙璁。禀山川之和气兮,擢孤秀于庞茸。常居幽以善晦兮,入尘世而不逢。大烹庶几适用兮,小蓄可以御冬。尔雅以南荒见略兮,食径欲掞录而无从。世或虞其瘴疠兮,胡为遍列于鼎钟。闻诸刘静修[7]先生:凡物必胜其气兮,乃能迈种而独秾[8]。尔其植不待扶兮,表亭亭之修翰[9]。实不尚华兮,似胶胶之音翰,齿齿以成文兮,混竹笋而不乱类。田田[10]之为盖兮,此鸡头而无餐脯胞于蒸梨兮。纵无渔具兮,叹脂浓于烧,于即有鹅而不换。通雅之载鸡枞兮,固易名而轻窜玉篇。以为土菌兮,亦无而妄断。常考食有四品[11]兮,馔交错夫八珍[12]。蓼同濡于四物兮,味必和夫五辛。笋掘杨妃之指兮,瓠启齐姜之唇。蕨开拳于钩弋兮,菰见咏于唐人。子瞻[13]惟嗜巢菜兮,张翰[14]驰思于线蓴十八品。晒高杨之贵兮二十七种,嗟庾子山[15]之贫。戏器之参玉,欣兮嘲与,可饱渭滨。泣豆萁于子建[16]兮,嚼菜根信于民某也。木恒病于多瘿[17]兮,柳漫生于其讨耻。越俎而代庖兮,惟茹草而饭粮[18]。储新菊以为粮兮,削松舫[19]而求寿。惊平梦之踏圆兮,讶蛇纹之人口。学蒙诮于蹲鸱兮,才莫预于薪樆。将大爵于屠门兮,窜染指于葍白。独此物之逸群兮,恣老饕之濡首。则将指蓬蒿之胜处兮,闻草莱而幽居。采云峰之驼白兮,拾两岫之肉芝[20]。袭清飔以作扇兮,取阳燧以为炊。配坎离[21]之二气兮,辨旨否于五脔。添骨中之缘臔兮,换领上之白髭。招麵生而拥篲兮,佐调胡而抄匙。薄姜芽之盗母兮,愿芦服之生孙。彼绿葵与紫苋兮,徒取媚于容姿。即春韭与秋菘兮,讵足方其旨饴。斯真可小越人之四海兮,而擅食品之一奇。

【注】

[1]鸡以刑菱者,飞高敛足:鸡枞凭着它出土时候的形状如斗笠,骨朵展开后像鸡收足振翅时的羽毛。

[2]杨慎:明代大学士,四川新都人。四川人把鸡枞叫做鸡□菌。《黔书》:"鸡□菌,秋七月生浅草中,初奋地则如笠,渐如盖,移晷纷披如鸡羽,故名鸡,以其从土出,故名。"

[3]鸡枞:也叫鸡棕、鸡宗、鸡松、鸡脚菇、蚁枞、鸡□菌,为真菌

类白蘑科鸡□的子实体,是云南省特产的一种名贵食用菌,雨过天晴,鸡枞破土而出,形如钝锥,一两天后形体陡长,形如伞盖,呈棕灰色,即时采而烹食,其味最佳。其味鲜、甜、嫩、香直可与鸡肉媲美。相传明熹宗朱由校最喜欢吃云南鸡枞,清代乾隆时的大学问家赵翼随军入滇,吃了鸡枞后大为赞叹,记之曰:"老饕惊叹得未有,异哉此鸡是何族？无骨乃有皮,无血乃有肉,鲜于锦雉膏,腴于锦雀腹。"鸡枞之名,由此而传。

[4]脯:本意是干肉,这里指用盐干燥脱水的鸡枞干品。

[5]蒟酱:一名槟榔药,为胡椒科植物蒌叶藤。本品收载于《唐本草》,孟诜《食疗本草》名曰"土草拨"。其苗叶名扶留藤。结实状如桑棋,长2—3寸,食之辛香。李时珍云:"两广、滇南及川南皆有之,其苗蔓生依树,彼人食槟榔者与此是嚼之,云辟瘴病。"

[6]款:款待。

[7]刘静修:刘因(1249~1293),字梦吉,号静修,元代诗人,学者,清人全祖望推他和许衡为元朝北方两大儒,有《静修先生文集》传世。

[8]秾:丰硕;丰满;肥大。

[9]表亭亭之修翰:钻出地表的鸡枞亭亭玉立,主干修长。

[10]田田:本来形容荷叶相连,盛密的样子,形容鲜碧的、浓郁的样子。

[11]四品:食物的四中烹调方式:煎、炒、煮、炸。

[12]八珍:原指八种珍贵的食物,后来指八种稀有而珍贵的烹饪原料。其具体所指随时代和地域而不同。"珍用八物":是指牛、羊、麋、鹿、豕(猪)、狗、狼、熊。

[13]子瞻:北宋文学家苏轼,字子瞻。

[14]张翰:西晋文学家,字季鹰,张翰性格放纵不拘,时人比之为阮籍,号"江东步兵"。齐王执政,辟为大司马东曹掾,张翰见祸乱方兴,见秋风吹起,以思念吴中菰菜、莼羹、鲈鱼等美味为由,辞官而归。

[15]庾子山:南北朝著名文学家庾信,字子山。

[16]子建:魏代文学家曹植,字子建。

[17]瘿：植物受病菌、昆虫、叶螨、线虫等寄生后，常形成"瘿"。即"树瘤"。

[18]糗：炒熟的米麦等谷物。

[19]松肪：松子。

[20]肉芝：俗名太岁，又称肉灵芝，为传说中秦始皇苦苦找寻的长生不老之药。

[21]坎离：八卦中坎为水，离为火。这里借指阴阳。

清水江赋

客有谓水月主人曰："渺兹[1]维摩，蕞一陬[2]，仰视中原（原作"源"，今改），犹寄黑子[3]于人身之一肱[4]，其间怪石垒垒，如吐如含。层崖巢巢[5]，如结如浮。蟠苍[6]耸翠，连互绸缪。是固子之所偏历而旁收[7]者，巴盘之曲，宛邱之幽，有水一泓，天鉴其湫[8]，名曰：清水。谓非人谋[9]，是因殊方之独擅，于贤者之遨游。子常知之否也？"

主人应之曰："吾常见斯邦之水矣，高者悬瀑，下者聚汨，阔者为港，窄者为沟，广不容大壑之鳣，深仅泛渤澥之舟。何乃兹水之得为清者之流？子言迂矣，殊亦未知详人掺[10]。"

客曰："常闻之天惟至公，不爱乎道[11]。地惟至平，靡惜其宝[12]。人文正气，中原多抱[13]。山谷之深，溪流之巧，或为殊方者造之。子胡视之眈眈[14]也哉？空言无征[15]，泛听亦貌[16]，口诵之真，不如目击之了[17]。请乘之暇[18]，屈子之轺[19]为子御，重（"重"字疑为衍文，多余的字）轻驾轻骑，借烟景于须臾，拂风尘之缭绕，相与观兹江之森森，以明予言之非矫[21]，水月主人可之。乃惟季春，天日明霁[22]，言秣其驹[23]，言膏具辐[24]，循郊墟以启行，遡层阿以深诣[25]，动徽翠于旌纳[26]，轻飔乎短袂[27]，屹万崖之阴森，忽一壑之清丽。声出竹以泠泠（原作"冷冷"，今改）[28]，风拂面以泄泄[29]。"

客曰："斯清江际也，请于是乎少憩，以惠吾子之睇[30]，水月主暇车而腿[31]之邱山之阿。惟谷谷[32]，中涵一窟，鼇[33]以方圆，永冽其斯，漱瑶滴璇[34]。石疏其鏺，排琚列滨[35]，湛波光之上下，捷瞬息乎霏漩[36]。俄而弥漫，涨于仁川，倏而翕[37]聚汇于重涧。有若巨海之鳌[38]兮，喷溥吐浸以侵轶乎八埏[39]。霎飓风之恬霁兮,吸领回涎[40]。有若日之丽于雺邑兮,晶光荡漾于蓝田。迨其静闷[41]兮,敛之于半亩之烟,听石鼓以为候[42]兮,轻重胡为喧闹。任抡竿以为测兮,高下各得平。送往来之相继兮,殊过续之不愆[43]。迟时候之反复兮,妙消长于涓埃。阴不能使之溢兮,阳不能使之浚[44](原作"睃",今改)。旱不能使之涸兮,涝不能使之湮。仅一斗之涵容兮,浩气吞乎昊天[45]。寄白云于野草之隩兮,宛潮汐伸缩于大江之墺[46]凝目以视兮,凡几转圜穷神以索兮,莫测其然,将以为石窍之间而通兮,泥数或有时乎阕填。或以为沙水之壅而成兮,陵谷[47]又若是乎屡还。必是苍苍之上兮,结指于太乙[48]之神前。以为之范围兮,数以为之陶甄[49]。星宿其扬波之脉兮,河汉泻影其无偏。既未若寻源于斗牛兮,乘槎必待乎张骞[50]。更不同断流于泚水兮,投鞭漫夸于符坚[51]。蜀相曾以心攻而见牧[52],宋皇胡以斧画而竟捐[53]?岂天以限华夷[54]兮?旋折乎牂牁流域之间。宜滇藉以保障兮,纡回乎邕黔欧脱[55]之边。况秉扶舆[56]之淑气兮,历终古澈底其涟漪。汇三江以澎(原作"溯",今改)湃兮,向八达[57]其贯穿。溯朝宗于南海兮,通万里之番船[58]。彼河清而坐圣兮,一线必俟乎千年。矧[59]亘(原作"振",今改)古具如斯兮,忍置蛮荒而不传。

主人正襟危坐,而问客曰:"子亦知乎水与月乎,水得月而益灏涣[60]兮,月印水而更晶莹。水与月具双清兮,知斯江之所以得名"。

客曰:"沧浪之水清,斯濯缨[61]。江清月朗。子寄深情,吾愿与子指斯水以同盟"。

【注】

[1]渺兹:观看,体察。本篇为县志编修人缪云章的作品,"水月主人"是他的号。此赋用宋代文赋的体制写成,采用主客问答的方式。

[2]蕞一陬:独居一隅。

[3]黑子:人身上的黑痣。

[4]胠:腋下。

[5]業業:连绵不断的样子。

[6]蟠苍:如蟠龙一样的青山。

[7]旁收:广泛搜求。

[8]湫:水潭。

[9]人谋:不是人工后天挖出来的。

[10]搀:同"搜",这句是说还没有向了解详情的人去询问。

[11]不爱乎道:天从来不在乎人怎么看它的,一直按自然的规律运转。

[12]靡惜其宝:(大地)从来不吝惜自己所有的财宝。

[13]抱:集聚,拥有。

[14]眇眂:仔细观看。

[15]征:通"证",依据。

[16]泛听亦藐:"藐"通"渺",道听途说的话,也实在很渺茫难寻了。

[17]不如目击之了:耳听别人的话为虚,还不如亲自去看看。

[18]暇:空闲。

[19]屈子之轺:这句的意思是我用当初屈原乘坐的车拉着你去观赏。轺:本义是指迎宾车、先导车、开道车。后来指被国君召唤者所乘坐的宫廷专车。

[20]风尘:比喻旅途的艰辛劳累,这里特指风景或风光。

[21]矫:虚假、不实。

[22]天日明霁:霁的本意是雨雪停止,天放晴。这里指春天到来,风和日丽,阳光明媚。

[23]秣其驹:给马喂好草料。

[24]膏具辒:辒是古代的一种卧车。亦作"温车"。准备好肉和车。

[25]遡层阿以深诣:"层阿"指重叠的或高耸的山冈。逆流而上,沿着高耸的山冈,去体会《诗经》中《蒹葭》里那份上下求索的执着之情。

[26]动徽翠于旌纳:车上插着绿色的树枝作为旗帜。

[27]扡:拉,拖曳。

[28]泠泠:本指流水声。借指清幽的声音。

[29]泄泄:形容和乐舒畅。

[30]睇:斜着眼看。

[31]脡:浏览、观看。

[32]翁翁:山色青葱的样子。

[33]甃:以砖瓦砌的井壁。

[34]漱瑶滴璇:流出的水晶莹透亮,如美玉。

[35]排琚列滨:排列整齐,状如美玉。

[36]霏瀎:水汽在空中飘扬、弥漫。

[37]龛:聚合。

[38]鳌:一种说法是龟头鲤鱼尾的鱼龙;另一种说法是海里的大龟。

[39]喷溥吐浸以侵轶乎八斑:喷出巨大的海水到达天际。

[40]吸领回涎:这句是说突然狂风停止,一下子巨大的水流又没有了。

[41]静冈:幽静。

[42]听石鼓以为侯:水流石上,宛如美妙的鼓声,误认为是在宴席之上,是封侯之王。

[43]不愆:不错过时期。

[44]浚:疏通,挖深。

[45]昊天:苍天。昊:元气博大貌。

[46]壖:亦作"壖"。本义是指余地、隙地,引申为河边的空地或田地。

[47]陵谷:本意丘陵和山谷,代指自然界。

[48]太乙:古代星官之一,位于紫微垣。

[49]陶甄:比喻陶冶、教化。语出《文选·张华》:"茫茫造化,二仪既分。散气流形,既陶既甄。"

[50]乘槎必待乎张骞:乘槎,亦作"乘楂",典故名。出自晋代张华《博物志》卷十,本指乘坐竹、木筏。后用以比喻奉使。南朝梁宗懔《荆楚岁时记》载:汉张骞奉命出使西域等河源,乘槎经月,到一城市,见有一女在室内织布,又见一男子牵牛饮河,后带回织女送给他的支机石。

[51]投鞭漫夸于符坚:前秦符坚将攻东晋,部下石越认为晋有长江之险,不可轻动。符坚说:"以吾之众旅,投鞭于江,足断其流,何险之足恃?"后以"投鞭断流"形容兵众势大。亦省作"投鞭"。

[52]蜀相曾以心攻而见牧:"攻心"二字出自《三国志·马谡传》裴松之注引《襄阳论》,马谡被诸葛亮"每引见,谈论自昼达夜"。马谡说:"用兵之道,攻心为上,攻城为下;心战为上,兵战为下。"他认为打仗最重要的是瓦解敌人斗志,收服敌人之心。其意思和《孙子》"上兵谋……下政攻城"相近。这个战略为诸葛亮所赞赏。见牧:被征服或统领,指七擒孟获,孟获最终被诸葛亮攻心之术收服。

[53]宋皇胡以斧画而竟捐:即昆明大观楼长联里的"宋挥玉斧"。《南诏野史》说:"王全斌平蜀还京师,请取云南,负地图进。太祖鉴唐之祸,以玉斧画大渡河为界。曰:'非吾有也。'由是段氏得据南诏相安无事。"

[54]天以限华夷:河流天然就是这么走的,从来不分流经的区域是汉族还是少数民族。

[55]邕黔欧脱:广西和贵州的边远之地。

[56]扶舆:扶持,润泽。

[57]八达:八达河,处滇、黔、桂三省区交界处。

[58]番船:外来的船。

[59]矧:矧是何况、况且。

[60]灏涣:清澈澄净的样子。

[61]沧浪之水清,斯濯缨:化用远古歌谣《沧浪歌》。这是春秋时期流传在汉北一代的民歌,又叫《孺子歌》。原文是"沧浪之水清兮,可以濯我缨。沧浪之水浊兮,可以濯我足"。作者已不可考。《沧浪歌》的思想并不单单是劝人出世避祸,独善其身的,也是强调人不仅要刚直进取,也要有豁达的心胸。

重修节孝祠序

盖闻惩恶旌善[1],本国家之要枢;见义勇为,乃人生之至性。谁为适从?不待智者而知也。

邱北地居边僻,汉少夷多,民心浑仆[2],风气固蔽,故迷性甚深。虽神道设教,原以补教化之不及,殊不知切于世道人心者,纯在乎忠孝节义。故前清望治,殷殷特旨,于圣庙附设节孝祠。春秋配享[3],具旌前奖后,法良意美。惟沿袭既久,坍塌无存。若不从事[4]修建,势必渐次没湮,不足以资观感,而劝将来。

孝喆[5]忝守是邦,天职宜尽用,是提倡修创,以崇盛典。幸邀诸君同心赞助,不旬月而功程告竣,虽曰小善微功,而邱邑风化,不无小补,聊弁数言,以志缘起云耳。

【注】

[1]惩恶旌善:惩罚恶行,表彰善举。

[2]浑仆:民心还不开窍,处于蒙昧状态。

[3]春秋配享:一年在节孝祠进行一次祭祀。

[4]从事:重新。

[5]孝喆:指徐孝喆,姚安县人,民国六年,任邱北县知事,是县志的倡修人。

盘安楼碑记

楼得石安,得盘石尤安。邱北垣圮[1],兵革屡兴,邱民夷多汉少,冯君砚庄宰斯邑[2],沙夷聚众来攻,冯君派兵击之,立时败散,城赖以安,其盘石[3]耶?周君李贞辖是邑,闻惊,急来按,桀黠[4]诛之,愚懦[5]抚之,民赖以安,其置之盘石之上耶?余奉檄率兵来此,得以是役,暇偕周君邀饮楼上,望秧针刺求[6],拂以春风,趁墟[7]人归,欢然笑语。自适其适,雅有承平景象,绝无烽火余惊。俯视楼下,石壁削立临深池,势若危险;及栏循四顾,上下固结;左右联属[8],贴然以安。虽经风雨飘摇,无忧矣。遂书以示邑绅,并为祝地方永久幸福云。

【注】

[1]垣圮:指墙垣圮坏。

[2]宰斯邑:治理这个地方。冯砚庄:冯汶,字砚庄,四川江安监生,光绪三十四(1908)任邱北知县。

[3]盘石:即"磐石",一般指厚而大的石头。也作盘石。常用来比喻坚定不移的信念或者中流砥柱的人物。

[4]桀黠：指凶悍狡黠的人。

[5]愚懦：指愚者与弱者。

[6]秧针刺秀：秧针：指水稻秧苗的叶尖如针；刺秀：水稻秧苗的叶尖如刺。

[7]趁墟：赶街。

[8]联属：两边相连，结构稳固。

开沟尾碑记

兰　湖　傅于敏

窃问开沟引水，灌溉田亩，上增国赋，下济民生，讵[1]细事也？我朝定鼎，屡次劝（原作"欢"，今改）导水利之兴，于今为烈[2]。邱之西，层叠耸秀十余里许，有旧城龙潭一湾，源深流长，实天地造以流泽万民者也。念昔先人，相其地势，观其流源，渠坝备，沟水分，溉田报粮开垦，利甚薄焉。

追乾隆四十九年，详请大宪[3]，首报升科县尊[4]，奉文督催捐资引水，给照[5]奉行。凡经过村墟，陆地有双山隔层者，造架石枧；有二水争流者，安置沙嶍[6]背水。济处记亩，均分功成，约算费银数千纹。决东则东沟之广，决西则西沟之福，灌溉挹注[7]，于今有年[8]。继因水势不足，阿诺一带，田已成石。于嘉庆四年复念前功不可虚（原作"墟"，今改）掷，照分兴工，未获实济。兹于道光元年八月初，彼寨同议，仍请旧日讲友、管事写立合同，醵金酌办[10]，增其式廓，补其隙漏，见水分田，无异至今。道光二年三月，接开沟尾，大功已竣。奚勒贞[11]，以志不朽云。

【注】

[1]讵：哪里。

[2]烈：热烈、宏大。

[3]大宪：旧时府吏对上司的称呼。

[4]升科县尊：科举及第的知县。

[5]给照：租佃用语。清代后期民佃旗地的一种方式。乾隆年间

规定,凡民佃旗地,州县给印照收执;如佃户不再续佃,报官缴照具退,听官另行招佃,原佃人不得私下授受。

[6]沙嵋:指一高一低的分水坝。

[7]挹注:把液体从一个容器中舀出,倒入另一个容器。引申为以有余来弥补不足。

[8]于今有年:至今多年,年年都是大丰收。

[9]实济:实在的到位的上级拨款。

[10]醵金酌办:"醵金"是集资、凑钱;"酌办"是斟酌情形办理。

[11]奚勒贞珉:把事情的始末刻在精美的石碑上。贞珉:石刻碑铭的美称。

修田沟石枧[1]田碑记

丁　春

问之老子曰:"上善若水。"水,善利万物而不争。观瀋亩距川[2],蒸民乃粒[3],而知水利之不可不兴者也。

代民之施无旱,潦长地之无碛卤[4]叔("叔"字疑为衍文)。故敖起芍陂[5],楚受其惠;文翁穿睃口[6],蜀以富饶;吴起引漳(原作"影")水于魏,而邺旁[7]有稻粱之咏;郑国[8]导泾水于秦,而谷口[9]有禾黍之谣。我邱地僻,维摩山峙暮冶,盘一溪实储清江之源,自乾隆九年,新城、旧城山、北马头山等处,凡一百二十户。其建筑龙潭大坝,十三年功成。分东沟六十户,西沟六十户。其东沟水止于马头山而入河,惟西沟地阔水宽,可分数派。山北、布申等三十户因接一沟出马鞍山,复接大栗树、矣堵,有新旧城王翁瑶、李翁上元、段翁世熙等三十户,见水仍余,另接一沟,出阿路白、七田、阿诺、白脸山等处。在四十一年凿石架木枧,溉田无数,后因木枧倒塌,未获升科[10]复于五十年,邀约沟只[11],设管事十二人,分五股("股"字为衍文)十三股造架石枧。倾囊捐费,鸠材庀工[12],倾其半水渡于梁,诸翁成允成功[13],心力俱困。余俱费银三千两,升粮一石一斗八升,家君[14](此处疑缺"君"字,今补)亲预其事,春也备悉之至。于今桥上水横,锁一川风景;陆中泽注胥,化万顷琉琉。是何啻[15](此处疑缺"啻"字,今补)楚之芍陂,人悉受其惠；蜀之睽口,家皆致其饶。而稻粱之咏,禾黍之谣,不可不语诸翁先生颂之乎？

是役也,阿诺以(原作"于",今改)北,地尤坦肥,倘更加赀濬导[16],灌溉吾(原作"无",今改)方。吾见用力在一沟,而善利在万人也。且用力在一时,而善利万世也。具诸君子所称："上善者,善利万世,而孰与争哉？"今诸翁命予叙其事,予不敢不综其颠末[17],敬志之。

【注】

[1]枧：本义是悬架在地面上的引水木槽。因木槽易腐朽,用石槽更为牢固和永久。

[2]濬甽距川："濬甽"出自《书·舜典》,舜封十有二山濬川。《尔雅·释言》："濬,幽深也。""距川"出自《书·益稷》："予决九川距,四海浚畎浍距川。""濬甽距川"指田间水沟,泛指溪流、沟渠。

[3]蒸民乃粒：语出《书·益稷》："烝民乃粒。"乃粒,即百姓以谷物为食的意思,此处则代指谷物。因为兴修了水利,百姓才能种植谷物,以谷物为食。

[4]磏卤：长期积水的地方不会盐碱化。

[5]敖起芍陂：《后汉书》载："(王景)先是,百姓不知牛耕,致地力有余而食常不足。郡界有楚相孙叔敖所起芍陂稻田。景乃驱率吏民,修起芜废,教用犁耕,由是垦辟倍。"指孙叔敖在芍陂开垦良田,种植后使人民丰衣足食。

[6]文翁穿睽口：文翁(前156~前101),名党,字仲翁,西汉官史。安徽舒城人。汉景帝末年为蜀郡守,兴教育、举贤能、修水利,政绩卓著。据《都江堰水利述要》记载：文翁在任职期间,带领人民"穿湔江,灌溉繁田一千七百顷",是第一个扩大都江堰灌区的官员。由于注重兴修水利,发展农业,使蜀郡出现了"世平道治,民物阜康"的局面。

[7]邺旁：邺城,古代著名都城。遗址范围包括今河北临漳县西(邺北城、邺南城遗址等)、河南安阳市北郊(曹操高陵等)一带。

[8]郑国：郑国是战国时期卓越的水利专家,战国时期韩国都城新郑(现在河南省新郑市)。郑国曾任韩国管理水利事务的水工(官

名),参与过治理荥泽水患以及整修鸿沟之渠等水利工程。后来被韩王派去秦国修建水利工事。秦始皇元年(前247),受命入秦游说,建议引泾水东注北洛水为渠,企图疲劳秦人,勿使伐韩。秦王采纳其议,命他主持开凿工程。工程进程中被秦察觉此意图欲杀之,他说渠凿成亦秦利,因得继续施工,终于完成。是渠从仲山引泾水向西到瓠口作为渠口,利用西北微高、东南略低地形,沿北山南麓引水向东伸展,注入北洛水,全长三百多里。利用泾水含沙而有肥效的特点,用以灌溉,并冲压、降低耕土层中的盐咸含量,收到改良土壤的效用。而郑国渠修建之后,关中成为天下粮仓,赢得了"天府之国"的美名。郑国渠和都江堰、灵渠并称为秦代三大水利工程。

[9]谷口:在今陕西淳化西北,秦时于此置云阳县。

[10]未获升科:升科指登科,及第。这里指没有登科的人。

[11]沟只:指木槽流经周边村寨的寨老。

[12]鸠材庀工:招集工匠,准备材料。

[13]成允成功:语出《书·大禹谟》:"降水儆予,成允成功。"意思是能履行诺言,并能把事情办成办好。

[14]家君:我的父亲。

[15]是何啻:这样的景象哪里会亚于。

[16]加赀濬导:追加经费,疏浚和拓宽。

[17]颠末:事情的始末。

彩云观游记

泹　源　李识韩

余因国家多难,书剑飘零。十余年来,留学江湖,从戎燕赵。凡诸名胜,乘隙吊览。三过洞庭,两渡鄱阳。黄鹤(原作"河",今改)楼头,滕王阁上。金台易水[1],泰岳长城。与夫南朝遗迹,北宋圯墟。遗(原作"愈",今改)留遗迹,可叹观止。而故乡山水,反少凭临。感念及此,宁不可嗤?

乙卯之冬,袁凶[2]盗国,八荒嗟怨,诸夏寒蝉。金碧贤豪[3]倡义,声讨逆。余因使黔,免未辱命。丙辰之春,班师返滇,会粤夷匪助逆寇边、邱北、弥勒，相继沦陷。余因奉命南征架衣，败贼梁魁，未及旬日，续复丘城境内，伏莽[4]逐渐肃清。黄童白叟兴歌太平，偶与二三同僚属，闲步是观，行未数武，插云钟声，远答樵唱；枯藤老树，盘回道左；柴门临水，石上清泉，极娱视听。登斯楼也，万山群向，含意笑朝文笔；回临莲池作掌，左股三光，右肱朝岭，老君诸山背负其后。城子山麓，适莅是观；阶前宁几，堪资茗憩。岩头小阁，留客竹深。曲叠迂回，均堪梯径。

嗟呼！陌头杨柳，叹王孙[5]之不来；池边芳草，伤灵均[6]之已逝。触斯境也，杜陵乘兴，宋玉抚时[7]。凤愿皆然，宁无可效？只缘军书旁午[8]，不暇搜肠，采彰[9]老弟极意催题，期必为文，以纪斯盛。识韩不才，何供大雅？方今四郊多垒，九夏鏖兵。聊取"万（原作'四'，今改）方多难此登临"[10]之意，雪泥鸿爪[11]，以作小记。

【注】

[1]金台易水：金台指黄金台，是古燕国都城，即今天的北京。易水：河流名，在河北省西部。源出易县境内，入南拒马河。荆轲入秦行刺秦王，燕太子丹饯别于此。

[2]袁凶：袁世凯。此句指1915年12月12日，袁世凯称帝。

[3]金碧贤豪："金碧"指昆明的金马碧鸡坊，借指昆明。"贤豪"指掀起护国运动的唐继尧和蔡锷等人。

[4]伏莽：潜伏的草寇。

[5]王孙：隐居的贤人。

[6]灵均：屈原，字灵均。

[7]杜陵乘兴、宋玉抚时：杜陵指唐代的杜甫，杜甫号"杜陵布衣""少陵野老"，"乘兴"指杜甫晚年在夔州时所写的《秋兴八首》，这是杜甫七律中的精华。抒发自己"身在江湖，心忆京华"的忧国忧民情怀；宋玉是战国末期楚辞作家，他模仿屈原的《离骚》写了《九辨》，感世伤事，抒发贫士失职之悲。

[8]旁午：交错，纷繁。

[9]采彰：指缪汉章，字采彰，本县志担负采访的职员之一，也是

本县志编纂人缪云章胞弟。

[10]万方多难此登临:出自杜甫《登楼》:"花近高楼伤客心,万方多难此登临。锦江春色来天地,玉垒浮云变古今。北极朝廷终不改,西山寇盗莫相侵。可怜后主还祠庙,日暮聊为梁父吟。"此诗写于"安史之乱"时期杜甫在成都时,抒写诗人春天登楼时面对国家灾难的深重忧思和自己报国无门的无限感伤。李识韩此文的主旨就是这句诗,而且全文在结构上也是围绕杜甫这首诗的诗意展开的。

[11]雪泥鸿爪:成语。本意是融化着雪水的泥土,鸿雁在雪泥上踏过留下的爪印,比喻往事遗留的痕迹。出自苏轼《和子由渑池怀旧》诗:"人生到处知何似,应似飞鸿踏雪泥。泥上偶然留指爪,鸿飞那复计东西。"

【附注】

李识韩:(1883~1958),白族,字佩荆,大理白族自治州洱源县苤碧乡人,先后就读于昆明陆军小学、湖北武昌陆军中学、保定陆军军官学校。1909年毕业后回云南参加"辛亥革命",历任滇军排、连、营、团长。"护国战争"时任叶荃部团长,曾率部在邱北一带击溃袁世凯振武上将军龙济光之弟龙觐光部3000余众,为护国军扫除后患,挺进川湘建立了殊功。1918年调任驻粤滇军司令部参谋长,后回昆任云南军事委员会委员。1930年,冯玉祥、阎锡山和桂系李宗仁、白崇禧联合反蒋,蒋介石任命龙云为第十路讨逆军总指挥,龙云委派卢汉为前敌总指挥,李识韩为参谋长,出兵广西,迫桂系主力撤兵,解除了蒋介石的西南之患。回滇后历任蒙自海关监督、云南陆军讲武堂教官兼校队队长,并被龙云聘为云南省县长训练班军事学教授,1937年被授予陆军少将军衔。1944年,李识韩卸职回乡。1958年,病逝。

水下考

广西知府陈忠,于万历年,三出水下,修筑三乡城,官署又隆庆广西府筑城,谓东邻水下沙彝。又管伦《师宗州志》谓:"沙人属于广西府者,陇西维摩水下,剽劲[1]过于侬。"

"水下"二字,载诸志乘,不一而足,具为邱北境内之地无疑。然究不识其在今何地,询之耆旧[2],亦莫知具处。仆性喜讨论,考合异同。每闻一事,隐而未见,及见而不同,如瓦砾之在怀,有不能释然矣。昨夜翻群书,见《云南通志》载:"师宗州庙宇有龙潭寺"下注:"在三乡。"又徐霞客《滇游行记》:"维摩土司昂资二氏以三乡县城分界。西为水上昂氏所管,即其后(昂上才)。东为水下资氏所管,即其后(资高、资相)。"此指摆落河为上,旧城龙潭为下,固天然界限不可移易者也。然而"水下"有名,则"水上"无闻者,何也?盖三乡县城在水下,固可为阁邑之总名耳。据此二端,则新旧城可验决为"水下"无疑。

窃谓前世之事,无不可考者,特学者观书少而未见耳。兹以数年积疑,一旦欣然有得,故反复寻绎[3],张而明之,以信其说。时梅萼舒香,橙花吐艳,遂拈笔,纪之于仙居楼上。

【注】

[1]剽劲:强悍勇猛。
[2]耆旧:本地的长老。
[3]寻绎:抽引推求。

邱北报马坡辩

自乾隆间,王司马移治宛邱之北,而邱北之名定。丘,尤,其音蚯,阜也,高也,四方高中央下曰:"丘。"《尔雅》释邱,非人为之曰:"邱"[1]。《周礼·春官·司乐》:"凡乐冬日,至于地上之围丘而奏之,疏土之高者曰邱。"又地名索邱,本颛顼[2]之墟,今澶州濮阳县,是如营丘、商丘、楚丘、灵丘、蔡丘、虎丘,皆地名。张衡《思玄赋》:"过少昊之穷野兮,问三邱于沟芒。"注:"蓬莱、方丈、方壶三者,皆群仙所居。"《前汉书·刑治》志:"四井为邑,四邑为邱。"邱:十六井也。《春秋》作《丘甲传》:"胡益兵也,即丘。出一甲,则一旬之中央,百人为兵矣,又:"聚也。"孔安国《尚书序》:"九州,之志谓之九丘。"言九州所有皆聚。此书也,又崇丘亡诗篇名,言万物得极其高大也。诸说纷纷,各有取义。或谓据高大之说,境内诸山,惟暮冶峰岩峣,太华峻极于天,治城在暮冶之北,固曰:"丘北",此说亦通。然闻之耆老[3]云:"后山昔多梧桐,旧名碧梧邱,王司马卜吉,正居其地,且形势四方高,中央下,正合六书象形。古文'北土'为丘之义,是'丘北'之名,不待辩而自明矣。"

《虞书》曰:"寅宾出日,平秩东作[4]",前代本此。每岁孟春、立春日,守令率僚属饮宴东郊,著为典礼。其冠裳之煊赫,街市之喧闹,百戏杂陈[5],万象聚观,极一时之繁盛,非特一邑然也。惟丘选二快役并马飞(原作"非",今改)报三次,春来朝报,故曰:"报马坡。"又按徐弘(原作"宏",今改)祖随笔云:"普逆据滇,时置邮传,自省至安南逆家,驲马飞报,消息灵通,以便征调设驿站于此。故名曰:"报马坡。"比而论之,前说近也。

【注】

[1]"邱":今天"丘北县"的地名,之所以有人为的"邱"字出现,是因为雍正三年上谕,除四书五经外,遇"丘"字加"阝"旁,作"邱",地名字亦作"邱"。主要是出于统治者避讳的需要,清代加封孔子为"大圣至成先师",孔子名"丘",需要避"圣人"讳。2004年2月,依省民政厅云民字[1991]7号文件规定,"邱北县"更名为"丘北县"。为此之故,本书凡是涉及从清代雍正三年开始到2004年2月以前出现地名时候均应该作"邱",以尊重历史。

[2]颛顼:相传是黄帝子昌意的后裔(《山海经》《国语·楚语》有此说),居帝丘(今河南濮阳县),号高阳氏。

[3]耆老:六十曰耆,七十曰老,原指六七十岁的老人。这里指年老而有地位的本土士绅。

[4]寅宾出日,平秩东作:语出《尚书·尧典》。意思是恭敬地迎接日出,辨别测定太阳东升的时刻。寅:恭敬;宾:《史记·五帝本纪》作"道",通"导"。《孔疏》:"宾者,主行导引,故宾为导也。"平秩:辨别测定。《尚书核诂》:"秩,察也。"《释训》:"秩秩,清也。"《释言》:"察,清也。"作:《广雅·释诂》:"作,始也。"

[5]百戏杂陈:指各种说唱艺术都在街道上进行表演,异常热闹。

修建两街迎恩楼记

《虞书》曰:"天工人其代之。"[1]是知天心之眷顾,恒赖人心之向善,有以感通焉。丘城西街,旧有楼,久湮,值此红羊之浩劫[2],屡经黄鹤之飞去不返。幸有祁君永寿等,倡建斯楼,锁钥重关,藉以宣讲谕章,具将体天心以挽人心,抑且正人心以回天心,则天心人爱,未有不随机而转耳。矧[3]乱极思治,天不过以行与事示之,岂必谆谆然之乎?人能修善,以感代天宣化,将数年棍枪扫净,共庆澜安。百余户鸡犬无惊,咸昭砥定[4],否去泰来[5],可以斯举卜之已。余忝司木铎,特举天人交感之理,各志数语,以觇[6]世运之将兴。尚望后之人,随时补葺斯楼,之不朽。

【注】

[1]天工人其代之:语出《尚书·虞书·皋陶谟》:"无旷庶官,天工人其代之。"简称"天工人代",意思是说天的职责由人代替。

[2]红羊之浩劫:古代迷信者有这样的说法,每逢农历的丙午、丁未年,国家都会有重大灾难发生,俗称"红羊劫"。按五行说,丙、丁两个天干,和地支午在阴阳五行里面都属火,色红,而地支未在生肖上是羊,由此得名。黄鹤楼上有对联:"我从千里而来,看江上梅花,直开到红羊劫后;谁云一去不返?听楼中玉笛,又唤回黄鹤飞高。"本文的下句用的就是黄鹤楼的对联。这里是指1907年(丁未),光绪帝病。黄河、永定河决口。云南大旱,绥来(今新疆维吾尔自治区玛纳斯县)八级大地震。西藏叛乱。革命党人徐锡麟刺杀安徽巡抚恩铭,徐被捕后遭剖心,遇害。英国人拟定开发西藏协议。日本以水灾为由,向清政府索取粮食,清朝政府"输江、皖、浙、鄂诸省米粮六十万石,济之"。而往前推到1846年(丙午),则全国多地发生水旱之灾,云南、青海回民暴乱。

[3]矧:何况。

[4]咸昭砥定:都已经有中流砥柱之人维持本土的安宁。

[5]否去泰来:指厄运过去,好运到来。"否"指《周易》中的否卦,六爻中凶多吉少;"泰"指《周易》中的泰卦,六爻中凶少吉多。二卦紧紧相连,即成语"否极泰来"。

[6]觇:本意是偷偷地察看,这里指窥见、预示。

维摩部考

云南迤东[1],旧有九十九部。而诸葛元声《滇史》载有三十七部,广西治内有五部,曰师宗、弥勒、吉输、衰恶、维摩,而四部皆在巴盘流域之区,惟维摩孤悬江外。盖不知起自何时,灭自何代也。考滇未通政教以前,大抵皆土酋窃据,其迤东所部分,或因其地,或因其人,而弥勒、维摩盖以地近天竺[2],人多信佛,均以佛号名其部。尝考杨慎《南诏野史》,蒙段诸诏,年老逊位,半多退居佛寺,清修梵行,其下化之,皆崇信佛教,理或然也。又《藏经》有维摩诘、维摩室,香山《长庆集》[3],有维摩居士编《悔绿堂集》,有维摩老衲说"维摩"佛号,前人借以寓志,是皆可据。然域西十五里有大小维摩山,东七十里维摩八甲,旧属维摩,割隶广南未还,是因其地以名,而人即于中见焉。总之,牂牁、句町尚在羁縻[4],僰、爨、乌蛮,渐归抚驭[5],维摩一部,意其人皆好善慈悲,深入佛海者也。第志乘阙如[6],未深考。

【注】

[1]迤东:道名。清雍正八年(1730)置,驻寻甸州城(今云南寻甸),后徙曲靖府城(今曲靖市)。初辖云(云)南、临安、澄江、广南、曲靖、普洱、开化、东川、昭通、广西、武定、元江、镇沅十三府。

[2]天竺:今印度。

[3]香山《长庆集》:白居易,号香山居士,他在长庆年间编成的自己的诗集叫《白氏长庆集》。这里疑为作者误记,因为这本书是白居易自己晚年所编的诗歌全集,与佛教无关。但因为"居士"是指在家修行的佛教徒,也勉强能附会上。

[4]羁縻:"羁"的本义是马笼头,表示用皮革制成的网络来把马络住,"縻"的本义是牛缰线,用来控制牛。这里引申指中央王朝与少数民族的关系。

[5]抚驭:安抚控制。

[6]阙如:指史料匮乏,没有可信的文字记录。

《邱北县志》第十册

杂志部

古　迹

　　天地无心而垂象[1],而耳目所及,表为神奇;人事日出而更新,而成毁不常[2],垂为法鉴[3]。是以世阅今而成古迹,历久而不磨[4]。尚论者溯其由来,资其见闻,凡属方隅、名物之颐[5],悉罗编摩纪乘[6]之中也。

　　邱北居边极,凭高骋眺,前代之成垒,蛮夷之堡屯,犹有存者。记其事,核其处,控远筹边,宛在目前矣。至泉石景物,幽胜殊瑰[7]。昔之人构建,题识于其间,虽多剥落,什[8]不存一,而流风未泯[9],则故实可征[10]也。志古迹。

【注】

　　[1]象:指天文和地理上呈现的各种景观、景象。

　　[2]成毁不常:成功和失败没有固定的规律和定数。

　　[3]垂为法鉴:用志书的方式记录下来,流传给后人,作为参考和借鉴。

[4]磨:消失,磨灭。

[5]方隅、名物之颐:指地方特产和著名景观中的精华部分。颐:本为《周易》六十四卦中的第二十七卦,卦象是雷出山中,万物萌发,引申为保养精神或元气。这里特指精华。

[6]悉罗编摩纪乘:全部都收罗、编写在这部志书里了。

[7]幽胜殊瑰:风景名胜和特别美丽的地方。

[8]什:通"十"。

[9]流风未泯:遗留下来的美好的道德风尚并没有湮灭。

[10]征:加于考察、考证。

维摩旧废州[1],在治[2]南曰者、马者龙、阿宜三乡之界,元初立维摩千户[3],后改为州。明洪武筑土城于大维摩[4],万历年间筑城于此。后交趾[5]叛,徙治阿宜乡,址存。

【注】

[1]旧废州:今天的旧城。

[2]治:指州、县的政府所在地,即治所。

[3]千户:元明时期的官职,也称千户所,即有一千户人家的长官。

[4]大维摩:今砚山县的阿猛乡。

[5]交趾:指安南,即今天越南的旧称。

维摩新废州,在治西阿宜乡。明崇祯四年,徙州治于此,清康熙九年州废,城址存。雍正八年后,设州同[1]于废州东南十五里之报马坡[2]。

【注】

[1]州同:指分州,因为当时邱北隶属于师宗州,即师宗州的分州所在地。

[2]报马坡:即今天的县城,原来所在的村子叫报马坡。

宋将营垒,宋皇祐初[1],狄青[2]征广南,遣将杨文广[3]追侬智高[4],驻兵于此,俗名六郎洞。

【注】

[1]宋皇祐初:皇祐是宋仁宗赵祯的年号,北宋使用该年号共计6年(1049~1054)。

[2]狄青:(1008~1057),北宋名将。字汉臣,汾州西河(今山西)人,面有刺字,善骑射,人称"面涅将军"。他出身贫寒,宋仁宗宝元元年(1038)为延州指挥使,勇而善谋,在宋夏战争中,他每战披头散发,戴铜面具,冲锋陷阵,立下了卓越的战功。朝廷中尹洙、韩琦、范仲淹等重臣都与他的关系不俗。范仲淹授以《左氏春秋》,狄青因此折节读书,精通兵法。以功升枢密副使。一生前后25战,以皇祐五年(1053)正月十五夜袭广西昆仑关最为著名。

[3]杨文广:(?~1074),字仲容,山西太原人。历史学家白寿彝先生认为他是杨延昭的第三子。

[4]侬智高:壮族首领,1052年起兵反宋,被狄青征讨,败于昆仑关后逃亡大理,后不知所终。

"鲁白城,徐弘(原作"宏",今改)祖《随笔》云"[1]:维摩州南鲁白城,距广南西南七日程,距临安[2]东南九日程,与交趾界。城天险,为夷种白彝所踞[3]。普名声常曰:"进图中原,退守鲁白,吾无忧也。"

【注】

[1]《随笔》:指《徐霞客游记》中《滇游日记》后所附的《随笔二则》。原文中的一则参见本县志的艺文部。

[2]临安:今建水县。

[3]踞:盘踞,占有。

永历帝行宫[1]:在旧武官署内,由邕[2]奔滇,驻跸[3]于丘。

【注】
[1]永历帝行宫:明代后期的南明桂王。行宫:皇帝在宫廷之外的住所。
[2]邕:今广西南宁。
[3]驻跸:皇帝后妃外出,途中暂停小住。

明末逆妇[1]万氏,占据滇垣[2]。沙贼[3]攻陷迤西各郡,流寇入滇,冒称焦夫人[4]弟,为沐氏报仇。归化[5]一战,逆妇败回,犹拥众负嵎维摩鲁白城老巢,经李定国等攻破,又退至腻(原作"尼",今改)革龙,连扎三大营。

【注】
[1]逆妇:逆贼普明声的妻子。
[2]滇垣:省会昆明。
[3]沙贼:指沙定洲。
[4]焦夫人:黔国公沐天波的妻子。
[5]归化:明代云南府所辖的县之一,在今呈贡、安宁一带。

翔龙岗,在村东六里,逆贼先造伪宫殿,僭称[1]安南王。贿京官题请代沐藩[2]镇滇。时有士人献诗曰:"灵台几次望星缠[3],日月昏昏一线牵。幸有坤龙舒玉爪,翱翔万里扫南天。"此诗可鄙,亦可笑。然亦实录,故名翔龙岗。大成山,汤嘉宾[4]占。鸡冠岭,沙贼[5]占。逆妇据此三营,作犄角[6]之势,互相联络,此攻彼救,终不能下。后探实[7]三人齐会于汤营,白文选[8]等筑长围以困之。三月,粮尽出降。解送[9]省城,沐国公[10](此处疑缺"公"字,今补)祭告天地山川,拜北关[11],行献俘礼[12],活祭先灵。磔[13]万氏沙贼,并逆党八十三人于市。

【注】
[1]僭称:妄称。一般指用了不符合自己身份的名号,另立中央王朝。

[2]沐藩:指沐天波。

[3]灵台几次望星缠:灵台是星宿名。《晋书·天文志》:"其西南角外三星曰明堂……明堂西三星曰灵台。"星缠:如列星环绕。南朝宋颜延之《赭白马赋》:"宝铰星缠,镂章霞布。"

[4]汤嘉宾:明末邱北的叛贼。

[5]沙贼:指沙定洲。

[6]犄角:牛、羊、鹿等头上长出的坚硬的东西,一般细长而弯曲,上端较尖。同"掎角"。因为牛羊鹿等长的角以一定距离相对而生,因此往往将作战时分兵占据两个不同地方遥相呼应的态势形象化。

[7]探实:探查、核实。

[8]白文选:李定国的部将。

[9]解送:押送。

[10]沐国公:指沐天波。

[11]北关:今昆明北校场一带。

[12]献俘礼:明清两代,每遇重大战争,大军得胜凯旋,要在午门向皇帝敬献战俘,称献俘礼。这里指沐天波在昆明遥向京城行此大礼。

[13]磔:古代的一种酷刑,以车分裂人体。

花园破,逆贼普明声死,妻万氏最淫悍[1],赘沙定海,复嫌其貌黑,毒死。又招定洲,每选三十人轮换入侍。由省城搬运奇花异卉,种植其中,花开烂漫,辉映岩谷。与诸恶少冶游[2]园中,备极欢乐,称其地曰:万花谷。今址尚存。

【注】

[1]淫悍:荒淫无度和强悍。

[2]冶游:原指男女在春天或节日里外出游玩,后来专指嫖妓。这里特指万氏所挑选的面首(男宠)。

半边寺,在小江口之东,腻革龙西,通开广[1]大路。系开化镇台阁公[2]建于半岩。置香火田庄一脚[3]于竹园[4]小大庄,每年收租谷二十石。民国二年被竹园恶绅霸为私有,现今香火冷落,志之以待吾邱有热心者恢复此租,兹恐将来是寺废弛,则费负阎公心矣。

【注】

[1]开广:开化(今文山)和广南。

[2]开化镇台阎公:镇台是官名,即清代称总兵。阎公:无考。

[3]置香火田庄一脚:收取田租作为寺庙的香火、灯油费用。一脚:一份。

[4]竹园:今弥勒县竹园镇。

莲华寺,在阿控寨[1],今改为武圣宫。侧立一碑,有诗云:"脱去红尘了夙缘[2],天涯游遍此参禅[3]。披荆斩棘勤多载,辟土开山忆往年。早著袈裟凉露重,闲翻贝叶慧光园[4]。钟楼已罢僧寮寂,饶有余音摇暮天。"字迹剥蚀,惟此可识。此僧不知何许人,亦不详其姓字。

【注】

[1]阿控寨:今划归砚山县管辖,原属邱北县南区管辖。

[2]夙缘:早年与佛的缘分、关系。

[3]参禅:是中国化佛教禅宗用以学人求证真心实相的一种行门。禅(梵语 dhyana),又作禅那,驮衍那,持阿那。意译作静虑、思维修习、弃恶、功德丛林(以禅为因,能生智慧、神通、四无量等功德)。寂静审虑之意,是指将心专注于某一对象,进入寂静以详密思维之定慧的一种状态。

[4]贝叶慧光圆:贝叶指记录佛学经典的贝叶经;慧光圆:参悟到佛学的真谛之后,达到人生的圆满境界。

响水洞,在小口江口东五里,出水甚大,响声如万马奔腾。白与棉雪同,出口处形仿泼粉,浪起丈余,数里许即交大江。

六郎洞,在响水洞上,内甚宽,高凹曲折,莫可名状,若鼎,若钟,若磨,若田,鸟兽人物[1],无不毕肖[2]。

【注】
[1]鸟兽人物:指洞内的石钟乳如各种鸟兽、人物。
[2]毕肖:完全像,惟妙惟肖。

慈云洞[1],在筱地湾[2]东五里大营山之半岩。洞甚宽阔,内塑大士[3]像,香火兴旺。求寿求嗣者,络绎不绝,入洞四面玲珑,仰见石浆淋漓,寒气逼人。洞后悬岩,宛如刀削。右有丈许莲花池,六月纳凉,香气扑鼻。左一岩,霭若[4]亲人面对。一坡松林滴翠,天然佳境,为南区第一名胜。

【注】
[1]慈云洞:现属新店彝族乡,在新店北大约一公里。
[2]筱地湾:今腻脚乡小平地村。
[3]大士:观音。
[4]霭若:和气的模样。

望哨坡,在大铁寨后,其山最高。登其颠,高瞻远瞩,邻境五六县,山川景象,历历可指数焉。
发源坡,在大铁寨之对门,顶上出水一穴。终年不干。可供各寨饮,坡顶起即降雨,俗呼戴帽山。
李璜石[1],在阿宜乡鲁白石村[2]。明弘治间,州民李璜代土官珑氏赴京袭职,奏请改土设流官[3],珑氏欲害之,避舍江外[4],携一石,置道旁祝[5]曰:"如璜为私,此石消灭;如璜为公,此石昂藏[6]"。其石果屹然特立。

【注】
[1]李璜石:指李璜避难时候念过咒语的石头。
[2]阿宜乡鲁白石村:今旧城的阿鲁白村。"阿宜乡",本志书中

都应作"阿宁乡",应该是误录。

[3]改土设流官:明代在云南实行改土设流政策,把原来的土司世袭统治地方的政策改为朝廷委派的地方官员,并定期轮换,轮换的官员称为流官。

[4]江外:邱北地处泸西和师宗的对岸,南盘江为界,所以泸西和师宗都把邱北称为江外。

[5]祝:通"咒"。诅咒。

[6]昂藏:站起,特立。

老熊山[1],别名大营山,景在老鸦屯[2]之西偏,凡三峰,皆天然营垒。丙辰之变[3],乡人筑垒其上,保全者数百家,营山之名始著。每晴雨之际,云雾舒掩,秋朝尤甚。大营山,凡泸西之东山,阿迷之玉笔,罗平之白蜡山,皆可见焉。其麓为黔粤要冲,亦屯兵重地也。

【注】

[1]老熊山:在今双龙营镇雄山村民委所在地。

[2]老鸦屯:雄山的旧称。

[3]丙辰之变:指1856年发生在云南的回汉纷争。

官元洞[1],在老鸦屯村南山巅。广约四五丈,轩然开朗,有天然床榻,东半壁间有洞一,攀藤援石,数武[2]可登。中有马蹄迹,蛇行而入,形状幻奇,巧匠不能作。又有口直上,光线微足,洞顶圆滑,清鉴影,之冰手,濯[3]饮之激齿,由此斜上十余步,是为后洞。

【注】

[1]官元洞:在今雄山村南的山顶。

[2]数武:几步。

[3]濯:洗。

石马,在豹子坡山,神农祠,左有石马二,长短一致,若两(原作雨"雨",今改)马相逐,至此息。

石马井,泉由马腹出,汇为池水。水清冽,虽旱不涸。

五锦山,上有飞炮池,面积约半亩。清莹秀澈,汪汪若镜,池畔为南岩寨,山麓为平坦小寨,产朱砂。是池,父老传言当侬智高时,有炮五尊,腾空西上,至此忽沉,掘之,炮得而泉涌。每瞳日[1]初升,彩霞辉映,故名。

【注】

[1]瞳日:日光明亮的样子。此句是说红彤彤的太阳刚刚升起。

明和尚塔,在曰者乡里美塘山。

彩云洞,在曰者乡狮子山,有碑记。

三乡县城,在马者龙境,明置,即忠臣天衢故里。

维摩城,元初,维摩为千户所[1],后建为州。洪武[2]初,徙流管筑土城于今州西。宣德[3]以后,交趾背叛,土司侵强[4],旧治遂废。因徙今地。万历二十年,始筑土城,周围二里有奇[5]。《志》云:"西南有法土龙城,龙读陇,其城险固,城后有石城,甚险峻,居(原作'据',今改)高临下,城中每恃为声援。又西,地名江郡[6],亦据险处也。"(《滇系》)

【注】

[1]维摩为千户所:维摩指今天砚山县的阿母(阿猛)。明代的千户所统兵一千余人,下辖十个百户所,隶属于"卫"管辖。

[2]洪武:明代朱元璋年号。

[3]宣德:明代宣宗朱瞻基的年号。

[4]侵强:逐渐强大。

[5]有奇:有余,多一点。

[6]江郡:今砚山县城。

暮冶岩峣[1],《通志》[2]云:"清明日登其巅,可望安南宫殿。"此耳食之论[3],夫安南距数千里,云山阻隔,风马牛不相及,何能望乎?及见徐弘(原作"宏",今改)祖《随笔》:"万氏叛滇,僭称安南王,造伪宫殿于鲁白城。"在百里中所望者即此也。唯此山高插云表,由麓至顶二十余里,举首四望,东看莲城[4],南极交岗[5],西仰龟山[6],北视白蜡[7],一一皆可指数。昔人取崔颢"岧峣太华"[8]句,列为八景之一。

【注】

[1]暮冶岧峣:暮冶指暮冶峰;岧峣:山势高峻的样子。

[2]《通志》:指《云南通志》。

[3]耳食之论:指不加省察的传闻。语出《史记·六国年表序》:"学者牵于所闻,见秦在帝位日浅,不察其终始,因举而笑之,不敢道,此与以耳食无异。"司马贞索隐:"言俗学浅识,举而笑秦,此犹耳食不能知味也"。

[4]莲城:今广南县城,因县城四周的山峰形状似莲花,故名。

[5]交岗:交趾(今越南)的界山。

[6]龟山:在今泸西县西北。

[7]白蜡:山名,在今罗平县境内。

[8]崔颢"岧峣太华":出自初唐诗人崔颢的诗歌《行经华阴》:"岧峣太华俯咸京,天外三峰削不成。武帝祠前云欲散,仙人掌上雨初晴。河山北枕秦关险,驿树西连汉畤平。借问路傍名利客,无如此处学长生"。

清潭涵月[1],一名彩云观,在城南二里许。建有楼阁,下有池。中秋之夜,月明如昼,水波不兴,与二三良友,凭栏酌酒,忽听洞箫吹彻,余音袅袅不绝,令人有飘飘欲仙之慨(原作:"概",今改),李太守[2]有对云:"楼下清潭涵半月,山头怪石立重霄。"

【注】

[1]清潭涵月:在城关成子山脚下,前有望海楼,楼下有水池,是邱北八景之一。

[2]李太守:指李世楷,曾经在宣统三年任临安府尹,邱北沙族

作乱时,率兵来此,故称为太守。

洞天星月[1],在城北三十里午铺,洞阔十余丈,深邃莫穷。悬岩滴乳,上有石通光,恍如星宇,玲珑瑰异,崎岖委折,篝火探幽,卒莫能穷其胜,诗云:"女娲剩液[2]淋岩滴,鹫岭含珠抱佛圆。"

【注】

[1]洞天星月:指月亮洞。在午铺村旁,洞顶上有孔,形状如月。
[2]女娲剩液:指当年女娲抟黄土造人所用的剩下的水。

玄都钟磬[1],在城北里许,玄天阁在万松山中,白云深处,诸生于此谈经习礼,钟磬之声,隐隐从云霄中出,尘界为之一清。

【注】

[1]玄都钟磬:玄都指玄天阁,后被拆除,遗址在今城北河边的万松山上。

小桥晚烟[1],东关松坡两界间,筑石桥以通往来,建一观澜亭,四围香稻,两岸垂杨,晚有二三父老,小憩亭边,于薄烟轻雾之中,倏听渔樵归唱,使人名利心顿忘。

【注】

[1]小桥晚烟:即东门小石桥。傍晚时分有人在石桥上纳凉,成为一道风景。

西山晓翠[1],俗名尖山,又名金顶,在治西对门,旭日初升,山光岚翠,层叠飞来,有排闼送青[2]之致。

【注】

[1]西山晓翠:西山即老尖山,在城西。

[2]排闼送青:出自宋代王安石的诗歌《书湖阴先生壁》:"茅檐长扫净无苔,花木成畦手自栽。一水护田将绿绕,两山排闼送青来。"意思是说尖山两边的大山如大门打开,送来满眼的绿色。

江岩飞瀑[1],在小江口东五里,泉源涌出,响声如万马奔腾,浪花飞溅,宛同雪棉。昔人有"梅花不落韵千秋[2]"镌于岩壁。

【注】

[1]江岩飞瀑:在今新店乡的小江口。
[2]梅花不落韵千秋:指飞溅的浪花如同散落的白梅花瓣。

碧露喷珠[1],清水江源出旧城龙潭,潭广十余丈,空深无底,水色黝绿,藤萝映下,勃勃[2]有烟雾时出水面,泡珠突起,累累不绝,昔人诗云:"骊龙[3]潭底方昼卧,咮吐明珠个个圆。"

【注】

[1]碧露喷珠:指旧城龙潭。
[2]勃勃:烟气上升貌。
[3]骊龙:典故名,传说中的一种黑龙,典出《庄子·列御寇》。骊,纯黑色的马。庄子说河边穷苦人家的儿子去潭底黑龙的下巴下面取珠。即成语"骊龙探珠"。

古寺飞来[1],在城北五十里,明弘治[2]十年,有山自阿宁(原作"定",今改)乡[3]飞来,宛在布宜水中央,夏州牧[4]立碑记其异。年久字迹剥落,不可读。清初,月虚和尚募造石桥,通幽径,顶建寺曰:"水围寺。"楼曰:"一览。"郡人士结伴登临,楼顶小酌,佳木繁荫,鸟声上下,悦目赏心,早扑俗去尘万斛。洵[5]邱阳一胜景也。邑宰田建侯[6]有额云:宛在中央。联云:"山势拟飞来群峭摩天青拥石,泉源寻冷处四围积水翠环楼。"

【注】

[1]古寺飞来:即水围寺,在城北十五里处。
[2]弘治:明朝第九个皇帝明孝宗朱祐樘的年号(1488~1505)。
[3]阿宁乡:即今天的新城。
[4]夏州牧:姓夏的知州。
[5]洵:确实。
[6]邑宰田建侯:指当时主政邱北的地方官员田亮勋,字建侯,1899年任邱北知县,四川宜宾人。本《县志》诗文部中有他的诗歌。

冢　墓

唐天蒙国演习[1]郭矣郡墓,在西区大沟,道光年,土人挖出见碑。

元土司墓,在大百户[2]村右,宛若邱(同"丘",此处为避讳)山,又有普洪恩碑,存。

梁王堆[3],有三。一在城南里许,一在五桂河,一在望城坡。相传从梁王战士冢(原作"丛",今改)。

明和尚塔,在曰者乡永兴寺侧。

刘溱[4]墓,元谋县教谕[5]忠烈刘溱墓,在大白户村麓。

孝子刘秉善[6]墓,同右。

总兵何天衢[7]墓,在师宗大芎村,见《通志》。

净空和尚墓[8],在半边寺左,像明宗室。

贞烈汪氏墓[9],在小州上,陈中协妾殉难。

者氏先茔[10],在纳赛[11],通州协[12]者贵祖墓。

贞烈许氏墓,唐声闻妾,殉节,在文星山庄[13]。

【注】

[1]演习:南诏官名。大府的主将称演习,副将称演览。中府主将称缮裔,副将称缮览。小府主将称幕掎,副将称幕览。
[2]大百户:今属砚山。
[3]梁王堆:元朝梁王把指匝剌瓦尔密,他管辖之下的云南当时有十余万军队。堆:战死者的坟墓。

[4]刘溁:邱北扯牛皮(今砚山永和)人,在元谋县任教谕,1859年3月,回民攻破元谋城遇害。

[5]教谕:清代主管文庙的祭祀活动,属于生员。

[6]刘秉善:刘溁之子,1859年回乱,攻破元谋县城,将杀刘溁,刘秉善挺身代父,父子一并遇害。

[7]何天衢:明末总兵,驻守三乡县时,被万氏攻破,何天衢殉城,全家也自焚殉城。

[8]净空和尚墓:传说他是朱元璋的后裔。

[9]贞烈汪氏墓:陈中协妾,陈遇害后殉情而亡。

[10]者氏先茔:者贵祖先的坟墓。

[11]纳赛:今双龙营镇平龙村民委管辖。

[12]通州协:通州今北京市通州区;协是清代的军职,相当于旅长。

[13]文星山庄:无考。

寺观　详祠祀部

坊　表

程寿妇坊

王节妇坊

陈节妇坊

路节妇坊

以上均在南关外演武厅。

佚　事

者贵[1]入陕,南郑[2]道上同伴李某,投宿荒村,天阴昏黑,遥见火光隐隐,循至只见草屋三间,墙壁倾塌,暂宿焉。有顷,听炸烈声,突见黑影迎面扑来,呼伙不应,凶猛危急,顺手携木方,当头奋击,索然一声,影遂仆。贵奔约六七里,天曙,向村农述其异,众曰:"是矣。前村曩[3]遭兵疫[4],停柩[5]作怪,近来日晡[6]出,逐人。以故行旅[7]绝迹,村遂荒废。得毋是欤[8]?"共邀往视,见一僵尸在地,泡肿熏臭,伴已殁。遍体喷湿,殓棺葬讫,热火[9]焚屋。众服其勇,留饮数日,汉中守[10]闻而传见,收领护兵[11],后达书荐之苏营李爵帅[12]部下。

【注】
[1]者贵:字子三,清代将领,邱北县双龙营镇人,历任提督、通州协、太原总兵等官职。
[2]南郑:今南郑县,于陕西省西南边陲、汉中盆地西南部,北临汉江,南依巴山。
[3]曩:昔日、过去。
[4]兵疫:兵灾。
[5]停柩:战死的人收殓后没有及时能够下葬的棺木。
[6]日晡:黄昏时分。
[7]行旅:行人。
[8]得毋是欤:难道是战死人的冤魂不散,在作怪吗?
[9]热火:烈火。
[10]汉中守:汉中位于陕西省西南部,北依秦岭,南屏巴山,古称南郑、梁州、兴元,为古代九州之一,是汉王朝的发祥地,长江第一大支流汉江源头,秦巴山片区三大中心城市之一。这里指当时担任汉中地区的守备官。
[11]领护兵:担任卫队中的士兵。
[12]苏营李爵帅:指苏州大营总兵李爵的帐下。

光绪丁丑[1],路不消[2]农,掘得一物,长一尺五寸,遍体无毛,隐隐有鳞,不识其名,兜[3]进馆,欲问先生,甫至桌上,一瞥目[4],平地水深三尺,先生大骇,连举戒方[5]击毙,水落,然学童已衣湿至腰。

【注】
[1]光绪丁丑:1877年。
[2]路不消:地名,一名"六不消"。在滇桂边境。

[3]兜:用作动词,用篓子装着。
[4]一瞥目:转眼之间。
[5]戒方:戒尺。

小弥勒村[1],苗族熊大,性猛鸷[2],年三十,一日,忽谓其妻曰:"吾将别汝矣。"妻问故,曰:"看之。"逾三日,鸡鸣而起,披衣出,妻将从之,忽失所在。午后归,满身露湿,妻惊愕,谏[3]造火具烘衣,熊曰:"无。需可造饭食我",尽数餐。复谓妻曰:"我去也。"出门数武[4],遂滚地化虎而去。

【注】
[1]小弥勒村:本《县志》中无此地名,已经无考。
[2]猛鸷:凶猛;勇猛。
[3]谏:劝告。
[4]数武:几步。

革羊[1]苗族南以亚,用连珠枪[2]毙一虎,温浏汛官[3]唐以擅杀官虎,磕索[4]之。时县令李大森[5]闻知,移追并解虎至城,万众聚观,大如二牛。奖给苗银,遣归。李遂呈敬大府[6],阅月,则李卓异[7]升官矣。而苗喜得赏。专利[8]打虎,后四人同赶街,晚遇一人留宿,家无食,具只啖生肉,时饥甚,亦强啖之。夜半主人出,风声狂吼,茅屋簸摇,忽失一人所在,三人大惧,约逃出,月色昏黄,见前山坳草皮上,三兽抛弄一尸,跳舞、哈吸,遂飞奔到家,从此不敢打虎。

【注】
[1]革羊:在今温浏乡石别村民委。
[2]连珠枪:可以连发的钢珠枪。
[3]汛官:清代兵制,凡千总、把总、外委,所统率的绿营兵都称汛,其驻防巡逻的地区称汛地。相当于乡镇一级负责地方治安的官员。
[4]磕索:勒索,敲诈。

[5]李大森:贵州人,1893年任邱北县知事。
[6]大府:县的上级官府,清代一般指总督、巡抚。
[7]李卓异:即李大森。
[8]专利:专门以打虎牟利为生。

光绪元年[1],西池老龙[2]瑶人射毙一虎,县令冯汶,赏银二十两,虎亦硕大无朋[3],皮骨约重二百斤。
以上二事皆邱北城所亲见也。

【注】
[1]光绪元年:1971年。
[2]西池老龙:在今天戈寒冷区亮山乡,下辖三个自然村:西池、大老龙、小老龙。
[3]无朋:巨大无比,举世无双。

塔顶琼株:县南文笔塔尖,生一树。叶如婆罗[1],花如桂蕊。枝如凤竹[2],软而缀[3],根如龙松[4],蟠[5]而曲。碧干青茎,春花秋实,四时苍翠不凋,有谓为琼株[6],有谓为榕树,仰而视之,总不得其定名。

【注】
[1]婆罗:别名又叫七叶树、波罗叉树,七叶树科、七叶树属植物,主要产于印度及马来半岛等南亚雨林之中。
[2]凤竹:为禾本科少穗竹属下的一个种。地下茎为单轴型或复轴型。叶片条状披针形,侧脉4—5对,小横脉明显。主产湖北秭归。生于山坡、林下或山谷中。常成片生长。
[3]缀:连。
[4]龙松:龙松树冠,呈圆柱形,似龙体,侧枝稍有螺旋体。耐寒性不强,耐修剪。
[5]蟠:屈曲,环绕,盘伏。
[6]琼株:玉树一棵,这里比喻塔顶的树。据后人考证,这棵树其

实是海棠石榴,开花时节,繁花似火,将塔顶染成一片彤云,人称"塔顶琼株",百余年来,这株"琼枝"仍然枝繁叶茂。

段文秀[1]豢养一犬,甚驯[2]。公死后,嚎啕悲泣,三日后卸得公一脚归,认实,雕木为身[3],以殓。送葬之日,合城男妇,无不悲悼者。而犬亦困疲以殉[4]。噫!公之忠足以动物如此[5],而此犬亦义矣哉。

【注】

[1]段文秀:本县人,丙辰之变,他集合乡里子弟,编队联合抗敌,同治六年,攻打曰者乡时阵亡。

[2]甚驯:很驯服、驯良。

[3]雕木为身:用桃木雕成段文秀的人身,代替段文秀本人,配上犬扛回来的那只脚,一起埋葬。

[4]困疲以殉:疲惫困乏,筋疲力尽而亡,用这样的方式为主人殉葬。

[5]动物如此:段文秀的义举能感动(动)犬(物)如此;指段文秀是忠臣,犬是忠犬。

小江口,水由洞出,流十余里,悬崖陡落,交入大江,王心斋[1]修铁索桥,共用工银十余万元,匠头[2]孙天保,凿一小船钉于半岩,每日可网得鱼百觔[3],足供数百工人餐。四年,工竣船滥,鱼仍归江。

【注】

[1]王心斋:王炽(1836~1903),字兴斋,汉族,弥勒县虹溪人。民间称为"钱王"王炽,他一生热心于公益事业。最初与席茂之在昆明合资开设"同庆丰"商号,数年经营,成为滇中富商。英国《泰晤士报》曾对百年来世界最富有的人进行统计,排在第四位的便是王炽,他是唯一一名榜上有名的中国人,并且是中国封建社会中唯一的一品红顶商人。王炽一生以利聚财,以义用财,促进了云南的实业与教育的发展,先后开发了东川铜矿、个旧锡矿,在昆明设立了公益性的

"兴文当",以所获利润资助贫困学子,鼓励学业有成者。1903年红河州石屏县袁嘉谷考中状元,王炽出资修建了享誉全滇的状元楼,昭示天下,以激励本土的后人。他曾捐银修建弥勒境内盘江铁索桥两座,这里说的就是其中的一座。

[2]匠头:负责建桥设计和施工的头目。

[3]斛:古代容积单位。1斛=1石,1石=10斗=120斤。

养晦草庐,田勃然[1]居,多花木,颇清幽。自榜曰:"养晦。"

民国八年,曰者乡清真寺凿井,至二丈深,有枯树横担其间,果实累累,以数斗记,形如淡花果[2],深土之下,有此植物,陵谷变迁[3],益信。

【注】

[1]田勃然:邱北县城人。毕业于保定陆军军官学校,曾任黎天才部团长、师宗知事。

[2]淡花果:无考。

[3]陵谷变迁:山峰与山谷的彼此交替变化。即沧海桑田,世事变迁之意。

响水洞,岩泉飞瀑,响数里。光绪二十二年,洞内滚一石,塞阻洞口,绝流者三日。至水溢迸开,如天崩地塌,四山震动,水落趋视,见两岸鱼虾无数。石裂为三,压倒田十余丘,今呼为洞滚石。

腻(原作"尼",今改)革龙城子山[1],明末万氏[2]扎营处,土人有挖得刀刃器物者,皆不足纪。惟黎姓得一铜鼓,边有锄破痕,今存。又光绪八年,夷民于水沟中拾得一具,铜铁难辨。得铜钱十余个,售于董银匠,用火熔化,系上色赤金,其徒说出,夷民争控,经汛官[3]陈有福判决,官取一,夷、匠均分而二。

【注】

[1]城子山:今大成山。

[2]万氏:逆贼普明声之妻。
[3]汛官:清代兵制,凡千总、把总、外委,所统率的绿营兵都称汛,其驻防巡逻的地区称汛地,官员称为汛官。

武署[1]有古槐两株,改建实业所,就树砌于月台上,盘空郁结,午荫清凉。

【注】
[1]武署:故址在今县公安局内。

双桐,又有古桐一棵(原作"柯",今改),为大风吹倒,即折二枝,补种迄今,碧荫立映,小住楼中,夜雨潇潇,落叶空阶,令人凄清欲绝。
桂馨,邱城桂树极多,以文庙里的五株为冠。花时香气袭人,维摩城几成妙香国矣。
丁酉年,佣工王老陈,晚过城子山[1],突出一虎来扑,张口哈头,两足搭肩,陈用手握兽足,撑持数时,足踢毙兽,有力如此,惜后闇寂无闻[2]。

【注】
[1]城子山:今彩云公园的后山。
[2]闇寂无闻:"闇"通"暗",意思是埋没。随着时间的流逝,逐渐湮灭,再也没有听说了。

勋二位陆军上将衔、陆军中将黎天才事略:
黎天才,字(原作"号",今改)辅臣。城西六十里黎家庄人,生有异禀[1],见者咸[2]知其为非常人。年十五入军籍,力奔走于苏、杭、滇、黔、秦、晋、川、粤、鄂、豫间,以战功卓著,由勇目保千总[3],擢都司[4],超补副[5],历官山西潞安府协镇[6]、广西南宁参将[7]。辛亥师起,天才反正于吴淞,号为辅军,于苏浙各军会于镇江,约攻南京,克之。官江南第一镇统制[8]。嗣又驰军援鄂,而民国以成。改官江南留鄂第一师师长。特受勋三位:陆军中将,一等文虎章,二等嘉禾章。未几,改官陆军第九师师长兼襄郧镇守使,又授二等宝光嘉禾章。在任有年,会护法[9]军兴,北廷[10]畏天才虎踞襄樊也,不敢正目视,以会办湖北军务,拒不受附义。西南宣布自主,官湖北靖国联军总司令,转战千里不少衰[11]。晋授勋二位:陆军上将衔,一等文虎章。

【注】

[1]异禀:特殊的禀赋、才能。

[2]咸:都。

[3]勇目保千总:勇目指兵头,千总是清代绿营兵军制之一,守备以下有设置有营千总。

[4]擢都司:提拔为都司。都司是清代的绿营军官,地位次于游击,分领营兵。

[5]超补副:破格提升为补副。

[6]协镇:清代军制,三营为一标,两标为一协,相当于旅长一级。

[7]参将:清代绿营的统兵官,地位仅次于副将。

[8]统制:统管一镇的长官。

[9]护法:指1917年的护法运动,孙中山反对北洋军阀解散国会,提出拥护临时约法,恢复国会。

[10]北廷:指北洋军阀段祺瑞政府。

[11]不少衰:没有稍微的懈怠。"少"通"稍"。

【附注】

1.二位:此处是二项军功之意。即黎天才最后被授予陆军上将军衔,同时获得一等文虎章一枚。

2.黎天才:(1866~1927),字(原作"号",今改)辅臣,彝族。1866年1月31日生于邱北县八道哨彝族乡黎家庄村。1881年投清军衡字营当列兵。1883年法军入侵越南和中国西南边境,他随军参加抗法战争,在士兵中以作战勇敢而出名,这次战役后,因他作战异常勇敢,除受嘉奖外,云贵总督岑毓英还亲自给他"嘉喜一等奋勇",破格越级提拔为军官,"奏准以千总补用"。中法战争结束后,他带兵驻守滇缅边界,功绩显著,升任都司衔蓝翎守备,光绪二十六年(1900)黎天才三十五岁,在浙江一带,为浙江巡抚刘树棠及省防统领李庆堂所器重,委为两浙新中军左营管带,镇守三门湾,剿办宁波、温州、台州一带"海匪"。光绪二十七年(1901),岑春煊任山西巡抚,因黎天才是他的旧部,乃奏调黎至山西,委以抚标六营卫队统领,被派往雁门关一带剿"匪",因其功绩而被奏保免补游击,以副将尽先补用,并赏顶戴花翎,调任潞安府协。光绪二十八年(1902)岑春煊调任四川总督;又把黎天才调回四川,第二年,岑春煊调任两广总督,又调黎入粤,奉命剿办桂林"游匪",虽然多次获胜,但金叙一役,打了败仗,被岑春煊奏参而革去官职,他离开清军而到广东赋闲。1911年辛亥革命爆发,黎天才驻守上海吴淞,革命党人争取他起义反清,他积极响应,与其他起义军和上海民众一起光复上海及附近地区,任沪军都督府吴淞军政分府水陆军统领。随后,他与各地起义军统领到镇江商讨会攻南京,组成攻宁总司令部。11月14日他率沪淞军从上海奔赴南京,迅速攻占南京外围乌龙、莫府两山,为攻取南京创造了有利条件。南京攻克后,他被推举为江南第一镇统制,留守湖北,任江南留鄂第一师师长,授陆军中将、二等文虎章、二等嘉禾章。1915年,被袁世凯任命为襄郧镇守使,又任陆军第十一师师长。次年改任陆军第九师师长兼襄(阳)、郧(西)镇守使,授二等宝光嘉禾章。1917年任江苏留鄂第一师师长,段祺瑞北洋政府倒行逆施,拒绝恢复《临时约法》和国会、大肆卖国。黎天才与荆州镇守使石星川在荆州组织靖国军,受到孙中山所遣专使慰劳。12月4日,在湖北襄阳率第九师全体官兵并联合第一师宣布独立,脱离北洋政府,震动全国。不久,他被推举为湖北靖国联军总司令,带领靖国军全力投入护法战争,先后攻下兴山、秭归、巴东,占领恩施,晋授陆军上将、一等文虎章。1918年初,联合王天纵等组织河南、湖北、陕西三省联军总司令部,被推为总司令。又与程璧光、李烈钧、熊克武等联名通电主张恢复民国初年的国会。1920年冬退守鄂西,次年被孙传芳等部击败。后来不愿卷入军阀混战,率部转移四川。1922年回到云南,被唐继尧任为云南东南边防督办,驻防广南。次年北洋政府任他为将军府将军,后闲居昆明。一次,他参加宴会,突患暴病(传闻说是脑出血),竟成半身不遂。1927年7月8日黎天才在昆明病逝,享年62岁。黎天才一生为推翻清王朝的专制统治,结束在中国延续几千年的君主专制制度,为探索民主革命、民族独立、祖国统一、民族复兴作出了重大贡献。在风云变幻的时代潮流中,黎天才始终以国家和民族的利益为重。黎天才去世后,前总统黎元洪寄来题词哀悼,并详其一生:"金碧旒秀,国之柱石,罵生斯人,余之股肱。忠贯日月,气塞乾坤。贰瞻遗像,千古如生。"1938年,他的家人将其遗体运回家乡黎家庄安葬,唐继尧在生前亲自为他撰写碑文。墓碑右刻黎元洪题词,神道碑两侧阴刻楷书对联"声威震江淮名垂东亚;豪气凌霄汉绩著南京"。碑中间刻"故陆军上将勋三位建威府将军显考黎公讳天才大人之墓"。黎天才墓现为文山壮族苗族自治州州级重点保护文物。在此需要特别说明的是,这本《邱北县志》在当年得以顺利编修完成,并由昆明的劝业场新文石印馆用当时最先进的石印技术印刷,保留至今,主要得益于黎天才在资金上的鼎力资助,于国于乡,均功德无量,堪称本土后人效仿的典范。

后　记

国家著"史",地方作"志",本古今惯例;知古鉴今,垂诫来世,本"史""志"主旨;客观公正,秉笔直书,本"史""志"原则。二者的差别,仅在于"史"记录的是中国历史上各个王朝国家层面的大事,有褒有贬;"志"记录的是地方一邑的大事,有褒无贬。由于几千年来形成的"家国同构"的政治体制,决定了"史"与"志"原本就是互为表里,互为参照的。

编修于公元一九二〇年的《邱北县志》,至今已有近百年的历史。对地方而言,实有加以点注的必要:一则便于不熟悉繁体字、不习惯没有标点的后人阅读和了解本县的历史;二则借此以保存原著。作为编纂于民国时期的一部地方志书,由于受到当时动荡局势的影响和印刷条件的限制,在今天看来,尽管还存在着重视人文内容、轻视商业、轻视经济的问题,甚至原文中也还有明显的错别字和脱漏字,有的大纲下的具体条目,由于历史资料缺乏和采访条件限制,只能空缺,留待后人补充。但对地方和后人而言,仍是不可多得的珍贵历史文献。其价值在于真实地记录了本土的历史变迁,客观地调查了本土的自然环境,广泛地收罗了当地的轶闻轶事,尽力地收录了当地可见的诗文作品,编修者在主观上已经竭力向正史看齐。因此,它既可以为本土人士提供第一手参政咨政的史料,也可以为本乡人士了解过去、立足当下、面向未来提供有益的参考和借鉴，还可为本县相关部门今后的志书编写在体例上和内容上提供范例，以及爱好文学的本乡后生提供创作上的参考。

为此，本人接受人文学院杨永福院长的安排，组织了本院历史学专业的三位教师，利用业余时间，以文山壮族苗族自治州图书馆保存的民国《邱北县志》(全十册)的复印件为底本，各自负责录入电脑，同步进行标点和注释。从二零一三年九月至二零一四年六月，历时十个月，完成了初稿，并由本人统稿。

当初制定的点注原则有三：(一)对原书中明显的错别字，在录入时即加以改正。为尊重原著，在改正的字后面用括号加以说明：原作"某"字，今改；对于通假字，同样在括号内注明，以示区别。对原文用小字标出的注释部分，仍然保留，但用加括号的方式加以区分。(二)对繁体字中的生僻字、疑难字、异体字，结合前后的语境，一律采用简体字录入，以方便阅览；对诗句和散文中明显的脱漏字，在脱漏处用括号加以说明，仅供读者参考。(三)注释以简洁明白、通俗易懂为基本准则。但对较为生僻的典故和专用的名词术语，确实需要详细加以说明的，则用详注。在此需要特别说明的是：对天文类中的"占星术"和地理类中的"风水术"所涉及的专用名词术语和各种灵异的自然现象，本人仅作纯客观的解释，以方便读者能读懂原文，而不作任何主观上的是与非、对与错的评判；对于在正史中较少提及的，对本省和本乡有过切实贡献的清代以来出现过的风云人物(如鄂尔泰、岑毓英、王炽、唐继尧、李烈钧、黎天才、马文仲、李识韩等)，也破例用详注。其目的是彰显他们造福本土之功，服务桑梓之德，以表达吾辈敬仰之意，也便于不同文化层次的读者详细了解其生平事迹，以及本地发生过的重大历史事件的相关背景，不至于让他们的姓名随着时间的流逝而首先在本土湮灭，这也正好暗合了地方志书一贯的编写宗旨。方式上采用单篇在篇尾注，诗歌则以作者为界，在单篇或组诗的后面作注。对确有必要做解释的特殊的诗体名称、军衔名称、本土重要人物详细的生平和事迹，在相关的篇章注释的后面，再用附注的方式加以解释，以期不影响正注。

具体分工如下：
颜　　星:第四册:学校
第五册:武备　祠祀　秩官
李玉军:第二册:建置
第七册:烈女　寓贤
李俊成:第三册:食货　社交
徐旭平:第一册:天文　地理
第六册:人物
第八册:艺文
第九册:诗文
第十册:杂志

　　统稿完成之后，仿佛穿越百年时空，与音容宛在、和蔼可亲、一片赤心的先君子们进行了一次彻夜的晤谈。明显地感觉到当初县志编写者们编纂态度的严谨，考察访问的翔实，采录典籍的广泛，修志历程的艰辛。其拳拳爱国心，殷殷眷乡情，充溢在字里行间；其渴望国家安定，民族团结，乡土富饶，民生康泰，人才辈出的夙愿，启示当今；其惩恶扬善，坚持正义，维护一统，反对暴乱的立场，一以贯之；即便是偶尔采录本土之外作者的单篇随笔(徐弘祖《随笔一则》)、诗文(李识韩《彩云观游记》)，也显示出他们敏锐的历史眼光和良苦的现实用心。"青山依旧在，几度夕阳红。"物换星移，沧海桑田。今天这方乡土正发生着天翻地覆的变化。喜看长江后浪推前浪，期盼家乡后人超前人。值此国家昌隆，日新月异之际，得以安心完成此项工作。吾辈点注此书的宗旨是:惟愿本邦人士以史为鉴，和衷共济，励精图治，共建美好和谐家园；承前启后，继往开来，造福于吾土吾民；自强不息，厚德载物，竞争于当今之世界。则上不负先君诸贤，下无愧后代子孙。

　　由于时间的仓促，我辈能力的有限，四人虽竭尽全力，仍时时担心有悖于当初县志编写者们的初衷和美意。从始至终，一直如临深渊，如履薄冰，小心翼翼，战战兢兢。万不可以己之昏昏，使人之昭昭，以免贻笑大方；更担心以今度古，误解误注，谬种流传。即使如此，书中的缺点和疏漏，肯定也在所难免。正如人无完人一样，书也无完书。为此，还有待于本土后起之博雅通识之方家，不吝赐教，给予严肃的批评和更为准确的指正，以使此书日后更臻完善。既可告慰丘北先贤的在天之灵，也望激励乡邑后生的奋发之志。果能如此，则足矣！

本书能够顺利出版，主要得益于本土企业丘北县达平食品有限责任公司在资金上提供的鼎力资助，以及文山壮族苗族自治州政协给予的大力支持，在此特表感谢。

作为后生，当面对着这份前辈们呕心沥血、历经艰难、来之不易的厚重的历史文化遗产的时候，虽思绪万千、感慨良多，却也实在不敢按照旧例，唐突地在书首位置叙写前言，唯恐冒犯先君诸公。姑妄聊之，略述其起始经过，以及个人的一点鄙陋之见，抛砖引玉，附于篇末，是为后记。

滇西寓客　徐旭平
二零一四年六月六日记于文山学院人文学院

丘北县达平食品有限责任公司简介

公司成立于 2000 年 5 月，注册资本 2560 万元，占地 100 余亩，建筑面积 32564 平方米。主要从事辣椒产品的精深加工和本地农特产品的营销。拳头产品有辣椒干、轮切辣椒圈、直食辣椒圈、辣椒调味料、泡椒、脱水蔬菜、姜片等八大类四十八个品种。

公司已建成省内先进的脱水蔬菜生产线 1 条，省级公共检测平台 1 个，多功能辣椒文化展示厅 1500 平方米，年产 10000 吨泡椒生产线 1 条，年产 10000 吨调味品生产线 1 条。公司一直走"公司＋合作社＋基地＋标准化＋农户"的产业化路子，采用"技术＋资金＋物资"配套管理办法。目前公司年产能已经达到 5 万吨，产品主要供应国内外著名生产加工企业和大型品牌连锁超市。2013 年，年销售产品 25000 吨，实现销售收入 2.65 亿元，实现利润 2663 万元，年出口创汇 1100 万美元。

公司坚持取之于民、用之于民的原则。力求做到惠泽一方，富裕本土。2013 年之前，公司捐款捐物 300 多万元用于资助贫困学生、支援抗旱救灾、抗震救灾、扶贫等各项社会公益事业。2014 年 5 月公司捐赠 100 万元用于援建树皮乡矣得村委会新街子革命老区；捐赠 160 万元用于锦屏镇密纳小学综合楼建设。先后获得以下荣誉：国家商务部"双百市场工程"实施企业、云南农业产业化经营重点龙头企业、金融服务三农重点扶持企业、云南省第一批农产品深加工科技型企业。公司多次被省、州、县评为"先进私营企业""优秀民营企业""重合同守信用单位"，商标荣获云南省著名商标，产品是国家绿色食品、云南省名牌农产品。质量管理体系通过 ISO9001 和 ISO22000 认证。公司创始人刘达平先后当选文山州首届十大杰出青年、云南省劳动模范、全国劳动模范、中国西部之星，是本土涌现出来的云南省创业明星，有"辣椒大王"之称。

公司未来的发展规划是：加快新工业园区新厂区的建设，树立品牌战略，积极与省内外科研机构合作，加强科技创新，努力推进本土的辣椒文化建设，加大对社会公益事业的资金投入，拟成立一个爱心基金，帮扶本土的优秀学子。

公司正门

公司产品

公司商标

公司荣誉

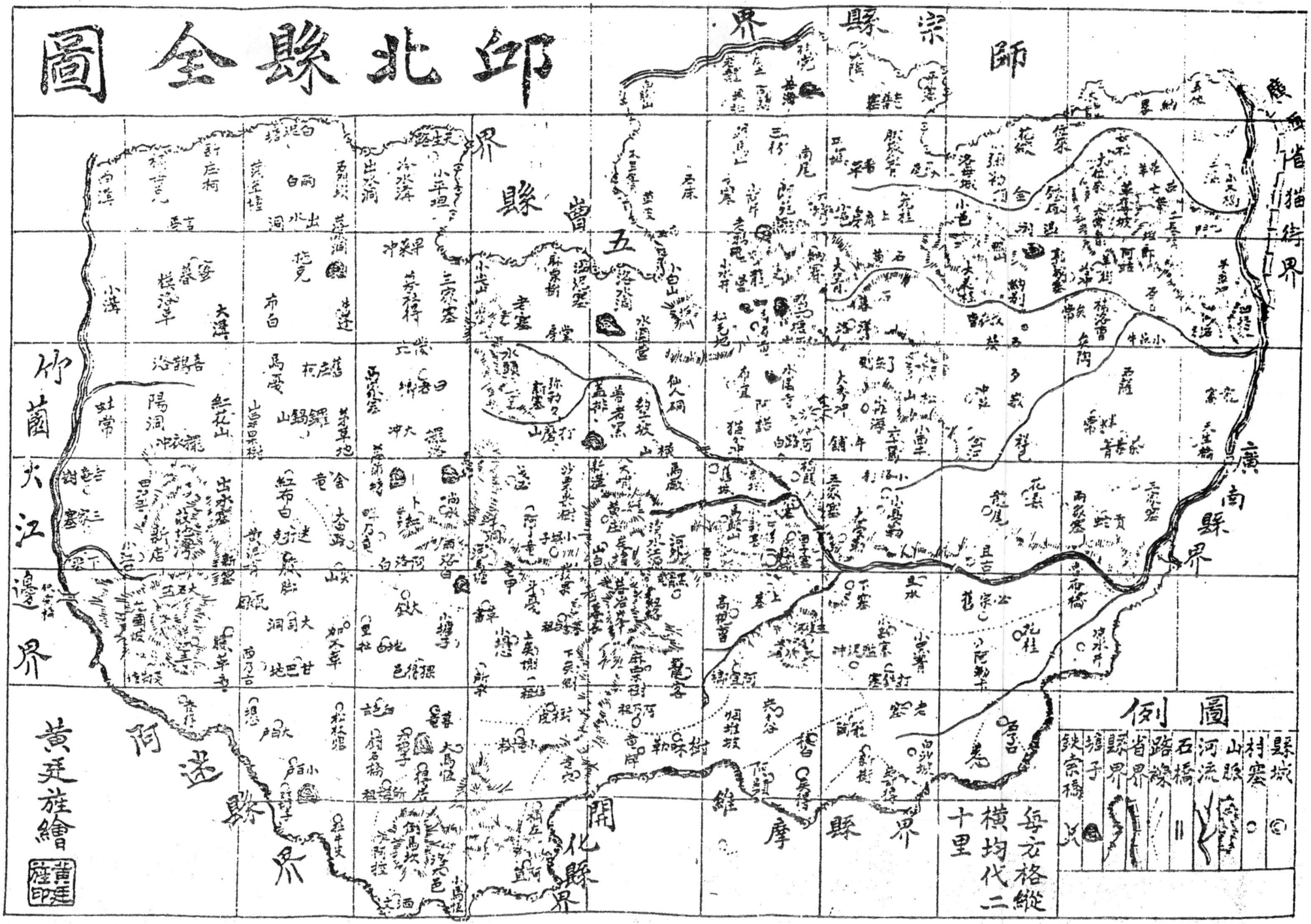

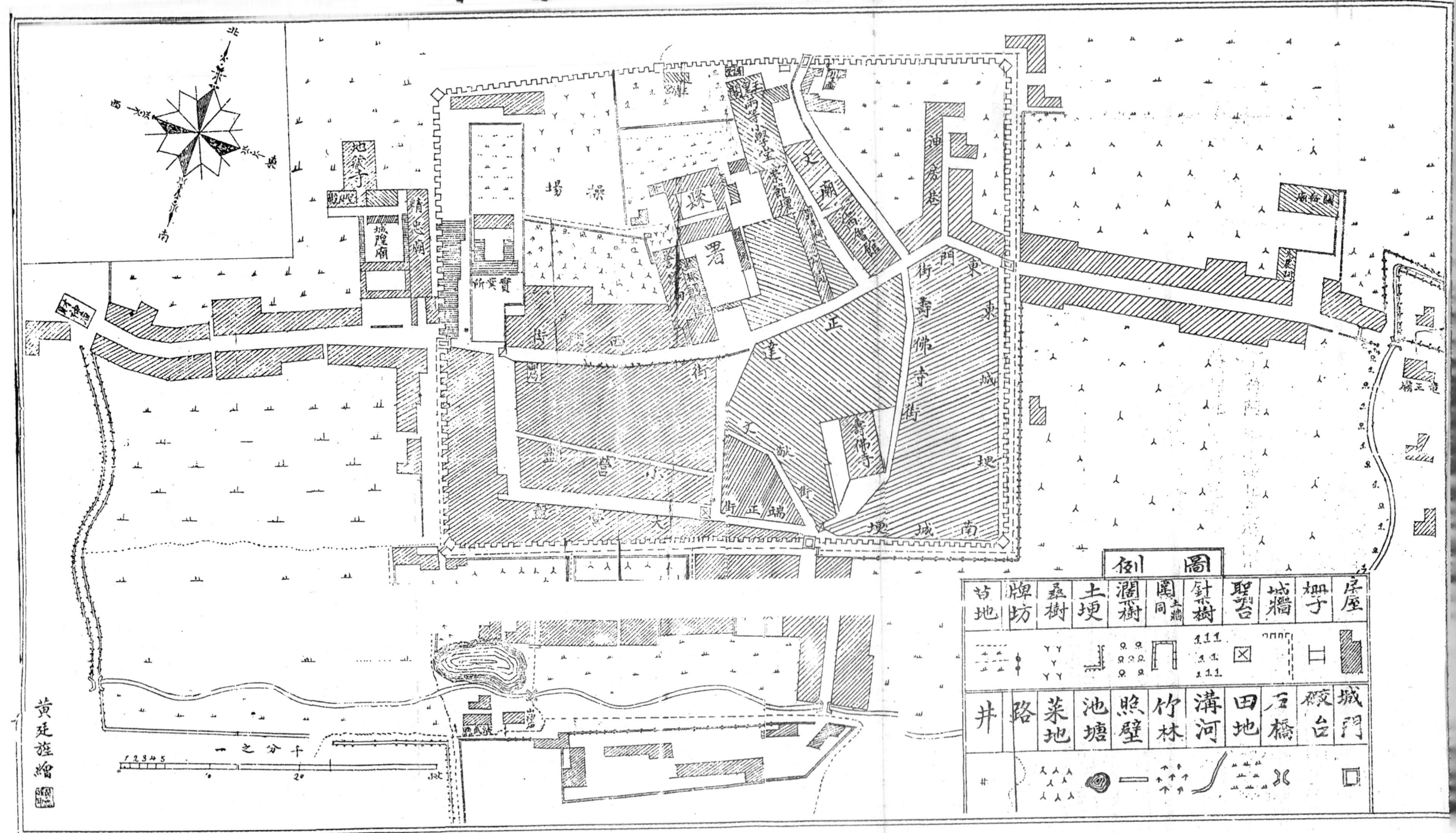